高等院校经济管理类主干课程教材

财务报表解读与分析

主编◎徐光华　钱　明　叶飞腾

内容提要

本书主要介绍现代企业财务报表解读与分析的相关内容，包括理论基础、财务报表解读、财务能力分析、财务衍生分析四篇，具体有财务报表解读与分析概论、财务报表分析程序与方法、资产负债表解读、利润表解读、现金流量表解读、企业偿债能力分析、企业营运能力分析、企业盈利能力分析、企业发展能力分析、财务综合能力分析、企业财务危机预警分析和企业价值评估分析十二章内容。

本书在编写过程中吸收了当今财务报表分析理论和实践的最新成果，实现了科学性与趣味性的有效结合，理论性与实践性兼备。在体例安排上，每章由学习目标、引言、正文（穿插相关案例链接）、复习与练习、案例分析等模块构成，其中，复习与练习包括业务题和讨论题，为学习者设计了一个较为科学的知识体系，以帮助其更轻松有效地学习财务报表分析。

本书可以作为高等学校经济与管理类专业本科生、专科生，以及 MBA 和 EMBA 等专业学位学生的教学用书。

图书在版编目（CIP）数据

财务报表解读与分析 / 徐光华，钱明，叶飞腾编著.
上海：立信会计出版社，2025.5. --（高等院校经济管理类主干课程教材）. -- ISBN 978-7-5429-7869-1

Ⅰ. F231.5

中国国家版本馆 CIP 数据核字第 20250A3S16 号

策划编辑	张巧玲	
责任编辑	孙　勇	
助理编辑	裴　灿	
美术编辑	北京任燕飞工作室	

财务报表解读与分析
CAIWU BAOBIAO JIEDU YU FENXI

出版发行	立信会计出版社			
地　　址	上海市中山西路 2230 号	邮政编码	200235	
电　　话	(021)64411389	传　　真	(021)64411325	
网　　址	www.lixinaph.com	电子邮箱	lixinaph2019@126.com	
网上书店	http://lixin.jd.com		http://lxkjcbs.tmall.com	
经　　销	各地新华书店			
印　　刷	常熟市人民印刷有限公司			
开　　本	787 毫米×1092 毫米	1/16		
印　　张	19.75			
字　　数	466 千字			
版　　次	2025 年 5 月第 1 版			
印　　次	2025 年 5 月第 1 次			
书　　号	ISBN 978-7-5429-7869-1/F			
定　　价	53.00 元			

如有印订差错，请与本社联系调换

前言

自美国证券分析师、投资大师沃伦·巴菲特(Warren Buffett)、被誉为"华尔街教父"的本杰明·格雷厄姆(Benjamin Graham)将财务报表分析引入证券投资决策以来，人们也逐渐接受并重视起这一分析手段。随着资本市场的日益发展和企业管理的不断完善，越来越多的人认识到财务报表分析的重要性。企业经营管理者、股权投资者、债权投资者、社会中介机构和政府职能部门等各种利益相关者都需要了解企业，从而作出科学的决策，而财务报表是了解企业最为重要的窗口之一。

企业财务报表质量的高低、信息使用者对财务报表理解的深浅，将直接影响决策的科学性和正确性。因此，学会全面、深入地解读和分析企业财务报表，对于了解企业真实的经营状况、更好地做出相应的预测和决策，显得至关重要。

在本书的编写过程中，我们从体系到内容力求有所突破、有所创新，主要体现在以下几个方面：

(1) 逻辑严密、层次清晰。在研究和借鉴西方财务报表分析体系与内容的基础上，同时吸收现代企业管理相关理论，结合我国企业财务报表分析实际，提出了由理论基础、财务报表解读、财务能力分析、财务衍生分析四篇组成的"大厦模式"财务报表分析体系，各部分逻辑严密、层次分明。

(2) 内容翔实、案例丰富。全书内容分为四篇，其中第一篇为全书的理论基础，第二、第三篇为全书的主体内容，第四篇则是对传统财务报表分析内容的拓展。各篇内容做到"顶天立地"（经典理论与典型案例相结合），达到了理论与实践的有机结合和相得益彰。

(3) 格物致知、吐故纳新。《礼记·大学》云"致知在格物，物格而后知至"，意即探究事物原理以获得知识。面对经济环境的瞬息万变、财务信息的急剧膨胀，我们在编写本书时密切关注经济、管理理论与实践的最新发展，深入探索财务报表中指标变化的脉络和缘由，同时吸收国内外最新研究成果，以树立精品意识，提升教材品质。

(4) 深入浅出、循序渐进。我们在教材内容的组织安排和编写过程中，无论是对于整体内容还是局部章节，都尽可能地做到深入浅出、循序渐进，以达到理想的教学效果。

(5) 体例新颖、形式灵活。本书中，每章内容由学习目标、引言、正文（穿插相关链接或拓展阅读)、本章小结、复习与练习、案例分析构成,以帮助读者更轻松有效地学习财务报表分析。

本书由徐光华、钱明和叶飞腾主编,其中第 1 章、第 9 章、第 10 章由徐光华、沈弋撰写,第 3 章、第 4 章、第 5 章由钱明、宋玉、柳世平撰写,第 2 章、第 6 章、第 7 章、第 8 章由叶飞腾、温素彬、孙婷撰写,第 11 章、第 12 章由石绣天、束颖和朱叶撰写,最后由徐光华总纂定稿。

本书可以作为高等学校经济与管理类专业学生的教学用书,包括本科生、专科生,以及 MBA 和 EMBA 等专业学位学生的教学用书。由于编者仓促走笔,本书难免有所不足,恳请读者朋友不吝指正,以使本书渐臻完善。

联系邮箱：9007286@njust.edu.cn。

2025 年 2 月于紫金山麓

目录

第1篇 理 论 基 础

第1章 财务报表解读与分析概论 ········· 3
- 1.1 西方财务报表解读与分析的产生与发展 ········· 4
  - 1.1.1 西方财务报表解读与分析的产生 ········· 4
  - 1.1.2 我国财务报表解读与分析的产生和发展 ········· 5
- 1.2 财务报表解读与分析的内涵主体与目标 ········· 7
  - 1.2.1 财务报表解读与分析的内涵 ········· 7
  - 1.2.2 财务报表解读与分析的主体及目标 ········· 8
- 1.3 财务报表解读与分析的体系与内容 ········· 12
  - 1.3.1 西方财务报表解读与分析体系 ········· 12
  - 1.3.2 当前我国财务报表解读与分析体系 ········· 14
  - 1.3.3 本书财务报表解读与分析体系 ········· 16

第2章 财务报表分析程序与方法 ········· 21
- 2.1 财务报表分析的程序与步骤 ········· 21
  - 2.1.1 财务报表分析信息收集和整理阶段 ········· 22
  - 2.1.2 财务报表战略分析和会计分析阶段 ········· 22
  - 2.1.3 财务报表分析实施阶段 ········· 22
  - 2.1.4 财务报表分析综合评价阶段 ········· 23
- 2.2 战略分析和报表分析 ········· 23
  - 2.2.1 战略分析 ········· 23
  - 2.2.2 战略分析理论 ········· 25
  - 2.2.3 报表分析 ········· 28
  - 2.2.4 报表分析的前期工作 ········· 28
  - 2.2.5 报表分析的框架与方法 ········· 29
- 2.3 比率分析、因素分析与图解分析 ········· 30
  - 2.3.1 比率分析 ········· 30
  - 2.3.2 因素分析 ········· 34
  - 2.3.3 图解分析 ········· 36

2.4 财务报表分析应注意的问题 ·········· 37
2.4.1 注意评价标准的客观性 ·········· 37
2.4.2 注意报表数据的局限性 ·········· 37
2.4.3 注意报表数据无法反映的因素 ·········· 38
2.4.4 注意报表数据偶发和粉饰的可能性 ·········· 39
2.4.5 注意事物的变化性和动态性 ·········· 39
2.4.6 注意新兴技术对财务分析的影响 ·········· 39

第 2 篇　财务报表解读

第 3 章　资产负债表解读 ·········· 45
3.1 资产负债表概述 ·········· 46
3.1.1 资产负债表的定义和格式 ·········· 46
3.1.2 资产负债表的作用及局限性 ·········· 48
3.1.3 资产负债表的内容 ·········· 51
3.2 资产权益质量的解读 ·········· 56
3.2.1 资产质量解读 ·········· 56
3.2.2 负债质量解读与分析 ·········· 66
3.2.3 所有者权益质量解读与分析 ·········· 70
3.3 资产权益结构的解读 ·········· 71
3.3.1 共同比资产负债表 ·········· 71
3.3.2 资产结构解读 ·········· 74
3.3.3 权益结构解读与分析 ·········· 76
3.3.4 资产权益结构分类分析 ·········· 77
3.4 资产权益趋势的解读 ·········· 79
3.4.1 资产项目趋势的解读 ·········· 79
3.4.2 负债项目趋势的解读 ·········· 82
3.4.3 所有者权益项目趋势的解读 ·········· 85

第 4 章　利润表解读 ·········· 89
4.1 利润表概述 ·········· 89
4.1.1 利润表的定义和作用 ·········· 89
4.1.2 利润表的结构和内容 ·········· 91
4.1.3 利润表列报 ·········· 93
4.2 利润质量的解读 ·········· 95
4.2.1 营业收入项目解读 ·········· 95
4.2.2 费用项目的解读 ·········· 98
4.2.3 营业利润质量解读 ·········· 101
4.2.4 利润总额质量解读 ·········· 104

4.2.5 净利润质量解读 ·········· 105
　　　4.2.6 盈利质量解读与分析 ·········· 106
　4.3 利润结构的解读 ·········· 108
　　　4.3.1 共同比利润表 ·········· 109
　　　4.3.2 利润构成的解读 ·········· 110
　4.4 利润趋势的解读 ·········· 112
　　　4.4.1 绝对数额解读 ·········· 112
　　　4.4.2 环比分析 ·········· 113
　　　4.4.3 定基分析 ·········· 114

第5章 现金流量表解读 ·········· 120
　5.1 现金流量表概述 ·········· 120
　　　5.1.1 现金流量表的概念及作用 ·········· 120
　　　5.1.2 现金流量表的结构 ·········· 121
　　　5.1.3 现金流量表的内容 ·········· 124
　5.2 现金流量质量的解读 ·········· 127
　　　5.2.1 现金流量质量的解读概述 ·········· 127
　　　5.2.2 现金流量质量解读与分析的主要内容 ·········· 129
　5.3 现金流量结构的解读 ·········· 132
　　　5.3.1 现金流量结构解读概述 ·········· 132
　　　5.3.2 现金流量流入结构解读与分析 ·········· 134
　　　5.3.3 现金流量流出结构解读与分析 ·········· 135
　　　5.3.4 现金流量流入流出比解读与分析 ·········· 135
　5.4 现金流量趋势的解读 ·········· 138
　　　5.4.1 现金流量趋势解读概述 ·········· 138
　　　5.4.2 绝对数趋势分析 ·········· 138
　　　5.4.3 环比分析 ·········· 142
　　　5.4.4 定基分析 ·········· 146

第3篇　财务能力分析

第6章 企业偿债能力分析 ·········· 153
　6.1 偿债能力概述 ·········· 154
　　　6.1.1 偿债能力分析的目的 ·········· 154
　　　6.1.2 偿债能力分析的内容 ·········· 154
　　　6.1.3 影响偿债能力的主要因素 ·········· 155
　6.2 短期偿债能力分析 ·········· 156
　　　6.2.1 短期偿债能力分析的含义 ·········· 156
　　　6.2.2 短期偿债能力指标的计算与分析 ·········· 156

6.3 长期偿债能力分析 ·· 163
　　6.3.1 长期偿债能力分析的含义 ·· 163
　　6.3.2 长期偿债能力指标的计算与分析 ··· 164

第 7 章　企业营运能力分析 ·· 174

7.1 企业营运能力概述 ·· 175
　　7.1.1 企业营运能力的概念 ··· 175
　　7.1.2 企业营运能力分析的目的 ·· 175
7.2 流动资产管理效果分析 ·· 175
　　7.2.1 现金和有价证券的分析 ·· 176
　　7.2.2 应收账款周转速率分析 ·· 178
　　7.2.3 存货周转速率分析 ·· 179
7.3 固定资产利用效果分析 ·· 181
　　7.3.1 固定资产产值率分析 ··· 181
　　7.3.2 固定资产收入率分析 ··· 182
　　7.3.3 固定资产比率分析的注意点 ·· 182
7.4 总资产营运能力分析 ·· 184
　　7.4.1 总资产产值率的计算和分析 ·· 184
　　7.4.2 总资产收入率的计算和分析 ·· 185

第 8 章　企业盈利能力分析 ·· 189

8.1 盈利能力概述 ·· 190
　　8.1.1 盈利能力的含义 ··· 190
　　8.1.2 盈利能力分析的意义 ··· 191
　　8.1.3 盈利能力的影响因素 ··· 192
　　8.1.4 企业盈利能力恶化的预警信号 ··· 193
　　8.1.5 盈利能力分析的内容 ··· 194
8.2 资产经营盈利能力分析 ·· 195
　　8.2.1 总资产报酬率 ·· 196
　　8.2.2 长期资本报酬率 ··· 197
8.3 资本经营盈利能力分析 ·· 199
　　8.3.1 净资产收益率 ·· 199
　　8.3.2 资本金报酬率 ·· 200
　　8.3.3 每股收益 ·· 201
　　8.3.4 每股净资产 ··· 202
　　8.3.5 市盈率 ··· 203
　　8.3.6 市净率 ··· 204

第 9 章　企业发展能力分析 ············ 211
9.1　企业发展能力概述 ············ 212
9.1.1　企业发展能力概念 ············ 212
9.1.2　企业发展能力分析目的 ············ 212
9.1.3　影响企业发展能力的主要因素 ············ 213
9.1.4　企业发展能力分析方法 ············ 213
9.2　企业发展能力指标分析 ············ 215
9.2.1　持续盈利能力 ············ 216
9.2.2　商誉竞争力 ············ 216
9.2.3　人力资源竞争力 ············ 217
9.2.4　产品竞争力 ············ 218

第 10 章　财务综合能力分析 ············ 222
10.1　财务综合能力分析概述 ············ 223
10.1.1　财务综合能力分析的概念 ············ 223
10.1.2　财务综合能力分析的目的 ············ 223
10.2　沃尔分析法 ············ 224
10.2.1　沃尔比重评分法 ············ 224
10.2.2　沃尔评分法在我国的应用 ············ 225
10.3　杜邦分析法 ············ 227
10.3.1　杜邦分析法的概念 ············ 227
10.3.2　杜邦分析体系 ············ 227
10.3.3　改进的杜邦分析法 ············ 228
10.4　帕利普分析 ············ 234
10.4.1　分析可持续增长率——统一财务比率 ············ 234
10.4.2　分析利润动因——分解净资产收益率 ············ 235
10.4.3　评估经营管理——分解净利润率 ············ 235
10.4.4　评估投资管理——分解资产周转率 ············ 235
10.4.5　评估财务管理——检验财务杠杆的作用 ············ 236

第 4 篇　财务衍生分析

第 11 章　企业财务危机预警分析 ············ 245
11.1　财务危机预警分析概述 ············ 246
11.1.1　财务危机的概念 ············ 246
11.1.2　财务危机产生的原因 ············ 247
11.1.3　财务危机的表现过程 ············ 249
11.1.4　财务危机预警的含义与意义 ············ 250
11.2　财务危机预警的基本模型与方法 ············ 251

    11.2.1 财务危机预警的主观模型与方法 ······ 251
    11.2.2 财务危机预警的客观模型与方法 ······ 253
    11.2.3 我国企业财务危机判别模型与方法 ······ 257
  11.3 财务危机预警系统设计 ······ 260
    11.3.1 财务危机预警系统的概念与功能 ······ 260
    11.3.2 财务危机预警系统的特征及构建原则 ······ 260
    11.3.3 财务危机预警系统的构架 ······ 261
    11.3.4 财务危机预警系统的基本运行程序 ······ 263

第12章 企业价值评估分析 ······ 269
  12.1 企业价值评估分析概述 ······ 270
    12.1.1 企业价值评估的概念 ······ 270
    12.1.2 企业价值评估的对象 ······ 271
    12.1.3 企业价值评估的意义及其准确性 ······ 273
    12.1.4 企业价值评估的模型 ······ 275
  12.2 现金流量折现法价值评估 ······ 276
    12.2.1 现金流量折现模型的基本思想及种类 ······ 276
    12.2.2 现金流量折现模型参数的估计 ······ 278
    12.2.3 现金流量折现模型的应用 ······ 290
  12.3 经济利润法价值评估 ······ 291
    12.3.1 经济利润模型的原理 ······ 292
    12.3.2 经济利润估价模型的应用 ······ 293
  12.4 相对价值法价值评估 ······ 295
    12.4.1 相对价值模型的原理 ······ 295
    12.4.2 相对价值模型的应用 ······ 298

参考文献 ······ 303

第 1 篇

理 论 基 础

第 1 章　财务报表解读与分析概论
第 2 章　财务报表分析程序与方法

财务报表解读与分析概论

> 财务报表分析,就好似医生把脉,唯有熟悉其内在机理、掌握科学的方法和技术,才能作出精确的诊断。
>
> ——徐光华
>
> 不完全懂得财务报表分析的经营者,就好比是个不能得分的球员。
>
> ——罗伯特·C.希金斯

学习目标

1. 了解财务报表分析的产生与发展;
2. 理解财务报表分析的内涵与目标;
3. 掌握财务报表分析的体系与内容。

引 言

被称为"财务分析之父"的哥伦比亚大学经济学教授本杰明·格雷厄姆(1894—1976),在美国国内并不为很多人所知,其实大名鼎鼎的投资大师沃伦·巴菲特就是他的得意门生。巴菲特以其杰出的投资业绩与显赫的财富而闻名于世,但他的投资理念师承了格雷厄姆的学术精华。

格雷厄姆与大卫·陶德(David Dodd)合著的《有价证券分析》一书在1934年问世,该书奠定了格雷厄姆的"财务分析之父"的地位。后来,在微观基本分析方面,格雷厄姆成为巴菲特、彼得·林奇(Peter Lynch)等股王、股圣的启蒙大宗师。巴菲特曾虔诚地说过:在许多人的罗盘上,格雷厄姆就是到达北极的唯一指标。大卫·刘易斯(David Lewis)甚至说:格雷厄姆的证券分析学说是每一位华尔街人士的《圣经》,而他则是当之无愧的"华尔街教父",格雷厄姆之所以被誉为"财务分析之父",是因为他引导人们开始重视并接受这个概念。

那么,财务报表分析能够为人们提供什么样的信息或帮助呢?

1.1　西方财务报表解读与分析的产生与发展

除了有稳定的财务信息供给机制,企业外部的利益相关人还必须能够充分地利用这些信息,正确地理解与分析这些信息,具有利用信息进行决策的能力。财务报表分析正是研究各利益相关人出于各自经济决策的需要而分析、理解财务信息的原理、技术方法与技巧的一门学问。

1.1.1　西方财务报表解读与分析的产生

财务报表分析从产生至今已有一百多年的历史,不同的时期,其分析的重心也有所不同,从最初的信用分析、投资分析转移到了内部分析。

1. 信用分析

财务报表分析最早产生于美国,是美国工业大发展的产物。它起源于美国银行家对企业进行的所谓信用分析。在美国工业大发展前,企业规模较小,银行根据个人信用贷款。然而,随着经济的发展,银行不能根据个人的信用给企业贷款,这样银行就更关心企业的财务状况,关心企业是否具有偿债能力。19世纪末20世纪初,美国银行为确保发放贷款的安全性,对于申请贷款的企业要求提供其资产负债表。随后,美国银行家亚历山大·沃尔(Alexander Wall)开财务报表分析和评价的先河,创立了比率分析体系。在当时,沃尔的比率分析体系,仅限于"信用分析",所用的财务比率指标只有流动比率指标,主要为银行提供信用分析服务,以防范贷款的违约风险,对借款人进行信用调查和分析,据以判断客户的偿债能力。所以,信用分析又称资产负债表分析,主要用于分析企业的流动资金状况、负债状况和资金周转状况等。

信用分析体系的形成,标志着财务报表分析作为一门独立学科的正式诞生。当时的代表著作有沃尔的《信用分析》(1921)、《财务报表的比率分析》(1928)、《财务报表分析》(1930)、《财务报表之看法》(1936)和史蒂芬·吉尔曼(Stephen Gilman)的《财务报表分析》等。

企业良好的偿债能力(尤其是长期偿债能力),必须以良好的经营状况和较高的盈利能力为基础。因此,现代的财务报表分析,不再只是单纯对资产负债表进行分析,而是向以利润表为中心的方向转变。实践调查表明,目前银行混合采用几种不同的方法以作出是否贷款的决策。方法的选择明显与企业的规模有关,对中小企业,重点考察的是企业的资产负债表,而对大型企业,强调的重点是企业的盈利能力。

2. 投资分析

到了20世纪20年代,随着资本市场的形成,财务报表分析由主要为贷款银行服务扩展到为投资人服务。在资本市场上,随着社会筹资范围的扩大,非银行的贷款人和股权投资人增加,公众开始进入股票市场和债券市场,投资人对财务信息分析的要求更为广泛,为确保和提高投资收益,广大投资人纷纷利用银行对不同行业及企业的分析资料进行投资决策;于是,财务报表分析由信用分析阶段进入投资分析阶段,其主要任务也从稳定性分析过渡到收益性分析。在该阶段,财务报表分析涵盖了偿债能力、盈利能力、筹资结构、利润分配等分析内容,发展成为一个比较完善的外部财务报表分析体系。

值得注意的是,稳定性分析变为收益性分析,并非后者对前者的否定,而是以后者为中心的两者并存。因为盈利能力的稳定性是企业经营稳定性的重要方面,企业的流动性在很大程度上依赖于企业的盈利能力,所以随着稳定性分析的深化,收益性分析也成为稳定性分析的重要组成部分。这时的稳定性分析,其内涵不仅包括企业支付能力的稳定性,还包括企业收益能力的稳定性。于是,财务报表分析又向着以收益性为中心的稳定性分析方向发展,逐步形成了目前企业财务报表分析的基本框架。

3. 内部分析

财务报表分析在开始使用阶段,只是被用于外部分析,即企业外部利益者根据各自的要求而进行的分析。后来,企业在接受银行的分析与咨询过程中,逐渐认识到财务报表分析的重要性,开始由被动地接受分析逐步转变为主动地进行自我分析。尤其是在第二次世界大战以后,企业规模不断扩大,特别是公司制的企业组织大量出现后,经营活动日趋复杂。

为了改善企业的内部管理,使自身在激烈的市场竞争中求生存、图发展,企业不得不借助于财务会计报告所提供的有关资料进行"资讯导向""目标管理""利润规划"及"前景预测"。这些都说明,财务报表分析开始由外部分析向内部分析拓展,并表现出两个显著特征:①内部分析不断扩大和深化,成为财务报表分析的重心;②分析所需和所用的资料非常丰富,为扩大分析领域、提高分析效果、发展分析技术提供了前提条件。

通过财务报表分析掌握企业的经营状况,预测企业未来的发展前景,已经成为现代企业及社会的一大要求。不过,无论是外部分析还是内部分析,它们所用的资料主要来源于已公布的财务报表。也就是说,它们都是以企业对外公布的财务会计报告为中心,解析财务会计的信息。

1.1.2 我国财务报表解读与分析的产生和发展

在我国,过去将财务报表解读与分析称为经济活动分析,理论界对其产生的说法不一。已故会计学家李宝震教授在其《论会计在经济管理中的重要作用》一文中指出,经济活动分析随会计一起产生和发展。在唐元和八年(公元813年),宰相李吉甫所著的《元和国计簿》十卷通过历年财政状况的比较,说明军费增加是财政困难的原因之一。可以说,这是我国经济活动分析最早的一本著作。而多数人认为,应将这本专著看作是我国会计理论发展史的一个里程碑,而非财务报表分析的开始。

中华人民共和国成立前,只存在财务报表分析的部分内容,但不具备经济活动分析的整体知识,分析方法主要是比率分析法。国内没有相关专著,只有一些译本,公开发表的文章也很少,主要有1939年的《会计学刊》创刊号上的《决算报表与分析》、1940年《会计学刊》第3期上的《成本会计与成本变动的分析》、1947年《现代会计》第8期上的《销售毛利变动的分析》等。

中华人民共和国成立后,财政部于1951年11月召开第一次全国财务管理及会计工作会议,对国有企业会计报表的格式和种类作了统一规定。1952年年初,国家颁发了《国营企业决策报告编制暂行办法》的通知,为开展企业会计报表分析奠定了基础。1952年后,企业开始进行分析。1955年,国务院制定了《国营企业决算报告编造办法》,明确规定企业必须编制财务状况说明书,其内容包括:①生产、基建、劳动工资、供应、销售、成本、财务等计划的完成情况;②财务情况分析;③损益原因分析;④成本分析;⑤流动资金的运用情况;⑥固定资产的利用情况;⑦企业奖励基金等特种基金和其他预算使用情况;⑧财务会计工作的情况和今后的改进意见。以上内容在年度终了要详细汇报,季度终了可以略报。

1953年前后,高校开设"经济活动分析"课程,采用苏联教科书,并有中国人民大学补充教材《新中国国营企业经济分析特点》。1957年10月,我国正式出版了第一本分析教科书《工业企业经济活动分析》,由中国人民大学教师编著。同时国内学者在全国范围内开始发表一些分析文章。"大跃进"时期,企业经济活动分析的实践和理论研究基本停止。"文化大革命"期间,会计工作混乱,会计核算工作、研究工作、教学工作基本中断,经济活动分析这门学科的发展同样如此。党的十一届三中全会以后,会计工作得到重视。1979年年底,中国会计学会成立,有力地推动了会计理论研究。1980年10月召开的全国会计工作会议研究了如何适应新形势,进一步发挥会计的作用,为"四化"服务,总结了经验,提出了要求和措施,会议第一次突破了传统"工具论"的提法,提出会计是经济管理的一个重要组成部分。会计除记录、反映外,还有分析经济情况、核算经济效果、监督经济活动、预测经济前景、参与经济决策的重要作用。在此之后,经济活动分析的实践和理论得到了全面发展。

20世纪90年代初期进行的财务与会计制度改革,是我国企业财务报表分析和会计报表分析的理论与实践发展的又一个重大飞跃。从总体上看,新的财务报表分析理论在以下方面做了重大突破性改革:

(1) 借鉴国际惯例,改革了报表体系,使企业财务报表分析能够更好地与国际惯例接轨,更好地适应社会主义市场经济发展的新要求。

(2) 强化了报表分析和财务评价职能,并使报表分析和财务评价成为企业财务管理的一个重要的专门功能,从而为企业报表分析和财务评价成为一门独立学科奠定了理论基础。

(3) 改革了财务报表分析指标体系,使报表分析成为企业投资者、债权人、国家经济管理机关和企业内部管理者的共同需要,改变了单纯从政府角度评价企业的评价立场。新的报表分析指标体系,以工业企业为例,主要包括资产负债率、流动比率、速动比率、应收账款周转率、存货周转率、销售利税率、资本金利润率、成本费用利润率八项。借助这套指标体系,可以从不同的角度分析和评价企业偿债能力、盈利能力和营运能力,揭示企业目前的实际情况,以适应各方面的需要。

(4) 改革了报表分析和财务评价方法。企业借助新指标体系计划业务完成程度,采取指标实际值与标准值来判断企业目前所处的经营环境,进而适应各方面的需要。

相关链接

IBM公司的财务分析

众所周知,IBM公司的财务管理流程及制度一向以严谨著称,在业内有着极好的口碑。IBM(中国)维持着一个相当规模的财务分析团队,团队成员加入IBM公司之前在各个行业,如制造业、会计师事务所、IT服务商等的知名企业都有着丰富的经验和行业背景。与之相匹配的是复杂而严密的财务管理流程,在IBM公司许多项目执行过程中的业务问题都需要财务分析师的意见乃至批准。

IBM公司涉及的行业较广,既有目前的三大核心业务(硬件、软件、咨询服务),也有正在逐步退出中的制造业,但IBM公司的所有业务对销售成本和收入的财务指标都极为关注。

在IBM(中国),企业高管都非常清楚自己的财务目标(target),以及每个季度要实现的销售收入和利润,这些数字都是他们对亚太总部的承诺。这些承诺的实现是由整个大中华区内不同的项目经理(project manager,PM)负责的数百个正在进行中的项目,以及销售人员不断开发争取的新客户可能带来的新的收入来源促成的。

为确保项目的顺利进行和财务的可控性,IBM公司通过将财务与业务深度结合的方式共同推进销售目标的实现。

IBM(中国)将整个市场分为六大行业(sector),每个行业都有一位资深的财务分析师(financial analyst,FA)负责为该行业提供财务支持。每周各行业的执行官(executive)都要举行例行销售会议,由地区领导(country leader)和合伙人(engagement partner)及该sector的财务分析师参加,分析检讨目前的销售形势,核实每一个销售机会的发展进程。各行业FA在会议结束后会和执行官讨论确定预计本季度合同签单量的最新版本,以及由此可能带来的当季度新收入。

每周末,财务分析部门会整合所有FA提交的预测报表,制作出大中华地区的营业收入预测报表,并和月初的营业收入预测报表相比对,找出有重大偏差的地方,看哪些项目的收入预测有重大上升或下跌。财务预测上出现重大偏差的原因,如果排除掉财务分析部门预测工作的失误之外,那就是该项目在业务上已经出了问题,存在着重大风险。CFO将首先审阅这些重大差异及其原因,其次制作出路线图(road map),使哪些风险已经或可能对月初的财务预测目标造成不利影响,哪些潜在的机会可能在当初的财务预测之外带来新的收益,得以一目了然。

公司高管会在月中举行的高级经理会议上讨论这一路线图,对其所列出的风险和机遇项目逐一分析,制订出切实可行的行动方案,交专人负责,尽量减少风险的发生,促使机遇尽早转化为现实收益。

由于财务分析部门可以准确地从数百个项目中找出风险和机遇所在,并揭示发生的原因和提出初步行动方案和建议,管理层只需要认真考虑那些被挑出来的少数项目并及早做出决策即可,这保证了企业的财务风险最小化。项目的财务状况始终都在管理层的掌握之中,使之在准确把握财务发展趋势的情况下,对于能不能实现自己全年的财务目标、离目标还差多远就能做到心中有数,并能够做出相应的战略或战术调整。

(资料来源:张春恒.IBM的财务分析预警[EB/OL].(2017-02-10)[2025-05-08].https://m.dongao.com/c/2017-02-10/667713.shtml.)

1.2 财务报表解读与分析的内涵主体与目标

1.2.1 财务报表解读与分析的内涵

关于财务报表分析,我们可以从财务会计与财务报表分析之间的区别与联系中理解什么是财务报表分析,以及为什么需要财务报表分析。财务会计研究的焦点在于如何提供信息,即研究如何向企业的利益相关人提供决策相关信息的有关理论与技术问题。从理论的角度来看,财务会计界定企业的利益相关群体,研究这些群体需要做出哪些经济决策,以及这些决策需要哪些信息,然后研究如何确认、计量与报告交易与事项对他们决策的影响。换言之,财务会计是一门"翻译学",主要研究如何将交易与事项对企业财务状况、经营成果与资金变动情况的影响翻译成会计语言(即所谓的通用商业语言)表达出来,并以财务报告的形式将这种影响同会计信息的用户(即利益相关人)进行沟通。综上所述,财务会计是对企业目标实现程度、企业履行其义务的情况所作的陈述与披露。

财务报表解读与分析基于企业所作的陈述与披露的解读与分析,来评价企业目标的实现程度与其义务的履行情况。即财务报表分析主要研究企业利益相关人如何解读这些信息,信息的解读过程是信息生成过程的逆过程。不同的利益相关人与企业利益相关的性质不一样,其信息需求、对会计信息关注的重点(即分析目标)及使用的分析方法等也就不尽相同。财务报表分析这门课程不仅要讨论财务报表分析的一般目标与一般方法,还要分别研究不同的利益相关人、不同的分析目标与分析方法。

关于财务报表分析的概念,美国南加州大学教授沃特·B. 梅格斯(Water B. Meigis)认为,财务报表分析是搜集与决策有关的各种财务信息,并加以分析与解释的一种技术。美国纽约市立大学利奥波克·贝姆斯坦(Leopokl Bemstein)认为,财务报表分析是一种判断的过程,旨在评估企业现在或过去的财务状况及经营成果,其主要目的在于对企业未来的状况及经营业绩进行最佳预测。台湾政治大学教授洪国赐等认为,财务报表分析以审慎选择财务信息为起点,并将其作为探讨的根据;以分析信息为重心,以揭示其相关性;以研究信息的相关性为手段,以评核其结果。

综上所述,财务报表分析是以会计核算、报表资料及其他相关资料为依据,采用一系列专门的分析技术和方法,对企业等经济组织过去和现在有关筹资活动、投资活动、经营活动的偿债能力、盈利能力、营运能力和发展能力状况等进行分析与评价,为企业的投资者、债权人、经营者及其他关心企业的组织或个人了解企业过去、评价企业现状、预测企业未来,做出正确决策提供准确信息的经济应用学科。

其实,财务报表分析的概念有狭义与广义之分。狭义的概念是指以企业财务会计报告反映的财务指标为主要依据,通过对财务会计报告数据进一步加工与分析,生成新的数据,进而对企业在运营过程中的利弊得失,以及企业的财务状况和经营结果进行评价和剖析,为报表使用者投资判断和决策提供重要财务信息的一种分析活动。广义的概念即在此基础上增添行业分析、企业战略分析、企业环境分析、企业发展前景分析和资本市场分析等内容。财务报表分析概念体系如图1-1所示。

从图1-1中可以看出,狭义的财务报表分析以财务报表为基础进行分析解读,其主要目标是揭示企业的现实价值,但这并不是其最终目的。只有在狭义的财务报表分析的基础上,结合企业内部环境和外部环境的分析,运用一定的分析方法,才能对企业未来进行有效的预测分析。报表使用者不仅关心企业的过去和现在,更关心企业的未来。

1.2.2　财务报表解读与分析的主体及目标

财务信息与决策密切相关,它是决策过程中不可缺少的依据。由于进行财务报表分

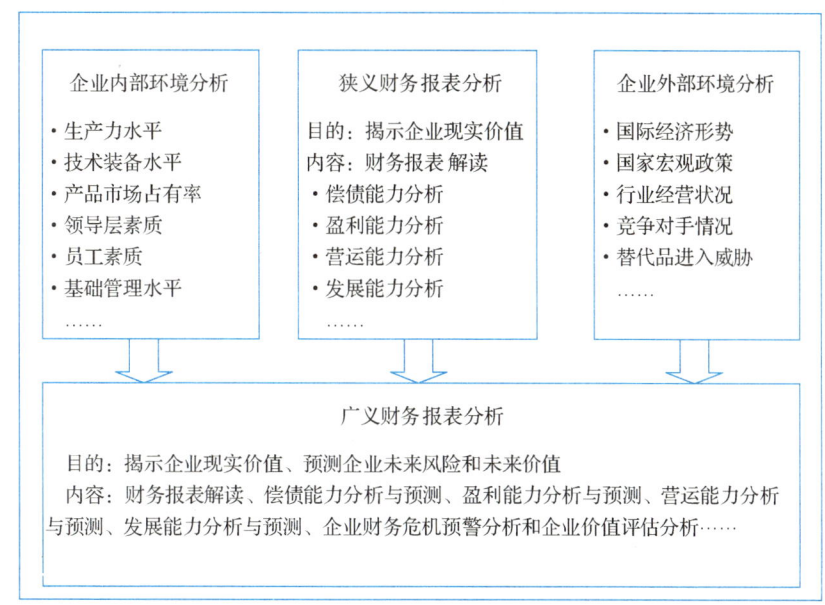

图 1-1 财务报表分析概念体系

析,并做出决策的主体各不相同,其进行财务报表分析的目标也各不相同。

财务报表分析的主体是指与企业存在一定的现时或潜在的经济利益关系,为特定的目的对企业进行财务报表分析的单位、团体和个人。一般而言,与企业有着经济利益的方方面面都会成为企业财务报表的用户,他们站在各自的立场上,为了各自的目的,对企业的财务状况、经营成果及现金流量进行分析和评价。多方用户均一起构成财务报表分析的主体,包括企业所有者、企业贷款人、企业经营管理者、供应商和客户、政府部门、职工、竞争对手及潜在投资者等。财务报表分析的主体与目标有以下几个方面。

1. 企业所有者

按照现代企业理论,股东或业主是企业的所有者,拥有企业净资产的所有权,他们与企业经营者之间是委托代理关系。由于现代企业所有权与经营权的分离,作为委托代理关系的委托人,一方面,有权要求企业提供有关财务信息,了解企业财务状况、经营成果及现金流量,对其投资风险和投资回报做出估计和判断,为投资决策提供依据;另一方面,委托人需要选择优秀的经营管理者从事企业的经营活动,通过财务信息对企业经营者受托责任的履行情况进行分析,评价得出的结论是选择经营管理者的有效依据。因此,企业所有者是最重要的主体,他们对企业的投资回报及投资风险最为关注。一般投资者更关心企业提高股息、红利的发放水平。而拥有企业控制权的投资者考虑更多的则是如何增强竞争实力,扩大市场占有率,降低财务风险和减少纳税支出,追求长期利益的持续、稳定增长。另外,对于上市公司的股东而言,他们还关心公司股票的市场价值,关心其在二级市场上的投资收益和风险。

著名投资人巴菲特的主要经验就是:当企业的市面价格低于其价值时就投资。他认为:买股票不在于整个市场的涨跌,而在于所要买的股票价格是否比企业的价值低,投资股票本质上是选择企业,核心问题是判断企业到底值多少钱,即所谓的选股,它是由企业财务会计报告信息决定的;而不应是选市,选市是尽可能选择较低的市价进入市场,它是

由股票总体供求关系决定的,而不是由企业业绩决定的。因此,投资者的财务报表分析目标为:

(1) 了解企业的盈利能力和投资报酬率。
(2) 了解企业财务分配政策和股利分配率的高低。
(3) 了解企业的财务结构、资产结构和财务规划,预测企业未来发展趋势。

2. 企业贷款人

企业贷款人包括向企业提供信贷资金的银行、公司及债券持有者等。债权人因为不能参与企业剩余收益分配,决定了债权人必须对其贷款的安全性首先予以关注。因此,债权人在进行企业财务报表分析时,最关心的是自己的贷款风险,必须判断企业是否有足够的支付能力,以保证其债务本息能够及时、足额地得以偿还。而企业的财务报表恰恰能够帮助贷款人判断企业的偿债能力,因此,贷款人需要对企业的信用和风险情况及其偿债能力进行分析。

但短期债权人和长期债权人关注的重点又有所不同。因为短期借款需动用企业当期的资产偿付,所以短期债权人关心企业的财务流动性超过企业收益性,更重视对企业短期财务状况和短期偿债能力的分析。长期贷款需要企业在数个会计年度内偿付,因此,长期债权人重视企业未来较长时间内的偿债能力的分析,要求根据企业现在的经营情况和财务状况预测其未来的经营前景、收益能力和偿付能力。

3. 企业经营管理者

按照现代企业委托代理理论,企业经营管理者受托代理企业的经营管理业务,对股东投入的资本负有保值增值的责任。他们负责企业的日常经营活动,必须确保企业能支付给股东与其风险相适应的收益,及时偿还各种到期债务,并使企业的各种经济资源得到有效利用。为满足不同利益主体的需要,协调各方面的利益关系,企业经营者必须对企业经营理财的各个方面,包括营运能力、偿债能力、盈利能力及社会贡献能力的全部信息予以详尽地了解和掌握,以便及时发现问题,采取对策,规划和调整市场定位目标、策略,以进一步挖掘潜力,为经济效益的持续稳定增长奠定基础。为此,经营者的财务报表分析目标为:

(1) 了解企业资产的收益能力和流动能力。
(2) 了解企业资产存量结构、权益结构。
(3) 预测企业未来的收益能力和流动能力。
(4) 进行财务筹资、投资决策。
(5) 评价企业各项决策的执行情况。

4. 供应商和客户

供应商是企业原材料等资源的提供者,在现代企业契约关系中,供应商是企业的经济利益关系人。在赊购业务过程中,企业与供应商形成了商业信用关系,供应商必须判断授信企业的信用状况、风险情况及偿债能力,因此,供应商和贷款人类似,对企业的信用和风险情况及其偿债能力尤为关注。

企业商品的消费者是客户,也是企业的经济利益关系人。企业在为客户提供商品和劳务的同时,也承担着商品质量担保的义务。客户关心的是企业连续提供商品和劳务的能力,希望通过财务信息了解企业销售能力和企业发展能力。

5. 政府部门

政府与企业的关系表现在多种形式上。政府一方面可以通过持有股权对企业行使全部或部分的业主权益,此时政府除了关注投资所产生的社会效应,还必然对投资的经济效益予以考虑。在谋求资本保全的前提下,政府还期望能够同时带来稳定增长的财政收入;政府另一方面对几乎所有企业实行程度不同的管制,此时政府是以社会管理者的身份利用企业财务报表,吸取对其宏观经济管理、制定宏观经济政策有用的信息。

因此,政府考虑企业经营理财状况,不仅需要了解企业资金占用的使用效率,预测财务收入增长情况,有效地组织和调整社会资金资源的配置,还要借助财务报表分析,检查企业是否存在违法违纪、浪费国家财产的问题,最后通过综合分析,对企业的发展后劲及其对社会的贡献程度进行分析考察。

6. 员工

企业的员工通常与企业存在长久、持续的关系。他们关心工作岗位的稳定性、工作环境的安全性及取得报酬的持续性和增长性。因此,他们关注企业的盈利能力及发展前景。

7. 竞争对手

竞争对手希望获取关于企业财务状况的会计信息及其他信息,借以判断企业间的相对效率。同时,财务报表分析可为未来可能出现的企业兼并提供信息。因此,竞争对手可能把企业作为接管目标,对企业财务状况的各个方面均感兴趣。

8. 潜在投资者

潜在投资者的投资目的尽管千差万别,但都是出于对投资收益和资源的有效利用的考虑。为了对自己的未来投资收益率做出合理的判断和评估,潜在投资者理所当然地会关注未来投资对象的财务状况和经营成果。

尽管不同利益主体进行财务报表分析有着各自的侧重点,但就企业总体来看,财务报表分析可归纳为三个方面:偿债能力分析、营运能力分析、盈利能力分析。其中偿债能力是财务目标实现的稳健保证,营运能力是财务目标实现的物质基础,盈利能力是两者共同作用的结果,同时也对两者的增强起着推动作用。三者相辅相成,共同构成企业财务报表分析的基本目标与内容。

在以上的讨论中,可以得出以下结论:

(1) 财务信息使用者所要求的信息大部分都是面向未来的。

(2) 不同的信息使用者各有其不同的目的,即使对待同一对象,他们所要求得到的信息也是不同的。

(3) 不同的信息使用者所需的信息的深度和广度不同。

(4) 企业财务报表中并不包括使用者需要的所有信息。

三 相关链接

财务机器人推动财务职能转换

随着大数据的发展进步,财务机器人可以把人从简单重复且大量的工作中解放出来,同时它又可以快速抓取信息,进行分析整合,辅以后台的决策支持模型,帮助企业快速进行财务分析和决策。从这个意义上来说,财务本身的职能也进行了转换,财务工作者不再是传统的记账员,仅负责真实完整地记录一家企业的经济业务活动,而是把财务工作转换为财务分析与管理的职能。

基于数字化的财务管理职能可以分为三个层面:第一层是看得到,即信息可视化,通过数据分析平台、数据抽取等方式,将信息整合到平台上,或用机器人去抓取数据整理报表,便可通过可视化的数据分析平台,轻松地看到整个企业的运营和财务状况;第二层是看得准,即基于企业、市场和行业的内外部历史数据,建立数学模型,对未来一定期间内的企业和市场情况进行预测,能够往后看,提前部署,防患于未然;第三层是看得清,即将数据分析提炼,进而支持企业决策。"如果这三层能够有机地结合起来,那么财务管理就提升到一个新的层面,这是我们对未来数字化财务的期望和理想。"朱灏说。

对企业首席财务官来说,如果要引进机器人流程自动化(RPA, Robotic Process Automation)和人工智能(AI, Artificial Intelligence)技术,他们则需要用新的思维方式对待数据分析,不能只把数据看作生成静态报告的工具,而是要利用各种数据及信息技术,实现流程任务自动化、智能化并支持管理决策。RPA 和 AI 技术帮助财务部门由传统的追溯数据分析模式转为数据预测模式,并且获取洞察以指导行动,创造价值。

(资料来源:董兴荣,姚顺意. RPA、人工智能与财务数字化——专访德勤中国科技咨询合伙人朱灏[EB/OL].(2018-03-19)[2025-05-08]. https://www.163.com/dy/article/DCFUDJ5O0519APOB.html.)

1.3 财务报表解读与分析的体系与内容

1.3.1 西方财务报表解读与分析体系

目前西方理论界,尤其是美国理论界关于财务报表分析体系的安排多种多样,从现阶段总体看,西方主要财务报表解读与分析著作基本框架与体系比较见表 1-1。

表 1-1 西方主要财务报表解读与分析著作基本框架与体系比较

序号	作者	著作	基本框架与体系
1	佩普(Palepu)、希利(Healy)和伯纳德(Bernard)	《哈佛分析框架》(2020)	◇ 战略分析 ◇ 会计分析 ◇ 财务分析 ◇ 前景分析
2	利奥波德·伯恩斯坦(Leopold Bernstein)等	《财务报表分析》(2020)	◇ 概论 ◇ 会计分析 ◇ 财务分析
3	埃里克·A.海尔菲特(Erich A. Helfert)	《财务分析技术:价值创造指南》(2021)	◇ 概论 ◇ 经营分析 ◇ 投资分析 ◇ 筹资分析 ◇ 价值评估分析

(续表)

序号	作 者	著 作	基本框架与体系
4	罗伯特·C. 希金斯（Robert C. Higgins）	《财务管理分析》（2019）	◇ 评估企业财务健康状况 ◇ 未来的财务工作 ◇ 筹资运作 ◇ 投资机会评估
5	马丁·弗里德森（Martin Fridson）等	《财务报表分析》（2016）	◇ 读懂财务报表 ◇ 基本财务报表解读 ◇ 利润的深入分析 ◇ 预测与证券分析

1. 战略分析、会计分析、财务分析和前景分析体系

这一分析体系，从时间角度来说包括企业的过去、现在和将来；从分析的广度来说包括对企业战略、会计、财务、前景的分析；从分析的深度来说，它不仅仅是对报表数字的分析，也是结合战略、环境对财务数据合理性的深度分析。

（1）战略分析。企业战略从整体上决定企业未来发展方向并为实现企业目标服务，所以战略分析是企业财务分析的出发点，战略分析作为非财务信息是对传统财务分析的补充，也是哈佛分析框架的独特之处，通过对企业战略的分析，可以为外部利益相关者提供关于企业目标、发展趋势、市场格局等相关信息。战略分析在一定程度上反映企业管理现状，可以作为评价企业管理水平的依据，进而为财务分析奠定基础。

（2）会计分析。财务报表分析结果的可靠性在很大程度上取决于公司披露的会计信息的真实性及可靠性，所以会计分析将成为企业财务分析不可忽视的重要组成部分。会计分析应将重心放在分析企业运用会计及财务管理原则的恰当性和企业对会计处理的灵活程度。企业财务报表附注可以提供关于会计政策与会计估计运用恰当性的有效证据。另外也可以通过对行业、竞争对手、外部宏观经济环境的剖析来判定企业财务数据的真实性。根据分析结果重新调整财务报表中的相关数据以消除异常数据。

（3）财务分析。在对企业进行会计恰当性分析，并得出调整后的会计数据，之后，就可以对针对会计报表进行财务分析，哈佛分析框架下的财务分析并不是单纯分析企业财务数据，而是结合企业所处的行业环境及企业发展战略解释财务数据异常的原因。在进行财务分析时应重点关注财务指标或财务数据在某一时点的异常变化，分析产生变化的原因。分析财务数据异常变化时可以在会计分析的基础上进行，会计分析所提供的关于会计数据真实性的有效证据可以作为财务异常分析的基础。

（4）前景分析。前景分析不同于传统财务报表分析中的企业发展能力分析，企业未来的发展前景是企业战略定位、产业环境及企业财务能力综合的结果，而不仅仅是从财务指标增长率来评价。分析企业发展前景时应注重企业能否发挥自身技术优势以及企业与竞争对手的竞争能力。具备较强竞争能力的企业即使短期业绩达不到预期，从长期来看依然具有较好的投资前景。

这种分析体系的典型代表由哈佛大学佩普、希利和伯纳德三位学者提出，他们认为，财务分析不应只分析报表数据，而应该站在战略的高度，结合企业内外部环境，并在科学预测的基础上为企业未来发展指明方向。

2. 经营分析、投资分析、筹资分析和价值评估分析体系

这种体系的概论部分主要论述财务分析的内涵,通常从企业筹资活动、投资活动和经营活动三个方面引出分析目的、分析资料及分析内容。在此基础上从经营分析、投资分析、筹资分析、价值评估分析几个方面,应用相应的分析方法进行系统分析与评价。

这种体系的典型代表是哈佛大学教授埃里克 A. 海尔菲特所著的《财务分析技术：价值创造指南》一书。其基本体系包括概论、经营分析、投资分析、筹资分析和价值评估分析等几部分。具体包括财务管理的系统背景、管理经营资金、企业业绩评估、财务需求预测、企业系统动态与增长、现金流与货币时间价值、投资决策分析、资本成本与企业决策、融资选择分析、价值评估与企业业绩以及为股东价值而管理等内容。

3. 读懂财务报表、基本财务报表解读、利润的深入分析、预测与证券分析体系

这种体系的读懂财务报表部分主要论述财务报告的逆向选择性,包括财务报告的目标、推理中的缺陷、小利润与"洗大澡"、最大化增长预期、掩饰或有事项、保持怀疑态度的重要性等。基本财务报表分析包括对资产负债表、利润表和现金流量表三大报表的分析。利润的深入分析包括利润是什么、收入的确认、费用的确认、税息折旧及摊销前利润的应用与局限、审计和披露的可靠性、并购会计、舞弊能否被识破等内容。预测与证券分析包括预测财务报表、信用分析和所有者权益分析等。

这种体系的代表作为马丁·弗里德森所著的《财务报表分析》。马丁·弗里德森是法国巴黎投资合伙公司的全球信用策略分析师,凭借在所罗门兄弟、摩根士丹利和美林经纪公司长达 25 年的从业经验,他以信用分析和投资策略方面的创新性工作而在业界闻名。他曾担任固定收益分析师协会总裁、投资管理与研究协会(现为 CFA 组织)总裁,以及纽约证券分析师协会主席。

1.3.2 当前我国财务报表解读与分析体系

我国财务报表分析经过几十年的演变和发展,虽然也还没有形成统一的分析体系,但目前已逐步形成相对集中的几个体系,详见表 1-2。

1. 概论、能力分析、综合分析和价值评估体系

这一体系的概论部分主要论述财务分析的目的、内容、方法和报表概览;能力分析包括偿债能力分析、营运能力分析、盈利能力分析、发展能力分析、竞争能力分析和防范风险能力分析等;综合分析包括杜邦分析法、沃尔评分法、经济增加值分析和平衡计分卡分析;价值评估包括财务分析与价值评估、财务分析与信用评估。这一体系的代表作有王化成主编的《财务报表分析》(2022)。

2. 概论、报表分析(解读)、能力分析和风险分析(预警)体系

表 1-2 国内主要财务报表解读与分析著作基本框架与体系比较

序号	作者	著作	基本框架与体系
1	陆正飞	《财务报表分析》(2020)	◇ 财务会计信息 ◇ 财务报表信息 ◇ 报表分析 ◇ 能力分析 ◇ 其他分析

(续表)

序号	作者	著作	基本框架与体系
2	王化成	《财务报表分析》（2022）	◇ 概论 ◇ 能力分析 ◇ 综合分析 ◇ 价值评估
3	黄世忠	《财务报表分析：理论·框架·方法与案例》（2023）	◇ 理论基础 ◇ 分析框架 ◇ 分析重点 ◇ 分析应用（案例分析）
4	徐光华等	《财务报表解读与分析》（2017）	◇ 财务报表分析基础 ◇ 财务报表解读 ◇ 财务能力分析 ◇ 财务危机预警分析
5	张先治	《财务报表分析：理论·框架·方法与案例》（2022）	◇ 概论 ◇ 财务报告分析 ◇ 财务效率分析 ◇ 财务综合分析与评价
6	张新民	《战略视角下的财务报表分析》（2023）	◇ 财务报表 ◇ 资产负债表：基于传统的分析 ◇ 资产负债表：基于战略的分析 ◇ 利润表分析 ◇ 现金流量表分析

这一体系的概论部分包括财务分析理论、方法和信息基础；报表分析（解读）部分包括资产负债表阅读与分析、利润表阅读与分析和现金流量表阅读与分析，或者筹资活动分析、投资活动分析、经营活动分析和分配活动分析；能力分析部分包括盈利能力分析、营运能力分析、偿债能力分析和增长（发展）能力分析；风险分析（预警）部分包括财务预测分析和企业价值评估，或者财务预测分析、财务危机预警分析、企业价值评估和若干特殊问题分析等内容。代表作有陆正飞的《财务报表分析》（2020）和徐光华等的《财务报表解读与分析》（2017）等。

3. 概论、基于战略的三大表分析体系

这一体系的概论阐述了企业设立、经营与财务报表、企业基本财务报表及其主要构成和财务报表的比率分析方法。代表作有张新民的《战略视角下的财务报表分析》（2023）。

4. 理论基础、分析框架、分析重点和分析应用体系

这一体系的理论基础阐述了信息不对称理论、经典研究学派与财务报表分析、市场基础研究学派与财务报表分析和实证会计研究学派与财务报表分析等内容。分析框架部分包括财务报表粉饰与识别、财务报表分析逻辑切入点和财务报表分析逻辑框架，其中财务报表分析逻辑框架包括战略分析、会计分析、财务分析和前景分析。分析重点包括资产分析、负债与股东权益分析、收入分析、成本与费用分析和现金流量分析。分析应用则是对典型案例所绩效的分析。这一体系以黄世忠的《财务报表分析：理论·框架·方法与案例》（2023）为代表。

1.3.3 本书财务报表解读与分析体系

本书在研究、借鉴以美国为代表的西方财务报表分析体系与内容的基础上,同时吸收现代企业管理相关理论,结合我国企业财务报表解读与分析实际,提出了"理论基础、财务报表解读、财务能力分析和财务衍生分析"四个模块组成的"大厦模式"财务报表解读与分析体系。其中,"财务报表解读"和"财务能力分析"为主体内容和核心内容,理论与方法为基础内容,财务衍生分析为辅助内容,四部分构成财务报表解读与分析的"大厦模式"(见图 1-2)。其内在逻辑关系为:首先在"理论基础"上进行财务报表解读,然后在"财务报表解读"基础上进行"财务能力分析",最后在"财务能力分析"的基础上进行"财务衍生分析",四个部分有机组合,构成财务报表分析的"大厦"。

1. 理论基础

财务报表解读与分析理论基础要解决的是:为什么分析、分析什么、怎样分析以及依据什么分析等问题。财务报表解读与分析基本理论、财务报表解读与分析基本方法构成了财务报表解读与分析理论基础的整体构架。

财务报表解读与分析基本理论包括界定财务报表分析内涵、目的;探索财务报表分析产生与发展的影响因素,说明财务报表分析的供给与需求对财务报表分析发展的促进及影响;介绍与评价西方财务报表,解读与分析体系与内容,了解西方财务报表分析发展动态及现有状况;构建我国财务报表分析体系与内容。

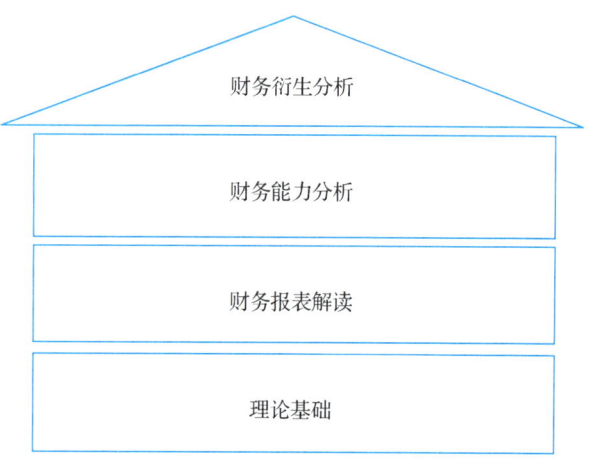

图 1-2 "大厦模式"财务报表解读与分析体系

2. 财务报表解读

财务报表解读是财务报表解读与分析核心内容之一,只有在正确、透彻地解剖与阅读财务报表的基础上,才能对财务报表进行更深入地分析与剖析,也才能对企业作出更准确的诊断,进而作出更科学的预测和决策。

财务报表解读主要是对"三大表"的解剖与阅读,即资产负债表解读、利润表解读和现金流量表解读:

(1) 资产负债表解读包括对资产结构的解读与分析、资产负债质量的解读与分析、资产负债趋势的解读与分析。

(2) 利润表解读包括利润的解读与分析、利润质量的解读与分析、利润趋势的解读与分析。

(3) 现金流量表解读包括现金流量结构的解读与分析、现金流量质量的解读与分析、现金流量趋势的解读与分析。

3. 财务能力分析

财务能力分析主要是分析企业财务运行状况及运行效果。通常企业财务状况可从偿债能力状况、营运能力状况、盈利能力状况和发展能力状况四个方面来体现。因此本部分包括偿债能力分析、营运能力分析、盈利能力分析、发展能力分析和财务综合能力分析五个方面内容,可以称作"五力分析模型":

(1) 偿债能力分析。偿债能力分析包括企业短期偿债能力分析和长期偿债能力分析两部分。短期偿债能力分析即在明确影响短期偿债能力因素的基础上,通过对流动比率、速动比率等指标的计算与分析,评价企业的短期偿债能力状况。长期偿债能力分析,则主要通过对资产负债率等指标的计算与分析,评价企业的长期偿债能力及其财务风险性程度。

(2) 营运能力分析。首先对全部资产营运能力进行分析;然后分别对流动资产营运能力和固定资产营运能力进行分析。流动资产营运能力分析是企业营运能力分析的重点,主要包括对流动资产周转率的分析、对各项流动资产周转率分析及流动资产周转加速对资产及收入的影响分析。

(3) 盈利能力分析。首先对一般企业资本经营盈利能力进行比率分析与因素分析;其次对资产经营盈利能力进行分析;最后分析商品经营能力并影响盈利能力的关键因素主营业务利润进行因素分析。

(4) 发展能力分析。主要是对企业发展能力指标进行分析,包括持续盈利能力、商誉竞争力和人力资源竞争力等。

(5) 财务综合能力分析。主要是通过沃尔比重分析法、杜邦分析法和帕利普分析法等不同方法对企业综合能力进行分析。

4. 财务衍生分析

财务衍生分析主要是对日常经营活动、投资活动和筹资活动所衍生的财务活动所进行的解剖与分析,也是财务报表解读和财务能力分析以外的衍生分析。本书所述财务衍生分析主要包括企业财务危机预警分析和企业价值评估分析。

(1) 企业财务危机预警分析,是以企业的财务报表及其他相关的经营资料为依据,根据相关管理理论,采用定性与定量相结合的方法,对企业在经营管理活动中的潜在风险进行跟踪与监控,尽早发现危机信号,将企业所面临的危险情况预先告知企业经营者和其他利益关系人,并分析企业发生财务危机的原因和企业财务运营体系隐藏的问题,以提早着手实施预控的过程。其主要内容包括财务危机预警的基本模型与方法和财务危机预警系统设计。

(2) 企业价值评估分析,简称企业价值评估或价值评估,是一种经济评估方法,是指在所获取的信息(包括原始信息和加工整理后的信息)的基础上,利用价值评估模型对资产的内在价值进行估算的过程。其主要内容包括以现金流量为基础的价值评估、以经济利润为基础的价值评估和以价值比为基础的价值评估三种基本方法。

> **相关链接**
>
> **怎样成为优秀财务分析师**
>
> 一名优秀的财务分析师的七个品质列示如下。
>
> **1. 理解重要性概念**
>
> 优秀的财务分析师能够以不完整的信息和感觉——一种经过训练的直觉,即信息何时相关以及何时不相关的感觉来得出结论。在某些情况下信息是可以量化的,在其

他情况下信息更为抽象或难以量化。

2. 善于使用电子表格和数据库

优秀的财务分析师知道如何应用电子表格和数据库提供的工具来凝聚不相干数据、解决问题以及向管理层演示信息。全方位地使用这些工具的经验不如理解它们以及明白应在何时使用它们的意识重要，尽管对数据透视表和查询设计的牢固理解也很有用。此外，了解将向其报告的工作人员的需要和个人风格是很重要的。

3. 理解管理会计并学以致用

我们在课程中学到了许多有价值的概念，但是多数财务分析师没有在工作中完全利用它们。优秀的财务分析师记得这些概念并且能够应用它们。例如，负责部门预算的分析师长于运用偏差分析和基于作业的成本（ABC）技能。那些资本密集行业的分析师长于应用投资回报和盈亏平衡分析，而那些开发增长战略的分析师会运用边际贡献和增量成本分析。统计方法通常会被忽略，而优秀的财务分析师会灵活地使用统计方法来定位数据样式。

4. 穿行于公司财务系统和非正式人际网络

优秀的财务分析师了解其公司的财务系统，包括总账、销售、存货等等，以及它们所包含的数据限制，而他们能从中剥离数据以在电子表格和数据库中进一步分析，知道向谁寻求帮助和答案，这和了解财务系统是一样重要的。非正式人际网络不跟随公司的命令链，所以财务分析师首先可能要打几个电话以识别能够提供帮助的人，但是这些网络一旦建立起来就非常有效。由于它们需要非常不同的才能，一个人很难同时具备技术技能和人际交往技能，但是每一种技能都可以通过学习、专注和实践来发展。

5. 扎实理解公司产品、市场和流程

优秀的财务分析师能够通过理解其分析结果如何与业务有关来增加价值。知道公司的主要收入来源（产品、顾客）、关键计算机系统、工作流程和地理分布将提供对于应分析的收入和支出的组成部分的洞察力。如一位知道公司收入的30%源自一种产品的分析师将非常密切地监控这种产品的销售额并且在做财务预测的时候与产品经理保持不间断的联系。

6. 主动、持续完善自我业务水平

优秀的财务分析师总是寻找方法以使工作更高效，并追求会增强他们的能力的培训，例如学习更高效地运用分析工具。优秀的分析师对当前的完善并不满足并且总是希望增强其自身业务水平，所以他们寻求如何完善现有流程的建议。

7. 分析时洞察问题的能力

许多分析师一心想着完成报告，急于完成任务。而优秀的财务分析师则会避免自己陷入这种浮躁。他们不仅会为了保证精确而花费时间复核报告，还将确定报告到底对业务有何影响。当其递交分析报告的时候，他们会将观察的任何问题和信息传导给管理层。优秀的分析师将其工作视为分析过程而不仅仅是报告，如果要做到出类拔萃，就应按照这个标准去做。

（资料来源：詹姆斯 J.瓦伦丁.证券分析师的最佳实践指南[M].王洋,译.北京：机械工业出版社,2012.）

本章小结

企业财务报表是集中反映企业一定时期经营活动、投资活动和筹资活动等各类财务信息的载体,财务信息是企业日常经济活动中最重要的信息资源,而财务报表解读与分析则是研究如何利用财务信息进行科学决策的一门科学与艺术。

财务报表分析是以会计核算和报表资料及其他相关资料为依据,采用一系列专门的分析技术和方法,对企业等经济组织过去和现在有关筹资活动、投资活动、经营活动的偿债能力、盈利能力、营运能力和发展能力状况等进行分析与评价,为企业的投资者、债权人、经营者及其他关心企业的组织或个人了解企业过去、评价企业现状、预测企业未来,作出正确决策提供准确信息的经济应用学科。财务报表分析自产生至今已有100多年的历史,不同时期,其分析的重心也有所不同,从最初的信用分析、投资分析到内部分析。

财务信息与决策密切相关,它是决策过程中不可缺少的依据。由于进行财务报表分析,并作出决策的主体各不相同,因此,他们对财务报表分析的目标也各不相同。

本书在研究、借鉴以美国为代表的西方财务报表分析体系与内容的基础上,同时吸收现代企业管理相关理论,结合我国企业财务报表分析实际,提出了"理论基础、财务报表解读、财务能力分析和财务衍生分析"的财务报表分析体系,四部分构成财务报表分析的"大厦"。

 ## 复习与练习

讨论题

1. 什么是财务报表分析?为什么要对财务报表进行分析?
2. 财务报表分析是如何产生和发展的?不同时期有何不同特点?
3. 财务报表分析的各个主体有哪些?他们各自要达到什么目的?
4. 各种财务报表分析的体系有哪些相同与不同之处?
5. 你认为掌握财务报表分析的原理与方法有何用途?当今著名的财务报表分析专家有哪些?他们各自有何特点和影响?

 ## 案例分析

华为公司发布 2023 年年度财务报告

华为于2024年3月29日发布了其2023年年度财务报告,报告显示,华为整体经营情况符合预期,实现全球销售收入7 042亿元人民币,净利润870亿元人民币。信息通信技术(information and communication technology,ICT)基础设施业务保持稳健,终端业务表现符合预期,云计算和数字能源业务实现了良好增长,智能汽车解决方案业务开始进入规模交付阶段。华为重视研究与创新,2023年研发投入达到1 647亿元人民币,占全年收入的23.4%,近十年累计投入的研发费用超过11 100亿元人民币。

轮值董事长胡厚崑表示:"2023年集团整体经营情况符合预期,过去几年,华为经历了重重考验,也在挑战中不断成长。正是客户、伙伴和社会各界的信任与支持,帮助了华为生存与发展。"

2023年,华为ICT基础设施业务实现销售收入3 620亿元人民币,同比增长2.3%;终端业务实现销售收入2 515亿元人民币,同比增长17.3%;云计算业务实现销售收入553亿元人民币,同比增长21.9%;数字能源业务实现销售收入526亿元人民币,同比增长3.5%;智能汽车解决方案业务实现销售收入47亿元人民币,同比增长128.1%。

面向未来,华为将持续投入,开放创新,推动技术进步与产业升级。坚持"以质取胜"的管理方针,把质量打造成核心竞争力。面向950万名开发者、4.6万生态伙伴,秉持"开放、利他"的理念,聚焦做好ICT核心技术与复杂软硬件平台能力的构筑,加速开放平台能力,与生态伙伴实现互利共赢。

胡厚崑强调:"2024年,新的征程已经开启,我们将坚持开放创新,繁荣生态,以质取胜,为客户和社会创造更大价值!感谢每一位同行者,前行的路上,我们一起创造不凡,携手共建万物互联的智能世界!"

2023年年报中的财务报表经独立审计师毕马威(KPMG)审计。如需下载年报,请访问 https://www.huawei.com/cn/annual-report/2023。

问题:

请你下载阅读华为公司2023年年度财务报告,谈谈自己的初步感想。

第 2 章 财务报表分析程序与方法

> 成功= 艰苦劳动+ 正确方法+ 少说空话。
>
> ——爱因斯坦

学习目标

1. 了解财务报表分析的程序与步骤；
2. 理解战略分析的原理与思路；
3. 掌握财务报表分析的一般方法。

引 言

打击资本市场财务造假是证券监管执法的重点。随着查处力度的加大，多起上市公司重大财务造假案件在 2024 年浮出水面。据《财经》杂志不完全统计，截至 2024 年 12 月 25 日，2024 年以来因虚增营业收入且收到《行政处罚决定书》的公司约 34 家，虚增营业收入合计约 6 314 亿元。按照虚增营业收入排名，前十家公司均超 30 亿元，前三家公司均超百亿元。其中，恒大地产两年虚增收入超 5 600 亿元，震惊市场。《财经》杂志梳理上述案件发现，收入确认不合理、虚构业务、第三方配合业务空转等，是这些公司虚增收入的主要手法。

如果投资者能够运用正确的方法对这些公司财务报表进行分析，比如比率分析、动态分析、结构分析、行业比较分析，那么，相当一部分财务造假应该可以被投资者发现，并能够及时止损。

（资料来源：财经）

2.1 财务报表分析的程序与步骤

财务报表分析程序也称财务报表分析的一般方法，是指进行财务报表分析时所要遵循的一般规定和程序。财务报表分析程序是进行财务报表分析的基础，它为财务报表分析工作的具体展开提供了规范的行为路径。

不同的学者对于具体的步骤和程序可能有不同的选择，但一般分为四个阶段：①财务报表分析信息收集和整理阶段；②财务报表战略分析和会计分析阶段；③财务报表分析实施阶段;④财务报表分析综合评价阶段。

2.1.1 财务报表分析信息收集和整理阶段

财务信息的收集和整理阶段主要完成三个任务:确定要收集哪些财务数据;确定以怎样的程序来收集这些数据;执行既定的程序。

1. 确定要收集哪些财务数据

财务报表分析目的决定了需要哪些相关财务数据。同样,相关人员也只有明确了财务报表分析的目的才能有效地、正确地寻找到相关的财务数据。

2. 确定以怎样的程序来收集这些数据

在明确了要收集哪些数据后,应制订相应的具体收集计划,包括人员的安排、时间的调控、其他资源的调度以及拟采用的财务报表分析技术和路径。这个步骤是保证后续财务报表分析步骤合理、有效地展开的必要铺垫。对于一些复杂的、大型的财务报表分析项目,一般应用书面的形式订立相应的程序和计划,而对于简单的项目则可以用草图、口头说明等方式,但一般不应跳过该步骤直接进入实施阶段。

3. 执行既定的程序

程序的执行是计划的一个延伸,但不是一维单向的延伸。当在执行的过程中发现计划的不足之处时应该做相应的调整。另外,很多的财务报表分析信息并不是随时随地就能够取得的,因此相关人员平时也要注意对相关财务信息的积累。

2.1.2 财务报表战略分析和会计分析阶段

1. 战略分析

在明确了收集什么信息以及怎么收集的基础上,财务报表分析应进入企业战略分析阶段。所谓的战略分析就是对拟进入的行业的整体形势进行分析,或者是针对企业的竞争对手制定战略层面的策略时所需要进行的分析和规划。

在行业选择方面,分析的目的主要是定性或者定量地考察某一行业的(潜在的)平均利润率,分析的基本依托理论则一般是波特的"五力"模型。

在竞争策略的制定方面,主要是要寻找到适合企业的基本战略。在这方面使用较为广泛的是波特的三种基本竞争模式的理论。

企业战略层面的分析对企业的后续分析有重要的意义。这是因为,一个企业的战略行为能够在宏观的层面影响到企业的微观战术层,从而影响到企业的方方面面。同时一个好的战略分析,也使得后续的会计分析更有方向感。

2. 财务报表会计分析

会计分析的目的在于评价企业的财务业绩和其实际的经营状况之间的配比的程度。换句话说,就是看企业的财务数据是否真实、完整地反映了企业的经营过程和经营成果。会计分析是财务报表分析的基础,对于在会计分析中发现的企业财务数据失真之处,应对其加以调整使其更能反映企业的真实经营状况。

2.1.3 财务报表分析实施阶段

1. 财务指标分析

对财务指标进行分析是财务报表分析的一项重要途径。会计信息在综合性上的突出特点,使得财务报表分析能够通过挖掘会计信息的内涵来窥探到企业的真实经营信息。

不同的财务报表分析目标会导致主体使用不同的财务指标来进行相关分析。对于权益投资人来说,资产的保值和增值是最为重要的,因此资本收益率、总资产回报率以及每股股利等都是他们较为常用的指标。而对于债权人来说,贷款的风险是其最为关注的领域。因此,作为债权人一般更多地使用长期或短期的偿债能力指标,如流动比率、速动比率等。

2. 基本因素分析

基本因素分析是要在财务指标分析的基础上,通过替代等数学手段,揭示某些财务指标变化的原因。

但要说明的是,会计信息并不能完全地反映一个企业经营的原貌,因此基于会计信息的财务报表分析也不可能对企业经营过程中产生的所有问题都给出一个完整的答案,因此,基本因素分析法所揭示的财务指标变动的原因并不一定是唯一的,也不一定是根本的,而只是从财务的视角给出的一个解释。

2.1.4 财务报表分析综合评价阶段

财务报表分析综合评价阶段的主要任务是延续财务报表分析执行阶段的工作。在财务报表分析阶段,由于在分析执行阶段大量采用指标分析和比率分析的方法,在得到有用的数据的同时也使得财务报表分析的结果偏重某一具体的事件而缺少综合性。而财务报表分析的综合评价阶段就是要将财务报表分析阶段的不同指标综合在一起考察,以得出正确的财务报表分析结论。

在这个阶段,企业不但要对现有的经营情况加以分析,还要对企业未来的发展趋势加以预测和评价。

最终,在财务报表分析的综合评价阶段应给出财务报表分析报告。

2.2 战略分析和报表分析

2.2.1 战略分析

战略分析是指对行业所处的国民经济宏观环境、行业内微观环境以及用户进行的一种综合调查分析。战略分析能较为准确地预测今后行业的发展趋势。企业要进行战略分析,不仅要收集各种宏观经济信息,还要收集大量的行业、公司信息。

1. 对企业基本面的战略分析

(1) 对行业生命周期的分析。一个行业总有其自己的生命周期,一般行业的生命周期分为成长阶段、发展阶段、成熟阶段和衰退阶段。对行业的生命周期划分可以运用一些行业统计数据,譬如进入成本、竞争程度等。成长阶段的进入成本和竞争程度都较低,而成熟阶段的进入成本和竞争程度相对较高,发展阶段则处于二者之间。一般来说,如果行业进入衰退阶段,除非出现新产品或者进行行业结构调整,否则整个行业的企业都会面临困境。对企业所处行业周期的分析有助于了解该行业的发展前景以判断企业的发展前景。如果企业所属行业处于发展阶段,则其财务状况有进一步改善的空间;如果是处于衰退期,即使目前财务状况尚好,也存在着财务风险。

(2) 对行业竞争程度的分析。行业竞争可以分为现有同业竞争和潜在竞争(来自准备进入本行业的企业的竞争),对于处在成熟阶段的行业来说,潜在竞争的可能性相对要小些,因为这个时期的行业竞争激烈,进入成本较高。而在分析成长阶段和发展阶段的行业竞争程度时,就要充分考虑来自潜在对手的竞争。

一般来说,竞争激烈的行业,各个企业的各项财务指标趋于一致,一家企业也很难长期处于领先地位。而在成长阶段的行业,由于竞争度不强,企业有可能由于技术领先等原因在财务上领先于同业水平。对于一些即将进行经营业务行业结构调整的企业来说,分析其即将进入的行业竞争程度以及进入成本是分析其结构调整是否成功的一个关键因素。

(3) 相关法律、政策环境分析。相关的法律和政策环境对一个行业的发展有着重要的影响,同时也影响着企业的生存环境,并会直接或者间接地体现在企业的财务报告中。企业如果处于法律和政策限制的行业,那么企业的发展将受到极大的消极影响;如果处于国家鼓励发展的行业,则企业可能享受诸如税收等多方面的支持。

2. 对企业行业地位的分析

一个企业无论处于何种行业,分析其行业地位对了解其竞争力、发展状况进而分析其财务状况有着重要的意义。而一个企业的行业地位主要体现在以下几个方面:

(1) 市场占有率。一个企业的竞争力最终要体现在市场上,而市场占有率则是一个强有力的指标,一系列表现优异的财务指标必须要有一定的市场占有率作为支撑。

(2) 技术领先度。在技术上的领先度尤其是在行业核心技术上的领先度决定了企业的行业地位。无论是对于传统的工业企业还是对于新兴的高科技产业,技术上的领先和创新是企业价值增长的主要驱动因素。

(3) 生产规模。一般而言,处于行业领先地位的企业生产规模较大。但是生产规模大并不必然导致行业领先。生产规模的扩大可能会产生积极的规模效应,但是同时也要注意其有可能产生的管理失控以及费用增加等问题。

(4) 管理团队的优渥度。一个良好的管理团队可能对企业的发展起着不可替代的加速作用。良好的管理团队有利于企业生产效率的提高、成本费用的有效控制以及管理效率的完全释放。

(5) 获利能力分析。对企业进行获利能力的分析有助于发现企业收入及利润上升或下降的转折点。通过对企业进行供给与需求的分析和预测,可以预测和判断企业的未来利润。一般而言,如果企业产品的供给和需求同时增长,企业的收入和利润就处于增长趋势,而若同时下降,则企业的收入就应处于下降趋势。一个企业要投资扩大产能或增加供给的关键是能否获利。

企业的收入和利润在很大程度上依赖于产品的价格,而影响产品价格的主要因素是:产品市场的划分方式;行业集中度;行业进入的难易程度;产品主要投入要素的价格变化。一般而言,对于大多数行业,产品的市场主要是按产品品牌知名度、产品的声誉、产品的服务来划分,特别是产品质地差别不大的行业更是如此。这些划分要素,往往也是产品价格的决定因素之一。在以品牌划分的市场,名牌产品的价格总要比其他产品高出一定的幅度。

决定企业盈利能力的另一个重要因素是相关产品的生产和经营成本。每一个企业都在很大程度上依赖于一两个关键的投入要素,这些要素的价格往往是企业产品成本的主要构成要素,而它们价格的变化将严重影响企业产品的生产成本和利润。因此,企业关键投入要素价格的变化,是影响企业产品的生产成本、价格和利润的重要因素,也是企业获利能力及行业分析的重要分析内容。

2.2.2 战略分析理论

1. 企业战略分析历史沿革

企业的战略分析分为早期的战略理论、传统企业战略理论和竞争战略理论三个阶段。

1) 早期的战略理论

早期的战略理论尚未形成完整的战略理论体系,但已形成了一定的战略思想。波特对此曾做过精辟的概括,总结了早期战略思想的三种观点。

(1) 企业战略思想的第一种观点。1916年,法约尔首次发表了论文《工业管理与一般管理》(此文后于1925年作为著作正式出版)。在此文中,法约尔强调了管理的普遍性,即管理在所有机构(包括政治、宗教)运行中的重要作用,这种普遍性克服了管理只局限于工厂的狭隘观点,把对管理的研究作为一个项目独立出来。法约尔对管理的研究成果主要表现为创立了管理理论,这一理论的核心是对管理原则和管理要素的论述,该理论是最早出现的企业战略管理思想。

(2) 企业战略思想的第二种观点。1938年,巴纳德在《经理人员的职能》一书中,首次将组织理论从管理理论和战略理论中分离出来,认为管理和战略主要是与领导人有关的工作。此外,他还提出管理工作的重点是注重组织的效能,即如何使企业组织与环境相适应。这种关于组织与环境相"匹配"的主张成为现代战略分析方法的基础。

(3) 企业战略思想的第三种观点。20世纪60年代,哈佛大学的安德鲁斯对战略进行了四个方面的界定,将战略划分为四个构成要素,即市场机会、公司实力、个人价值观和渴望、社会责任。其中市场机会和社会责任是外部环境因素,公司实力与个人价值观和渴望则是企业的内部因素。他还主张公司应通过更好地配置自己的资源,形成独特的能力,以获取竞争优势。

2) 传统企业战略理论

1962年,美国经营史学家钱德勒发表了《战略与结构》。在该文中,他首次分析了环境、战略和组织结构之间的相互关系,认为企业经营战略应当适应环境,满足市场需求;而组织结构又必须适应企业的战略需要,依战略的变化而变化,即"结构跟随战略"。

1965年,安索夫的《公司战略》出版,对企业成长的基本原理、理论和程序进行了研究,初步形成了企业战略管理研究的框架。在该书中,安索夫提出了重要的"战略四要素"学说,认为战略的构成要素包括产品和市场范围、增长向量、协同效应和竞争优势,并从企业增长的角度提出了战略增长矩阵学说。

1971年,安德鲁斯在其《公司战略概念》中首先引入了公司战略思想的问题,提出了在公司战略制定和执行的两阶段中公司的战略模式,并提出了公司战略规划的SWOT分析框架。

3) 竞争战略理论

1980年,哈佛大学商学院的波特教授出版了《竞争战略》一书,5年之后,又出版了《竞争优势》。在这两本专著中,波特阐明了其战略管理的思想和分析框架。他的理论是建立在产业组织经济学的"结构—行为—绩效"这一分析范式之上的。波特战略理论认为,一个产业的结构决定了该产业中企业战略的选择和实施,而战略的制订和实施又决定了企业的绩效。在对产业结构的研究中,波特提出了五种竞争力的模型,认为这五种竞争力同时决定了一个产业的平均利润率。在分析产业的基础上,波特又对企业的战略选择做了深入的研究,他认为,企业从根本上有三种可选择的基本战略,即差异化战略、成本领先战略和目标集聚战略,同时指出差异化和成本领先具有互斥性。

1986年,巴尼提出了战略要素的概念,认为战略要素对企业的竞争优势的确立有重要的作用。1991年,他又提出了企业竞争优势可持续的四个标准:价值的、稀缺的、难以模仿的、不可替代的。

1990年,普拉哈拉德和哈默尔在哈佛商业评论上发表了著名的《企业核心竞争力》一文,此文对当时的企业战略界产生了深远的影响。此后若干年,学界对企业战略的研究逐渐由企业外部条件转向了对企业内部资源的研究。

2. 竞争战略分析

1) 总成本领先战略

受益于20世纪70年代的经验曲线概念,成本领先成为当时很多企业所选择的一种基本战略。该战略的优点是能够有效地降低产品的总成本,使产品在整个产业利润很低时依旧保持相对较高的利润,从而在强大的客户威胁中保卫自己。

根据波特的理论,要获得总成本领先的优势,就要对成本的驱动因素加以控制,而成本驱动因素一般来源于以下10个方面。同时,波特在他的《竞争优势》一书中也给出了相应的控制要点。

(1) 规模经济或不经济。一项价值活动的成本常常受制于规模经济或规模不经济。规模经济产生于以不同的方式和更高的效率来进行更大范围的活动能力或产生于在更大的销售中分摊无形成本如广告费和科研费用的能力。

控制要点:一是在对规模敏感的活动中制定政策以加强规模效应;二是根据企业的偏好来利用规模经济;三是重视企业拥有优势的规模形式所驱动的价值活动。

(2) 学习的溢出。由于提高其效率,一项价值活动的成本可能随着时间的推移而下降。学习可以降低企业资产的购置成本和管理成本。学习可以通过供应商、咨询顾问和前雇员从一个企业外溢到另一个企业。

控制要点:一是利用学习曲线进行管理;二是保持学习专有;三是向竞争对手学习。

(3) 生产能力利用模式。当一项价值活动与大量的固定成本相联系时,活动的成本就会受到生产能力利用率的影响。固定成本会对产能利用率低下进行惩罚。

控制要点:企业常通过找到拉平整个价值链中产量波动的方法来提高生产能力。

(4) 联系。各种价值活动中的联系遍布整个价值链,改变其中一项活动的成本可能影响另一项活动的成本,并可能影响总成本。联系包括价值链内部联系和纵向联系两大类。

控制要点:企业如果认识到价值活动之间的联系并加以利用就能提高其成本地位。

(5) 相互关系。相互关系中最重要的形式是当一项价值活动与另一项姊妹业务单元存在共享时的关系。

控制要点:企业和其他业务单元共享价值活动或进入有着共享机会的新的经营领域时常常可以显著降低其相对成本。

(6) 整合。整合可以通过两种途径降低成本：一是避免利用市场的成本，二是利用联合作业的经济性。

控制要点：系统地考察整合和解散整合的可能性。整合和解散整合都具有降低成本的潜力。

(7) 时机选择。一项价值活动的成本常常反映了企业对时机的选择，有时企业率先行动可以获得领先优势。

控制要点：一是利用率先行动者和滞后行动者的优势，二是在商业周期中选择合适的购买时机。

(8) 独立于其他驱动因素的自主政策。自主政策能够在很大程度上影响企业的成本。

控制要点：调整无助于企业建立差异化且施行代价高昂的政策。

(9) 地理位置。一项价值活动的地理位置可以通过若干方式影响成本。

控制要点：各种活动相互之间以及它们与买方和供应商之间的地理位置通常对诸如工资率、后勤效率和货源供应等方面具有显著的影响。

(10) 机构因素。具体包括政府法规、免税期、关税及本土化规定等因素。

控制要点：不要把机构因素视作一成不变的，尽管人们倾向于将机构因素看成是超出企业控制能力之外的因素，但企业却能影响机构因素，如企业可以影响政府政策的制订。

2) 差异化战略

差异化的战略是指，企业通过提供具有特色的产品或服务，从而达到不以低价取胜的战略诉求。差异化是企业所能得到的两种竞争优势之一，因此差异化的来源问题必然是那些希望以"差异化"取胜的公司所关注的。波特在他的《竞争优势》中还归纳了9种差异化的驱动因素：

(1) 政策选择。这种政策的选择可能就是一个单个的最普遍的驱动因素。

(2) 联系。独特性往往来源于价值链内部的联系或者企业与供应厂商和销售渠道的联系。具体包括价值链间的联系、供应商联系和销售渠道联系。

(3) 时间性。企业某项活动开始之日，就可能是独特性形成之时。

(4) 位置。独特性也可以来自位置，例如银行可能因为具有最方便的分支机构和位置最佳的自动存取机而具有独特性。

(5) 相互关系。一种价值活动的独特性可以来自于与其姊妹业务单元的合作中。

(6) 学习和模仿。某种活动的独特性可以是学习如何更好地开展该项活动的结果。但是与成本联系起来看，对竞争对手的过分模仿有损于经营差异化，专有的学习效应才能产生持久的独特性。

(7) 一体化。一个企业一体化的程度也可以使之独具差异化。一体化所形成的新的价值活动之所以能使企业产生差异化的优势，是因为企业能相对更有效地来控制这些活动并使之与其他的业务活动相协调。

(8) 规模。大规模生产会具有小批量生产所不具备的特点，然而在有些情况下，规模会对独特性适得其反，例如规模太大会削弱买方追求的差异性。

(9) 制度因素。制度因素有时在企业如何创造独特性方面起到作用。

3) 目标集聚战略

总成本领先战略和差异化战略都要求企业在整个价值链中得到相应的竞争优势，然而这不是任何企业都能做到的,其约束条件中较为普遍的一条就是资源的限制,例如寻求差异化的企业需要相应的资源支持企业在因差异化而引发的独特的成本。对于那些中小型的企业来说,专注于价值链的某几个环节,或者专注于服务某一细分市场的客户,将其资源集中在某一点上,使其获得相应的竞争优势,则是其重要的求生之路。在波特的战略理论中,将这类战略称为目标集聚战略。

2.2.3 报表分析

报表分析是一种微观分析,是通过财务报表评价企业的财务状况和经营成果。为了增强财务报表分析输出信息的质量,规范加工处理的过程,实现其分析目的,对财务报表进行分析必须遵守一定的原则。

1. 客观性原则

首先,要保证分析对象具有客观性,即要求企业披露的财务报告能够客观地反映其经营业绩、财务状况和现金流量,采用必要的会计分析方法加以过滤;其次,分析利用过程应具有客观性,坚持实事求是的态度,不可主观臆断,更不能为了达到期望的结果而将信息加以歪曲,或选取不恰当的加工方法。

2. 科学性原则

科学性原则是指财务报告分析处理方法的科学性,要以辩证唯物论为理论依据,采用系统和联系的分析方法,对各项比率做相互联系的因果分析;同时坚持定量分析和定性评价相结合,有效地评估企业财务状况和经营能力。

3. 充分性原则

财务报表分析的结果应能充分满足利益相关者全面认识企业财务状况的要求,财务报表分析比率的选择和运用,应根据不同财务报表分析主体而有所侧重。同时,比较标准的选择要有充分性,既要运用预算标准来评价企业一定期间财务目标的实现程度,又要运用行业标准和历史标准,揭示企业财务业绩的行业差距和动态趋势。对那些综合性很强而针对性较差的财务报告信息应当进行重点加工,从而使分析加工后的信息能够满足特定的需要。

4. 可理解性原则

可理解性原则要求财务报告加工分析后的信息对于那些研究报告信息的人士是可以理解的。可理解性可以扩大报告信息的使用范围,进一步增强报告信息的效用。分析方法的选择、比率的设置和计算要通俗易懂,便于掌握。

5. 成本效益原则

财务报告信息的分析利用不是没有代价的,成本效益原则是指财务报告分析形式、方法和工具的选择要考虑加工成本和加工后信息带来的收益,以此决定报告信息是否加工以及加工的深度。当然,在现有的计量理论与技术条件下,要准确计算报告信息的加工成本与效益是不现实的。尽管如此,人们在进行财务报告分析时,仍需要对成本与效益因素进行衡量和判断。

2.2.4 报表分析的前期工作

财务报告编制的目的与财务报告分析的目的存在很大的差别,因此分析的前提是正确理解和净化企业的财务报告。所谓理解,是指要了解财务报告(尤其是财务报表)的局限性,如企业管理当局所做的"创造性会计"导致财务报表的不可靠、不公允;所谓净化,是指对财务报表中的关键项目(如利润额)所做的调整,以增强其可靠性和公允性。净化财务报告的过程主要从以下几方面进行。

1. 利用审计报告

一般来说,被出具了无保留意见审计报告的财务报告较为真实,分析主体在分析过程中不必过于担心报告信息的失真问题。对于被出具其他类型审计报告的财务报告,分析主体在利用其进行分析评价时要特别警惕报告信息的真实性,要根据报告中各部分信息相互之间的关系对各种利润操作和报告粉饰的可能性进行真实性判断,特别是对审计意见中说明段所指出的问题要认真考虑和分析。

2. 界定关键性的会计政策与会计估计

财务报告分析的主要目的之一在于评估企业对于一些关键性因素与风险的管理成效,而与关键性因素有关的交易,其会计处理方式直接影响到利润的大小。因此,在净化报告时,分析主体应先界定与关键性因素及风险相关的会计政策与会计估计有哪些,并评估其是否合理。

3. 对创造性会计的调整

折旧政策、存货估价方法、准备的计提和使用政策、费用资本化政策以及非常项目的处理方法等政策和方法的改变都有可能成为企业美化财务报表的手段。在财务报告分析时,对它们进行调整是有必要的。

2.2.5 报表分析的框架与方法

1. 报表分析的基本框架

通常的财务报表分析包括企业偿债能力的分析、营运能力的分析、盈利能力的分析、发展能力的分析四个方面的内容,同时,在进行财务报表分析时,对上述四个方面的能力应分别进行动态(纵向)比较分析、行业(横向)比较分析、结构比较分析。因此,较完整的财务报表分析包括四个能力、三个角度的分析。如果将财务能力和分析角度分别作为两个维度,那么,财务报表分析的框架则可概括为一个矩阵式的分析框架,如图2-1所示。

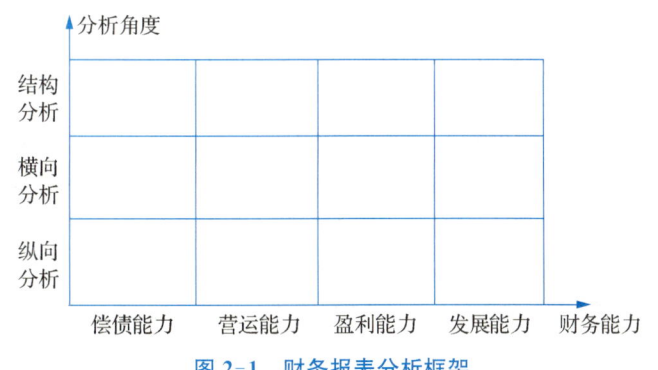

图2-1 财务报表分析框架

2. 报表分析的基本方法

一般来说,报表分析的方法主要包括比率分析、因素分析、综合分析、图解分析等方法。

比率分析是利用财务经济指标之间的相互关系,通过计算财务比率来分析、剖析、评价企业财务活动和财务关系的一种方法。根据比率分析的特征,比率分析又分为相关比率分析、结构比率分析、动态比率分析。相关比率分析主要是对相关的财务项目进行比较,计算各类财务指标的分析方法;结构比率分析是进行结构分析的基本方法;动态比率分析是进行纵向分析的基本方法。

因素分析是根据财务指标之间的内在逻辑关系,对分析对象进行因素分解并分析各因素对分析对象的影响状况的一种指标分解方法。通过因素分析,我们能够发现分析对象的具体影响因素和主要影响因素,以及它们对分析对象的影响作用的大小和方向,从而能够抓住事物的主要矛盾,发现主要问题。

综合分析是将各类财务指标加以综合,对分析对象进行综合比较的一种方法(此部分内容将在第10章做详细阐述)。

图解分析是运用图表的形式,直观地观察财务指标变动、财务结构和财务状况的一种方法。图解分析具有简明、直观、形象的优点。

2.3 比率分析、因素分析与图解分析

2.3.1 比率分析

比率分析的概念在前文阐述报表分析的基本方法时已有提及,它是相关联的不同项目、指标之间进行的比较,以说明项目之间的关系,并解释和评价由此所反映的某方面的情况。财务比率在财务报表分析中处于极为重要的地位,所以通常被作为一种专门的分析方法。

采用比率分析法进行分析时,需要根据分析的内容和要求,计算出有关的比率,然后进行分析。因为各种比率的计算方法各不相同,所以其分析的目的以及所起的作用也各不相同。根据计算方法的不同,财务比率大体上可以分为三类。

1. 相关比率分析

相关比率是指同一时期财务报表中两项相关数值的比率。这一类比率包括:①反映偿债能力的比率,如流动比率、资产负债率、权益乘数等;②反映营运能力的比率,如存货周转率、应收账款周转率、流动资产周转率等;③反映盈利能力的比率,如净资产收益率、总资产报酬率、销售利润率、成本费用利润率等;④反映现金流动能力的比率,如现金比率、经营活动现金流量与净利润的比率、现金负债比率等。这些比率的具体计算方法见本教材后续的相关章节。

2. 结构比率分析

结构比率是指财务报表中个别项目的数值与全部项目总和的比率。这类比率揭示了部分与整体的关系,通过不同时期结构比率的比较还可以揭示公司财务业绩构成和结构的发展变化趋势。结构比率的计算方法通常是:

$$结构比率 = \frac{指标某部分的数值(部分)}{该指标的总体数值(总体)} \times 100\% \tag{2-1}$$

结构比率指标通常表现为各种比重,在财务报表分析中常用的结构比率包括:①利润表的结构比率,如营业利润占利润总额的比重、主营业务利润占营业利润的比重等;②资产负债表的结构比率,如存货与流动资产的比率、流动资产与全部资产的比率、所有者权益占总资产的比重、流动负债占总负债的比重等;③现金流量表的结构比率,如经营活动现金流量占现金净流量的比重、投资活动现金流量占总现金流量的比重、筹资流动现金流量占总现金流量的比重等。

【例 2-1】 S 公司的合并现金流量表汇总表如表 2-1 所示。

表 2-1　　　　　　　　　S 公司合并现金流量表汇总表

2022 年 12 月 31 日① 　　　　　　　金额单位:万元

项目	本年累计数	比重	上年累计数	比重
经营活动产生的现金流量净额	617 880.29	168.34%	571 833.42	211.01%
投资活动产生的现金流量净额	183 351.26	49.95%	−31 671.67	−11.69%
筹资活动产生的现金流量净额	−467 299.41	−127.31%	−288 617.17	−106.50%
汇率变动的影响	33 101.84	9.02%	19 448.20	7.18%
现金及现金等价物净增加额	367 033.98	100.00%	270 992.78	100.00%

从表 2-1 可见,S 公司 2022 年产生的现金流量中,经营活动产生的现金流量为正,占 168.34%,与 2021 年经营活动产生的现金流量占 211.01% 相比,下降较多;投资活动产生的现金流量为正,占 49.95%,与 2021 年的 −11.69% 相比,上升较多;筹资活动产生的现金流量为负,占 −127.31%,与 2021 年的 −106.50% 相比,下降较多。因此,2022 年 S 公司的现金流量的增加主要是由投资活动产生的,经营活动产生的现金流量较少,筹资活动主要是现金流出,说明公司对外筹资偿付较大,同时也说明公司的主营现金流量不足,需要引起注意。

3. 动态比率分析

动态比率是指财务报表中某个项目不同时期的两项数值的比率,又称为趋势分析或水平分析。公司的经济现象受多方面因素变化的影响,只从某一时期或某一时点上很难完整地分析公司财务状况的发展规律和趋势,而必须把若干数据按时期或时点的先后顺序整理为数列,并计算出它的发展速度、增长速度、平均发展速度和平均增长速度等,才能探索它的发展规律和发展趋势。

根据财务指标时间特征的不同,财务指标的时间数列可分为时期数列和时点数列。时期数列反映某种经济现象在一定时期内发展过程的结果及总量,它是各个时期数值不断累计的结果。例如,销售收入、利润总额等利润表项目所构成的数列就是时期数列。时点数列表明在特定时点上的某种经济现象所处状态的数值。各时点上的数值大部分都是现象的重复,因此时点数列不能复加,如年末的资产总额、所有者权益总额、流动资产余额等资产负债表项目所构成的时间数列就是时点数列。

根据财务指标的时间数列,可以计算出相关指标的增长量、发展速度等指标,来反映相关财务指标的发展规律。

---

① 2023 年现金及现金等价物净增加额为负,因此采用 2022 年与 2021 年对比分析。

（1）增长量。增长量反映某种经济现象在一定时期内所增加（或减少）的绝对数，是比较期与基期的差额。根据作为比较标准的时期不同，增长量指标分为逐期增长量（即把前一期作为基数逐期比较）和累计增长量（即把各个比较期统一与某个固定基期比较）。增长量的计算公式为：

$$增长量＝比较期数值（报告水平）－基期数值（基期水平） \quad (2-2)$$

（2）发展速度。发展速度是表明某种经济现象发展程度的比率，它是全部数列中各比较期与基期水平之比。根据比较标准的时期不同，发展速度分为定基发展速度和环比发展速度。定基发展速度是报告期水平与某一固定期间水平对比；环比发展速度是各期水平与前一期水平对比。

$$定基发展速度＝\frac{分析期某指标数值}{固定基期该指标数值}\times 100\% \quad (2-3)$$

$$环比发展速度＝\frac{分析期某指标数值}{前期该指标数值}\times 100\% \quad (2-4)$$

在财务报表分析中使用动态比率分析，能够将连续数年的财务报表中的某重要项目进行比较，计算该项目前后期的增减方向和幅度，以说明公司财务状况或财务成果的变动趋势。

下面以净利润为例进行趋势分析。

【例2-2】S公司主营业务收入趋势分析如表2-2所示。

表2-2　S公司主营业务收入趋势分析表

项目	年份		
	2022年	2023年	2024年
主营业务收入（万元）	16 868 199.56	14 114 458.02	12 298 080.96
定基发展速度	100.00%	83.67%	72.91%
环比发展速度	100.00%	83.67%	87.13%

从表2-2的数据可见，S公司主营业务收入3年来呈现小幅度下降趋势，从定基发展速度看，2023年只有2022年的83.67%，2024年只有72.91%；从环比发展速度看，2023年为83.67%，2024年为87.13%。

【例2-3】S公司的净利润趋势分析如表2-3所示。

表2-3　S公司净利润趋势分析表

项目	年份		
	2022年	2023年	2024年
净利润（万元）	238 983.53	287 821.55	310 155.61
定基发展速度	100.00%	120.44%	129.78%
环比发展速度	100.00%	120.44%	107.76%

由表 2-3 的数据可见,从总体趋势看,S 公司的净利润呈增长趋势,从定基发展速度看,与 2022 年相比,2023 年的发展速度为 120.44%,2024 年为 129.78%,增长率为 29.78%。从环比发展速度看,2023 年为 120.44%,2024 年为 107.76%。

单独观察表 2-3,会给我们留下较好的印象,即该公司处于稳步增长状态。但是,如果将表 2-2 与表 2-3 结合起来观察则发现,尽管该公司的利润增长速度也为正,但是主营业务收入却在下降,说明该公司净利润的增长主要不是由营业收入驱动的。由此可见,在运用动态比率分析时,不仅要分析单个项目的发展速度或增长速度,而且还要进行相关指标的发展速度的对比分析和财务比率的发展速度的分析,这样才能较全面地掌握公司的发展状况和发展规律。

相关链接

万华化学现金周期大幅下降

有些公司在主动管理现金周期方面卓有成效。全球最大的 MDI 制造企业万华化学集团股份有限公司(以下简称"万华化学")就在现金周期管理方面执行效果较好。

万华化学在 2018 年至 2020 年,充分利用商业信用,其现金周期从 2018 年的 47 天缩短到 2020 年的 28 天,具体如表 2-4 所示。

表 2-4　　　　　　万华化学缩短现金周期计划的执行效果

单位:天

主要的周转衡量指标	年　份	
	2018 年	2020 年
存货周转天数①	67	58
应收账款周转天数②	16	27
营业周期③=①+②	83	85
应付账款周转天数④	36	57
现金周期⑤=③-④	47	28

虽然万华化学销售收款环节有所变差,表现为应收款项周转天数上升;但存货周转天数下降,说明万华化学的存货管理效率有提升。同时,万华化学的应付款项周转天数大幅提升,说明万华化学越来越多地占用供应商的资金,这一方面是可以减少公司资金投入,但是另一方面要考虑这一做法是否会引起与供应商之间的关系紧张。营业周期有所提升,说明营运资本内部仍需要进行严格管理。现金周期大幅下降,得益于公司对供应商付款周期的延长。

(资料来源:万华化学集团股份有限公司. 2021 年年度报告[R/OL]. (2021-03-16)[2025-08-11]. https://www.cninfo.com.cn/new/disclosure/detail?plate=sse&orgId=gssh0600309&stockCode=600309&announcementId=1209385146&announcementTime=2021-03-16)

2.3.2 因素分析

1. 因素分析法的概念

因素分析法是指依据财务指标与其驱动因素之间的关系,从数量上确定各因素对指标影响程度的一种方法。因素分析法可分为连环替代法和差额分析法两种形式。差额分析法实际上是连环替代法的一种简化形式。

2. 因素连锁替代法的基本程序

第一步,确定分析指标及其影响因素。运用指标分解法,将财务总指标进行分解或扩展,从而得出分析指标与其影响因素之间的关系式。

例如,资产净利率可以进行如公式(2-5)的分解。

$$\text{资产净利率} = \frac{\text{净利润}}{\text{平均总资产}} \times 100\%$$

$$= \frac{\text{总产值}}{\text{平均总资产}} \times \frac{\text{销售收入}}{\text{总产值}} \times \frac{\text{净利润}}{\text{销售收入}} \times 100\%$$

$$= \text{资产生产率} \times \text{产品销售率} \times \text{销售净利率} \times 100\% \quad (2\text{-}5)$$

根据公式(2-5)的分解可见,企业资产净利率的影响因素有资产生产率、产品销售率和销售利润率三个因素。这三个因素分别反映了企业的生产效率、销售效率和生产成本水平。对资产净利率进行分析,并按照因素分解进行分析,便能够发现影响资产净利率变动的具体原因,进而为提高资产净利率提供科学、准确的指导。

又如,净资产收益率可以进行分解:

$$\text{净资产收益率} = \frac{\text{净利润}}{\text{平均净资产}} \times 100\%$$

$$= \frac{\text{净利润}}{\text{销售收入}} \times \frac{\text{销售收入}}{\text{平均总资产}} \times \frac{\text{平均总资产}}{\text{平均净资产}} \times 100\%$$

$$= \text{销售净利率} \times \text{总资产周转率} \times \text{权益乘数} \times 100\% \quad (2\text{-}6)$$

公式(2-6)即著名的杜邦财务分析体系。

对净资产收益率还可以作如下分解:

$$\text{净资产收益率} = \frac{\text{净利润}}{\text{平均净资产}} \times 100\%$$

$$= \frac{\text{息税前利润}}{\text{销售收入}} \times \frac{\text{销售收入}}{\text{平均总资产}} \times \frac{\text{税前利润}}{\text{息税前利润}} \times \frac{\text{平均总资产}}{\text{平均净资产}} \times \frac{\text{净利润}}{\text{税前利润}} \times 100\%$$

$$= \text{经营利润率} \times \text{总资产周转率} \times \text{财务成本效应} \times \text{财务杠杆效应} \times \text{税收效应} \times 100\% \quad (2\text{-}7)$$

第二步,确定因素顺序。

在确定影响因素时,另一个重要的问题是影响因素之间的排序。不同的排列顺序会产生不同的计算结果。如何确定正确的排列顺序呢?这是一个理论上和实践中尚未解决的问题。按照统计学的一般原则,通常的做法是:数量指标在前,质量指标在后。现在也有人提出按照重要性原则进行先后排序。一般来说,排列顺序在前的因素对经济指标影响的程度不受其他因素影响或受到的影响较小,排列在后的因素中含有其他因素共同作用的成分。目前的一般原则是:先数量指标,后质量指标;先基础指标,后派生指标;先实物量指标,后价值量指标;相邻指标相乘要有意义。例如,对净资产收益率进行分解时,将销售性指标排在前面,结构性指标排在后面。

第三步,分别计算报告期和基期的指标。

以净资产收益率为例,两项指标的计算为:

$$\text{基期净资产收益率} = \text{基期销售净利率} \times \text{基期总资产周转率} \times \text{基期权益乘数} \quad (2-8)$$

$$\text{报告期净资产收益率} = \text{报告期销售净利率} \times \text{报告期总资产周转率} \times \text{报告期权益乘数} \quad (2-9)$$

$$\text{净资产收益率的变动} = \text{报告期净资产收益率} - \text{基期净资产收益率} \quad (2-10)$$

第四步,因素连环替代,进行因素影响的分解。

进行连环替代的原则是:对于被分析的因素,分别取报告期数值和基期数值进行计算;对于被分析因素之前的因素,固定在报告期;对于被分析因素之后的因素,固定在基期。

连环替代法用公式表示如下:

基期指标 $\qquad R_0 = A_0 \times B_0 \times C_0 \qquad (2-11)$

第一次替代 $\qquad A_1 \times B_0 \times C_0 \qquad (2-12)$

第二次替代 $\qquad A_1 \times B_1 \times C_0 \qquad (2-13)$

第三次替代 $\qquad R_1 = A_1 \times B_1 \times C_1 \qquad (2-14)$

式(2-12)—式(2-11)表示 A 驱动因素对指标 R 的影响,式(2-13)—式(2-12)表示 B 驱动因素对指标 R 的影响,式(2-14)—式(2-13)表示 C 驱动因素对指标 R 的影响,式(2-14)—式(2-11)表示各驱动因素对指标 R 的总影响。

差额分析法的分析原理同连环替代法,其分析公式如下:

A 驱动因素对指标 R 的影响为: $(A_1 - A_0) \times B_0 \times C_0 \qquad (2-15)$

B 驱动因素对指标 R 的影响为: $A_1 \times (B_1 - B_0) \times C_0 \qquad (2-16)$

C 驱动因素对指标 R 的影响为: $A_1 \times B_1 \times (C_1 - C_0) \qquad (2-17)$

各驱动因素对指标 R 的总影响为: $A_1 \times B_1 \times C_1 - A_0 \times B_0 \times C_0 \qquad (2-18)$

可见,运用连环替代法和差额分析法得出的分析结论是一致的。

第五步,因素分析。

对替代结果进行因素分析,确定各因素对分析指标的影响程度或影响量。

【例 2-4】 对 S 公司本年与上年净资产收益率的变化进行因素分析。

净资产收益率 = 销售净利率 × 总资产周转率 × 权益乘数

本年净资产收益率 23.35% = 2.52% × 2.34 × 3.96

上年净资产收益率 22.56% = 2.04% × 2.62 × 4.22

与上年相比,本年净资产收益率上升了0.79%,这主要是受到销售净利率上升的影响,总资产周转率和权益乘数在本年是下降的,但是这种下降对净资产收益率的影响小于销售净利率的影响,从而使本年净资产收益率在上年的基础上是上升的。三种驱动因素变动对净资产收益率的影响程度用因素分析法定量分析如下:

销售净利率变动的影响=(2.52%−2.04%)×2.62×4.22=5.31%

总资产周转率变动的影响=2.52%×(2.34−2.62)×4.22=−2.98%

权益乘数变动的影响=2.52%×2.34×(3.96−4.22)=−1.53%

各驱动因素变动的总体影响=5.30%−2.98%−1.53%=0.79%

分析得知,销售净利率上升了0.48%,使净资产收益率上升了5.30%;总资产周转率降低了0.28,使净资产收益率下降了2.98%;权益乘数下降了0.26,使净资产收益率下降了1.53%。三种驱动因素的共同影响,使得净资产收益率上升了0.79%。

2.3.3 图解分析

图解分析是用各种图表或表格表示企业有关财务状况、经营成果的各种关系和趋势的一种分析方法。图表方式能够使信息使用者一目了然,迅速掌握财务状况和经营成果的相关信息。

1. S公司净资产收益率趋势分析图

S公司近三年的净资产收益率和驱动因素的趋势分析分别如图2-2和图2-3所示。

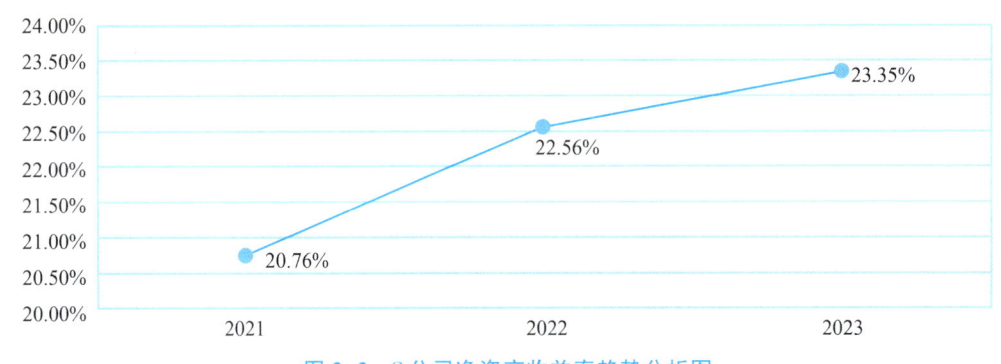

图2-2 S公司净资产收益率趋势分析图

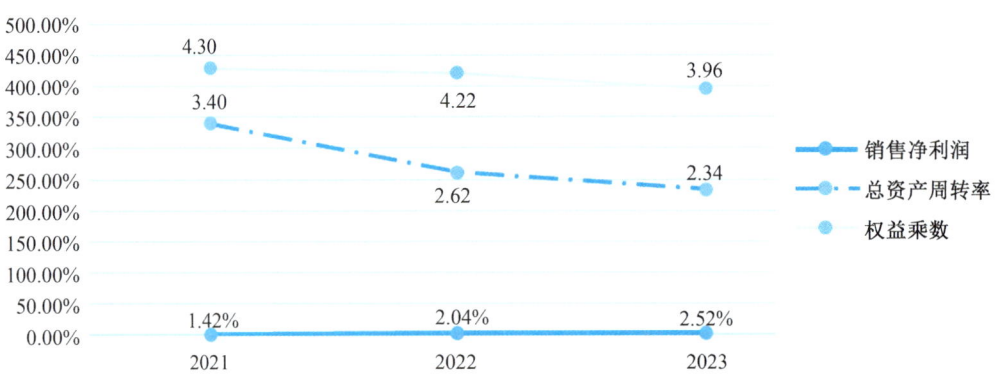

图2-3 S公司净资产收益率驱动因素趋势分析图

S公司近三年的净资产收益率呈上升趋势。2022年净资产收益率出现了一定程度的上升,这主要是由于销售净利率上升了 0.62 个百分点,增长率为 43.66%。虽然总资产周转率在 2022 年是下降的,且权益乘数相对稳定,但最终的净资产收益率仍然保持较高上升速度。2023 年,销售净利率继续保持上升,提高 0.48 个百分点,虽然总资产周转率和权益乘数继续下降,但综合来看权益净利率仍然维持上升状态。

2. S公司销售净利率行业对比图

如图 2-4 所示,对比 2023 年 S 公司所在的商贸零售行业其他公司的销售净利率,S公司的销售净利率处于较高水平,相较于行业均值和行业中值分别高出 0.45 和 1.4 个百分点。由此可知,S公司较高的净资产收益率主要是因为其具有较高水平的销售净利率。

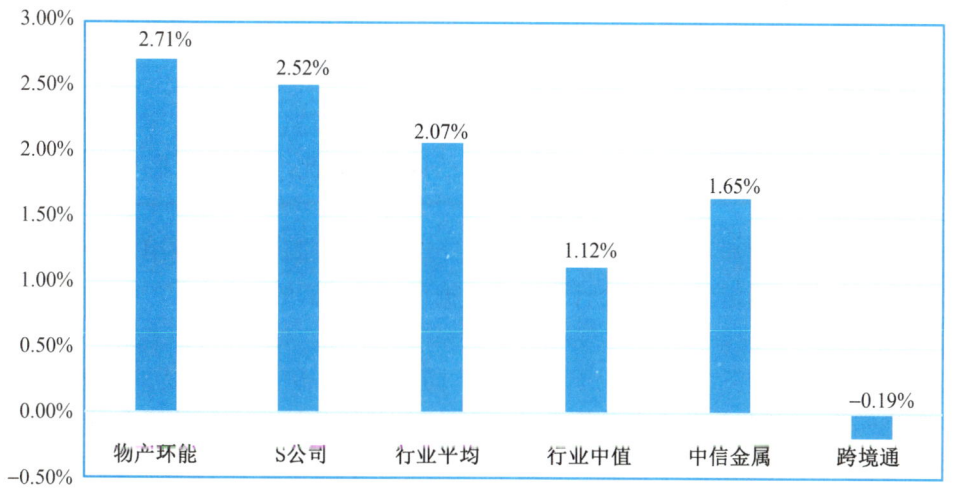

图 2-4　2023 年商贸零售行业销售净利率

2.4　财务报表分析应注意的问题

2.4.1　注意评价标准的客观性

通过对比分析,如何判断其优劣,有无一定的标准?这是一个既重要而又难以回答的问题。企业所处的地理环境、企业生产经营的特点、企业所属行业的特点等,对财务比率也有一定影响。因此,用一个统一的标准比率去评价各行各业的经营业绩和财务状况,是不合理的,也是不恰当的。此外,比率分析,存在重"量"不重"质"的问题,常是大量单纯数量指标的堆砌,忽视问题性质的分析。因此,每个企业应结合自身的特点,参照同行业水平,实事求是地制定评价标准。

2.4.2　注意报表数据的局限性

利用会计报表进行分析评价十分重要,但也有局限性。

1. 以历史资料为依据

会计报表提供的信息都是历史信息，记录着过去发生的事情，尚未考虑现行市价、重置成本等因素，其数据均是对已发生的成本、费用、收入的记载，缺乏时效性。会计报表的资产价值都是过去的实际成本，在物价变动幅度较大的情况下，虽然有的计提减值准备，但也不能完全正确反映企业资产的现实价值。投资者需要了解未来的变化，这些只能由自己来预计。

2. 以货币计量为前提

由于会计以货币为计量单位，会计报表也只能反映用货币能衡量的物品，许多不能用货币表示但对企业未来盈利有影响的因素，如企业可能取得的科技上的突破、企业人力资源情况、企业所处的社会经济环境的变化、企业信誉度等因素。会计报表却反映不出来，而这些内容对决策具有重大的参考价值。

3. 币值的稳定性

会计报表是以货币来计量的，并且假设货币的购买力是稳定的，没有考虑通货膨胀等因素和物价变动，其数据隐含着资产超值或贬值的风险。因此，这种假设是不现实的。

4. 会计估价

在会计账务处理中涉及的许多数字带有估计性。例如，固定资产使用年限和残值的估计以及存货价值的确定。因此，会计的许多数据仅仅是它们的近似值。

5. 账务处理方法的差异

国家对企业某些业务的记账方法，允许做不同的处理。例如，对存货的价值，有些企业使用先进先出法，而另一些企业使用后进先出法、加权平均法。不同的账务处理方法其结果也是不一样的。

6. 报表数据记录的时间差异

财务报表数据未考虑期初到期末之间的变化数据以及全年不规则变化的数据，这使数据之间的比较产生一定的困难。另外，资产负债表与利润表所反映的时间不同，以比率的形式将两表的数据进行比较，可比性程度不一致，利润表是时期报告，反映的是跨越了整个会计年度的数据信息；而资产负债表是时点报告，只反映企业某一时点的财务状况，将两报表的数据进行比较会有一些困难。

财务报表分析主要依据报表数据，难免有局限，很难使决策者做出最佳的选择。当然，进行财务报表分析所依据的资料，除财务报表以外，还会涉及日常核算资料（凭证、账簿等）和生产技术方面的资料。但在会计电算化尚未普及、系统不完善、效率不高的情况下，财务分析的工作仍主要由手工执行。采用手工方式对庞大的日常数据进行财务分析，其成本高、耗时多，因而现行条件下能真正充分利用日常数据的财务分析是微乎其微的。

总而言之，现行财务报表分析的起点主要是财务报表，分析使用的数据大部分来源于公开发布的财务报表，因而同样具有一定的局限性。

2.4.3 注意报表数据无法反映的因素

会计报表以货币作为统一计量单位来反映企业的财务状况和经营成果。而一些不能用货币来计量的因素，如企业职工的事业心与责任感、企业员工的素质、从业人员作风、企业信誉、企业领导层的才智与能力、企业可能取得的科技上的突破、产品的开发与研究、企业所处的社会和经济环境的变化、意外事故的损失等,从会计报表上无法得知,但与企业的盈利高低有关。分析时一旦忽略这些因素,就难以得出正确结论。另外,某些外部因素在企业的会计报表中也不做列示。例如,由于竞争对手将某种新开发的产品投入市场,本企业的存货变得过时成为滞销货。但是,假如企业以原始成本作为存货的计价基础,而不采用成本与可变现净值孰低法,那么其计算出来的财务比率就会变得不可靠。

为使分析评价尽可能全面、公正,除了以会计报表作为重要的评价依据外,还要注意其他有关资料的搜集,以达到丰富、补充会计报表数据的目的。这些资料包括:企业内部的计划资料、统计资料、业务核算资料,同业资料,其他专业性机构(如投资咨询服务机构、行业性协会、证券交易所等)提供的有关资料,以及企业管理人员对企业当年年度生产经营与未来展望的评价等。

2.4.4 注意报表数据偶发和粉饰的可能性

会计报表是根据企业决策日的会计记录编制的,年度决算前临时发生的一些事项,有时会对会计报表的内容产生较大影响。如年终收到一批材料,货款未付,如何处理?如果增加存货和应付账款,就会影响速动比率;又如,销售一批存货,货款未收,如果把货款计算在今年,利润就高,等等。上述这些偶发事项有可能改变某些财务比率。因此,分析时可将这些偶然因素剔除。

在使用财务比率时还必须注意会计报表的数据是否经过人为的"乔装打扮"。例如,有的企业赶在编制报表日前将借款还掉,下年初再设法借入,以掩饰其偿债能力。在这种情况下,企业的流动比率所揭示的信息就缺乏真实性。因此,报表分析时,应注意分析会计期末前后一段时间的变化情况。

2.4.5 注意事物的变化性和动态性

经营分析中由比率分析所得到的结果可以说是一种终止状态的比率。例如,年度比率就是表现已经过去的事。但年度报表分析只显示当年企业的状态,它不能把企业的一切都判断出来,分析企业的报表时需要企业过去的数据。

2.4.6 注意新兴技术对财务分析的影响

随着大数据技术和算法的演化不断加快,以"机器人"为代表的人工智能逐渐走进人们的视野,一个"财务机器人"的时代正在来临。在财会领域,目前很多大企业已开始试用财务机器人,它能解决财务流程中高度重复的手工操作,能提高数据处理的效率与准确率。尤其是一些简单且重复的财务数据收集和整理工作将被人工智能替代。财务共享中心以及财务机器人的应用,将显著提高财务数据的准确性和使用效率,同时与非财务数据之间打通,有效提高数据之间的关联性。而财务人员可以从烦琐的数据收集和整理中解脱出来,将精力花在更加重要的财务问题分析上。由此,财务分析的深度和广度都将显著提高。同时新技术革命也将促使财务分析人员的思维向因果关系思维转变、从事后财务评价向实时财务评价和财务预测转变。而财务人员的价值越来越体现在其创造性工作上,因此具有创新性的财务人员的价值将越来越重要。

本章小结

财务报表分析程序是进行财务报表分析的基础,它为财务报表分析工作的具体展开提供了规范的行为路径。不同的学者对于具体的步骤和程序可能有不同的选择,但一般都能分为四个阶段:①财务报表分析信息收集和整理阶段;②战略分析和报表分析阶段;③财务报表分析实施阶段;④财务报表分析综合评价阶段。

战略分析是指对行业所处的国民经济宏观环境、行业内微观环境以及用户进行的一种综合调查分析。战略分析能较为准确地预测今后行业的发展趋势。要进行战略分析,不仅要收集各种宏观经济信息,还要收集大量的行业、公司信息。

财务报表分析的方法主要包括比率分析、因素分析、图解分析等方法。

财务报表分析应该注意评价标准的客观性、报表数据的局限性、报表数据无法反映的因素、报表数据的偶发和粉饰的可能性、事物的变化性和动态性以及新兴技术对财务分析的影响。

复习与练习

业务题

某企业 2023 年、2024 年的相关财务指标如表 2-5 所示。

表 2-5　　　　　　　　某企业 2023 年、2024 年的相关财务指标

指标	年份	
	2023 年	2024 年
净资产收益率(ROE)	4.98%	5.95%
营业杠杆系数(DOL)	1.87	1.70
财务杠杆系数(DFL)	2.30	2.40
安全边际率(RSM)	23.30%	24.50%
边际贡献率(RMC)	30.80%	31.90%
资产周转率(CTR)(次)	0.65	0.71
权益乘数(CER)	1.53	1.56
账面所得税率(T)	30.10%	31.30%

要求:请运用连环替代因素分析法分析该企业的净资产收益率发生变化的原因。

讨论题

1. 简述财务报表分析分为哪几个阶段,各个阶段的任务是什么。
2. 简述企业三种竞争战略。
3. 简述比率分析的作用和不足。
4. 运用因素分析法应该注意哪些问题?

案例分析

A 公司财务指标变化因素分析

A 公司近三年的主要财务数据和财务比率如表 2-6 所示。

表 2-6　　A 公司近三年的主要财务数据和财务比率

金额单位：元

指标	2022 年	2023 年	2024 年
销售额	4 000	4 300	3 800
总资产	1 430	1 560	1 695
普通股	100	100	100
保留盈余	500	550	550
所有者权益合计	600	650	650
流动比率	1.19	1.25	1.20
平均收现期（天）	18	22	27
存货周转率	8.0	7.5	5.5
债务/所有者权益	1.38	1.40	1.61
长期债务/所有者权益	0.5	0.46	0.46
销售毛利率	20.0%	16.3%	13.2%
销售净利率	7.5%	4.7%	2.6%
总资产周转率	2.80%	2.76%	2.24%
总资产净利率	21%	13%	6%

假设该公司没有营业外收支和投资收益，所得税税率不变。

要求：

（1）按顺序确定 2024 年与 2023 年相比销售净利率和资产周转率变动对资产获利能力的影响数额（百分位取整）并做分析。

（2）假如你是该公司的财务经理，在 2025 年，你应从哪些方面改善公司的财务状况和经营业绩？

第 2 篇

财务报表解读

第 3 章　资产负债表解读
第 4 章　利润表解读
第 5 章　现金流量表解读

第 3 章

资产负债表解读

> "投资者的主要关注点应该是资产负债表上的净资产价值。"
>
> ——本杰明·格雷厄姆

◎ 学习目标

1. 了解资产负债表的定义、格式、作用及局限性；
2. 掌握资产负债表列报的内容；
3. 理解资产质量的内涵，掌握流动资产与非流动资产的质量分析；
4. 掌握所有者权益质量分析；
5. 熟悉资产权益的结构分析和趋势分析。

引 言

资产负债表是以一个国家或地区经济资产与负债的存量为对象的核算，反映某一特定时点上经济总体和非金融企业、金融机构、政府、住户等机构部门的资产和负债的总量、分布与结构，以及机构部门之间的债权债务关系。

资产负债核算以资产与负债存量为对象进行核算，可以弄清经济总体和各机构部门的资产负债规模和结构，为从宏观上把握全国和不同地区的经济实力提供信息支撑。亦可为优化资源配置、推进供给侧结构性改革提供基础信息。资产负债表可以揭示经济总体和各机构部门的资产配置情况，以及机构部门之间的债权债务关系，从而为优化资源配置提供重要的基础信息。最后，资产负债核算利于防范化解重大经济风险。资产负债表可以提供政府、企业、居民和经济总体的债务、资产负债率等重要信息，有利于及早发现和防范处置重大经济风险。

从总量上看，资产负债总量反映一个经济体拥有多少资产，承担多少债务，可以全面分析一个国家的经济实力。资产负债表中的许多总量指标，如资产、资产净值、非金融资产、金融资产和负债等，都具有重要分析价值。

从结构上看，资产负债表采用矩阵式二维结构，便于从机构部门和交易项目两个角度进行结构分析。从机构部门（列向）角度看，反映部门内部非金融资产、金融资产和金融负债的构成情况。从交易项目（行向）角度看，反映非金融资产的部门构成、金融资产和负债形成的来源结构和去向结构。

而从动态分析的视角上看，资产负债表是存量核算表，通过比较不同时点的资产负债表,能够动态反映经济总体和各机构部门资产负债总量的变化、结构的变化,以及非金融资产、金融资产和负债在部门分布的变化。

(资料来源:领导干部统计知识问答编写组. 领导干部统计知识问答[M/OL]. 北京:中国统计出版社,2023[2025-08-11]. https://www.stats.gov.cn/zs/tjwh/tjkw/tjzl/202302/t20230215_1907903.html)

3.1 资产负债表概述

3.1.1 资产负债表的定义和格式

1. 资产负债表的定义

资产负债表是指反映企业在某一特定日期财务状况的会计报表,它反映企业在某一特定日期所拥有或控制的经济资源、所承担的现时义务和所有者对净资产的要求权,是一张静态反映企业财务状况的会计报表。

资产负债表是根据资产、负债和所有者权益之间的相互关系,按照一定的分类标准顺序,将企业在某一特定日期的资产、负债和所有者权益各项目予以适当排列,并根据会计账簿日常记录的数据浓缩整理后编制而成的。

2. 资产负债表的格式

资产负债表的格式有账户式资产负债表、报告式资产负债表和管理型资产负债表三种。

1)账户式资产负债表

账户式资产负债表呈左右结构,左边列示资产项目,右边列示权益项目,即债权人权益(负债)及所有者权益,根据会计等式"资产=权益"左右两边的总额总是相等的。为了让使用者通过比较不同时点资产负债表的数据,掌握企业财务状况的变动情况及发展,企业应提供比较资产负债表。资产负债表还将各项目再分为"期初数"和"期末数"两栏分别填列(表3-1)。在我国,资产负债表采用账户式结构,表3-1以已执行新金融准则或新收入准则的一般企业财务报表格式为例进行说明。

表 3-1 账户式资产负债表

编制单位: 200×年12月31日 金额单位:元

资产	期末余额	上年年末余额	负债及所有者权益	期末余额	上年年末余额
资产			负债		
流动资产			流动负债		
货币资金			非流动负债		
交易性金融资产			负债合计		
……			所有者权益		
非流动资产			实收资本		
固定资产			资本公积		
无形资产			盈余公积		
……			未分配利润		
			所有者权益合计		
资产总计			负债及所有者权益总计		

2）报告式资产负债表

报告式资产负债表呈上下结构，上半部列示资产项目，下半部列示负债和所有者权益（或股东权益）项目，以体现"资产＝负债＋所有者权益"的基本会计等式，但也可以上半部列示资产和负债项目，下半部列示所有者权益（或股东权益）项目，以体现"资产－负债＝所有者权益"的会计等式原理(表3-2)。报告式的优点是相较于编制比较资产负债表更简便，可在一张表中平行列式连续的若干期资产负债表，而且便于使用括弧旁注方式注明某些特殊事项，缺点是其中资产和权益之间的恒等关系并不一目了然。许多国家的企业在实务中采用报告式资产负债表。

表3-2　　　　　　　　　　报告式资产负债表的两种格式

编制单位：　　　　　　　　　　200×年12月31日　　　　　　　　　　单位：元

"资产＝权益"式	"资产－负债＝所有者权益"式
资产	资产
流动资产	流动资产
货币资金	货币资金
交易性金融资产	交易性金融资产
……	……
非流动资产	非流动资产
固定资产	固定资产
无形资产	无形资产
……	……
资产总计	资产总计
负债	减：负债
流动负债	流动负债
长期负债	长期负债
负债合计	负债合计
所有者权益	所有者权益
实收资本	实收资本
资本公积	资本公积
盈余公积	盈余公积
未分配利润	未分配利润
所有者权益合计	所有者权益合计
负债及所有者权益总计	

3）管理型资产负债表

为了反映公司的资金来源与资金运用的匹配程度，显示某一时点上公司取得的期限不同的资金来源和资金运用的状况，帮助资产负债管理的分析，工作人员可将账户根据资金来源的要求权益及资产变现能力进行重新分类,编制管理型资产负债表(见表3-3)。管理型资产负债表的左边是"资金运用",包括三项:货币资金和交易性金融资产、营运资本需求、长期资产;管理型资产负债表的右边有两项,统称"资金来源",分别是短期负债和长期资本,后者包括长期负债和股东权益两部分。其中:

$$\begin{matrix}营运资本\\需求\end{matrix} = 流动资产 - \left(货币资金 + 交易性金融资产\right) - \left(流动负债 - 短期借款\right) \quad (3-1)$$

表 3-3　　　　　　　　　　　　管理型资产负债表

编制单位:　　　　　　　　　　200×年12月31日　　　　　　　　　　　　单位:元

资金运用	资金来源
货币资金+交易性金融资产	短期负债
营运资本需求	长期资本
长期资产	长期负债
	股东权益

3.1.2 资产负债表的作用及局限性

1. 资产负债表的作用

(1) 通过资产负债表可了解企业拥有或控制的经济资源,据以解释、评价和预测企业的短期偿债能力。偿债能力是指企业以其资产偿付债务的能力,短期偿债能力主要体现在资产的流动性上。所谓流动性是指资产转换成现金,或负债到期清偿所需要的时间。企业拥有和控制的经济资源,包括流动资产、固定资产及其他资产。企业的流动资产,除现金及银行存款可随时偿还负债外,其余流动资产变现越快,流动性越强,偿债能力也越强。一般来讲,交易性金融资产的流动性较应收票据和应收账款强,而应收账款又较存货变现能力较强。可见,通过对企业流动资产构成的分析,可以识别企业的短期偿债能力。

(2) 通过资产负债表可了解企业的资本结构,据以解释、评价和预测企业的长期偿债能力。企业的长期偿债能力主要指企业以全部资产清偿全部负债的能力。一般认为资产越多,负债越少,其长期偿债能力越强;反之,若资不抵债,则企业缺乏长期偿债能力。资不抵债往往因企业长期亏损、蚀耗资产引起,还可能因举债过多导致。所以,企业的长期偿债能力一方面取决于它的获利能力,另一方面取决于它的资本结构。通过资本结构分析,可以识别企业的长期偿债能力及企业财务的稳定性。

(3) 通过资产负债表可了解企业资源分布,据以识别企业的财务弹性。财务弹性指标反映企业两个方面的综合财务能力,即迎接各种环境挑战,抓住经营机遇的适应能力,包括进攻性适应能力和防御性适应能力。所谓进攻性适应能力,是指企业有财力去抓住经营中所出现的稍纵即逝的获利机会及时进行投资,不致放任其流失。所谓防御性适应能力,指企业能在客观环境极为不利或因某一决策失误使其陷入困境时转危为安的生存能力。是企业的财务弹性主要来自资产变现能力,从经营活动中产生现金流入的能力,对外筹集和调度资金的能力,以及在不影响正常经营的前提下变卖资产获取现金的能力。资产负债表本身并不直接提供有关企业财务弹性的信息,但是可通过对资源分布状况及资产权益分析,间接识别企业财务弹性。

(4) 通过资产负债表可以了解企业资源占用情况,有助于识别与评价企业的经营业绩。企业的经营业绩主要取决于其获利能力,企业获利能力的大小,直接影响企业盈利水平及其能否稳定增长,也关系到企业能否向债权人还本付息和向投资者支付较高股利。但企业要获得盈利必须占用一定数额的资源,资源分布状况对获利有一定影响,获得利润与占用资源的比值称为资金利润率或投资利用率;它是衡量获利能力的重要指标。可见通过企业资源状况,为分析、识别评价企业的经营业绩奠定了基础。

2. 资产负债表的局限性

资产负债表尽管有上述重要作用,但是其局限性也不能视而不见。资产负债表的局限性主要表现在以下几点。

1) 货币计量的局限性

货币计量是会计的一大特点,会计信息主要是能用货币计量的信息,因此,资产负债表难免遗漏一些无法用货币计量的重要经济资源和义务的信息。例如,会计报表很难或根本不能涉及企业员工人数、年龄、经验、知识结构和工作态度等人力资源要素,也不包括企业市场拓展情况、生产流程组织、机器设备生产效率、企业计划制订情况、企业所承担的社会责任等方面的信息。诸如此类的信息对决策均具有影响力。因此,报表阅读者在阅读报表时,难以获取这些难以用货币计量的各种信息,而只是尽可能地通过其他信息渠道来弥补会计报表自身的局限性。

此外,会计报表仅能列示能用货币计量的经济项目,但由于货币自身的价值会随着时间或其他因素的影响而上下波动,所以,货币单位难以保持自己"标准价值单位"的质量特征,尤其是在通货膨胀的情况下,货币迅速贬值,物价持续上涨,此时,即使企业不从事任何业务,也会由于货币本身价值变化形成企业的损益。由于会计报表是以币值稳定假设和历史成本原则为基础编制的,如果仅仅将报表内的数据进行简单加减,据以进行决策,会导致决策者严重的失误。

2) 历史成本的非有用性

资产负债表一般情况下是以历史成本原则为报告基础的,它不反映资产、负债和所有者权益的现行市场价值,企业的资产按取得成本计价,负债按发生时交易的资产或劳务的价格或约定的金额计量,而且一经入账,就不再考虑市价的变动。历史成本的优点是以事实为依据,便于验证,且"有据可查"。在币值基本稳定的情况下,所提供的会计信息无疑是客观、可靠和有用的。但当物价不断上涨,货币持续贬值时,历史成本所揭示的会计信息就难以符合现实情况,从而造成资产负债表信息有用性的减损。

3) 信息的时效性

资产负债表反映企业在过去某一特定日期所拥有或控制的经济资源、所承担的现时义务和所有者对净资产的要求权。会计报表的数据,是企业过去经济活动影响的结果,是对企业过去一段时间内经营活动的总结,具有较强的时效性,但如果用来作为企业预测未来的依据,就只能作为动态预测的参考。而且等报表使用者取得各种报表时,可能离报表编制日已过去多时,反映的情况也存在滞后性。

4) 信息的预估性

资产负债表是会计日常核算的记录和总结,它所反映的内容是遵循会计基本假设、基本准则和会计制度的规范形成的。例如,根据持续经营假设、会计分期假设、配比原则和实现原则等,资产负债表的信息包含了许多估计数,例如,对固定资产使用年限和残值的估计、无形资产摊销期限、对坏账准备的预估、对长期合同的完工程度和相应成本的预估、预提修理费用和或有负债的估计等。估计的数据难免主观,从而影响信息的可靠性。预估成分越大,同时,预估的期限越长,会计报表中包含的信息的不确定性也越大。

5) 会计核算方法的可选择性

某一企业的各个会计期间本来应当用符合企业会计准则或统一会计制度的会计程序和会计方法,而且必须前后一致。但在实际操作中,这些准则或制度又允许企业根据自己的特点选用不同的会计程序和处理方法。比如存货流动的先进先出法、加权平均法等;计提固定资产折旧的直线法、加速折旧法等,都使企业之间的资产计价发生巨大差异。因此,从某种意义上说,资产负债表提供的信息是关于个别企业的,而不是属于行业或整个经济领域的,在不同企业之间往往不具有可比性。因此理解资产负债表的含义必须依靠报表阅读者的判断,阅读者要理解资产负债表的含义并做出正确的评价,不能仅仅局限于资产负债表信息本身,还要借助其他相关信息。

6) 资产项目采用的计价方法不一致

资产项目的计量,受制于会计核算原则和计价方法。例如,稳健性原则要求:现金按其账面价值表示,应收账款按照扣除备抵坏账后的净值表示,长期资产按照若干时期前的取得成本扣除减值准备表示,存货则按成本与可变现净值孰低法表示等。这样,不同资产采用不同的计价方法,使资产负债表上得出的合计数失去了可比的基础,并变得难以解释,这无疑会影响会计信息的相关性。

综上所述,在分析资产负债表时必须注意它的作用及其存在的局限性,以便得出正确的判断与结论,获得正确的会计信息。

三 相关链接

健全宏观经济治理体系:中国将探索实行国家宏观资产负债表管理

2024年7月15日至18日,中国共产党第二十届中央委员会第三次全体会议在北京举行,全会审议通过了《中共中央关于进一步全面深化改革、推进中国式现代化的决定》。

2024年7月19日,中共中央举行新闻发布会,介绍和解读党的二十届三中全会精神。中央财办分管日常工作的副主任、中央农办主任韩文秀在解读"健全宏观经济治理体系"时提到,经过四十多年快速发展,我国社会财富不断积累,《中共中央关于进一步全面深化改革、推进中国式现代化的决定》要求探索实行国家宏观资产负债表管理,优化各类存量结构调整。2013年中国共产党第十八届中央委员会第三次全体会议通过的《中共中央关于全面深化改革若干重大问题的决定》曾提到:加快建立国家统一的经济核算制度,编制全国和地方资产负债表,建立全社会房产、信用等基础数据统一平台,推进部门信息共享。"国家资产负债表为衡量综合经济国力提供了更为可靠的统计基础,可以反映国家经济的健康状况,评估风险来源和冲击强度,分析风险在部门间的传导路径,进而为研究政策措施提供基本依据。"一位金融管理部门人士曾撰文指出,宏观经济政策一般分为财政政策和货币政策,由不同部门实施,具体目标和手段不同,但二者联系紧密,互相影响,且具有溢出效应,在实现国家总体经济目标时需协调配合。全会还提出,科学的宏观调控、有效的政府治理是发挥社会主义市场经济体制优势的内在要求。必须完善宏观调控制度体系,统筹推进财税、金融等重点领域改革,增强宏观政策取向一致性。要完善国家战略规划体系和政策统筹协调机制,深化财税体制改革深化金融体制改革,完善实施区域协调发展战略机制。

尽管全国资产负债表已由国家统计局编制多年,但从公开信息来看,全国资产负债表还未正式公开公布,因此外界无法知晓全国资产负债表的具体情况。

21世纪经济报道记者注意到,国家金融与发展实验室下设国家资产负债表研究中心长期研究全国资产负债表情况,也是目前唯一坚持编制与发布国家资产负债表数据的机构。该中心发布的数据已成为分析研判中国国家能力、财富结构与债务风险的权威依据,并被国际货币基金组织、世界财富与收入数据库(WID)以及国际主流学术期刊认可并引用,这确定了该中心在该领域的国际话语权。国家资产负债表研究中心主任为张晓晶,其同时还是中国社会科学院金融研究所所长、国家金融与发展实验室主任。

"国家资产负债表为监测宏观运行提供新的视角。传统的宏观研究侧重于流量分析,重点在GDP及其相关组成部分(如投资消费净出口这三驾马车),而事实上,结构性矛盾的产生以及宏观风险的累积,从存量指标上才能更清晰地反映出来。资产负债表研究为认识和理解宏观经济运行中的风险提供了全新的视角,这是以往同类研究所不具备的。"张晓晶曾撰文表示。

从国际上看,自2008年以来,通过资产负债表来分析研究宏观经济,是不少发达国家的做法。国家统计局网站文章也表示,在联合国主导下,西方发达国家不断加强资产负债表的研究和编制工作,资产负债表的功能也不再仅仅局限于传统的统计与核算,逐渐显露出了强大的宏观经济分析作用。

"近年来,我国经济的国际影响力不断扩大,国际社会对我国经济的关注度日益提高。总体上看,我国经济运行稳中向好,债务风险总体可控,得到了国际社会的积极评价。但其中也存在一些风险,如个别地区债务规模过大,部分企业资产负债率过高,金融和实体经济、金融和房地产、金融体系内部的良性循环亟待建立等。"文章称。

(资料来源:李愿.健全宏观经济治理体系:中国将探索实行国家宏观资产负债表管理[N/OL].21世纪经济报道,2024-07-19[2025-08-11]. https://www.21jingji.com/article/20240719/herald/5827f4878b1af0b0a3835ffd328d377b.html)

3.1.3 资产负债表的内容

1. 资产负债表列报总体要求

资产负债表列报,最根本的目标就是如实反映企业在资产负债表日所拥有的资源、所承担的负债及所有者所拥有的权益。因此,资产负债表应当按照资产、负债和所有者权益三大类分别列报(如表3-4所示)。

资产项目分为流动资产和非流动资产,按照各项资产的流动性排列,流动资产列于非流动资产之前。资产类项目至少包括以下单列项目：货币资金、交易性金融资产、应收及预收款项、存货、债权投资、其他债权投资、长期股权投资、投资性房地产、固定资产、生物资产、递延所得税资产和无形资产；负债项目按照债务归还期的长短排列，其排列顺序是流动负债列于长期负债之前，负债类项目至少包括以下单列项目：短期借款、应付及预收款项、应交税费、应付职工薪酬、预计负债、长期借款、长期应付款、应付债券和递延所得税负债；所有者权益以其永久性程度的高低作为项目排列标准，即永久性程度高者列于前，反之列于后，因此，实收资本（或股本）项目列于其他权益项目之前，所有者权益类项目至少包括以下单列项目：实收资本（或股本）、资本公积、盈余公积和未分配利润。

表 3-4　　　　　　　　　　　　　资产负债表　　　　　　　　　　　　　会企 01 表

编制单位：S 股份有限公司　　　　　　2023 年 12 月 31 日　　　　　　　　单位：万元

资产	期末余额	上年年末余额	负债和所有者权益（或股东权益）	期末余额	上年年末余额
流动资产：			流动负债：		
货币资金	1 170 004.32	1 264 104.43	短期借款	297 945.68	233 948.48
交易性金融资产	11 412.78	40 365.93	吸收存款及同业存款	0.00	0.00
			拆入资金	0.00	0.00
应收票据	19 646.14	12 564.13	交易性金融负债	20 119.42	14 988.53
应收账款	878 700.14	792 547.16	应付票据	443 257.71	656 025.36
预付款项	802 374.34	1 044 912.56	应付账款	827 105.54	758 307.59
其他应收款	54 633.37	47 682.63	预收账项	48.12	27.27
其中：应收股利	837.75	973.44	合同负债	1 641 012.61	1 667 717.90
应收利息	0.00	0.00	应付职工薪酬	41 267.96	36 393.75
买入返售金融资产	0.00	0.00	应交税费	53 550.50	69 713.40
存货	1 049 435.56	963 590.04	其他应付款	92 145.31	93 132.53
合同资产	119 772.34	8 365.01	其中：应付利息	0.00	0.00
持有待售资产	0.00	0.00	应付股利	4 240.98	8 819.27
一年内到期的非流动资产	2 823.23	2 776.15	一年内到期的非流动负债	82 222.75	56 105.29
其他流动资产	47 490.74	39 065.41	其他流动负债	153 468.47	167 509.23
流动资产合计	4 251 403.61	4 365 607.88	流动负债合计	3 652 144.07	3 753 869.34
非流动资产：			非流动负债：		
发放贷款及垫款	0.00	0.00	长期借款	52 940.62	29 286.48
债权投资	0.00	0.00	应付债券	0.00	0.00
其他债权投资	0.00	0.00	租赁负债	154 026.57	127 645.13
长期应收款	8 602.02	11 331.33	长期应付款	0.00	0.00
长期股权投资	83 870.33	78 064.25	长期应付职工薪酬	0.00	0.00

(续表)

资产	期末余额	上年年末余额	负债和所有者权益（或股东权益）	期末余额	上年年末余额
其他权益工具投资	30 218.22	29 022.63	预计负债	28 229.69	26 530.27
投资性房地产	3 491.25	3 207.59	递延收益	9 251.34	9 862.18
固定资产	510 318.18	546 462.01	递延所得税负债	14 154.44	14 900.02
在建工程	972.17	2 266.12	非流动负债合计	261 286.40	208 467.98
无形资产	69 133.85	70 602.76	负债合计	3 913 430.47	3 962 337.33
开发支出	69.45	493.81	股本	130 674.94	130 674.94
商誉	4 973.76	5 626.04	其他权益工具	0.00	0.00
长期待摊费用	6 133.77	6 745.99	资本公积	117 866.40	118 486.18
			其他综合收益	16 926.91	16 959.08
			专项储备	117.75	77.56
递延所得税资产	33 541.77	29 876.23	盈余公积	40 515.52	35 724.04
			一般风险准备	0.00	0.00
其他非流动资产	25 354.83	10 467.06	未分配利润	382 346.61	323 373.10
			归属于母公司所有者权益合计	688 448.14	625 294.90
			少数股东权益	629 286.11	713 978.30
非流动资产合计	979 761.10	936 002.65	股东权益合计	1 317 734.25	1 339 273.21
资产总计	5 231 164.72	5 301 610.53	负债和股东权益总计	5 231 164.72	5 301 610.53

2. 资产项目的列报

"**货币资金**"项目，反映企业库存现金、银行结算户存款、外埠存款、银行汇票存款、银行本票存款、信用卡存款、信用证保证金存款等的合计数。

"**交易性金融资产**"项目，反映企业持有的以公允价值计量且其变动计入当期损益的，为交易目的所持有的债券投资、股票投资、基金投资、权证投资等金融资产。

"**应收票据**"项目，反映企业因销售商品、提供劳务等而收到的商业汇票，包括银行承兑汇票和商业承兑汇票。

"**应收账款**"项目，反映企业因销售商品、提供劳务等经营活动应收取的款项。

"**预付款项**"项目，反映企业按照购货合同规定预付给供应单位的款项等。

"**其他应收款**"项目，反映企业除应收票据、应收账款、预付账款等经营活动以外的其他各种应收、暂付的款项，包含"应收利息""应收股利"及"其他应收款"会计科目的期末余额。

"**应收利息**"项目，反映企业应收取的债券投资等的利息。

"**应收股利**"项目，反映企业应收取的现金股利和应收取其他单位分配的利润。

"**存货**"项目，反映企业期末在库、在途和在加工中的各种存货的可变现净值。

"**合同资产**"项目，反映企业已向客户转让商品而有权收取对价的权利，且该权利取决于时间流逝之外的其他因素。企业拥有的、无条件（即仅取决于时间流逝）向客户收取对价的权利应当作为应收款项单独列示。

"**一年内到期的非流动资产**"项目,反映企业将于一年内到期的非流动资产项目金额。

"**其他流动资产**"项目,反映企业除货币资金、交易性金融资产、应收票据、应收账款、其他应收款、存货等流动资产以外的其他流动资产。

"**债权投资**"项目,反映企业以摊余成本计量的长期债权投资的期末账面价值。该项目以前被称为"长期债权投资"或"债券投资"。

"**其他债权投资**"项目,反映企业分类为以公允价值计量且其变动计入其他综合收益的长期债权投资的期末账面价值。该项目以前可能被称为"交易性金融资产"或"其他债权投资"。

"**长期应收款**"项目,反映企业融资租赁产生的应收款项、采用递延方式结算具有融资性质的销售商品和提供劳务等产生的长期应收款项等。

"**长期股权投资**"项目,反映企业持有的对子公司、联营企业和合营企业的长期股权投资。

"**投资性房地产**"项目,反映企业持有的投资性房地产。

"**固定资产**"项目,反映企业各种固定资产原价减去累计折旧和累计减值准备后的净额。

"**在建工程**"项目,反映企业期末各项未完工程的实际支出,包括交付安装的设备价值、未完建筑安装工程已经耗用的材料、工资和费用支出、预付出包工程的价款等的可收回金额。

"**工程物资**"项目,反映企业尚未使用的各项工程物资的实际成本。

"**固定资产清理**"项目,反映企业因出售、毁损、报废等原因转入清理但尚未清理完毕的固定资产的净值,以及固定资产清理过程中所发生的清理费用和变价收入等各项金额的差额。

"**生产性生物资产**"项目,反映企业持有的生产性生物资产。

"**油气资产**"项目,反映企业持有的矿区权益和油气井及相关设施的原价减去累计折耗和累计减值准备后的净额。

"**无形资产**"项目,反映企业持有的无形资产,包括专利权、非专利技术、商标权、著作权、土地使用权等。

"**开发支出**"项目,反映企业开发无形资产过程中能够资本化形成无形资产成本的支出部分。

"**商誉**"项目,反映企业在合并中形成的商誉的价值。

"**长期待摊费用**"项目,反映企业已经发生但应由本期和以后各期负担的分摊期限在一年以上的各项费用。长期待摊费用中在一年内(含一年)摊销的部分,在资产负债表"一年内到期的非流动资产"项目填列。

"**递延所得税资产**"项目,反映企业确认的可抵扣暂时性差异产生的递延所得税资产。

"**其他非流动资产**"项目,反映企业除长期股权投资、固定资产、在建工程、工程物资、无形资产等资产以外的其他非流动资产。本项目应根据有关科目的期末余额填列。

3. 负债项目的列报

"**短期借款**"项目,反映企业向银行或其他金融机构等借入的期限在一年以下(含一年)的各种借款。

"**交易性金融负债**"项目,反映企业承担的以公允价值计量且其变动计入当期损益的以交易为目的所持有的金融负债。

"**应付票据**"项目,反映企业购买材料、商品和接受劳务供应等而开出、承兑的商业汇票,包括银行承兑汇票和商业承兑汇票。

"**应付账款**"项目,反映企业因购买材料、商品和接受劳务供应等经营活动应支付的款项。

"**预收款项**"项目,反映企业按照购货合同规定向购货单位预收的款项。

"**合同负债**"项目,反映企业已收或应收客户对价而应向客户转让商品的义务。

"**应付职工薪酬**"项目,反映企业根据有关规定应付给职工的工资、职工福利、社会保险费、住房公积金、工会经费、职工教育经费、非货币性福利、辞退福利等各种薪酬。外商投资企业按规定从净利润中提取的职工奖励及福利基金,也在本项目列示。

"**应交税费**"项目,反映企业按照税法规定计算应缴纳的各种税费,包括增值税、消费税、所得税、资源税、土地增值税、城市维护建设税、房产税、城镇土地使用税、车船使用税、教育费附加、矿产资源补偿费等。企业代扣代缴的个人所得税,也通过本项目列示。企业所缴纳的税金不需要预计应缴数的,如印花税、耕地占用税等,不在本项目列示。

"**其他应付款**"项目,反映企业除应付票据、应付账款、预收款项、应付职工薪酬、应交税费等经营活动以外的其他各项应付、暂收的款项。填列时以"应付利息""应付股利""其他应付款"会计科目期末余额填列。

"**应付利息**"项目,反映企业按照规定应当支付的利息,包括分期付息到期还本的借款应支付的利息、企业发行的企业债券应支付的利息等。

"**应付股利**"项目,反映企业分配的现金股利或利润。企业分配的股票股利不通过本项目列示。

"**一年内到期的非流动负债**"项目,反映企业非流动负债中将于资产负债表日后一年内到期部分的金额,如将于一年内偿还的长期借款。

"**其他流动负债**"项目,反映企业除短期借款、交易性金融负债、应付票据、应付账款、应付职工薪酬、应交税费等流动负债以外的其他流动负债。

"**长期借款**"项目,反映企业向银行或其他金融机构借入的期限在一年以上(不含一年)的各项借款。

"**应付债券**"项目,反映企业为筹集长期资金而发行的债券本金和利息。

"**租赁负债**"项目,是新租赁准则下的产物,企业作为承租人在租入资产确认使用权的同时确认租赁负债,不管是经营租赁还是融资租赁均要在资产负债表列示。

"**长期应付款**"项目,反映企业除长期借款和应付债券以外的其他各种长期应付款项。

"**预计负债**"项目,反映企业确认的对外提供担保、未决诉讼、产品质量保证、重组义务、亏损性合同等产生的预计负债。

"**递延所得税负债**"项目,反映企业确认的应纳税暂时性差异产生的所得税负债。

"**其他非流动负债**"项目,反映企业除长期借款、应付债券等负债以外的其他非流动负债。本项目应根据有关科目的期末余额减去将于一年内(含一年)到期偿还数后的余额填列。非流动负债各项目中将于一年内(含一年)到期的非流动负债,应在"一年内到期的非流动负债"项目内单独反映。

4. 所有者权益项目的列报

"**实收资本(或股本)**"项目,反映企业各投资者实际投入的资本(或股本)总额。

"**其他权益工具**"项目,反映企业发行在外的除普通股以外分类为权益工具的金融工具的期末账面价值。

"**资本公积**"项目,反映企业资本公积的期末余额。

"**库存股**"项目,反映企业持有尚未转让或注销的本公司股份金额。

"**其他综合收益**"项目,反映企业根据其他会计准则规定未在当期损益中确认的各项利得和损失。

"**专项储备**"项目,反映高危行业企业按国家规定提取的安全生产费的期末账面价值。该项目应根据"专项储备"科目的期末余额填列。

"**盈余公积**"项目,反映企业盈余公积的期末余额。

"**未分配利润**"项目,反映企业尚未分配的利润。

3.2 资产权益质量的解读

资产负债表是根据会计等式"资产=权益"分别列报资产、负债(债权人权益)和所有者权益三大内容,资产权益质量分析就是对资产、负债和所有者权益三个要素质量的分析。

3.2.1 资产质量解读

资产的质量,是指资产的变现能力或被企业在未来进一步利用的质量。资产质量的好坏,主要表现在资产的账面价值量与其变现价值量或被进一步利用的潜在价值量(可以用资产的可变现净值或公允价值来计量)之间的差异上。资产按照其质量,可以分为以下几类:

(1) 按照账面价值等金额实现的资产,如货币资金;

(2) 按照低于账面价值的金额贬值实现的资产,如应收票据、应收账款、其他应收款、部分存货、部分投资、部分固定资产、待摊费用等;

(3) 按照高于账面价值的金额增值实现的资产,如大部分存货、部分对外投资、部分固定资产、已经提足折旧但继续使用的固定资产等。

1. 货币资金

在资产负债表中,货币资金的核算范围包括库存现金、银行存款和其他货币资金。资产负债表中反映的货币资金包括企业的库存现金、银行存款、外埠存款、银行汇票、银行本票、信用证、信用卡和在途资金等。其特点是:①流动性最强,是现实的支付能力和偿债能力;②是企业各种收支业务的集中点,也是资金循环控制的关键环节。

货币资金质量分析的要点如下:

(1) 判断货币资金与企业的规模和行业特点是否匹配。一般而言,企业的资产规模越大,相应的货币资金规模应当越大,业务收支频繁,处于货币形态的资产也会较多。在相同的总资产规模条件下,不同行业(如制造业、商业、金融业企业)的企业货币资金的规模也不相同,同时,企业对货币资金的需求量还受企业对货币资金运用能力的影响。企业过高的货币资金规模,可能意味着企业正在丧失潜在的投资机会,也可能表明企业的管理人员生财无道。

(2) 分析企业筹资能力。如果企业信誉好,在资本市场上就能够较容易地筹集到资金,向金融机构借款也较方便,就能应付突发事件从而降低企业风险,企业就没有必要持有大量的货币资金;反之,如果企业信誉不好,借款能力有限,就不得不储存较多的现金来应付各种可能发生的突发性现金需求。

(3) 分析货币资金的构成内容。企业的银行存款和其他货币资金中有些不能随时用于支付的存款,例如,不能随时支取的一年期以上的定期存款、有特定用途的信用证存款、商业汇票存款等,它们必将减弱货币资金的流动性。对此,企业应在报表附注中加以列示,以便报表信息使用者正确评价企业资产的流动性及其支付能力。

(4) 分析货币资金内部控制制度的完善程度以及实际执行质量。这包括企业货币资金收支的全过程,如客户的选择,销售折扣与购货折扣的谈判与决定,付款条件的决定,具体收款付款环节以及会计处理等。

相关链接

近 8 000 亿元!苹果最新财务状况

2024 年 5 月 2 日,苹果发布了 2024 财年第二季度财报(即自然年第一季度),虽然营收和利润同比下降,但是均好于预期。在截至 2024 年 3 月 31 日的第二财季中,苹果总营收为 907.53 亿美元,同比下滑 4%;净利润为 236.36 亿美元,同比下滑 2%;毛利率提高至 46.6%。

同时,苹果宣布了史上最大规模的股票回购计划——1 100 亿美元(接近 8 000 亿元人民币),高于往常的 900 亿美元。苹果的"钞能力"直接带动其股价攀升,当日收盘时股价上涨 2.2%,盘后股价一度上涨 7%,目前市值约为 2.7 万亿美元。具体到产品线,iPhone 业务在第二财季营收为 459.6 亿美元,同比下降 10.5%。这也侧面反映了今年一季度,苹果手机的份额面临挑战。根据 Counterpoint Research 的预计,服务产品将成为苹果公司增长最快的部分,到 2025 年将占据公司总营收的四分之一左右,约为 1 000 亿美元。

Canalys 数据显示,在 2024 年一季度中,全球手机市场上,三星重回第一,出货量达 6 000 万部;苹果出货量出现双位数下滑,降至 4 870 万部,位居第二。而在中国市场上,华为出货量重回第一,苹果排在第五,不过市场份额仅相差 2%左右。

手机市场竞争的激烈程度可见一斑。库克在财报会上表示中国是"全球竞争最激烈的市场",并对 iPhone 在中国市场的未来发展持乐观态度。库克强调:"我依然非常看好中国市场未来发展,我们不是关注未来一两周的发展,而是更注重长期发展。"不论是全球市场还是中国市场,手机厂商们每一个 1%的市场争夺,都将是贴身肉搏。

另一方面,2024 年被称为端侧 AI 元年,苹果自然不会错过新的市场。虽然目前 AI 手机占比还较小,但是已经成为产业的新驱动力。(国际数据公司 IDC)预测显示,到 2024 年底,下一代 AI 智能手机的出货量将达到 1.7 亿部,占智能手机总出货量的近 15%,相较于 2023 年约 5 100 万部有了大幅增长。头部厂商中,除了苹果尚未对外宣布 AI 战略之外,其他厂商都已亮出明牌。各大手机厂商基本已经发布了 AI 大模型,包括华为的盘古大模型、荣耀的魔法大模型、三星的高斯大模型、OPPO的安第斯大模型、vivo的蓝心大模型等。

此次,苹果CEO库克表示,公司正在生成式AI正进行大量投资。投资者们也密切关注着,苹果会如何把生成式AI装进手机、iPad、Mac等自家终端当中,更期待着苹果在端侧AI领域上的增长潜力。

在IDC的中国ICT市场趋势论坛上,IDC中国区副总裁王吉平向21世纪经济报道记者表示:"未来开发者将在生态上面临更多的选择,未来主要的生态将从安卓裂变成更多的生态。接下来AI的变化要考虑更深度的场景,即智能家居以及车载设备进入到AI生态格局后,如何去做布局。这都是在未来几年的一个重要方向,可能会影响到终端的销售。而终端需要具备交互、混合算力、隐私性等能力,同时它要开放API接口。对于未来开发者的竞争,将是在2026年开始核心角逐的战力。"

(资料来源:倪雨晴.近8 000亿元!苹果宣布[N/OL].21世纪经济报道,2024-05-04[2025-08-11].https://caifuhao.eastmoney.com/news/20240504080836339624300)

2. 交易性金融资产

资产负债表中交易性金融资产是指企业持有的以公允价值计量且其变动计入当期损益的金融资产,包括以交易为目的所持有的债券投资、股票投资、基金投资、权证投资等和直接指定为以公允价值计量且其变动计入当期损益的金融资产。其特点是:①企业持有的目的是短期性的,即在初次确认时即确定其持有目的是短期获利,此处的短期一般是不超过一年(包括一年);②该资产具有活跃市场,公允价值能够通过活跃市场获取。

1)金融资产的分类

金融资产主要包括库存现金、应收账款、应收票据、贷款、垫款、其他应收款、应收利息、债权投资、股权投资、基金投资、衍生金融资产等。

金融资产的分类与金融资产的计量密切相关。因此,企业应当在初始确认金融资产时,将其划分为以下四类:①以公允价值计量且其变动计入当期损益的金融资产;②持有至到期投资;③贷款和应收款项;④其他债权投资。

2)交易性金融资产的范围

金融资产满足下列条件之一的,应当划分为交易性金融资产:①取得该金融资产的目的主要是为了近期内出售或回购。②属于进行集中管理的可辨认金融工具组合的一部分,且有客观证据表明企业近期采用短期获利方式对该组合进行管理。③属于衍生工具,例如,国债期货、远期合同、股指期货等,其公允价值变动大于零时,应将其相关变动金额确认为交易性金融资产,同时计入当期损益。但是,如果衍生工具被企业指定为有效套期关系中的套期工具,那么该衍生工具初始确认后的公允价值变动应根据其对应的套期关系(即公允价值套期、现金流量套期或境外经营净投资套期)的不同,采用相应的方法进行处理。

3)交易性金融资产质量的分析要点

(1)关注交易性金融资产的持有目的与报表金额的特点。交易性金融资产具有易变现、持有时间短、盈利与亏损难以把握等特点,因此,在报表中的表现为金额经常波动、公允价值变动损益易变等特点。如果报表中交易性金融资产金额跨年度长期不变且金额较为整齐,则有可能企业故意将一部分长期投资人为地划分为交易性金融资产,以改变流动比率。但公司不可能改变其现金支付能力和其他流动资产项目的变现能力,所以如果一个公司的流动比率状况好但现金支付能力差,这本身就是交易性金融资产的一个长期性信号。

（2）关注交易性金融资产的计量。交易性金融资产的计量是以公允价值计量,即资产和负债按照在公平交易中,由熟悉情况的交易双方自愿进行资产交换或者债务清偿的金额计量。分析交易性金融资产必须与金融市场紧密结合,反映该类金融资产相关市场变量变化对其价值的影响,进而分析对企业财务状况和经营成果的影响。

（3）关注交易性金融资产对当期损益的影响。在资产负债表日,企业应将交易性金融资产以公允价值计量且其变动计入公允价值变动损益,处置该交易性金融资产时,其公允价值与初始入账金额之间的差额应确认为投资收益,同时调整公允价值变动损益,可见公允价值变动损益是未实现的损益,其易变且风险性较大。

（4）关注与交易性金融资产有关而取得的股利、利息。企业取得以公允价值计量且其变动计入当期损益的金融资产所支付的价款中,包含已宣告但尚未发放的现金股利或已到付息期但尚未领取的债券利息的,应当单独确认为应收项目,在持有期间取得的利息或现金股利,应当确认为投资收益。

3. 应收账款和应收票据

1）应收账款

应收账款是指企业因销售商品、产品或提供劳务等原因,应向购货客户或接受劳务的客户收取的款项或代垫的运杂费等。应收账款的发生具有经常性,因此,应收账款存在一定的风险。

一般来讲,企业的应收账款符合下列条件之一的,应确认为坏账：①债务人死亡,以其遗产清偿后仍然无法收回；②债务人破产,以其破产财产清偿后仍然无法收回；③债务人较长时间内未履行其偿债义务,并有足够的证据表明无法收回或收回的可能性极小。

在确定坏账准备的计提比例时,企业应当根据以往的经验、债务单位的实际财务状况和现金流量等相关信息予以合理估计。坏账损失的核算方法有直接转销法和备抵法两种。企业会计制度规定,企业只能采用备抵法核算坏账损失。企业采用备抵法进行坏账核算时,首先应按期估计坏账损失,计入管理费用,实际发生坏账时,冲减计提的坏账准备金。

2）应收票据

在我国,应收票据是指企业因赊销产品、提供劳务等在采用商业汇票结算方式下收到的商业汇票而形成的债权,包括商业承兑汇票和银行承兑汇票。一般而言,应收票据是一种流动性相对较强的资产,应收票据分为不带息应收票据和带息应收票据。根据企业现金需求的变化,应收票据还可用于贴现。

报表分析者在了解应收票据特点和分类的基础上,应该重点加强对应收票据贴现和转让的管理,降低应收票据的风险。

应收账款和应收票据质量的分析要点如下：

第一,应收账款和应收票据的规模。应收账款和应收票据的规模受诸多因素影响,应结合企业的行业特点、经营方式、信用政策来分析。如广告业往往采用预收款,制造业企业常常采用赊销,商业企业相当一部分业务是现金销售,因而应收账款较少,而在采用赊销方式较多的企业中,应收账款就较多。企业放松信用政策,刺激销售,会增加应收账款;反之,会减少应收账款。

第二,坏账损失风险。在市场经济条件下,企业生产经营存在着各种风险,采用商业信用赊销商品也不可避免发生坏账损失,即出现货款长期被拖欠甚至收不回来而给企业造成损失的情况。因此,分析应收账款的质量可从以下几点来看:①账龄分析。一般而言,未过信用期或已过信用期但拖欠期较短的债权出现坏账的可能性比已过信用期较长时间的债权发生坏账的可能性要小。涉及与其他企业比较时,应参考其他企业的计算口径来确定标准。②对债务人的构成分析。包括债务人的区域构成、债务人的所有权性质、债权人与债务人的关联状况和债务人的稳定程度,应收账款的大部分是否集中于少数几个客户等。③对形成债权的内部经手人构成分析。④分期付款的应收款较其他应收款流动性要差,对其分析要区别于一般应收账款。

第三,考察应收账款和应收票据有无真实的贸易背景,分析企业是否利用虚无信用来创造销售,或用无真实贸易背景的应收票据向银行贴现,加大企业信用风险。

第四,判断公司所处的市场状况。若应收账款和应收票据之和远远大于资产负债表右方的预收账款,则说明公司的产品市场是一个典型的买方市场,产品销售难度很大。

第五,分析应收账款的坏账准备提取得是否充足。坏账准备提取的高低直接影响当期利润,上市公司常常会控制应收账款的坏账准备提取来操控上市公司的业绩。

相关链接

迷雾重重!83亿元财务黑洞,上海电气为何向爆雷子公司出借巨额资金? 证监会立案调查能否解开谜团?

在控股子公司上海电气通讯技术有限公司(以下简称"上电通讯")87亿元应收账款爆雷后至今,上海电气(601727)累计跌幅超过20%,总市值仍然超过600亿元。作为一家大型国有上市公司,上海电气有着悠久的历史,年营收超过1 300亿元、总资产超过3 000亿元,为何在一家仅持股40%的子公司上栽了跟头?极端情况下,上电通讯将导致上海电气产生83亿元的损失,超过上市公司近两年的净利润总和。

证券时报记者获悉,上海电气对上电通讯近80亿元的贷款支持集中在2020年12月、2021年2月底—3月、2021年5月。尤其是今年5月(14日、15日、27日、28日),上电通讯获得的股东贷款高达29亿元之多,而这一时点已经十分临近上海电气的"爆雷"公告(5月29日)。从其他上市公司公告中可知,上电通讯下游客户富申实业、环球景行至少在2020年6月起就已经出现付款逾期的情况。上海电气出借巨额资金后,在短短数日内又自曝子公司风险,并认为可能发生全额损失,剧情反转如此之快,令公众自然产生一个疑问:上海电气是否明知上电通讯要"爆雷"仍出借巨额资金?相关决策是如何做出的?

巨额股东借款可能无法收回,是上海电气面临的最大问题。那么,这些钱是怎么借出去的?上海电气的公告中仅一句话与此相关,"随着通讯公司业务发展,公司对其加大了资金支持"。公告显示,上电通讯从事专网通信业务,其采取的销售模式是,由客户预先支付10%的预付款,其余款项在订单完成和交付后按约定分期支付。在记者此前查证的一系列相关案例中,上市公司还需要对专网通讯业务的上游供应商进行全额预付,这种业务模式决定了上电通讯极大的资金需求。

证券时报记者获取的文件显示,上海电气 2019 年 5 月 10 日—2021 年 5 月 28 日分 19 次向上电通讯借款(或委托借款)77.66 亿元,爆雷事件后的 6 月 1 日—3 日又有 3 笔合计 2570 万元的借款,借款用途几乎全部是"补充流动资金"。

在"爆雷"公告之前,上海电气对上电通讯的巨额股东借款从未在公告中有过"只言片语",投资者亦无从知晓上市公司履行了哪些决策程序,是否符合公司内部的财务纪律及内控制度?另一方面,上海电气对上电通讯持股 40%,提供了近 80 亿元的借款,其他股东又是否按照持股比例匹配了对应的借款支持?

(资料来源:于德江.83 亿财务黑洞背后 上海电气为何向爆雷子公司出借巨额资金?[N/OL].证券时报,2021-07-23[2025-08-11]. https://baijiahao.baidu.com/s?id=1706005759897295379&wfr=spider&for=pc)

4. 存货

存货是指企业在正常生产经营过程中持有的以备出售的产成品或商品,或者为了出售仍然处在生产过程中的在产品,或者将在生产过程或提供劳务过程中耗用的材料、物料等。存货在同时满足以下两个条件时,才能加以确认:①该存货包含的经济利益很可能流入企业;②该存货的成本能够可靠地计量。

存货质量的分析要点如下:

(1) 存货物理质量的分析。如商业企业的商品是否完好无损,制造业的产成品质量是否符合相应的等级要求。

(2) 存货的时效状况分析。如食品是否超过保质期,出版物的内容是否过时,工业产品的技术是否落伍。

(3) 存货的品种构成结构分析。即盈利产品占企业品种构成的比例及市场发展前景和产品抗变能力。

(4) 存货跌价准备计提是否充分。存货披露是否遵循成本与市价孰低法,存货有无相应的所有权证。

(5) 存货的计价问题。各种不同的存货计价方法会使存货数额产生极大的差异,尤其是在通货膨胀导致存货价格大幅度波动的时候。对于着重分析企业短期偿债能力的报表使用者来说,企业利润的虚实影响不大,关键是要了解存货的变现价值。

(6) 存货的日常管理分析。企业存货的质量,不仅取决于存货的账面数字,还与存货的日常管理密切相关。只有恰当保持各项存货的比例和库存周期,材料存货才能为生产过程消化,商品存货才能及时实现销售目的,从而使存货顺利变现。

5. 其他应收款

其他应收款号称企业会计报表的"垃圾桶",包括企业除应收票据、应收账款、预付账款以外的各种应收、预付款项,如应收股利、应收利息,以及应收的各种赔款、各种罚款、存放的保证金、应收出租包装物的租金、预付给企业内个人或单位的备用金、应向职工个人收取的各种垫付款项等。

6. 其他流动资产

其他流动资产,是指除了货币资金、短期投资、应收票据、应收账款、其他应收款、存货等流动资产的流动资产。一般企业"待处理流动资产净损溢"科目未处理转账时,报表时常挂在"其他流动资产"项目中。这里以较为典型的预付账款为例进行质量分析。

预付账款是指企业按照购货合同的规定预付给供货单位的款项。从资产的流动性来看,预付账款是一种特殊的流动资产,由于款项已经支付,除了一些特殊情况(如预收货款的企业未能按约提供产品、预付保险单被提前注销等),在未来会计期间不会导致现金流入,即在这种债权收回时,流入的不是货币资金,而是存货。因此,该项目的变现性极差。

7. 长期投资

长期投资是指不可能或不准备在一年内变现的投资,在资产负债表中包括债权投资、其他债权投资、长期股权投资、其他权益工具投资等对外投资。企业长期投资的作用在于:出于战略性考虑(如兼并竞争对手,控制原料供应商),形成企业的优势;通过多元化经营而降低经营风险、稳定经营收益;为将来某些特定目的积累资金。本文对涉及的债权投资(原持有到期投资)、长期股权投资两个重点项目进行质量分析的讲解。

长期投资质量的分析要点如下:

(1) 资产负债表中长期投资项目的金额,在很大程度上代表企业长期不能直接控制的资产流出,其投资方案是否合理,关键看能否获得较高收益、是否可分散风险以及企业的安全性如何。

(2) 资产负债表中长期投资相关项目,代表的是企业高风险的资产区域,要看其是否与企业的总体发展目标和经营方针一致,也就是说,长期投资的增加应以不影响企业生产资金周转和提高企业资金效益为前提,长期投资的减少应以实现企业资产的保值增值为前提。

(3) 长期投资收益的增加,有可能引起企业货币状况的恶化。因为对债权投资来说,投资收益的确定先于利息的收取,企业需要对此部分收益上缴所得税;对股权投资收益,在权益法确认投资收益时,企业确认的投资收益总会大于企业收回的股利,这样就会出现企业利润分配所需货币大于收回货币的情况。

(4) 债权投资的质量分析,可以从以下几个方面进行:①分析持有至到期投资的账龄。对持有至到期投资的账龄长短进行分析,超过合同约定偿还期越长的持有至到期投资,其可收回性就越差,债权的质量也就越低。②分析持有至到期投资的对象。尽管按照债权人、债务人之间的约定,企业按期收取利息,到期收回本金,但这取决于债务人在偿债时点是否有足够的现金支付。所以,需分别对各持有至到期投资债务人的偿债信誉和偿债能力逐一分析,才能提高对持有至到期投资质量判断的可靠性。③分析持有至到期投资的收益。企业进行债权投资的主要目的是获取固定收益。我国现行制度规定,企业应按权责发生制原则确认债权投资的收益,不一定有相对应的现金流入,多数时候为投资收益的确认计量先于利息的实际收取。

(5) 长期股权投资的质量分析,可以从以下几个方面进行:①分析长期股权投资构成(投资方向、投资规模、持股比例等)。通过分析,我们可以了解企业投资对象的经营状况以及它的盈利情况,评价企业长期股权投资的质量和风险。②分析长期股权投资的核算方法。长期股权投资的核算方法有权益法和成本法,采用权益法,投资企业取得长期股权投资后,应当按照应享有或应分担的被投资单位实现的净损益的份额,确认投资损益并调整长期股权投资的账面价值,投资企业按照被投资单位宣告分派的利润或现金股利计算应分得的部分,相应减少长期股权投资的账面价值;采用成本法,被投资单位宣告净利润为正时,母公司不进行账务处理,但被投资单位宣告分派现金股利或利润时,投资企业应确认投资收益。因此应对利润表中股权投资收益与现金流量表中因股权投资收益而收到的现金之间的差异进行分析。③判断长期股权投资减值准备计提是否充足,分析企业是否通过多提或少提长期股权投资减值准备,达到虚减或虚增投资账面价值和利润的目的。

8. 固定资产

固定资产是指使用期限较长、单位价值较高、并在使用过程中保持其实物形态基本不变的资产项目。在资产负债表中固定资产反映企业各种固定资产原价减去累计折旧和累计减值准备后的净额。其特点是:长期拥有并在生产经营中发挥作用;投资数额大,风险也大;反映企业生产的技术水平、工艺水平;对企业的经济效益和财务状况影响巨大;变现能力差。

固定资产质量的分析要点如下:

(1) 分析固定资产规模的合理性。固定资产的规模须和企业经营的总体规模、产品的市场前景以及企业所处的发展阶段等相适应,也应和流动资产的规模保持合理的比例关系。如果企业盲目添置固定资产,不但占用资金巨大,而且极易导致资产闲置和快速贬值,对企业的财务状况与经营业绩均会产生较大的负面影响。

(2) 关注固定资产原值在年内的变化。各个期间固定资产原值的变化,应朝着优化企业内部固定资产结构、改善固定资产质量、提高固定资产利用效果的方向努力。因此,从年度固定资产结构的变化与生产经营特点之间的吻合程度,就可以对固定资产质量的变化情况做出判断。

(3) 固定资产的构成。在各类固定资产中,生产用固定资产,尤其是生产设备,在全部固定资产中应占据较大比重,而非生产用固定资产、未使用和不需用固定资产占全部固定资产的比重应该较低。因此,可分析企业固定资产的利用率或闲置率,来评价企业固定资产的使用效率。此外,考察固定资产的更新情况,可判断企业固定资产的更新改造情况。通常情况下,更新改造程度越高,则企业固定资产的质量和性能就越好,企业的发展潜力就越强。

(4) 判断固定资产质量好坏的关键在于看它是否能给企业带来未来的经济利益,是否具有增值潜力。这种增值,或是由特定资产的稀缺性(如土地)引起,或是由特定资产的市场特征表现出较强的增值特性(如房屋、建筑物等)引起,或是由会计处理的原因导致账面上虽无净值但对企业仍有可进一步利用的价值引起(如已经提足折旧,企业仍可在一定时间内使用的固定资产)。

(5) 关注固定资产的会计核算政策。主要关注以下三个方面:①固定资产的确认标准。不同的确认标准,对企业业绩会有不同程度的影响。②计提折旧的方法。采用合理的方法计提固定资产折旧,对于加强企业经济核算,正确核算成本利润和应纳企业所得税额,确保固定资产再生产顺利进行具有重要意义。③固定资产的减值准备。在分析时应关注企业在固定资产实质上已经减值但却不提或少提减值准备的情况,这会同时虚增资产和利润,造成会计信息失真,企业潜亏严重。

9. 在建工程

资产负债表上的在建工程项目,反映企业期末各项未完工程的实际支出,包括交付安装的设备价值,未完建筑安装工程已经耗用的材料、工资和费用支出、预付出包工程的价款以及建筑安装完毕但尚未交付使用的建筑安装工程成本等的可收回金额。

在建工程是企业正在建设与固定资产有关的工程项目,包括固定资产新建工程、改扩建工程和大修理工程。

在建工程质量的分析要点如下:

(1) 在建工程项目不包括尚未使用的工程物资的实际成本,尚未使用的工程物资的成本,应在"工程物资"科目进行核算。

(2) 用借款进行的工程所发生的借款利息,在固定资产达到预定可使用状态之前,计入在建固定资产的成本;固定资产达到预定可使用状态之后发生的,计入当期损益。

(3) 在建工程减值准备的计提。企业应当定期或者至少于每年年度终了时,对在建工程进行全面检查,如果有证据表明在建工程已经发生了减值,应当计提减值准备。存在下列一项或若干项情况的,应当计提在建工程减值准备:①长期停建并且预计在未来三年内不会重新开工的在建工程;②所建项目无论性能还是技术已经落后,并且给企业带来的经济利益具有很大的不确定性;③其他足以证明在建工程已经发生减值的情形。

10. 无形资产

无形资产是指企业拥有或者控制的没有实物形态的可辨认非货币性资产,主要包括专利权、非专利技术、商标权、著作权、特许权等。

无形资产质量的分析要点如下:

(1) 无形资产的质量,主要体现在特定企业内部的利用价值和对外投资或转让的价值能全面反映其真正的价值和潜力。

(2) 商誉的存在无法与企业自身分离,不具有可辨认性,即资产负债表中无形资产不包括商誉。

(3) 土地使用权属于无形资产。但企业如果改变其用途,将土地使用权用于出租、增值等目的,要将其转为投资性房地产核算。

(4) 企业内部产生的品牌、人力资源、报刊名等,由于其不能可靠计量,不应确认为无形资产。

(5) 石油、天然气等开采权归国家所有,且开采具有特殊性,不包括在无形资产中。

11. 开发支出

开发支出反映企业开发无形资产过程中能够资本化形成无形资产成本的支出部分。

在开发阶段,可将有关支出资本化计入开发支出,但必须同时满足下列条件:

(1) 完成该无形资产以使其能够使用或出售在技术上具有可行性。判断无形资产的开发在技术上是否具有可行性,应当以目前阶段的成果为基础,并提供相关证据和材料,证明企业进行开发所需的技术条件等已经具备,不存在技术上的障碍或其他不确定性。

(2) 具有完成该无形资产并使用或出售的意图。企业能够说明其开发无形资产的目的。

(3) 无形资产产生经济利益的方式,包括能够证明运用该无形资产生产的产品存在市场或无形资产自身存在市场,无形资产将在内部使用的,应当证明其有用性。

(4) 有足够的技术、财务和其他资源支持,以完成该无形资产的开发,并有能力使用或出售该无形资产。企业能够证明可以取得无形资产开发所需的技术、财务和其他资源,以及获得这些资源的相关计划。企业自有资金不足以提供支持的,应能够证明存在外部其他方面的资金支持,如银行等金融机构声明愿意为该无形资产的开发提供所需资金等。

(5) 归属于该无形资产开发阶段的支出能够可靠地计量。企业对研究开发的支出应当单独核算,例如,直接发生的研发人员工资、材料费,以及相关设备折旧费等。同时从事多项研究开发活动的,所发生的支出应当按照合理的标准在各项研究开发活动之间进行分配;无法合理分配的,应当计入当期损益。

无法在研究阶段和开发阶段区分的支出,应当在发生时作为管理费用,全部计入当期损益。

12. 投资性房地产

投资性房地产,是指为赚取租金或资本增值,或两者兼有而持有的房地产。投资性房地产应当能够单独计量和出售。

投资性房地产质量的分析要点如下:

(1) 关注投资性房地产的计量模式。成本模式按照固定资产或无形资产的有关规定,计提折旧或摊销,存在减值迹象的,还应当按照资产减值的有关规定进行处理。公允价值模式,不对投资性房地产计提折旧或进行摊销,以资产负债表日投资性房地产的公允价值为基础调整其账面价值,并将公允价值与原账面价值之间的差额计入当期损益(公允价值变动损益),投资性房地产取得的租金收入,确认为其他业务收入。因此,两种计量模式对净利润往往产生不同的影响。

(2) 关注投资性房地产的范围。投资性房地产的范围必须符合投资性房地产的定义,突出持有目的。

> **相关链接**
>
> ### 獐子岛"扇贝传说"迎来终局
>
> 獐子岛的传说流传多年,扇贝们一度生死难测。自2014年就因"扇贝跑了"屡屡登上新闻头条的"獐子岛事件",在2023年年末迎来大结局。
>
> 据最高人民检察院披露,獐子岛集团原董事长、总裁吴厚刚因违规披露重要信息罪、诈骗罪、串通投标罪、对非国家工作人员行贿罪等数罪并罚,被判有期徒刑十五年,并处罚金92万元。
>
> 这十年来,从"扇贝跑了"到"扇贝饿死了",连续剧式的曲折发展不仅震惊了股民,也引来了证监会等机构的立案调查。这起看起来荒诞离奇的上市公司资产丢失案,也终于在2024年即将到来之际迎来结果。这对于那些想要通过讲故事炒作股价、高位"割韭菜"的上市公司大股东和实控人来说,十五年的刑罚,足以形成强大的震慑。
>
> 很多人可能有疑问,为什么如此荒诞离奇的叙事,却一直很难有确实的证据?这与獐子岛公司特殊的海洋养殖性质有关系。扇贝处于海洋的深水区,究竟是不是真跑了,确实按照一般手段难以确证。正如证监会所指出的,獐子岛集团在2014年、2015年已连续两年亏损的情况下,客观上具有海底库存及采捕情况难发现、难调查、难核实的特点。
>
> 而据媒体报道,在调查过程中,证监会还借用了北斗卫星找獐子岛集团的扇贝。调查人员利用客观的卫星定位数据还原出獐子岛集团采捕船实际捕捞轨迹图。经过对比

发现,獐子岛集团没有如实记录采捕海域,2016年的实际采捕海域面积比账面记录多出近14万亩。

复盘"獐子岛事件"始末可以发现,獐子岛集团原董事长、总裁吴厚刚难辞其咎。作为公司的实控人,他本应为公司和股东的利益负责。但在这一事件中,他们操纵财报和虚假披露信息,极大地损害了股东的利益。此外,这同时也暴露了獐子岛集团作为上市公司,内部控制体系几近于失灵。

但其更为恶劣的影响还发生在外部:作为上市公司,信息透明度和准确性是维护市场公平、保障投资者权益的基础。然而,獐子岛集团在信息披露上却存在严重的违规行为。从2016年到2017年的年度报告再到其他重要公告,不少都涉嫌虚假记载。这种行为不仅误导了投资者,更严重破坏了市场的公平性和有效性。起到了负面的示范作用。

好在,獐子岛集团事件在经过多重波折之后,终于迎来了一个人民期盼的结果。獐子岛集团原董事长以为海水能冲走所有的证据,却没想到监管的天网恢恢、疏而不漏。这也再一次给希望借由监管漏洞套利的投机者提了个醒:随着资本市场改革的不断推进,监管的篱笆正在加紧筑牢,再想钻空子"割韭菜",必然会面临法律的制裁。

(资料来源:沸雪."扇贝跑了"大结局,上市公司"割韭菜"该停止了[N/OL].新京报评论,2023-12-30[2025-08-11]. https://baijiahao.baidu.com/s?id=1786709480473453000&wfr=spider&for=pc)

13. 长期待摊费用和其他非流动资产

长期待摊费用是指不能全部计入当期损益,应当在以后年度内分期摊销的各项费用,包括开办费、租入固定资产改良支出、固定资产大修理支出、筹建期汇兑净损失等。

其他非流动资产是指除资产负债表上所列非流动资产项目以外的其他周转期超过1年的长期资产。这种资产一经确定,未经许可,企业无权支配和使用,但仍应加强管理,单独核算。其他长期资产主要包括:特准储备物资、银行冻结存款和冻结物资以及涉及诉讼的财产。

14. 表外资产和有资产分析

资产负债表的表外资产是指那些因会计处理原因或计量手段的限制而未能在资产负债表中体现净值,但可以为企业在未来作出贡献的资产项目,具体包括:已经提足折旧,但企业仍然继续使用的固定资产;企业正在使用,但已经作为低值易耗品一次摊销到费用中去、资产负债表尚未体现价值的资产;人力资源等。

或有资产是指过去的交易或事项形成的潜在资产,其存在需通过未来不确定事项的发生或不发生予以证实。或有资产具有以下特征:①或有资产由过去的交易或事项产生;②或有资产的结果具有不确定性。

3.2.2 负债质量解读与分析

负债(债权人权益)是指过去的交易、事项形成的现时义务,履行该义务预期会导致经济利益流出企业。负债包括流动负债、非流动负债、表外负债和或有负债。

1. 流动负债分析

1)流动负债概述

流动负债是指将在一年内或超过一年的一个营业周期内偿还的债务。从理论上说,流动负债与流动资产是密切相关的,通过两者的比较可以大致了解企业的短期偿债能力和清算能力。它包括短期借款、应付票据、应付账款、预收账款、应付职工薪酬、应交税费、应付利息、应付股利、其他应付款、预提费用等。其特点是：偿还期限短；偿还数量和金额确定；有明确的债权人。

（1）短期借款反映企业借入尚未归还的一年期以下（含一年）的借款,包括短期流动资金借款、结算借款、票据贴现借款等。因短期借款期限较短,企业在举债时,应测算短期借款到期时的现金流量状况,确保届时企业有足够的现金偿还本息。我国企业短期借款在流动负债总额中所占份额较大。因此,在对短期借款进行分析时,应关注短期借款的数量是否与流动资产的相关项目相适应,有无不正常之处。还应关注借款的偿还时间,预测企业未来的现金流量,评判企业的短期借款偿还能力。

（2）应付票据反映企业为了抵付货款等而开出、承兑的尚未到期付款的票据,包括银行承兑汇票和商业承兑汇票。应付票据是一种信用,相比短期借款,其付款时间更具约束力,如到期不能支付,不仅会影响企业的信誉、以后筹集资金,而且企业会受到银行的处罚。

（3）应付账款反映企业购买原材料、商品和接受劳务供应等应付给供应单位的款项,是一种商业信用行为。与应付票据相比,应付账款要求以企业的商业信用做保证。分析应付账款时,应联系存货对应付账款进行分析,在供货商购销政策一定的条件下,企业应付账款的规模会和企业采购规模有一定的对应关系。例如,企业产销较平稳,应付账款规模还应与营业收入保持一定的对应关系。通常,企业应付账款平均付款期会较为稳定,如果企业购销状况没有很大的变化,同时供货商没有放宽购销的信用政策,而企业应付账款规模的不正常增加、平均付款期的不正常延长,就表明企业的支付能力的恶化。

（4）预收账款反映企业预收购买单位的账款。预收账款是企业按购销合同规定向购买商品或劳务的单位预先收取的款项。对于企业来说,预收账款越多越好,因为预收账款作为企业的短期资金来源,在企业发送商品或提供劳务之前,可以无息使用。同时,如果企业预收账款较多,也表明企业的产品或劳务销售情况良好,市场供不应求。一般情况下,因预收账款是按销售收入的一定比例预先收取的,所以通过预收账款的变化可以预测企业未来营业收入的变动。

（5）应付职工薪酬是企业对职工个人的一项短期负债。职工薪酬,是指企业为获得职工提供的服务而给予各种形式的报酬以及其他相关支出,包括职工在职期间和离职后,企业提供给职工的全部货币性薪酬和非货币性福利。企业提供给职工配偶、子女或其他被赡养人的福利等,也属于职工薪酬。在分析应付职工薪酬时,要清楚应付职工薪酬是否为企业真正的负债,注意企业是否有通过应付职工薪酬调节利润的情况。

（6）应交税费反映企业按照税法规定计算应缴纳的各种税费,包括增值税、消费税、营业税、所得税、资源税、城镇土地增值税、城市维护建设税、房产税、城镇土地使用税、车船使用税、教育费附加、矿产资源补偿费等。企业代扣代缴的个人所得税,也通过本项目列示。而企业所缴纳的税金不需要预计应缴数的,如印花税、耕地占用税等,不在本项目列示。在分析应交税费的质量时,由于应交税费涉及较多税种,报表使用者应当了解应交税费的具体内容,有针对性地分析该项负债的形成原因。如果该项目为负数,则表明企业多缴而财税机关应当退回给企业或替代企业以后应缴的税金。

（7）其他应付款反映企业在商品交易业务以外发生的应付和暂收款项。指企业除应付票据、应付账款、应付工资、应付利润等以外的应付、暂收其他单位或个人的款项。如应付租入固定资产的租金、包装物的租金、应付保险费、存入保证金、应付统筹退休金等。这个项目常常被称为企业会计报表的"聚宝盆",因此分析时,应注意企业是否利用该项目隐藏利润。其中,对于企业经常发生的应付供货单位的货款,则是在"应付账款"和"应付票据"科目中核算。

应付利息反映企业按照规定应当支付的利息,包括分期付息到期还本的借款应支付的利息、企业发行的企业债券应支付的利息等。分析该项目时,应注意到期还本付息的长期借款应支付的利息、企业发行的企业债券应支付的利息不包括在该项目中,但该项目必须结合长期借款和应付债券分析。

应付股利(或应付利润)是指企业经董事会或股东大会确定,应分配的期末应付给股权投资者的股利(利润)。企业进行利润分配后应给予股权投资者投资回报,在投资者领取之前,该项投资回报将形成企业的一项流动负债。

在分析应付股利(或应付利润)时应注意:资产负债表上所反映的应付股利(或应付利润)是企业应付未付的现金股利,不包括股票股利。股份有限公司可采用的股利分配形式有现金股利和股票股利等方式,分派股票股利实质上是股东权益结构调整的重大财务决策行为,并不涉及现实负债问题。

(8) 一年内到期的非流动负债反映企业非流动负债中将于资产负债表日后一年内到期部分的金额,这部分负债从时间长短上来看已属于短期负债的范围。

2) 流动负债质量的分析

(1) 分析流动负债的构成结构,判断企业流动负债主要来自何方,分析其性质和数额、偿还紧迫程度如何,衡量企业的财务风险。

(2) 分析时要同企业的性质、经营形势相联系,分析企业采购政策、付款政策、利润分配政策及其他经营特点。商业企业正常情况下是流动负债和销售收入或实现利润都有所增长;而对于工业企业,常常是长期负债和实现利润都在增长,而流动负债却并无明显变化。

(3) 分析时要同企业的流动资产相联系,来判断其短期偿债能力是好转还是恶化。

2. 非流动负债分析

1) 非流动负债概述

非流动负债是指偿还期在一年以上或超过一年的一个正常营业周期的各种负债。非流动负债的主要内容有长期借款、应付债券、长期应付款、预计负债等。其特点是:金额大、偿还期长、企业使用成本高。

由于非流动负债的偿还期较长,受货币时间价值影响较大,非流动负债的价值一般应根据合同或契约规定的在未来必须支付的本金和所付利息之和,按适当贴现率折现后的折现值来确定。

(1) 长期借款反映企业向银行或其他金融机构借入的期限在一年期以上(不含一年)的借款本息。一般用于固定资产的购建、固定资产改扩建工程、固定资产大修理工程等。长期借款是银行信用,具有很强的偿还约束性,企业须严格按借款协议规定用途、进度等使用借款。在进行报表分析时,应对企业长期借款的数额、增减变动及其对企业财务状况的影响给予足够的重视。

在分析长期借款的质量状况时,分析人员应注意长期借款是否与企业固定资产、无形资产的规模相适应,是否与企业的当期收益相适应。此外,还应关注长期借款费用处理的合规性与合理性。

(2) 应付债券反映企业发行的尚未偿还的各种长期债券的本息。应付债券因债券的法律凭据性而使偿还具有较强的法律约束,当债券的偿付遇到困难或者预期存在困难,债券的价格必然下降,企业的信誉和财务形象将受损,企业将遇到再融资的困难,这就迫使企业按期偿付。这说明债券的偿付具有较强的社会约束或市场约束,它比长期应付款的流动性要强。

在进行报表分析时,应对应付债券的金额、增减变动及其对财务状况的影响给予足够的关注。

(3) 长期应付款反映企业除长期借款和应付债券以外的其他各种长期应付款,如应付引进设备款、融资租入固定资产应付款等。与长期借款和应付债券相比,长期应付款的融资租赁方式相当于企业在取得该项资产的同时借到一笔资金,然后分期偿还资金及其利息,这有利于减轻企业一次性还本付息的负担。例如,应付引进设备款,其特点是用企业的产品偿还债务,这样既销售了产品又偿还了债务。

在进行报表分析时,应对长期应付款的数额、增减变动及其对企业财务状况的影响给予足够的关注。

(4) 预计负债反映企业根据或有事项等相关准则确认的各项预计负债,包括对外提供担保、未决诉讼、产品质量保证、重组义务以及固定资产和矿区权益弃置义务等产生的预计负债。根据或有事项准则的规定,与或有事项相关的义务同时符合以下三个条件的,企业应将其确认为负债:该义务是企业承担的现时义务;该义务的履行很可能导致经济利益流出企业;该义务的金额能够可靠地计量。

2) 非流动负债质量的分析要点

举借非流动负债是企业很重要的一项资金来源。企业能够长期占用的资金主要有投资者投入的资本和举借非流动负债。而举借非流动负债主要是为了购置机器设备、厂房和购入土地的使用权等进行扩大再生产所必要的投资。举借非流动负债,对于投资者来说,一方面,可以保持其投资比例,即不因筹措长期资本而影响投资者的投资比例;另一方面,在企业的总资产报酬率高于非流动负债的固定利率时,负债具有杠杆的作用,使投资者可以享受其剩余的盈余。因为债务的本金和利息一般是固定的,债务人只需按期偿还举借的本金和固定的利息,不再有任何其他的义务,即不需要支付股利或利润。另外,举借非流动负债,可以减少税负,因为债务的利息可以作为一项费用支出在缴纳所得税时扣除。

分析非流动负债可以从以下几方面考虑:

第一,考察企业非流动负债的关键是适度负债,实现既能利用长期借款弥补资金缺口,获得杠杆收益,而又不至于因此而使企业陷入财务困境。如果企业在非流动负债增长的同时,经济效益、实现利润明显提高,说明企业负债经营正确,企业财务状况发展良好。

第二,将非流动负债与流动负债的变化结合起来分析。企业非流动负债增加,流动负债减少,说明企业生产经营资金有长期保证,是扩大业务的好机会。在这种情况下,如果销售收入确实增长,则表明企业抓住了机会,经营有方;如果销售收入并未增长,则有两种可能:一是企业通过增加在建工程进行结构性调整,这时要分析项目的预期效益;二是表明企业通过恶化资金结构,用降低结构稳定性的办法,暂时回避短期资金紧张。

第三,由于融资租赁对企业用作保证的自有资金的数量要求比长期借款低得多,租赁公司承担的风险需要从企业支付较高的费用中得到补偿,因而,应特别关注企业运用融资租赁资金来源的风险性。

第四,关注非流动负债费用的归属问题,即非流动负债产生的利息、折价或溢价摊销、辅助费用以及因外币借款而发生的汇兑差额,应归属于发生当期的费用,还是予以资本化计入资产。我国《企业会计准则》对借款费用的处理有如下规定:①为购建固定资产、投资性房地产等而发生的非流动负债费用,在固定资产、投资性房地产等未达到预定可使用状态前所发生的利息费用,予以资本化,即计入在建工程价值;在固定资产、投资性房地产达到预定可使用状态后所发生的,直接计入当期损益(财务费用)。②为存货生产而借入的借款费用在符合资本化条件的情况下应当予以资本化。

3. 表外负债和或有负债分析

1) 表外负债

表外负债是企业在资产负债表中未予以反映的负债,即资产负债表的右方无该项目,左方也无相应的资产对应,而表外负债所形成的费用以及取得的经营成果却在利润表中反映出来,其具体形式有以下3种:

(1) 直接表外负债。其是指企业以不转移资产所有权的特殊借款形式直接负债,如经营租赁、代销商品等。

(2) 间接表外负债。其是指由另一个企业的负债代替本企业负债,使本企业表内负债保持在合理限度内。最常见的方法是:投资于子公司或附属公司,母公司把应由自己经营的产品,拨给一个子公司或附属公司,子公司或附属公司将生产出的产品销售给母公司,子公司或附属公司负债经营。这里子公司或附属公司的负债,实际上是母公司的负债,本应由母公司负债经营的部分,由于母公司负债的限度,转由附属公司或子公司作为与母公司同样独立的法人负债,使得各方的负债都能保持在合理范围内。

(3) 转移表外负债。其是将表内的项目转移到表外进行负债。具体有应收票据贴现、出售有追索权的应收账款和资产的回租等形式。

2) 或有负债

或有负债是指过去的交易或事项形成的潜在义务,其存在需通过未来不确定事项的发生或不发生予以证实;或过去的交易或事项形成的现时义务,而履行该义务不是很可能导致经济利益流出企业或该义务的金额不能可靠地计量。或有负债的具体形式有:商业票据背书转让或贴现、未决诉讼、未决仲裁、产品质量保证、担保、应收账款抵押等。

3.2.3 所有者权益质量解读与分析

所有者权益是指企业资产扣除负债后由所有者享有的剩余权益。公司的所有者权益又称股东权益。所有者权益的来源包括所有者投入的资产、直接计入所有者权益的利得和损失、留存收益等。所有者权益可分为实收资本(或股本)、资本公积、盈余公积和未分配利润等部分。其中,盈余公积和未分配利润统称为留存收益。

所有者权益项目质量的分析要点如下:

(1) 所有者权益是长期偿债能力的安全保证。在资产的要求权需要偿还时,负债具有优先偿还权,因而所有者权益对于企业偿债能力及风险承担具有重大的稳定作用,是反映其经济实力的基础,是确保企业存在、稳定和发展的基石。对债权人而言,所有者权益在资本结构中所占的比例越高,则其债权越有保障,对债权人也就越有利。总之,企业所有者权益的增加,说明企业可动用的资金增多,经济实力增强。企业通过内部发展筹集资金越多,企业的经济效益和经营管理水平越高,反之,企业通过外部筹集的资金越多,企业的经营风险也越大。

(2) 分析所有者权益内部的股东持股构成状况与企业未来发展的适应性。在企业的股东构成中,控股股东将有权决定一个企业的财务和经营政策;重大影响性股东则对一个企业的财务和经营政策有参与决策的权利。因此,控股股东、重大影响性股东将决定企业未来的发展方向。在对企业所有者权益进行分析时,必须关注企业的控股股东、重大影响性股东的背景状况、是否具有战略眼光、有没有能力将企业引向光明的未来等。

(3) 分析企业实收资本与注册资本的一致性。如果不一致,是否存在注册资本根本不到位的现象,对应作出进一步的了解,搞清资本金未到位的原因,查清企业注册资本是否可靠。

(4) 关注资本公积金的合理性。注意企业是否存在通过资本公积项目来改善财务状况的情况。因为有的企业在不具备法定资产评估的情况下,通过虚假资产评估来虚增企业的所有者权益——资本公积,虚增固定资产、在建工程、存货、无形资产等资产项目,借此降低企业的资产负债率,蒙骗债权人。

(5) 了解留存收益总量的变动及其原因和变动趋势,分析留存收益的构成及变化。留存收益的增加有利于增强企业的实力,有利于财务资本的保全,降低财务风险,缓解财务压力。同时,留存收益的变化取决于企业的盈亏状况和利润分配政策。

3.3 资产权益结构的解读

3.3.1 共同比资产负债表

共同比是指在一项财务报表中,某一部分在其总体中所占的百分比。共同比分析,即通过计算共同比来反映财务报表中各项目相互间垂直(或纵向)关系和内部整体构成情况的一种分析方法,又称为结构分析。广义而言,共同比分析涵盖纵向共同比分析与横向共同比分析,横向共同比分析通常称为趋势分析,这里的共同比分析是指纵向分析。下面以S股份有限公司为例进行说明。共同比资产负债表如表3-5和表3-6所示。

表 3-5　　　　　　　　　共同比资产负债表(资产部分)

金额单位:万元

项目	2023年	2024年	占合计数百分比		占总计数百分比	
			2023年	2024年	2023年	2024年
货币资金	1 264 104.43	1 170 004.32	28.96%	27.52%	23.84%	22.37%
交易性金融资产	40 365.93	11 412.78	0.92%	0.27%	0.76%	0.22%
应收票据	12 564.13	19 646.14	0.29%	0.46%	0.24%	0.38%
应收账款	792 547.16	878 700.14	18.15%	20.67%	14.95%	16.80%

(续表)

项目	2023年	2024年	占合计数百分比		占总计数百分比	
			2023年	2024年	2023年	2024年
预付款项	1 044 912.56	802 374.34	23.94%	18.87%	19.71%	15.34%
其他应收款	47 682.63	54 633.37	1.09%	1.29%	0.90%	1.04%
应收利息	0.00	0.00	0.00%	0.00%	0.00%	0.00%
应收股利	973.44	837.75	0.02%	0.02%	0.02%	0.02%
存货	963 590.04	1 049 435.56	22.07%	24.68%	18.18%	20.0%
合同资产	8 365.01	119 772.34	0.19%	2.82%	0.16%	2.29%
一年内到期的非流动资产	2 776.15	2 823.23	0.06%	0.07%	0.05%	0.05%
其他流动资产	39 065.41	47 490.74	0.89%	1.12%	0.74%	0.91%
流动资产合计	4 365 607.88	4 251 403.61	100.00%	100.00%	82.34%	81.27%
债权投资	0.00	0.00	0.00%	0.00%	0.00%	0.00%
其他债权投资	0.00	0.00	0.00%	0.00%	0.00%	0.00%
长期应收款	11 331.33	8 602.02	1.21%	0.88%	0.21%	0.16%
长期股权投资	78 064.25	83 870.33	8.34%	8.56%	1.47%	1.60%
投资性房地产	3 207.59	3 491.25	0.34%	0.36%	0.06%	0.07%
固定资产	546 462.01	510 318.18	58.38%	52.09%	10.31%	9.76%
在建工程	2 266.12	972.17	0.24%	0.10%	0.04%	0.02%
无形资产	70 602.76	69 133.85	7.54%	7.06%	1.33%	1.32%
开发支出	493.81	69.45	0.05%	0.01%	0.01%	0.01%
商誉	5 626.04	4 973.76	0.60%	0.51%	0.11%	0.10%
长期待摊费用	6 745.99	6 133.77	0.72%	0.63%	0.13%	0.12%
递延所得税资产	29 876.23	33 541.77	3.19%	3.42%	0.56%	0.64%
其他非流动资产	10 467.06	25 354.83	1.12%	2.59%	0.20%	0.48%
非流动资产合计	936 002.65	979 761.10	100.00%	100.00%	17.66%	18.73%
资产合计	5 301 610.53	5 231 164.72			100.00%	100.00%

表 3-6   共同比资产负债表(权益部分)

金额单位：万元

项目	2023年	2024年	占合计数百分比		占总计数百分比	
			2023年	2024年	2023年	2024年
短期借款	233 948.48	297 945.68	6.23%	8.16%	4.47%	5.62%
交易性金融负债	14 988.53	20 119.42	0.40%	0.55%	0.29%	0.38%
应付票据	656 025.36	443 257.71	17.48%	12.14%	12.54%	8.36%

(续表)

项目	2023年	2024年	占合计数百分比		占总计数百分比	
			2023年	2024年	2023年	2024年
应付账款	758 307.59	827 105.54	20.20%	22.65%	14.50%	15.60%
预收账项	27.27	48.12	0.01%	0.01%	0.01%	0.01%
应付职工薪酬	36 393.75	41 267.96	0.97%	1.13%	0.70%	0.78%
应交税费	69 713.40	53 550.50	3.40%	4.70%	1.70%	2.40%
其他应付款	93 132.53	92 145.31	2.48%	2.52%	1.78%	1.74%
应付利息	0.00	0.00	0.00%	0.00%	0.00%	0.00%
应付股利	8 819.27	4 240.98	0.23%	0.12%	0.17%	0.08%
一年内到期的非流动负债	56 105.29	82 222.75	1.49%	2.25%	1.07%	1.55%
其他流动负债	167 509.23	153 468.47	4.46%	4.20%	3.20%	2.89%
流动负债合计	3 753 869.34	3 652 144.07	100.00%	100.00%	71.76%	68.89%
长期借款	29 286.48	52 940.62	14.05%	20.26%	0.56%	1.00%
应付债券	0.00	0.00	0.00%	0.00%	0.00%	0.00%
长期应付款	0.00	0.00	0.00%	0.00%	0.00%	0.00%
长期应付职工薪酬	0.00	0.00	0.00%	0.00%	0.00%	0.00%
预计负债	26 530.27	28 229.69	12.73%	10.80%	0.51%	0.53%
递延收益	9 862.18	9 251.34	4.73%	3.54%	0.19%	0.17%
递延所得税负债	14 900.02	14 154.44	7.15%	5.42%	0.28%	0.27%
非流动负债合计	208 467.98	261 286.40	100.00%	100.00%	3.99%	4.93%
股本	130 674.94	130 674.94	9.76%	9.92%	2.50%	2.46%
其他权益工具	0.00	0.00	0.00%	0.00%	0.00%	0.00%
资本公积	118 486.18	117 866.40	8.85%	8.94%	2.27%	2.22%
其他综合收益	16 959.08	16 926.91	1.27%	1.28%	0.32%	0.32%
专项储备	77.56	117.75	0.01%	0.01%	0.01%	0.01%
盈余公积	35 724.04	40 515.52	2.67%	3.07%	0.68%	0.76%
一般风险准备	0.00	0.00	0.00%	0.00%	0.00%	0.00%
未分配利润	323 373.10	382 346.61	24.15%	29.02%	6.18%	7.21%
归属于母公司所有者权益合计	625 294.90	688 448.14	46.69%	52.24%	11.95%	12.99%
少数股东权益	713 978.30	629 286.11	53.31%	47.76%	13.65%	11.87%
股东权益合计	1 339 273.21	1 317 734.25	100.00%	100.00%	25.60%	24.86%
负债和股东权益总计	5 301 610.53	5 231 164.72			100.00%	100.00%

就共同比资产负债表而言,通过分析可以了解企业资金的来源和企业资源分配的情况。据上面两表所示的各项目共同比,可分析评价该企业的资源分配和资金结构情况如下:

(1) 货币资金占比较高,并且在近两年内整体趋势趋于稳定,在 2024 年有轻微下滑,考虑到应收账款有相应的上升趋势,应该是对应收的管理加强不够导致现金流表现的轻微恶化,但结合其营业收入与净利润情况(见利润表解读章节),仍能看出其整体流动资产呈上升趋势。此外,作为国有大宗供应链巨头,虽然其货币资金占总资产比重超过 20%,但目前的现金持有量可能有点偏低(2023、2024 年货币资金低于应收账款、应收票据及存货合计数)。考虑到其近几年在清洁能源领域运营规模一直在扩大,可以考虑在采购时适当放宽付款期限,但压低价格,释放现金的潜在收益。

(2) 存货共同比有所上升,且占比已经超过 20%,可能存在存货积压问题,从其公司年报来看,其解释系"公司当期供应链运营业务采购量增长,存货逐年增加"导致。存货周期的管理是供应链核心竞争力之一,该公司存货周转率有逐步下降趋势。考虑整体宏观经济的不利影响及行业特征,需要额外关注存货情况,存货跌价损失可能成为一大风险点之一。

(3) 负债方面基本保持稳定。其中应付账款占了最大的份额,这一方面说明 S 公司在整个产业链里有较强的话语权,供应链金融能够为企业提供较大的资源支持;另一方面其资产负债率依然居高不下,常年在 70%之上,且有息负债率和长期债务也呈上升趋势,需要额外关注企业的偿债能力。

3.3.2 资产结构解读

1. 资产结构概述

资产结构是指企业在某一时点上资产的各个组成项目的排列和搭配关系。资产结构反映了资产的组成情况。资产负债表中资产各项目是按流动性的大小依次排列的。资产负债表的左方由流动资产、长期投资、固定资产、无形资产和递延资产等构成。同时,由于企业资金运用形成各具用途的各种资产,资产负债表又清楚地表明了资产的运用结构。

资产结构主要反映流动资产与非流动资产之间的比例关系。揭示资产结构的一个重要指标是流动资产率。其计算公式为:

$$流动资产率 = 流动资产总额 \div 资产总额 \qquad (3-2)$$

一般来说,流动资产率越大,说明企业流动资产占资产总额的分量越大,这也就意味着企业的日常经营活动越重要,所需要的流动资金越多。当企业处于蓬勃发展阶段时,企业的战略性经营管理就显得非常重要,非流动性资产占资产总额的比率就可能比较大。

流动资产、非流动资产所占总资产的比重能反映不同的信息。对股东而言,首先,企业流动性强的资产所占的比重大,企业资产的变现能力强,企业的财务安全性就高;其次,要保全股东的投入资本,除了要求资产的净损失不得冲减资本金外,还要有高质量的资产作为其物质基础,否则无从谈及资本保全;最后,企业的资产结构影响着企业的收益。对债权人而言,通过分析资产结构的各个类别,尤其是流动资产与非流动资产的比例分析,企业的资金周转期限结构与债务的偿还期结构的匹配情况分析,有助于债权人判断其债权的物质保障程度和安全性,并可从资产结构角度对企业进行信用等级评价,为与企业的长期融资合作奠定基础。

2. 资产结构的类型

不同的资产种类和搭配关系会形成不同的经营风险。企业在构建资产结构时应在生产和经营风险之间加以平衡。不同企业对资产风险的偏好不同。在实践中,存在三种资产风险结构类型,即保守型资产结构、适中型资产结构和激进型资产结构。

保守型资产结构是指企业在一定产销量水平上维持大量的金融资产,持有较大量的保险型存货,从而使流动资产处于较高的水平。这种类型的资产结构既可以降低财务风险,又拥有足够的存货以保证生产之需。然而由于低收益的流动资产只有大量资金,会降低资产的营运效率和盈利水平。

适中型的资产结构是指企业在一定产销量水平上维持中等水平的货币资金、存货资金和信用资金,从而使流动资产维持在某一个平均水平。这种资产结构,由于注意了风险和收益之间的平衡,是一种风险中性和收益中性的结构,在实践中常被使用。

激进型资产结构则是尽量少地持有金融资产、存货资产和信用资产,从而使流动资产维持在较低水平,而固定资产等长期性资产的比重较高。采用这种结构,企业资产的流动性差,变现能力弱,然而如果经营顺利,资金的盈利水平会提高。所以这是一种高风险、高收益的资产结构。

3. 决定资产结构的因素

1) 行业特点和经营性质

企业所处的行业特点和经营性质,通常对企业的资产结构有着极其重要的影响。生产性企业固定资产的比重一般要大于流通性企业,而机械行业的企业存货比重一般要高于食品行业企业,航空运输企业的固定资产所占比重一般较大。一般来说,母公司企业相对于子公司企业,长期投资的比重较高。

2) 企业规模

企业的不同规模也是影响资产结构的重要因素。从硬件角度看,一般来说,规模大的企业多半经过大范围地购置固定资产,走规模经济和规模效益的路径,所以固定资产的比重比较大,流动资产的比例相对较低,抗风险能力较强;从软件角度看,对于大的全球公司、跨国企业、跨区域经营公司、母公司与子公司之间是通过投资联系起来的,所以投资的比重较大。

3) 产品生产周期

企业的产品一般会经历成长、成熟、衰退、死亡等几个阶段。与产品所处的生命周期阶段相适应,企业的资产结构并非一成不变,而应随着各阶段的交替适应性的变化。例如,产品处于成长期的企业,会大量添置固定资产,为更多地占领市场而采取宽松的销售信用政策,应收账款所占的资金较多,而现金等货币性资产则相对短缺。一旦产品进入衰退期,企业则会缩短战线,大规模地回笼资金,这时,企业货币资金增多,存货等资产的比重减少。因此,应紧密结合产品生命周期来评价企业的资产结构。

4) 宏观经济环境

宏观经济环境是从外部条件方面来影响企业的资产结构变化的。宏观经济环境决定着对外投资机会的大小、投资收益的高低和风险的大小,从而直接影响企业的长期投资数额;处于朝阳产业中的企业前景广阔,非流动资产规模与日俱增;处于夕阳产业中的企业,经营日益萎缩,货币资金比重上升。

3.3.3 权益结构解读与分析

1. 权益结构概述

权益结构又称资本结构,是指企业的资金,和来自所有者投资与向外借入长期债务的相互比率关系,也指企业所拥有的资产与所有者权益及负债各组成因素间的比率关系。

企业的权益结构状况是企业各利益相关者十分关注的问题。对权益结构的分析能够帮助报表用户正确评价企业的价值水平,从而为其科学决策提供良好的基础。对股东而言,权益结构分析有助于股东判断自己可能获得的财务杠杆利益以及承担的财务风险,并对企业运营的安全性和稳定性做到心中有数。在债权人看来,权益结构分析有利于其判断债权的保障程度,并采取有效措施保护债权人权益。对经营者而言,权益结构分析有助于其对权益结构的合理性作出判断,并根据情况的变化动态地优化权益结构。

权益结构分析最重要的功能是揭示资金的不同性质。所有者权益是企业对外清偿债务和承担风险的后盾;若企业经营情况不佳或因外部因素的冲击而发生财务危机,其所造成的损失必须由所有者承担。因此,对于所有者投入的资金,并无固定的偿还期限,而且对于其权益地位,也缺乏特定的保障。然而,就企业的立场而言,所有者权益对企业偿债能力与风险承担能力起到很强的稳定作用;所有者投资与盈余转投资的部分属于企业的永久性资金,企业可用于购买营业上所需要的长期性资产。至于对外负债,不论是短期或长期负债,其性质与所有者权益完全不同,因为对外债务一般设有一定的偿还期限。债务期限越长,企业支付债务的压力也越轻,资金为企业提供服务的期限也越长。另外,负债在权益结构中所占的比例越大,企业偿还本金及支付固定利息的负担也越重,则债务到期无法清偿的可能性也越大。

2. 权益结构的类型

不同权益结构的收益和风险是不同的,最佳的权益结构应该是收益与风险之间的平衡,企业应根据自身的特点选择恰当的资本结构。

1) 保守型权益结构

保守型的权益结构是指在权益结构中主要采取股权融资,且负债融资中又以长期负债融资为主。这种结构下,企业对流动负债的依赖性较低,从而减轻了短期偿债的压力,风险较低;但同时,由于股权融资和长期负债融资的成本较高,又会增大企业资金成本。因此这是一种低风险高成本的资本结构。

2) 适中型权益结构

这种结构下,股权融资和负债融资的比重主要根据资金使用的用途来确定:用于长期资产的资金由股权融资和长期负债提供,用于流动资产的资金主要由流动负债提供。同时,股权融资和负债融资的比重保持在较为合理的水平之上。因此,这是一种中等风险和成本的权益结构。

3) 风险型权益结构

风险型权益结构是指在权益结构中全部采用或主要采用负债融资,并且流动负债被大量用于长期资产。显然,这是一种风险高但成本低的资本结构。

3. 决定权益结构的因素

(1) 企业销售的增长情况。预计未来销售的增长率,决定财务杠杆在多大程度上扩大每股盈余,如果销售增长速度很高,使用具有固定财务费用的债务筹资,就会扩大普通股的每股盈余。除了销售的增长率,销售是否稳定对权益结构也有重要影响。如果企业的销售比较稳定,则企业可较多地负担固定的财务费用;如果销售和盈余有周期性,则企业负担固定的财务费用将冒较大的财务风险。

(2) 企业所有者和管理人员的态度。企业所有者和管理人员的态度对权益结构也有重要影响,因为企业权益结构的决策最终是由他们做出的。

(3) 贷款人和信用评级机构的影响。每位公司的财务经理对如何运用财务杠杆都有自己的分析,但贷款人和信用评级机构的态度实际上往往成为决定财务结构的关键因素。

(4) 行业因素。不同行业,权益结构有很大差别。财务经理必须考虑本企业所处的行业,以便考虑最佳的权益结构。

(5) 企业规模。一般而言,企业规模越大,筹集资金的方式就越多。

(6) 企业的财务状况。获利能力越强、财务状况越好、变现能力越强的公司,越有能力承担财务上的风险。因此,随着企业变现能力、财务状况和盈利能力的增强,举债融资就越有吸引力。

(7) 资产结构。资产结构会以多种方式影响企业的权益结构:拥有大量固定资产的企业主要通过长期负债和发行股票筹集资金;拥有较多流动资产的企业,更多依赖流动负债来筹集资金;资产适用于抵押贷款的公司举债额较多,如房地产公司的抵押贷款就相当多;以技术研究开发为主的公司则负债很少。

(8) 所得税税率的高低。企业利用负债可以获得减税利益,因此,所得税税率越高,负债的好处就越多;反之,如果税率很低,则采用举债方式的减税利益就不十分明显。

(9) 利率水平的变动趋势。利率水平的变动趋势也会影响企业的权益结构。

以上因素都可能影响企业的权益结构,财务管理人员应在认真分析上述因素的基础上,根据经验来确定企业的权益结构。

3.3.4 资产权益结构分类分析

企业的资金来源和资金占用之间不仅存在着数量上的相等关系,而且还存在着相互间结构上的平衡关系。主要表现为:①流动资产应主要由流动负债形成,这样可在一定的财务风险下降低资金成本;②固定资产等非流动资产主要由长期负债和所有者权益资金形成。

实务中,在进行资产负债表分析时,往往在资产与资本的各项目之间进行对应性分析。有关资产与权益的平衡结构有以下三种类型。

1. 稳健型结构

在稳健型结构中,企业的固定资产等非流动资产、部分流动资产都由长期负债和股东权益资本提供,流动负债只满足于部分临时性流动资产之需。这种结构下,企业的偿债压力较小。但是长期资金来源的资金成本一般高于短期资金来源的资金成本,导致筹资成本较高,进而会降低企业的盈利水平。

2. 激进型结构

激进型结构下,流动负债除满足全部流动资产之需,还用于部分固定资产等非流动资产。在这种结构下,企业的偿债压力较大,但筹资成本相对较低,会在一定程度上提高企业的盈利水平。

3. 适中型结构

适中型结构是介于上述两种结构之间的一种结构。其十分注重在资本与资产间流动性的平衡,用于固定资产等非流动资产的资金由长期负债和所有者权益来提供。在这种结构下,企业偿债压力和筹资水平都处于中等水平。

依据 S 公司 2023 年和 2024 年的资产负债表,可得出 S 公司的资产与资本之间的平衡结构,分别如表 3-7 和表 3-8 所示。

表 3-7 资产负债表简表

编制单位:S 股份有限公司　　　　　　2023 年 12 月 31 日　　　　　　　　　单位:万元

项目	期末余额	项目	期末余额
流动资产	4 365 607.88	流动负债	3 753 869.34
非流动资产	936 002.65	长期负债与股东权益	1 547 741.19

表 3-8 资产负债表简表

编制单位:S 股份有限公司　　　　　　2024 年 12 月 31 日　　　　　　　　　单位:万元

项目	期末余额	项目	期末余额
流动资产	4 251 403.61	流动负债	3 652 144.07
非流动资产	979 761.10	长期负债及股东权益	1 579 020.65

从表 3-7 和表 3-8 可以看出,S 公司 2023 年和 2024 年两年年末的流动资产所需资金由全部流动负债和部分长期负债提供,趋向一种保守型的结构,稍微降低了企业的盈利水平。并且资产与资本间的搭配关系没有发生变化,可见公司倾向于并维持着稳健型的结构。当然,这样的结构是否有利于公司的进一步发展,还需要做进一步的分析。

三 相关链接

贵州茅台——财务公司经营管理及风险管理情况

截至 2023 年 12 月 31 日,财务公司资产总额为人民币 1 238.44 亿元、负债总额为人民币 1 140.68 亿元、所有者权益合计人民币 97.76 亿元。2023 年,财务公司实现营业收入人民币 28.67 亿元,实现利润总额人民币 13.40 亿元,净利润人民币 10.16 亿元。

财务公司自成立以来,一直坚持稳健经营的原则,严格按照《中华人民共和国公司法》《中华人民共和国银行业监督管理法》《企业集团财务公司管理办法》《企业会计准则》和国家有关金融法规、条例以及公司章程规范经营行为,加强内部管理。

截至2023年12月31日,财务公司的各项监管指标均符合相关规定要求。

指标名称	监管要求	2023年12月31日
资本充足率	≥10.5%	26.52%
不良资产率	≤4%	0
不良贷款率	≤5%	0
自有固定资产比例	≤20%	0.10%
投资比例	≤70%	17.92%
拆入资金比例	≤100%	2

(资料来源：贵州茅台. 关于贵州茅台集团财务有限公司的风险评估报告[R/OL]. (2024-08-09)[2025-08-11]. https://vip.stock.finance.sina.com.cn/corp/view/vCB_AllBulletinDetail.php?id=10366918)

3.4 资产权益趋势的解读

3.4.1 资产项目趋势的解读

1. 绝对数额分析

将企业连续几年的流动资产、非流动资产的相关项目的绝对额进行对比,以查看这些资产项目的变化趋势,从而洞悉企业资产的变动情况。S公司2020—2024年的相关项目金额如表3-9所示。

表3-9　　　　　　　　　S公司资产情况绝对数额趋势分析

单位：万元

项目	金额				
	2020年	2021年	2022年	2023年	2024年
货币资金	784 701.20	595 966.07	883 811.39	1 264 104.43	1 170 004.32
应收票据	0	1 214.16	2 507.91	12 564.13	19 646.14
应收账款	775 724.19	741 311.60	926 074.00	792 547.16	878 700.14
预付款项	500 425.54	763 920.67	887 559.74	1 044 912.56	802 374.34
存货	464 356.41	799 455.81	925 146.39	963 590.04	1 049 435.56
流动资产合计	2 960 457.61	3 299 001.25	4 118 624.71	4 365 607.88	4 251 403.61
其他债权投资	0	0	0	0	0
长期股权投资	63 971.69	59 913.28	79 273.94	78 064.25	83 870.33
固定资产	955 881.07	893 812.24	781 746.06	546 462.01	510 318.18

(续表)

项目	金额				
	2020年	2021年	2022年	2023年	2024年
无形资产	76 450.30	76 422.02	73 192.88	70 602.76	69 133.85
非流动资产合计	1 243 192.59	1 176 571.58	1 340 081.25	936 002.65	979 761.10
资产总计	4 203 650.20	4 475 572.83	5 458 705.39	5 301 610.53	5 231 164.72

由图 3-1 可以看出，S 公司的资产虽受宏观经济影响，在 2023—2024 年有轻微下降趋势，但总体来看在过去的五年里呈上升的趋势。推动资产上升的重要原因是流动资产，而作为非重资企业，不需要依靠大量的资本开支维持企业发展，因此其固定资产占比较低，固定资产数额也呈现下降趋势，且结合年报其他情况看，近些年 S 企业也对一些无法盈利的产业进行了抛售。综合说明 S 企业固定资本配置基本结束，正处于优化期，整体体现了一个成熟期企业运营的特征。

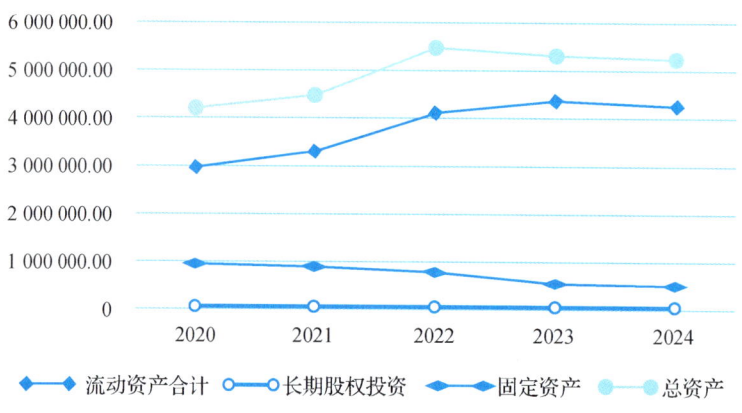

图 3-1　S 公司资产情况的绝对数额趋势分析

2. 环比分析

环比分析，一般指的是报告期水平与前一时期水平之比，表明现象逐期的发展速度。计算货币资金、存货、长期股权资产、固定资产等资产项目相邻两期的变动百分比，可以查看这些项目变动的方向和幅度，从而分析企业资产的变动情况。

S 公司 2020—2024 年的资产项目环比变动百分比如表 3-10 所示。

表 3-10　　　　　　　S 公司资产情况的环比趋势分析

项目	环比百分比			
	2021年/2020年	2022年/2021年	2023年/2022年	2024年/2023年
货币资金	75.95%	148.30%	143.03%	92.56%
应收票据		206.56%	500.98%	156.37%
应收账款	95.56%	124.92%	85.58%	110.87%
预付款项	152.65%	116.18%	117.73%	76.79%

(续表)

项目	环比百分比			
	2021年/2020年	2022年/2021年	2023年/2022年	2024年/2023年
存货	172.16%	115.72%	104.16%	108.91%
流动资产合计	111.44%	124.84%	106.00%	97.38%
其他债权投资				
长期股权投资	93.66%	132.31%	98.47%	107.44%
固定资产	93.51%	87.46%	69.90%	93.39%
无形资产	99.96%	95.77%	96.46%	97.92%
非流动资产合计	94.64%	113.90%	69.85%	104.68%
资产总计	106.47%	121.97%	97.12%	98.67%

由表3-10的环比数据可以看出，S公司的总资产变化在过去数年里呈现较为稳定的态势，除了2023/2022年度，总资产与流动资产的上升或下降幅度基本同步。但值得注意的是，自2022/2021年度起，应收票据呈现大幅提升趋势，在之后的年份也有显著上升，这一现象需要更多的信息披露才能定位具体原因。

3. 定基分析

定基分析就是选定一个固定的期间作为基期，计算各分析期的流动资产、长期资产等相关项目与基期相比的百分比。这种分析不仅能看出相邻两期的变动方向和幅度，还可以看出一个较长期间内的总体变动趋势，便于进行较长期间的趋势分析。

表3-11　　S公司2020—2024年资产相关项目的定基百分比

项目	定基百分比				
	2020年（基期）	2021年	2022年	2023年	2024年
货币资金	100%	75.95%	112.63%	161.09%	149.10%
应收票据			100%（基期）	206.56%	1 034.80%	1 618.08%
应收账款	100%	95.56%	119.38%	102.17%	113.27%
预付款项	100%	152.65%	177.36%	208.80%	160.34%
存货	100%	172.16%	199.23%	207.51%	226.00%
流动资产合计	100%	111.44%	139.12%	147.46%	143.61%
其他债权投资					
长期股权投资	100%	93.66%	123.92%	122.03%	131.11%
固定资产	100%	93.51%	81.78%	57.17%	53.39%
无形资产	100%	99.96%	95.74%	92.35%	90.43%
非流动资产合计	100%	94.64%	107.79%	75.29%	78.81%
资产总计	100%	106.47%	129.86%	126.12%	124.44%

由表 3-11 可以看出，S 公司总资产呈现较为稳定的增长态势。其中应收票据由于 2020 年该公司未产生，因此以 2021 年作为基期进行分析。细分来看，货币资金、存货与整体资产增长较为同步，固定资产等非流动资产则呈明显递减趋势，并不随着资产增长而增长。同时应收票据的增长幅度远高于总资产幅度，说明 S 公司可能为了保障合作，放松了销售政策，但也释放了企业可能转弱的信号。

3.4.2 负债项目趋势的解读

1. 绝对数额分析

将企业的负债项目的绝对数额进行对比，可以查看出这些项目的变化趋势，从而洞悉企业负债的变动方向。S 公司 2020—2024 年的负债相关项目金额如表 3-12 所示。

表 3-12　　　　　　　　　　S 公司负债的绝对数额分析

单位：万元

项目	金额				
	2020 年	2021 年	2022 年	2023 年	2024 年
短期借款	682 377.82	458 385.47	490 972.79	233 948.48	297 945.68
交易性金融负债	1 488.81	0.00	2.73	14 988.53	20 119.42
应付票据	364 555.98	419 413.89	648 771.90	656 025.36	443 257.71
应付账款	521 952.12	679 460.71	800 185.15	758 307.59	827 105.54
预收账项	914 898.36	964.95	12.00	27.27	48.12
其他应付款	70 215.15	108 395.03	64 447.68	93 132.53	92 145.31
合同负债	0	1 189 280.397	1 458 287.064	1 667 717.898	1 641 012.61
一年内到期的非流动资产	188 070.95	29 780.42	107 704.14	56 105.29	82 222.75
流动负债合计	2 874 153.83	3 132 294.02	3 809 187.44	3 753 869.34	3 652 144.07
长期借款	167 348.44	139 823.58	125 666.42	52 940.62	29 286.48
应付债券	0.00	0.00	0.00	0.00	0.00
预计负债	29 749.69	59 895.88	43 037.29	26 530.27	28 229.69
递延所得税负债	15 929.50	20 499.65	19 175.87	14 900.02	14 154.44
其他非流动负债	0.00	376.49	330.11	243.91	2 683.73
非流动负债合计	274 514.41	245 790.26	436 720.81	208 467.98	261 286.40
负债合计	3 148 668.24	3 378 084.28	4 245 908.25	3 962 337.33	3 913 430.47

将表 3-12 中的部分数据反映在图形中，如图 3-2 所示。

由表 3-12 和图 3-2 可以看出，S 公司的总负债自 2020 年起增长迅速，2022 年达到顶峰，至 2024 年又有些微回落。从负债的各项分析中可以看出，总负债的增加中，流动负债的增加明显，非流动负债基数小且变化幅度不大。流动负债的增加更多地体现在合同负债的波动上，这一现象支持了之前的分析，即 S 企业由于需要扩大生产规模、增加业务订单与销售量，合同负债呈持续增长态势，但同时暗示了资产负债率有所上升，存在财务风险的可能。

（单位：万元）

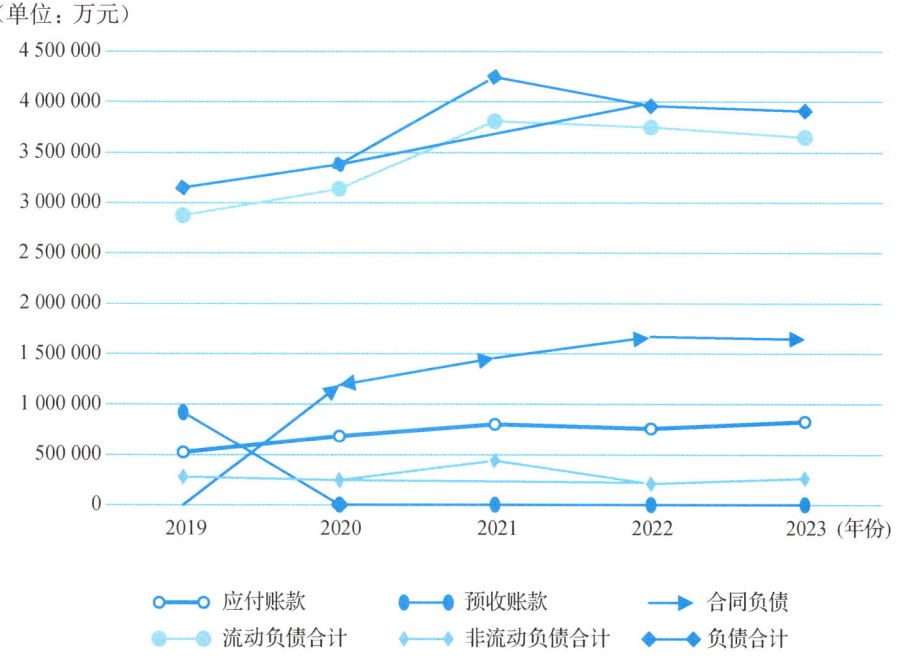

图 3-2　S公司负债的绝对数额分析

2. 环比分析

计算流动负债、长期负债等相关项目相邻两期的变动百分比，以查看负债项目的变动方向和幅度，从而分析企业的偿债能力。

S公司负债的环比趋势分析如表3-13所示。

表 3-13　　　　　　　　　　S公司负债的环比趋势分析

项目	环比百分比			
	2021年/2020年	2022年/2021年	2023年/2022年	2024年/2023年
短期借款	67.17%	107.11%	47.65%	127.36%
交易性金融资产	—	—	—	—
应付票据	115.05%	154.69%	101.12%	67.57%
应付账款	130.18%	117.77%	94.77%	109.07%
预收账项	0.11%	1.24%	227.25%	176.46%
合同负债	—	122.62%	114.36%	98.40%
其他应付款	154.38%	59.46%	144.51%	98.94%
一年内到期的长期负债	15.83%	361.66%	52.09%	146.55%
流动负债合计	108.98%	121.61%	98.55%	97.29%
长期借款	83.55%	89.87%	42.13%	55.32%
应付债券	—	—	—	—
预计负债	201.33%	71.85%	61.64%	106.41%

(续表)

项目	环比百分比			
	2021年/2020年	2022年/2021年	2023年/2022年	2024年/2023年
递延所得税负债	128.69%	93.54%	77.70%	95.00%
其他非流动负债	—	87.68%	73.89%	1 100.30%
非流动负债合计	89.54%	177.68%	47.73%	125.34%
负债合计	107.29%	125.69%	93.32%	98.77%

通过表3-13,可以进一步看到S公司的负债自2021年后整体处于稳定的状态。从明细项目看,预收账款2021年/2020年以及2022年/2021年两个区间内都有大幅下滑,但营业收入等没有大幅变动,说明可能不是销售不佳导致订单减少,预付账款减少,而可能是因为客户付款偏好或企业经营策略的改变。同时一年内到期的长期负债波动幅度较大,如2022年/2021年大幅增长,表明该年度S公司在短期内面临较大偿债压力,在2023年和2022年又呈现大幅上涨趋势,有必要持续关注其背后的原因。

3. 定基分析

通过对负债各项的定基分析,计算分析其中的流动负债、长期负债等相关项目与基期相比的百分比。不仅能够看出相邻两期负债的变动方向和幅度,还可以看出一个较长期间内的变动总体趋势,便于进行较长期间的趋势分析。

S公司负债的定基趋势分析如表3-14所示。

表3-14　　　　　　S公司负债的定基趋势分析

项目	定基百分比				
	2020年（基期）	2021年	2022年	2023年	2024年
短期借款	100%	67.17%	71.95%	34.28%	43.66%
吸收存款及同业存款	100%	0	0.18%	1 006.75%	1 351.38%
应付票据	100%	115.05%	177.96%	179.95%	121.59%
应付账款	100%	130.18%	153.31%	145.28%	158.46%
预收账项	100%	0.11%	0.01%	0.01%	0.01%
合同负债	—	100%（基期）	122.62%	140.23%	137.98%
其他应付款	100%	154.38%	91.79%	132.64%	131.23%
一年内到期的长期负债	100%	15.83%	57.27%	29.83%	43.72%
流动负债合计	100%	108.98%	132.53%	130.61%	127.07%
长期借款	100%	83.55%	75.09%	31.63%	17.50%
应付债券	—	—	—	—	—
预计负债	100%	201.33%	144.66%	89.18%	94.89%
递延所得税负债	100%	128.69%	120.38%	93.54%	88.86%

(续表)

项目	定基百分比				
	2020年（基期）	2021年	2022年	2023年	2024年
其他非流动负债	—	100%（基期）	87.68%	64.79%	712.83%
非流动负债合计	100%	89.54%	159.09%	75.94%	95.18%
负债合计	100%	107.29%	134.85%	125.84%	124.29%

从整体上看，S公司负债水平整体较为平稳，从明细上看，波动较大的"吸收存款及同业存款""预计负债"等总额并不大，值得关注的是"应付票据"波动率也较大，且在2021、2022年增长率明显高于"应付账款"，说明S公司供应链在供应链金融方面有一定的进步。

3.4.3 所有者权益项目趋势的解读

1. 绝对数额分析

S公司2020—2024年所有者权益相关项目的金额如表3-15所示。

表3-15　　　　　　　　S公司所有者权益的绝对数额趋势分析

单位：万元

项目	金　额				
	2020年	2021年	2022年	2023年	2024年
股本	130 674.94	130 674.94	130 674.94	130 674.94	130 674.94
资本公积	151 864.40	116 480.36	117 784.85	118 486.18	117 866.40
盈余公积	23 883.26	27 524.94	31 373.45	35 724.04	40 515.52
其他综合收益	11 881.88	15 529.30	14 342.77	16 959.08	16 926.91
未分配利润	193 152.41	231 781.67	271 868.20	323 373.10	382 346.61
股东权益合计	1 054 981.97	1 097 488.55	1 212 797.14	1 339 273.21	1 317 734.25

由表3-15可以看出，S公司在2020—2024年的五年时间里，所有者权益总额整体呈现出不断增长的趋势，并且股本（实收资本）没有变动，说明这一增长主要是通过公司运营实现的，而非注资，说明S公司这五年里运营能力得到了进一步的加强。

2. 环比分析

表3-16　　　　　　　　S公司所有者权益的环比趋势分析

项目	环比百分比			
	2021年/2020年	2022年/2021年	2023年/2022年	2024年/2023年
股本（或实收资本）	100.00%	100.00%	100.00%	100.00%
资本公积	76.70%	101.12%	100.60%	99.48%
盈余公积	115.25%	113.98%	113.87%	113.41%

(续表)

项目	环比百分比			
	2021年/2020年	2022年/2021年	2023年/2022年	2024年/2023年
其他综合收益	130.70%	92.36%	118.24%	99.81%
未分配利润	120.00%	117.29%	118.94%	118.24%
股东权益合计	104.03%	110.51%	110.43%	98.39%

由表3-16可知，S公司五年内所有者权益的环比分析结果可以看出，所有者权益的增长基本呈现较为稳定的趋势，大部分项目每年上下浮动在10%~20%。

3. 定基分析

表3-17　　　　　　　　　S公司所有者权益的定基趋势分析

项目	定基百分比				
	2020年(基期)	2021年	2022年	2023年	2024年
股本	100%	100.00%	100.00%	100.00%	100.00%
资本公积	100%	76.70%	77.56%	78.02%	77.61%
盈余公积	100%	115.25%	131.36%	149.58%	169.64%
其他综合收益	100%	130.70%	120.71%	142.73%	142.46%
未分配利润	100%	120.00%	140.75%	167.42%	197.95%
股东权益合计	100%	104.03%	114.96%	126.95%	124.91%

由表3-17可以看出，在选择2020年为基期的定基比较中，除资本公积在2021年下降后呈平稳态势外，其他各项目每年都有10%~20%的增长，说明S公司作为成熟期企业，整体运营平稳，整体发展较为良好。

本章小结

资产负债表是指反映企业在某一特定日期财务状况的会计报表，它反映企业在某一特定日期所拥有或控制的经济资源、所承担的现时义务和所有者对净资产的要求权，是一张静态反映企业财务状况的会计报表。

资产负债表的格式有账户式资产负债表、报告式资产负债表和管理型资产负债表三种。

资产负债表列报，最根本的目标就是应如实反映企业在资产负债表日所拥有的资源、所承担的负债及所有者所拥有的权益。因此，资产负债表应当按照资产、负债和所有者权益三大类分别列报。

资产负债表质量分析就是对资产、负债和所有者权益三个要素质量的分析。

资产的质量，是指资产的变现能力或被企业在未来进一步利用的质量。资产质量的好坏，主要表现在资产的账面价值量与其变现价值量或被进一步利用的潜在价值量（可以用资产的可变现净值或公允价值来计量）之间的差异上。

负债是指过去的交易、事项形成的现时义务，履行该义务预期会导致经济利益流出企业。负债质量分析包括流动负债和非流动负债分析。

所有者权益是指企业资产扣除负债后由所有者享有的剩余权益。所有者权益可分为实收资本(或股本)、资本公积、盈余公积和未分配利润等部分。其中,盈余公积和未分配利润统称为留存收益。

对资产负债表结构分析常常采用共同比资产负债表分析。资产负债表结构分析通常包括资产结构分析、权益结构分析及资产权益结构分析。

资产负债表的趋势分析方法包括绝对额分析、环比分析和定基分析。内容包括资产的趋势分析、负债的趋势分析及所有者权益的趋势分析。

复习与练习

业务题

请上网下载上市公司通威股份(600438)2023年年度资产负债表,与S公司2023年年报进行结构、趋势的对比分析,比较通威股份发展的优势和劣势。

讨论题

1. 什么是资产负债表?资产负债表的作用如何?其存在有什么局限性?
2. 如何理解资产质量的概念?资产按照质量可以分成哪几类?
3. 如何理解金融资产的分类?如何对交易性金融资产进行质量解读与分析?
4. 如何进行应收账款的确认?如何对应收账款和应收票据进行质量解读与分析?
5. 如何对存货、长期投资、固定资产、在建工程、无形资产进行质量解读与分析?
6. 如何分析流动负债和非流动负债?
7. 简述所有者权益项目质量的解读与分析要点。
8. 如何对资产负债表进行趋势分析和结构分析?

案例分析

资产负债率98.81%,中毅达拟定增2.1亿元"补血"

8月13日晚,中毅达发布2024年度向特定对象发行A股股票预案,天津信璟拟以现金方式认购公司本次向特定对象发行的全部股份,天津信璟已与公司签订了《附条件生效的股份认购协议》。根据预案,中毅达本次向特定对象发行股票数量不超过约6 840万股(含本数),发行股票数量上限未超过发行前公司总股本的30%。发行价格为3.07元/股。本次发行拟募集资金不超过2.1亿元,扣除发行费用后,全部用于补充流动资金和偿还借款。

中毅达资产因公司净资产规模有限且债务规模较大,其负债率近年来一直较高。据公司公告,报告期各期末,公司资产负债率分别为90.32%、88.89%、97.88%及98.81%,财务压力较大。较高的资产负债水平对公司的财务稳健性造成了一定程度的不良影响,也限制了公司业务及产品的进一步拓展和深化。

因此,中毅达资产通过本次向特定对象发行股票募集资金,一方面可以增强其资金实力,缓解资金压力;另一方面也可为公司未来经营水平提升提供有力的资金支持,促进公司持续健康发展,增强公司综合竞争力。同时,本次发行募集资金扣除发行费用后全部用于补充流动资金和偿还借款,可以缓解公司偿债压力,降低资产负债率,优化资本结构,降低财务费用支出,提高未来融资能力和抗风险能力,提升公司的资产质量。

本次发行的认购对象为天津信璟。信风投资为天津信璟的普通合伙人及执行事务合伙人,出资额为100万元,信风投资为信达证券的全资子公司。中国信达为天津信璟的唯一有限合伙人,出资额为2.1亿元。

截至预案披露日,信达证券的全资子公司信风投资为天津信璟的普通合伙人及执行事务合伙人,对外代表合伙企业,有权单方对天津信璟的经营、对外投资等重大事项进行决策,有限合伙人不执行合伙事务。兴融4号为上市公司的控股股东,信达证券作为兴融4号的管理人代为行使实际控制人权利,兴融4号的全部份额持有人为中国信达。天津信璟构成公司控股股东、实际控制人控制的关联方。

问题:

资产负债率过高会对企业造成什么样的影响?除了文中中毅达公司定向增发的做法,企业还有哪些方法缓解资产负债率过高的问题?

(资料来源:证券时报)

第 4 章

利润表解读

> 利润表告诉我们企业是否赚钱,资产负债表告诉我们企业如何赚钱。
>
> ——彼得·林奇

学习目标

1. 了解利润表的作用、格式和编制方法;
2. 熟悉利润表列报的内容;
3. 掌握利润表中营业收入的确认;
4. 掌握利润表中各项目的质量分析方法;
5. 掌握利润的结构分析与趋势分析。

引 言

苹果公司于北京时间 2024 年 11 月 1 日发布了 2024 财年第四财季及全年财报。报告显示,苹果公司在该季度的总净营收为 949.30 亿美元,同比增长 6%;净利润为 147.36 亿美元,同比下降 36%;每股摊薄收益为 0.97 美元,同比下降 34%。大中华区营收为 150.33 亿美元,与 2023 年同期相比略有下降。

尽管每股收益和营收均超出华尔街分析师预期,但由于一笔一次性费用的影响,净利润大幅下降,导致盘后股价下跌 2%。苹果公司宣布将向普通股股东派发每股 0.25 美元的现金股息,这笔股息将于 2024 年 11 月 14 日发放给截至 2024 年 11 月 11 日在册的股东。

(资料来源:栎树.苹果公司第四财季营收 949.30 亿美元 净利润同比下降 36%[N/OL].金融界, 2024-11-01[2025-08-11]. https://usstock.jrj.com.cn/2024/11/01073344815475.shtml)

4.1 利润表概述

4.1.1 利润表的定义和作用

1. 利润表的定义

利润表是反映企业在一定会计期间经营成果的会计报表,是把一定期间的收入与其同一会计期间相关的成本费用进行配比,以计算出企业一定时期的净利润(或净亏损)。

利润表的列报必须充分反映企业经营业绩的主要来源和构成,有助于使用者判断净利润的质量及其风险,有助于使用者预测净利润的持续性,从而做出正确的决策。利润表可以反映企业一定会计期间的收入实现情况,如实现的营业收入有多少、实现的投资收益有多少、实现的营业外收入有多少等;可以反映一定会计期间的费用耗费情况,如耗费的营业成本有多少,营业税费有多少,销售费用、管理费用、财务费用各有多少,营业外支出有多少等;可以反映企业生产经营活动的成果,即净利润的实现情况,据以判断资本保值、增值情况。

2. 利润表的作用

利润额的高低及其发展趋势,是企业生存与发展的关键,也是企业投资者及其利害关系人关注的焦点。因此,利润表的编制与披露对信息使用者是至关重要的。具体地说,利润表的作用主要表现在以下几个方面:

(1) 有助于分析、评价、预测企业经营成果和获利能力。经营成果和获利能力都与"利润"紧密相连。经营成果(或经营业绩)指企业在其所控制的资源上取得的报酬(扣除理财成本、筹资成本等减项),它直接可体现为一定期间的利润总额;而获利能力则指企业运用一定经济资源(如人力、物力)获取经营成果的能力,它可通过各种相对指标予以体现,如资产收益率、净资产收益率、成本收益率以及人均收益率等。通过当期利润表数据可反映一个企业当期的经营成果和获利能力;通过比较和分析同一企业不同时期、不同企业同一时期的收益情况,可以评价企业经营成果的好坏和获利能力的高低,预测企业未来的发展趋势。

(2) 有助于分析、评价、预测企业未来的现金流动状况。我们知道,报表使用者主要关注各种预期的现金来源、金额、时间及其不确定性。这些预期的现金流动与企业的获利能力具有密切的联系。美国财务会计准则委员会在第 1 号概念公告中指出,"投资人、债权人、雇员、顾客和经理们对企业创造有利的现金流动能力具有共同的利益。"利润表揭示了企业过去的经营业绩及利润的来源、获利水平,同时,通过利润表格部分(收入、费用、利得和损失等),充分反映了它们之间的关系,可据以评价一个企业的产品收入、成本、费用变化对企业利润的影响。尽管过去的业绩不一定意味着未来的成功,但一些重要的趋势可从中进行分析把握。如果过去的经营成果与未来的活动之间存在着相互的联系,那么,由此能可靠地预测企业未来现金流量及其不确定性程度,评估未来的投资价值。

(3) 有助于分析、评价、预测企业的偿债能力。偿债能力是指企业以资产清偿债务的能力。利润表本身并不能直接提供企业偿债能力的信息,但企业的偿债能力不仅取决于资产的流动性和权益结构,也取决于企业的获利能力。获利能力不强,企业资产的流动性和权益结构必将逐步恶化,最终危及企业的偿债能力,使企业陷入资不抵债的困境。因此,从长远观点看,债权人和管理人员通过比较、分析利润表的有关信息,可以间接地评价、预测企业的偿债能力,尤其是长期偿债能力,并揭示企业偿债能力的变化趋势,进而做出各种信贷决策和改进企业管理工作的决策。如债权人可据以决定维持、扩大或收缩现有信贷规模,并提出相应的信贷条件;管理者可据以找出偿债能力不强的原因,努力提高企业的偿债能力,改善企业的形象。

(4) 有助于评价、考核管理人员的绩效。企业实现利润的多少,是体现管理人员绩效的一个重要方面,是管理成功与否的重要体现。通过比较前后期利润表上各种收入、费用、成本及收益的增减变动情况,并分析发生差异的原因,可据以评价各职能部门和人员的业绩,以及他们的业绩与整个企业经营成果的关系,以便评判各管理部门的功过得失,及时做出生产、人事、销售等方面的调整,提出奖惩任免的建议。

(5) 是企业经营成果分配的重要依据。现代企业也可以看成是市场经济条件下,以法律、章程为规范,由若干合同(契约)结合的经济实体。究其实质,现代企业可以理解为由不同利益集团组成的"结合体"。各项利益集团之所以贡献资源(资金、技术、劳动力等)或参与企业的活动,目的在于分享企业的经营成果。利润表直接反映企业的经营成果,在一定的经济政策、法律规定和企业分配制度的前提下,利润额的多少决定了各利害关系人的分享额,如国家税收收入、股东的股利、员工和管理人员的奖金等。

4.1.2 利润表的结构和内容

利润表通过一定的表格来反映企业的经营成果。由于不同的国家和地区对会计报表的信息要求不完全相同,利润表的结构也不完全相同。但目前比较普遍的利润表的结构有单步式利润表(如表 4-1 所示)和多步式利润表(如表 4-2 所示)两种格式。

1. 单步式利润表的结构和内容

单步式利润表是将本期所有的收入加在一起,然后将所有的费用加总在一起,通过计算求出本期收益。单步式利润表分为收入、费用、净利润三部分。收入包括营业收入、投资收益、营业外收入等;费用包括生产商品支出、工资支出、利息支出、折旧支出、所得税支出等;净利润是两者计算的结果。

单步式利润表对于收入和一切费用支出一视同仁,不分彼此先后。由于单步式利润表所表示的都是未经加工的原始资料,所以便于会计报表使用者理解。

表 4-1 单步式利润表

编制单位: 年 月 单位:元

项目	本月数	本年累计数
一、收入		
二、费用		
三、净利润		

2. 多步式利润表的结构和内容

多步式利润表通过对当期的收入、费用、支出项目按性质加以归纳,按利润形成的主要环节列示一些中间性利润指标,分步计算当期经营损益。

表 4-2 多步式利润表

编制单位: 年 月 单位:元

项目	本月数	本年累计数
一、营业收入		
二、营业利润		

(续表)

项目	本月数	本年累计数
三、利润总额		
四、净利润		
五、其他综合收益税后净额		
六、综合收益总额		
七、每股收益		

多步式利润表主要反映以下几方面的内容：

（1）营业收入，由主营业务收入和其他业务收入组成。

（2）营业利润，营业收入减去营业成本（主营业务成本、其他业务成本）、税金及附加、销售费用、管理费用、财务费用、研发费用，加上其他收益、公允价值变动收益、资产减值损失、信用减值损失、资产处置损益、投资收益、汇兑收益，即为营业利润。

（3）利润总额，营业利润加上营业外收入，减去营业外支出，即为利润总额。

（4）净利润，利润总额减去所得税费用，即为净利润。

（5）其他综合收益税后净额，其他综合收益扣除所得税影响后的净额。

（6）综合收益总额，净利润加上其他综合收益税后净额，即为综合收益总额。

（7）每股收益，普通股或潜在普通股已公开交易的企业，以及正处于公开发行普通股或潜在普通股过程中的企业，还应当在利润表中列示每股收益信息，包括基本每股收益和稀释每股收益两项指标。

多步式利润表的优点在于：便于对企业的生产经营状况进行分析，有利于在不同企业之间进行比较分析，更重要的是利用多步式利润表有利于预测企业今后的盈利能力。目前，我国《企业会计准则》规定的利润表就是采用多步式利润表（表4-3）。

表4-3　　　　　　　　　　　　　　利润表　　　　　　　　　　　会企02表
编制单位：S公司　　　　　　　　　　2024年1—12月　　　　　　　　单位：万元

项目	本期金额	上期金额
一、营业收入	12 298 080.96	14 114 791.27
减：营业成本	11 598 415.45	13 428 817.85
利息支出	0.00	0.00
手续费及佣金支出	0.00	0.00
税金及附加	18 490.11	13 607.81
销售费用	177 327.97	158 083.15
管理费用	95 540.71	83 499.37
研发费用	49 655.51	46 241.71
财务费用	12 747.29	7 409.89
加：其他收益	15 404.90	12 996.85
公允价值变动收益	340.84	−83.7

(续表)

项目	本期金额	上期金额
资产减值损失	−14 000.79	−33 084.46
信用减值损失	1 360.65	−23 863.63
资产处置损益	4 497.97	17 204.67
投资收益	16 889.79	16 885.36
汇兑收益	0.00	0.00
二、营业利润	370 397.28	367 186.58
加：营业外收入	26 359.87	12 588.51
减：营业外支出	933.49	2 583.71
三、利润总额	395 823.66	377 191.38
减：所得税费用	85 668.05	90 131.62
四、净利润	310 155.61	287 059.76
五、其他综合收益税后净额	−511.53	494.58
六、综合收益总额	309 644.08	287 554.34
七、每股收益	0.79	0.7

4.1.3　利润表列报

1. 费用采用"功能法"列报

根据财务报表列报准则的规定，对于费用的列报，企业应当采用"功能法"列报，即按照费用在企业所发挥的功能进行分类列报，通常分为从事经营业务发生的成本、管理费用、销售费用和财务费用等，并且将营业成本与其他费用分开披露。对企业而言，其活动通常可以划分为生产、销售、管理、融资等，每一种活动中发生的费用所发挥的功能并不相同，因此，企业按照费用功能法将其分开列报，有助于使用者了解费用发生的活动领域。例如，企业为销售产品产生了多少费用、为一般行政管理产生了多少费用、为筹措资金产生了多少费用等。这种方法通常能向报表使用者提供具有结构性的信息，能更清楚地揭示企业经营业绩的主要来源和构成，提供的信息更为相关。

企业分析费用性质的信息有助于预测企业未来现金流量，因此，企业可以在附注中披露费用按照性质分类的利润表补充资料。费用按照性质分类，是指将费用按其性质分为耗用的原材料、职工薪酬费用、折旧费、摊销费等，而不是按照费用在企业所发挥的不同功能分类。

2. 企业利润表的列报

1）利润表各项目的列报说明

"营业收入"项目，反映企业经营主要业务和其他业务所确认的收入总额。

"营业成本"项目，反映企业经营主要业务和其他业务所发生的成本总额。

"税金及附加"项目，反映企业经营业务应负担的消费税、城市建设维护税、资源税、土地增值税和教育费附加等。

"销售费用"项目，反映企业在销售商品过程中发生的包装费、广告费等费用和为销售本企业商品而专设的销售机构的职工薪酬、业务费等经营费用。

"管理费用"项目,反映企业为组织和管理生产经营发生的管理费用。

"研发费用"项目,反映企业为研究与开发所支付的成本费用。

"财务费用"项目,反映企业筹集生产经营所需的资金等而发生的筹资费用。

"其他收益"项目,反映企业日常活动相关、但不宜确认收入或冲减成本费用的政府补助。

"公允价值变动收益"项目,反映企业应当计入当期损益的资产或负债公允价值变动收益。

"资产减值损失"项目,反映企业各项资产发生的减值损失。

"信用减值损失"项目,反映企业因应收账款的账面金额高于其可收回金额而造成的损失。

"资产处置损益"项目,反映企业各项资产等因出售、转让等原因,产生的处置利得或损失。

"投资收益"项目,反映企业以各种方式对外投资所取得的收益。

"营业利润"项目,反映企业实现的营业利润。如为亏损,本项目以"-"号填列。

"营业外收入"项目,反映企业发生的与经营业务无直接关系的各项收入。

"营业外支出"项目,反映企业发生的与经营业务无直接关系的各项支出。

"利润总额"项目,反映企业实现的利润。如为亏损,本项目以"-"号填列。

"所得税费用"项目,反映企业应从当期利润总额中扣除的所得税费用。

"净利润"项目,反映企业实现的净利润。如为亏损,本项目以"-"号填列。

"其他综合收益的税后净额"项目,反映的是企业根据企业会计准则在未来损益中确认的各项利得和损失扣除所得税后的净额。

"综合收益总额"项目,反映企业净利润和其他综合收益(税后净额)的合计金额。

2) 上期金额栏的列报方法

利润表"上期金额"栏内各项数字,应根据上年该期利润表"本期金额"栏内所列数字填列。如果上年该期利润表规定的各个项目的名称和内容同本期不相一致,应对上年该期利润表各项目的名称和数字按本期的规定进行调整,填入利润表"上期金额"栏内。

3) 本期金额栏的列报方法

利润表"本期金额"栏内各项数字一般应根据损益类科目的发生额分析填列。

相关链接

IFRS 18 中利润表结构的改进

2024年4月9日,国际会计准则理事会(IASB)发布了《国际财务报告准则第18号——财务报表列示和披露》,替代《国际会计准则第1号——财务报表列报》,生效日期为2027年1月1日,并允许企业提前采用。IASB制定并发布该新准则的主要目的是提升财务报表列示和披露信息的有用性。

IFRS18最主要的变化是对损益表(利润表,下述统一称呼为利润表)的结构进行了重大改进。现行国际财务报告会计准则没有对利润表的结构作出专门规定,为提供更有用的信息,统一利润表结构,提高财务业绩信息的可比性,《国际财务报告准则第18号》新引入 3 个收益和费用类别——经营类、投资类和筹资类,即要求企业将利润表中的损益分为经营类、投资类、筹资类、所得税费用类以及终止经营类 5 类,并要求企业新增列示经营利润、筹资和所得税前利润 2 个小计项目。IFRS 18 就损益表项目如何划入这些类别提供了通用指引,其中最主要的三类为:

(一) 经营类损益

IFRS 18 未对"经营类"作出明确定义,而是将其作为归集未划分为其他类别的收益和费用的剩余类别。经营类通常包括主体主要业务活动的业绩。

(二) 投资类损益

该类别通常包括:

在联营企业和合营企业中的损益份额;来源于现金及现金等价物的收益和费用以及来源于能够独立产生投资回报的资产的收益和费用,该资产应基本独立于主体持有的其他资源。

(三) 筹资类损益

该类别包括:

来源于仅涉及融资的负债(如典型的银行借款)产生的所有收益和费用;以及来源于其他负债的利息费用以及利率变动的影响(如养老金负债的实际利率摊销额)。

(资料来源:普华永道.国际财务报告准则第18号——财务业绩报告的新定义[R/OL].(2024-04)[2025-08-11]. https://www.pwccn.com/zh/ifrs/ifrs-18-is-here-redefining-financial-performance-reporting-apr2024.pdf)

4.2 利润质量的解读

对利润表进行质量分析,实质上是对企业利润的形成过程进行质量分析。由多步式利润表结构特点可知,企业经营与其收益结构有密切的关系。企业经营活动的组织、目标、范围和内容的调整变化均会引起收益结构的变化。因此,通过对利润表收益结构的分析,还可以了解企业的市场营销战略、发展战略和技术创新战略等是否合理、有无创新。

利润形成过程质量分析可以按利润表上收益构成的营业利润、营业外收支、利润总额以及净利润等进行项目搭配、排列,从而形成多种层次的收益结构,反映了从"核心业务"到"非核心业务"的扩展。这种利润层次体系有助于报表使用者形象地理解不同范围经营成果的形成原因,因为每一利润层次都可分解为相应收入与费用项目的比较。

利润表项目主要有:营业收入、营业成本、税金及附加、销售费用、管理费用、财务费用、资产减值损失、公允价值变动损益、投资收益、营业外收入、营业外支出及净利润。

4.2.1 营业收入项目解读

营业收入是指企业在日常活动中形成的、会导致所有者权益增加的、与所有者投入资本无关的经济利益的总流入。其中,日常活动是指企业为完成其经营目标所从事的经常性活动以及与之相关的其他活动。因此这里的收入通常就是指营业收入。

营业收入可以有不同的分类。按照企业从事日常活动的重要性,可将营业收入分为主营业务收入和其他业务收入;按照企业从事日常活动的性质,可将营业收入分为销售商品收入、提供劳务收入、建造合同收入等。

1. 主营业务收入分析

主营业务收入是指企业为完成其经营目标从事的经常性活动实现的收入。它通常包括销售商品收入、提供劳务收入、让渡资产使用权收入、建造合同收入等。

1) 销售商品收入

销售商品收入只有同时满足以下条件时,才能加以确认:

(1) 企业已将商品所有权上的主要风险和报酬转移给购货方。商品所有权上的主要风险和报酬转移给购货方,是指与商品所有权有关的主要风险和报酬同时转移。当一项商品发生的任何损失均不需要销货方承担,带来的经济利益也不归销货方所有,则意味着该商品所有权上的风险和报酬已从该销货方转出。

(2) 企业既没有保留通常与所有权相联系的继续管理权,也没有对已售出的商品实施有效控制。公司对售出商品实施继续管理,既可能源于仍拥有商品的所有权,也可能与商品的所有权没有关系,但无论何种原因,如果商品售出后企业仍保留与该商品的所有权相联系的继续管理权,则说明此项销售商品交易没有完成,销售不能成立,不能确认收入。同样,如果商品售出后企业仍对售出的商品可以实施有效控制,就说明此项销售没有完成,不能确认收入。

(3) 收入的金额能够可靠地计量。收入的金额能否可靠地计量,是确认收入的基本前提。企业在销售商品时,售价通常已经确定。但销售过程中由于某种不确定因素,也有可能出现售价变动的情况,那么在新的售价未确定前不应确认收入。

(4) 相关的经济利益很可能流入企业。在销售商品的交易中,相关的经济利益主要表现为销售商品的价款。销售商品的价款能否有把握收回,是收入确认的一个重要条件。

(5) 相关的已发生或即将发生的成本能够可靠地计量。根据收入和费用配比原则,与同一项销售有关的收入和成本应在同一会计期间予以确认。若成本不能可靠计量,相关的收入也不能确认。如已收到价款,收到的价款应确认为一项负债。

2) 提供劳务收入

企业在资产负债表日提供劳务交易的结果能够可靠估计的,应当采用完工百分比法确认提供的劳务收入。完工百分比法,是指按照提供劳务交易的完工进度确认收入与费用的方法。

提供劳务的交易结果能否可靠估计,需依据以下条件进行判断,即如果同时满足下列条件,则表明提供劳务交易的结果能够可靠地估计:①收入的金额能够可靠地计量;②相关的经济利益很可能流入企业;③交易的完工进度能够可靠地确定;④交易中已发生和将要发生的成本能够可靠地计量。

企业在资产负债表日提供劳务交易结果不能够可靠估计的,应当根据下列情况分别处理:

(1) 已经发生的劳务成本预计能够得到补偿的,应当按照已经发生的劳务成本金额确认提供劳务收入,并按相同金额结转劳务成本。

(2) 已经发生的劳务成本预计只能部分得到补偿的,应当按照能够得到补偿的劳务成本金额确认收入,并按已经发生的劳务成本结转劳务成本。

(3) 已经发生的劳务成本预计全部不能得到补偿的,应当将已经发生的劳务成本计入当期损益,不确认提供劳务收入。

3) 建造合同收入

建造合同收入包括合同中规定的初始收入和因合同变更、索赔、奖励等形成的收入。在确认和计量建造合同的收入和费用时,首先应当判断建造合同的结果能否可靠地估计。

在资产负债表日,建造合同的结果能够可靠地估计,应当根据完工百分比法确认合同收入和合同费用。

在资产负债表日,建造合同的结果不能可靠地估计的,应当按下列情况分别进行处理:①合同成本能够收回的,合同收入根据能够收回的实际合同成本予以确认,合同成本在其发生的当期确认为合同费用。②合同成本不可能收回的,在发生时立即确认为合同费用,不确认合同收入。

2. 其他业务收入分析

其他业务收入是指企业除主营业务收入以外的其他销售或其他业务的收入,也是与企业为完成其经营目标所从事的经常性活动相关的活动实现的收入。如工业企业对外出售不需要用的原材料、出租固定资产、出租无形资产、出租包装物和商品、用材料进行非货币性交易(非货币性交易具有商业实质且公允价值能够可靠计量)或债务重组等实现的收入。

3. 营业收入项目的分析要点

(1) 关注营业收入的增长幅度。以判断其收入增长的稳定性。只有收入较为稳定或稳步增长的企业,其生产和再生产才能正常进行。但也必须注意收入的增长是否在合理的范围内。

(2) 分析企业营业收入的品种构成。在从事多品种经营的条件下,企业不同产品的营业收入构成对信息使用者有十分重要的意义:占收入比重大的产品是企业过去业绩的主要增长点。报表分析者可以对体现企业过去主要业绩的商品的未来发展趋势进行分析,来判断企业的未来发展。

(3) 分析企业营业收入的地区构成。企业在不同地区商品或劳务的营业收入构成对信息使用者也具有重要价值:占总收入比重大的地区是企业过去业绩的主要地区增长点,从消费者的心理与行为表现来看,不同地区消费者对不同商品具有不同的偏好和忠诚度,不同地区的市场潜力在很大程度上制约着企业的未来发展。

(4) 分析与关联方交易的收入在总收入中的比重。关联方交易是在企业形成集团化经营的条件下,集团内各个企业之间发生的交易。关联方之间的交易有企业间正常交易的成分,但也有关联方之间为了"包装"某个企业的业绩而人为地制造的一些业务,从而进行会计报表的粉饰。因此,报表使用者必须关注关联方交易的营业收入在交易价格、交易的实现时间等方面的非市场化因素。

(5) 分析营业收入的现金流入。将利润表中的"营业收入"与现金流量表中的"销售商品提供劳务收到的现金"进行配比,由此可以观察营业收入的质量问题,如果营业收入远远低于销售商品提供劳务收到的现金,则营业收入的质量不高,说明企业收入的增长是通过宽松的信用政策所带来的,也意味着企业未来存在发生坏账的风险。反之,如果营业收入高于或等于销售商品提供劳务收到的现金,则表明营业收入的质量高。

(6) 分析其他业务收入与主营业务收入的配比。若其他业务收入占主营业务收入的比重过高,则应分析企业是否存在关联方交易行为,分析关联方交易的真实性和合理性。一般情况下,其他业务收入占主营业务收入的比重不应过大。

4.2.2 费用项目的解读

费用是指企业在日常活动中发生的、会导致所有者权益减少的、与向所有者分配利润无关的经济利益的总流出。费用具有以下几个方面的特征:①费用应当是企业在日常活动中发生的;②费用应当会导致经济利益的流出,该流出不包括向所有者分配的利润;③费用应当最终会导致所有者权益的减少。

费用包括两个方面的内容,即产品(或劳务)成本和计入当期损益的费用。产品(或劳务)成本是指企业为生产产品、提供劳务而发生的各种耗费,包括为生产产品、提供劳务而发生的直接材料费用、直接人工费用和各种间接费用。企业应当在确认收入时,将已销售产品或已提供劳务的成本等从当期收入中扣除,即计入当期损益,在利润表中成本主要指营业成本;计入当期损益的费用一般是指企业在日常活动中发生的税金及附加、管理费用、销售费用、财务费用和资产减值损失等。

1. 营业成本分析

营业成本是指与营业收入相关的,已经确定了归属期和归属对象的成本。反映企业经营主要业务和其他业务所发生的成本总额。本项目包括企业的主营业务成本和其他业务成本。

1) 主营业务成本

在不同类型的企业里,主营业务成本有不同的表现形式。在制造业或工业企业,主营业务成本表现为已销售产品的生产成本;在商品流通企业里,主营业务成本表现为已销商品成本。工业企业产品销售成本是指已售产品的实际生产成本,它是根据已销产品的数量和实际单位成本计算出来的。在实务中,往往是每月月末汇总销售成本后一并结转,而不是在每次发出库存产成品时立即结转产品销售成本。商品流通企业已销商品的成本,即商品采购成本,是商品流通企业为销售商品在采购时支付的成本。

2) 其他业务成本

其他业务成本是指企业确认的除主营业务活动以外的其他经营活动所发生的支出,包括销售材料的成本、出租固定资产的折旧额、出租无形资产的摊销额、出租包装物的成本或摊销额等。采用成本模式计量投资性房地产的,其投资性房地产计提的折旧额或摊销额,也反映在本项目中。

3) 营业成本项目的分析要点

(1) 分析影响企业的营业成本水平高低的因素。营业成本水平既有企业不可控的因素,如受市场因素的影响而引起的价格波动,也有企业可以控制的因素,如在一定的市场价格水平条件下,企业可以通过选择供货渠道、采购批量等来控制成本水平,还有企业通过成本会计系统的会计核算,如通过对发出存货采用不同的计价方法,来对企业制造成本进行的处理。因此,对营业成本降低和提高的质量评价,应结合多种因素来进行。

(2)分析营业收入与营业成本的配比。从企业利润的形成过程来看,企业的营业收入减去营业成本后的余额为毛利。企业必须有毛利,才有可能形成营业利润。因此,关注企业一定规模的毛利和较高的毛利率是报表分析者的普遍心态。毛利主要取决于行业,个别取决于企业内部的运作效率,不同行业会产生不同的毛利率,毛利率还与企业的竞争和经营方式相关。另外,还应注意分析企业的毛利率是否合理。

相关链接

特发信息为完成业绩承诺财务造假

2015年4月8日,特发信息与陈传荣等4名特发东智股东签订《发行股份及支付现金购买资产协议》,以支付现金和发行股份方式购买特发东智100%股权。2015年11月4日,特发东智成为特发信息全资子公司。自2015年11月30日起,特发信息将特发东智纳入合并报表范围。特发东智通过跨期调节营业成本、虚构业务等方式,虚增收入、虚增或虚减营业成本和利润。具体违法事实如下:

(1)2015年至2019年,特发东智通过少计或延迟入账客售料采购款、跨期调节营业成本的方式虚减或虚增营业成本。其中2015年至2018年分别虚减营业成本1 039.33万元、9 173.46万元、5 624.61万元、1 162.92万元,2019年虚增营业成本6 494.77万元。

(2)2019年,特发东智通过伪造采购订单和相关物流单据等方式,虚构与深圳市友华通信技术有限公司、中国移动通信集团终端有限公司销售业务,虚增营业收入32 755.30万元、营业成本28 368.59万元,虚增利润总额4 386.71万元。

特发东智上述行为导致特发信息2015年度至2018年度利润总额分别虚增1 039.33万元、9 173.46万元、5 624.61万元、1 162.92万元,2019年度利润总额虚减2 108.06万元,占当期披露利润总额的比例分别为8.17%、34.74%、16.58%、3.29%、5.33%。特发信息披露的2015年至2019年年度报告存在虚假记载。

深圳市证监局根据《证券法》,对深圳市特发信息股份有限公司给予警告,并处以800万元罚款;并对特发信息董事长、总经理、董事会秘书、财务总监,特发东智财务经理、成本会计分别处以罚款100万~400万元。

(资料来源:中国证券监督管理委员会深圳监管局.中国证券监督管理委员会深圳监管局行政处罚决定书〔2024〕9号[A/OL].(2024-07-05)[2025-08-11]. http://www.csrc.gov.cn/shenzhen/c104320/c7491955/content.shtml)

2. 税金及附加分析

税金及附加是企业进行日常经营活动应负担的各种税金及附加,包括消费税、城市维护建设税、资源税和教育费附加等相关税费。

但需要说明的是企业的房产税、车船使用税、城镇土地使用税、印花税不在本项目核算,而是反映在管理费用项目中。

分析该项目时,应注意与营业收入进行配比,如果两者之间不配比,则可能存在"漏税"之嫌。

3. 期间费用分析

期间费用是指企业发生的直接计入当期损益的费用,是企业主要经营活动中必定要发生,但与营业收入的取得并不存在明显的直接因果关系的一种费用。期间费用包括销售费用、管理费用和财务费用。

1) 销售费用

销售费用是企业销售商品或提供劳务过程中发生的费用,包括运输费、装卸费、包装费、保险费、展览费和广告费、商品维修费、预计产品质量保证损失以及由销售本企业商品而专设的销售机构(含销售网点、售后服务网点等)的职工薪酬、业务费、折旧费等经营费用。

销售费用跟行业形态有关。销售费用对于生产企业来说,只是可控成本中的一部分。贸易型公司的可控成本是销售费用,因此需要强化管理销售费用,甚至要强化到业务单位和个人身上。销售费用跟整个行业经营的形态有关。来料加工的企业销售费用很少,而营销型企业的销售费用则很高。

2) 管理费用

管理费用是企业为组织和管理企业生产经营所发生的费用,包括企业在筹建期间内发生的开办费、企业的董事会和行政管理部门在企业的经营管理中发生的,或者应由企业统一负担的公司经费(包括行政管理部门职工薪酬、修理费、物料消耗、低值易耗品摊销、办公费和差旅费等)、工会经费、待业保险费、劳动保险费、董事会费(包括董事会成员津贴、会议费和差旅费等)聘请中介机构费、咨询费(含顾问费)、诉讼费、业务招待费、房产税、车船使用税、城镇土地使用税、印花税、技术转让费、矿产资源补偿费、研究费用、排污费。

管理费用与企业发展阶段有关。例如,有些外资企业刚进入中国时,因为外籍高层管理人员比较多,支付的费用较高,所以企业的管理费用成本会很高。还有一种情况是,企业进入快速发展阶段以后,管理费用随着管理的跨度和难度的增加,直接表现为成倍上升。

3) 财务费用

财务费用是企业为筹集生产经营所需资金而发生的费用,包括利息支出(减利息收入)、汇兑损失(减汇兑收益)以及相关的手续费等。为购建固定资产的专门借款所发生的借款费用,在固定资产达到预定可使用状态前按规定应予资本化的部分,不包括在财务费用内。

财务费用跟企业在每个阶段的融资风险是联系在一起的。企业有了融资行为,就会产生财务费用,也就有了财务风险。

4) 期间费用的分析要点

(1) 分析销售费用、管理费用、财务费用与营业收入的配比。了解企业销售部门、管理部门的工作效率以及企业融资业务的合理性。具体又分两种形式:一是营业收入以高于期间费用的速度增长,从而使营业利润大量增加,表明公司经营业务呈上升趋势,产品市场需求大;二是营业收入与期间费用成比例增长,导致利润增长,说明公司主营业务处于一种稳定成熟的状态,利润有一定保障。

(2) 从销售费用的构成上看,有的与企业业务活动规模有关(如运输费、销售佣金、展览费等),有的与企业从事销售活动人员的待遇有关,也有的与企业的未来发展、开拓市场、扩大企业品牌的知名度有关。在企业业务持续发展的条件下,企业销售费用降低不是必需的。片面追求一定时期费用的降低,可能对企业的长期发展不利。销售费用中的广告费用一般是作为期间费用处理的,有公司基于业绩反映的考虑,往往把广告费用列为待摊费用或进行长期待摊费用核算,这实际上是在把期间费用予以资本化。

(3) 片面追求在一定时期管理费用的降低,有可能对企业的长期发展不利。管理层可以对管理费用中诸如业务招待费、技术开发费、董事会会费、职工教育经费、涉外费、租赁费、咨询费、审计费、诉讼费、修理费、管理人员工资及福利费等采取控制或降低其规模等措施,但是,这种控制或降低或者对企业的长期发展不利,或者影响有关人员的积极性。另一方面,折旧费、摊销费等是企业以前各个会计期间已经支出的费用,不存在控制其支出规模的问题。对这类费用的处理更多地受企业会计政策的影响。因此,在企业业务持续发展的条件下,企业的管理费用不应当降低。

(4) 财务费用的主体是经营期间发生的利息支出,其大小主要取决于三个因素:贷款规模、贷款利息率和贷款期限。从总体上说,如果因贷款规模的原因导致利润表财务费用的下降,企业会因此而改善盈利能力,但我们对此也要警惕,企业可能因贷款规模的缩小而限制了发展;由于企业利率水平主要受企业外在环境的影响,我们不应对企业因贷款利率的宏观下调而导致的财务费用降低给予过高的评价;贷款期限的改变引起利率的降低,从而降低财务费用,往往又会导致企业财务风险的加大。

财务费用包括汇兑损失,因此,持有大量外汇业务的企业,应该特别注意外汇市场汇率变动风险对企业理财的影响。

(5) 关注新会计准则对期间费用的影响。依据新的《企业会计准则第11号——股份支付》的相关规定,期权公允价值必须在等待期内计入管理费用,从而使部分上市公司管理费用大幅上升,公司的账面业绩出现大幅下降,但激励期权费用的摊销是会计政策的规定,并不会对公司的基本面产生不利影响,不影响公司现金流,不影响公司未来发展。

4.2.3　营业利润质量解读

营业利润是企业的营业收入与营业成本、税金及附加、期间费用、资产减值损失、公允价值变动损益及投资收益等配比的结果。营业利润是公司利润的主要来源,将营业利润与利润总额配比,所占比例的稳定体现了公司盈利的稳定性和连续性。营业利润越高,主营业务在行业中的地位就越高,企业的可持续发展能力就越强,投资价值也越大。

1. 资产减值损失项目分析

资产减值损失反映企业根据资产减值等准则计提各项资产减值准备所形成的损失。包括坏账准备、存货跌价准备、长期股权投资减值准备、持有至到期投资减值准备、固定资产减值准备、在建工程减值准备、工程物资减值准备、生产性生物资产减值准备、无形资产减值准备、商誉减值准备、贷款损失准备、抵债资产跌价准备、损余物资跌价准备等。

资产减值损失一经确认,一般在以后的会计期间不得转回。但是,遇到资产处置、出售、对外投资、以非货币性资产交换方式换出、在债务重组中抵偿债务等情况,同时符合资产终止确认条件的,企业应当将相关资产减值准备予以转销。另企业计提坏账准备、存货跌价准备、持有至到期投资减值准备、贷款损失准备等后,相关资产的价值又得恢复,应在原已计提的减值准备金额内,按恢复增加的金额冲减资产减值损失。

资产减值损失项目的分析要点如下。分析时注意当前使用的会计准则在资产减值计提方面上有了很大的调整。从前盈利上升,企业就会多计提跌价准备;盈利下滑,企业再将跌价准备冲回。这曾是上市公司调节盈利的手段之一。但是在现行的会计准则中则规定了,对于资产计提的减值准备一经确认不得恢复,而且不得随意变更计提方法和计提比例。除了存货、应收账款、可供出售的权益性工具等有确凿证据证明能够收回的资产减值允许转回外,固定资产、摊销期限明确的无形资产等非流动性资产减值不允许转回。

相关链接

成大生物计提资产减值准备对净利润的影响

成大生物(688739)2024年5月6日召开2023年度暨2024年第一季度业绩说明会,公司董事长李宁,董事、总经理毛昱等与投资者进行沟通交流。

成大生物是一家专注于人用疫苗研发、生产和销售的生物制药企业,所处行业为医药制造业。公司主要在销产品包括人用狂犬病疫苗、乙脑灭活疫苗。2023年,成大生物实现营收入17.5亿元,同比下降3.58%;净利润4.66亿元,同比下降34.75%;扣非净利润4.13亿元,同比下降37.99%。

成大生物2023年营业收入同比小幅下降主要是因人用狂犬病疫苗市场竞争加剧,销售收入出现一定下降,同时乙脑灭活疫苗销售收入增加,两方面因素共同作用。净利润及扣非净利润同比下降,主要是因收入减少、成本上升及计提资产减值损失增加等因素。

值得注意的是,乙脑疫苗效期较短,成大生物2023年计提存货跌价准备增加,同时公司对联营企业计提长期股权投资减值准备,导致公司资产减值损失增加。

公司董事长李宁在回答投资者提问时表示,成大生物乙脑疫苗的生产安排主要综合考虑的因素包括公司历史的销售情况以及对市场的预期;乙脑疫苗的生产周期;疫苗的批签发周期;乙脑灭活疫苗的有效期;乙脑灭活疫苗销售存在一定的季节性;局部区域流行性乙型脑炎暴发的可能性。

"乙脑灭活疫苗在产品销售特点方面与流感疫苗具有一定的相似性,存在年度计提减值的可能性。"李宁说,2023年公司乙脑疫苗计提的减值较大,公司对此也高度重视。未来,公司将加强生产、库存、销售预测等方面的管理,降低乙脑疫苗减值对公司业绩的影响。

(资料来源:孙宪超.成大生物:将加强管理 降低乙脑疫苗减值对公司业绩影响[EB/OL].证券时报网,(2024-05-06)[2025-08-12]. https://www.stcn.com/article/detail/1196980.html)

2. 公允价值变动损益

公允价值变动损益是指企业在初始确认时划分为以公允价值计量且其变动计入当期损益的金融资产或金融负债(包括交易性金融资产或金融负债和直接指定为以公允价值计量且其变动计入当期损益的金融资产或金融负债),以及采用公允价值模式计量的投资性房地产、衍生工具、套期业务中公允价值变动形成的应计入当期损益的利得或损失。

资产负债表日,企业应按交易性金融资产或采用公允价值模式计量的投资性房地产的公允价值与其账面余额的差额,计入公允价值变动损益。出售交易性金融资产或采用公允价值模式计量的投资性房地产时,再将公允价值变动损益转入投资收益。

资产负债表日,交易性金融负债的公允价值与其账面余额的差额,计入公允价值变动损益。出售交易性金融负债时,再将公允价值变动损益转入投资收益。

公允价值变动损益主要是指未实现的投资收益。

3. 投资收益

投资收益是指企业对外投资确认的投资收益或投资损失,包括:长期股权投资采用成本法核算的,企业应按被投资单位宣告发放的现金股利或利润中属于本企业的部分确认投资收益;长期股权投资采用权益法核算的,资产负债表日,应按根据被投资单位实现的净利润或经调整的净利润计算应享有的份额;出售长期股权投资时,实际收到的金额与其账面余额的差额;出售采用权益法核算的长期股权投资时,还应按处置长期股权投资的投资成本比例结转原计入"资本公积——其他资本公积"科目的金额,转入投资收益;企业持有交易性金融资产、持有至到期投资、其他债权投资期间取得的投资收益以及处置交易性金融资产、交易性金融负债、指定为公允价值计量且其变动计入当期损益的金融资产或金融负债、持有至到期投资、其他债权投资实现的损益。

投资收益与公允价值变动损益项目的分析要点如下:

(1) 在我国的新会计准则中,投资收益包括长期股权投资收益和金融资产投资收益。一般而言,长期股权投资所取得的投资收益是企业在正常的生产经营中所取得的可持续投资收益。比如下属公司生产经营状况好转,有了比较大的收益,开始回报母公司,这部分的投资收益越高,那么企业的可持续发展能力就越强,对于投资者来说,这种企业就越具有投资价值。

(2) 并不是所有的长期股权投资都是可持续的,如企业处置长期股权投资所获得的投资收益就是一次性不可持续的。但是,这些收益是为企业带来真实现金流入的收益,它实际上也是资本市场发展的产物。作为投资者,没有理由否认它的存在。

(3) 企业股价上升带来的企业所持金融资产获益在新会计准则中并没有被计入投资收益科目,而是被计入了公允价值变动和资本公积科目。这种确认方法一方面反映了企业所持有的金融资产的现时价值;另一方面由于这部分收益并未实现,从而没有将其计入投资收益。

(4) 要分析投资收益在总利润中的比例和上市公司的资本运作情况。资本运作具体包括证券投资和项目投资在总投资中所占的比例,以及证券投资中投资其他上市公司证券和持有非上市股权的比例。如果上市公司的证券投资在总投资中的比例很高,且其中对其他上市公司证券的投资在证券投资中所占的比例很高的话,则该上市公司的投资收益会随着证券市场的波动而变动,其可持续获利能力会比较差。最后,不能把上市公司报表中的公允价值变动作为上市公司的投资收益,它是随着市场价格的变动而发生的账面价值的变化,是没有产生现金流的未实现利润。

4. 信用减值损失

信用减值损失是指公司因为客户的拒绝付款、破产、死亡等原因无法收回,给公司造成的损失。信用减值损失与资产减值损失的主要区别在于核算的对象,信用减值损失主要核算金融资产的减值,固定资产、无形资产、存货等仍适用资产减值损失核算。

根据《企业会计准则第 22 号——金融工具确认和计量》(2017 年)应用指南,金融资产减值准备所形成的预期信用损失应通过"信用减值损失"科目核算。因此,企业执行《企业会计准则第 22 号——金融工具确认和计量》(2017 年)后,发生的坏账准备应通过"信用减值损失"科目核算,不再通过"资产减值损失"科目核算。企业应当在资产负债表日计算金融工具预期信用损失。如果该预期信用损失大于该工具当前减值准备的账面金额,企业应当将其差额确认为减值损失,借记"信用减值损失"科目,根据金融工具的种类,贷记"坏账准备"等科目。

> **相关链接**
>
> ### 公允价值损益对当期业绩的重大影响
>
> 2024 年 4 月 7 日,半导体龙头企业士兰微(600460)公布 2023 年年报。2023 年,公司营业总收入为 933 954 万元,比 2022 年增长 12.77%;公司营业利润为 -4 878 万元,比 2022 年减少 104.09%;公司利润总额为 -5 688 万元,比 2022 年减少 104.77%;公司归属于母公司股东的净利润为 -3 579 万元,比 2022 年减少 103.40%;公司实现归属于母公司所有者的扣除非经常性损益后的净利润 5 890 万元,比 2022 年减少 90.67%。
>
> 2023 年,公司归属于母公司股东的净利润出现亏损的主要原因,系公司持有的其他非流动金融资产中昱能科技、安路科技股票价格下跌,导致其公允价值变动产生税后净收益 -45 227 万元。
>
> (资料来源:"杭州士兰微电子股份有限公司. 2023 年年度报告摘要[R/OL]. (2024-04-09)[2025-08-11]. https://www.cninfo.com.cn/new/disclosure/detail?stockCode=600460&announcementId=1219536767&orgId=gssh0600460&announcementTime=2024-04-09")

4.2.4 利润总额质量解读

利润总额是企业的营业利润加上营业外收入减去营业外支出后的余额。利润总额代表企业当期综合盈利能力,也直接关系到各利益相关者的利益分配问题。

1. 营业外收入分析

营业外收入是指企业发生的与其经营活动无直接关系的各项净收入,主要包括处置非流动资产利得、非货币性资产交换利得、债务重组利得、罚没利得、政府补助利得、确实无法支付而按规定程序经批准后转作营业外收入的应付款项等。营业外收入相当于意外的利得或非常收益。

营业外收入项目的分析要点如下所述。

1) 分析营业外收入应注意其与营业收入的区别

(1) 营业收入是持续的、主要或中心营业活动产生的,如销售商品收入;营业外收入是一种利得,是由非常的、非营业活动产生的,且多半为管理当局不能控制或左右的,如罚款收入,数额一般较小,如果数额较大,则需要具体分析。

(2) 营业收入是总额概念,必须与费用相配比;营业外收入是净额概念,它或已经将对立因素抵销(如出售资产净收益是售价与账面价值抵销后的净额);或本来就只有一个金额,如诉讼获胜后的赔偿收入。营业外收入与营业外支出一般不存在直接的对应关系和配比关系。

2）注意分析营业外收入形成的原因

（1）出售、转让和置换资产（固定资产、无形资产、股权投资和存货等）是企业优化资产结构、实施战略重组的重要手段。但在会计上，由于技术的原因，如果这种出售、转让和置换作价不符合市场运作规则，它就可能作为营业外收入成为改变企业利润的最简单、最直接和最有效的方法。

（2）债务重组会给债务企业带来营业外收入。但这种收益是一次性和临时性的，如果企业不以此为契机改善经营管理、盘活资金、提高资金使用效果，即使其能一次性获得债务重组收益，也仍将陷于财务困难的泥潭。

> **相关链接**
>
> ＊ST新亿财务造假案系实际控制人指使上市公司虚增利润、隐瞒重大事项的典型案例。该公司为维持上市状态，通过多种手段虚构财务数据：2019年虚构保理业务，利用资金循环虚增营业外收入7590万元；2018—2019年通过无商业实质的贸易业务，虚增营收1551.2万元、利润104.23万元；虚构物业费及租金抵账收入，分别虚增利润229.7万元、130万元。此外，2020年公司未及时披露涉及总资产72.36%的开源市场用地规划调整协议，该协议若未按期履行将导致土地使用权被收回。上述行为导致公司2018—2019年年报存在虚假记载及重大遗漏。目前，＊ST新亿已进入退市整理期，公司及相关责任方受到监管处罚。本案凸显了资本市场对财务造假"零容忍"的监管态势，警示上市公司须严守信息披露合规底线。
>
> （资料来源：中国证券监督管理委员会. 中国证监会行政处罚决定书（＊ST新亿、黄伟、李勇）〔2022〕4号［A/OL］.（2022-02-08）［2025-08-11］. http://www.csrc.gov.cn/csrc/c101928/c2314047/content.shtml）

2. 营业外支出分析

营业外支出是企业发生的与其经营活动无直接关系的各项净支出，包括处置非流动资产损失、非货币性资产交换损失、债务重组损失、罚款支出、捐赠支出、非常损失等。营业外支出相当于意外的损失或非常损失。

分析营业外支出应注意其与费用的区别：费用是日常经营活动产生的，是总额概念；营业外支出由非日常经营活动产生，是净额概念。

4.2.5 净利润质量解读

净利润是企业最终的财务成果，是企业利润总额减去所得税费用的结果。净利润属于所有者权益，构成利润分配的对象。净利润是公司的净利，在其他条件不变的情况下，净利润越多，企业盈利能力就越大，成就也就越显著。从表面上看，它受收入和成本的影响，但实际上，它还反映公司产品产量及质量、品种结构、市场营销等方面的工作质量，因而，在一定程度上反映了公司的经营管理水平。

1. 所得税费用项目分析

所得税费用是指按税法规定从企业的生产经营所得和其他所得中缴纳的税金，是企业当期的一项费用。

所得税会计是从资产负债表出发,通过比较资产负债表上列示的资产、负债按照《企业会计准则》规定确定的账面价值与按照税法规定确定的计税基础,对于两者之间的差额分别列作应纳税暂时性差异与可抵扣暂时性差异,确认相关的递延所得税负债与递延所得税资产,并在此基础上确定每一期间利润表中的所得税费用。

所得税费用项目的分析要点如下:

（1）将所得税费用与利润总额进行比较,分析所得税费用的合理性。利润表中的所得税费用,在不考虑时间性差异和永久性差异的条件下,应当与企业的利润总额成正比例关系。在考虑时间性差异和永久性差异的条件下,利润表中的所得税与企业的利润总额呈现出比较复杂的关系。企业在所得税方面的节约,属于企业税务规划的范畴,与企业常规的费用控制具有明显的不同。因此,企业对所得税不存在常规意义上的降低或控制问题。

（2）关注纳税调整项目。纳税项目包括纳税调整增加项目和纳税调整减少项目。纳税调整增加项目主要包括税法规定不允许扣除项目,企业已计入当期费用但超过税法规定扣除标准的金额,如超过税法规定标准的工资支出、业务招待费支出、税收罚款滞纳金、非公益性捐赠支出等;纳税调整减少项目主要包括按税法规定允许弥补的亏损和准予免税的项目,例如 5 年内未弥补完的亏损、国债的利息收入等。

2. 净利润项目分析的要点

净利润作为评价指标,应注意其局限性:

（1）它是一个总量绝对指标,不能反映公司的经营效率,缺乏公司之间的可比性。

（2）它作为评价指标,容易使公司追求眼前利益,产生短期行为,不利于公司的长远发展。例如,可能导致公司不进行技术改造和设备更新,不开发新产品,不处理积压商品,不进行正常的设备维修与保养,只注意价格竞争,不注意公司综合实力的提高等。

（3）就目前我国相当数量企业的现状来看,企业往往过分强调盈利能力,普遍对盈利能力与偿债能力的协调统一缺乏足够的认识,忽视甚至不顾偿债能力。这些企业在短期内可能由于拖欠债务的偿还而增加了生产经营的投入,表面上增加了企业的盈利能力,但实际结果是,大量的资金占用在生产经营过程中,削弱了资金的流动性,最后导致企业出现严重的债务危机,甚至会出现破产的危险,对这种盈利能力的提高,分析者是应该警惕的。

4.2.6 盈利质量解读与分析

1. 盈利质量的内涵

什么是盈利质量? 盈利质量应该包括什么内容? 目前尚无完全一致的看法,盈利质量高低的衡量也尚无绝对准确的计量尺度,但可以从概念上对高质量盈利、低质量盈利和中间质量盈利做出相对区分。

高质量或低质量盈利强调的是会计报表盈利所反映企业经济价值有关信息的可靠性。高质量盈利是对公司过去、现在和将来经济价值创造能力的可信性和可靠的评价,而低质量盈利对公司过去、现在的经营成果和将来经济前景的描述具有误导性。

2. 与盈利质量分析相关的因素

（1）会计政策的选择与运用。企业管理当局对会计政策的选择与运用是决定企业盈利质量的重要因素。在会计政策的选择上有稳健(或保守)和不稳健(或乐观)之分。稳健的选择所产生的盈利与乐观的选择所产生的盈利相比,前者通常不会高估现实和未来的业绩,因此通常被认为是高质量的。相对于乐观的选择而言,对基于稳健判断而形成的盈利质量通常给予较高评价。分析会计政策的选用对盈利质量的影响时,还应关注以下几点:①会计政策的持续性如何,是否随意变更会计政策。会计政策的变更必须符合法律或会计准则等行政法规、规章的要求,或者这种变更能够提供有关企业财务状况、经营成果和现金流量等更可靠、更相关的会计信息。有的上市公司出于业绩支撑的压力,将原来采用较稳健的会计政策调整为较乐观的会计政策,如随意延长固定资产的折旧年限,降低坏账准备的计提比例等,而这种调整变更并不符合上述会计政策变更的要求,从而降低了盈利的质量。②企业管理当局可能通过会计运用来影响收入和费用的确认,从而决定盈利的数额。例如,通过调整类似于维护与修理费、广告费、营销费、研发费等酌量性费用的发生时间或通过安排收入、资产销售的确认时间而达到操控盈利水平的目的。以广告费为例,由于广告费支出中的大部分对未来会计期间的业绩产生影响,而与短期业绩之间的相关性较小,因此,管理当局可以在不影响当期收入的前提下削减该项支出,从而提高当期的盈利水平,然而长期的销售将很可能受到影响。③会计政策的过度稳健。过度稳健的会计政策虽然可以暂时提高盈利的质量,但从长远角度来看却降低了盈利的可信性和相关性。因此,应关注企业在计提各项减值准备事项上采用过度稳健的做法是否出于"秘密准备"的考虑。

(2) 盈利的持续稳定性。盈利的持续稳定性表现在收益的水平是稳定的或收益增长趋势是稳定的,没有剧烈的上下波动。持续稳定的收益流所产生的盈利质量较高,反之,盈利质量则较低。在分析评价盈利的持续稳定性对盈利质量的影响时,应关注以下几点:①持续稳定的收益应主要来源于主营业务。如果公司主营业务的收益稳定,公司所从事的业务和生产的产品或提供的劳务具有良好的市场发展前景,盈利质量也相对较高。②持续稳定的收益应主要来源于经常性项目。一般认为,非经常性项目所产生的收益较经常性项目所产生的收益,前者的质量较低。长期投资因控制力度较弱,属于风险性资产,其产生的收益尽管为经常性收益,但相对营业收入而言,其盈利质量较低。③关联交易因属内部交易,透明度和可信性较低,相对非关联交易而言,其产生的收益质量较低。④持续稳定的收益是否为管理当局刻意安排的结果。有时,为了将收益在当期和未来之间转移以缓和各期之间的收益大幅波动,管理当局可能通过安排销售收入、资产销售、广告支出、研究支出、维护与修理支出等收入和费用的确认时间,或者选用更加宽松的会计方法等合法、"可接受"的会计政策及灵活的会计运营手段来达到收益调节的目的。

(3) 现金流量的变化。现金流量是决定盈利质量的重要因素。高质量的盈利必须有与之相匹配的现金流。这就要求:①会计上反映的销售应能迅速转化为现金。在权责发生制下采用赊销所确认的收入,如果不能很快转化为现金或最终无法转化为现金,且没有计提较充分的坏账准备,势必降低盈利的质量,从而影响企业的流动性和正常的商业运作。如果应收账款的增长远远大于销售收入的增长,且出现账龄延长的情况,则很有可能是盈利质量下降的信号。此外,如果应收账款的增加仅仅是由公司大力促销而使得存货从公司转移到分销商手中而引起的,这种向未来透支销售的情形也会降低盈利的质量。

②公司在业务稳定发展阶段,其经营活动产生的现金流量净额应当是与公司的经营活动所对应的。

(4) 资产的质量。盈利的创造或确认没有透支其对应资产的质量,盈利质量较高;反之,质量较低。没有透支资产质量是指:①资产减值准备的计提与其对应的资产质量相符;②在收益创造过程中所使用的固定资产维修状况良好,不存在恶性使用且不进行正常维修保养的短期化行为;③落后的生产设备能够得以正常淘汰和更新。

(5) 税收政策的影响。目前,税收政策对上市公司盈利的影响较大。上市公司因享受的各种税收优惠政策或各种财政补贴收入导致的盈利水平的提高,并不代表公司实际盈利能力的提高,并且这种优惠和补贴很可能发生变化。因此,依赖税收优惠政策和财政补贴而产生的盈利质量相对较低。

(6) 财务风险。在评价盈利质量时,不能不考虑财务风险因素。行业及规模相近的两个企业,即便具有相同盈利额或收益率水平,但如果财务风险不同,其盈利质量是不同的。分析财务风险对盈利质量的影响时,应注意:①有无过分使用财务杠杆效应提高盈利,较高的财务风险,其收益波动倾向会更强,盈利的质量也随之降低;②流动性是评价公司短期偿债能力的关键因素,尽管流动性对当期收益不产生直接影响,但如果不能偿还负债,公司可能会采取一些不当行为,而这些行为可能会使未来的收益产生较大的不确定性,加大了收益波动的风险,从而降低盈利的质量;③通过提高资产使用效率(资产周转率)而产生的盈利较通过获取较高的销售毛利率而产生的盈利,前者因财务风险相对较低,其盈利的质量较高;④存在各类或有负债或表外负债,如对外担保、未决诉讼、产品保证等的企业,因增加了财务风险,其盈利的质量相对较低。

(7) 经营风险。经营风险较大的企业容易导致收益水平的较大波动,从而会降低盈利的质量。经营风险与行业密切相关,高风险、竞争激烈以及周期特征明显的行业经营风险相对较大,其盈利质量相对较低。经营风险还与企业所处的经营环境相关,如果设立在经济和政治因素不稳定国家的企业,其生产经营可能随时受到冲击,还可能受到限制资金和收益返还、币值变动以及其他政府管制因素的影响。复杂经营环境中的不确定性使某些大型跨国集团公司的盈利质量通常被认为是较低的。对于经营杠杆系数,即总成本中固定费用所占份额越大的公司,经营活动水平变化引起的潜在收益的变化也就越大,公司收益波动的幅度也越大,盈利的质量也较低。

4.3 利润结构的解读

利润表的结构分析就是将相关收入、费用和利润项目金额与相应的合计金额或特定的项目金额进行对比,以查看这些项目的结构,从而洞悉企业盈利能力的一种分析方法。

企业的利润表结构是指构成企业利润的各种不同性质的项目之间的有机搭配比例。从质的方面来理解,表现为企业的利润是由什么样的利润项目组成的,不同的利润项目对企业盈利能力的评价有极不相同的作用和影响。从量的方面理解,表现为不同的利润占总利润的比重,不同的利润比重对企业盈利能力的作用和影响程度也不相同。所以,在利润表结构分析中,不仅要认识不同的收入、费用项目对企业利润影响的性质,而且要掌握它们各自的影响程度。企业利润表中的利润一般都是通过收入与支出的配比计算出来的。所以分析利润表结构,既要分析利润表收支结构,也要分析其利润结构。对利润表结构分析常常采用共同比利润表分析。

4.3.1 共同比利润表

共同比报表分析又称垂直分析。共同比利润表分析的具体方法为:利润表中的所有项目用营业收入的百分率来表示。

由于营业收入相对投资收益、营业外收入来说更具有稳定性和可持续性,因此通过其他各项收入占营业收入的百分比可以看出企业盈利能力的稳定性和可持续性。

营业收入只有弥补了各项费用之后才能为企业带来利润,因此通过各项费用占营业收入的百分比可以看出企业各项费用的相对高低,从而洞悉影响企业盈利能力的症结或找到提高企业盈利能力的关键。

营业利润是企业利润的主要源泉,因此通过各项利润占营业收入的百分比可以看出企业营业收入的盈利能力,即企业主营业务为企业带来的盈利空间。

综上所述,利润表结构分析中所关注的结构主要指各项收入、费用和利润占营业收入的百分比。

利润表的结构分析还可以结合趋势分析,查看各种结构在连续几个期间的变化。

S公司的共同比利润表如表4-4所示。

表4-4　　　　　　　　　　　S公司共同比利润表

项目	共同比				
	2020年	2021年	2022年	2023年	2024年
一、营业收入	100.00%	100.00%	100.00%	100.00%	100.00%
减:营业成本	93.51%	94.46%	96.05%	95.14%	94.31%
利息支出	0.00%	0.00%	0.00%	0.00%	0.00%
手续费及佣金支出	0.00%	0.00%	0.00%	0.00%	0.00%
税金及附加	0.12%	0.09%	0.07%	0.10%	0.15%
销售费用	1.88%	1.50%	0.83%	1.12%	1.44%
管理费用	1.10%	0.83%	0.54%	0.59%	0.78%
研发费用	0.37%	0.37%	0.28%	0.33%	0.40%
财务费用	0.61%	0.44%	0.16%	0.05%	0.10%
加:其他收益	0.11%	0.12%	0.06%	0.09%	0.13%
公允价值变动收益	0.00%	0.05%	0.02%	0.00%	0.00%
资产减值损失	−0.19%	−0.04%	−0.27%	−0.23%	−0.11%
信用减值损失	−0.21%	−0.15%	−0.06%	−0.17%	0.01%
资产处置损益	0.00%	0.00%	0.00%	0.12%	0.04%
投资收益	0.19%	0.04%	0.07%	0.12%	0.14%

(续表)

项目	共同比				
	2020年	2021年	2022年	2023年	2024年
汇兑收益	0.00%	0.00%	0.00%	0.00%	0.00%
二、营业利润	2.30%	2.33%	1.89%	2.60%	3.01%
加：营业外收入	0.05%	0.07%	0.06%	0.09%	0.21%
减：营业外支出	0.10%	0.14%	0.08%	0.02%	0.01%
三、利润总额	2.26%	2.26%	1.87%	2.67%	3.22%
减：所得税费用	0.54%	0.56%	0.46%	0.64%	0.70%
四、净利润	1.72%	1.70%	1.42%	2.03%	2.52%

从表4-4可以很容易看出S公司收支结构中的特点：营业成本比重太高。S公司2020—2024年的营业成本的比例维持在93%以上，从这些数据可以看出，S公司的主营业务盈利质量并不高，这与近些年企业行业竞争激烈，导致价格战愈演愈烈有直接关系。从上表可见，在S公司的期间费用里，销售费用占比较大，近5年的销售费用占比都超过了期间费用的一半，至于销售费用居高不下的原因，则需要进一步披露信息的支持才能有效解读。

4.3.2 利润构成的解读

利润是企业一定时期生产经营活动的最终成果。根据新准则的利润表构成，企业利润由营业利润和营业外收支净额两大部分组成，将之前的投资收益归入了营业利润。不同的利润来源及其各自在利润总额中所占比重，往往能反映出企业不同的经营业绩和经营风险。

对利润构成进行分析，不仅有利于管理者看到自身取得的成绩，更重要的是能让管理者发现企业存在的问题，并找到问题的根源，在此基础上加强企业筹资、投资、营运资金、营销活动的管理，真正做到各个环节降低成本，化解风险，提高利润，实现企业价值最大化。

1. 利润构成对盈利内在品质影响的分析

利润构成分析一方面的内容就是分析企业总利润中各种利润所占的比重。分析利润构成是为了对企业的盈利水平、盈利的稳定性和盈利的持续性等做出评价。一般来说，企业的利润总额可以揭示企业当期盈利的总规模，但是它不能表明这一总盈利是怎样形成的，或者说它不能揭示企业盈利的内在品质。企业盈利的内在品质就是指盈利的趋高性、可靠性、稳定性和持久性。只有通过利润构成分析，才能得出这方面的信息。

1) 利润构成对盈利水平的影响

盈利水平可用利润总额来反映，有时也可用利润率来反映，它与利润构成存在着内在联系。企业不同的业务有不同的盈利水平，一般情况下营业活动是形成企业利润的主要因素，它对企业盈利水平的高低起决定性的作用。企业一定时期营业活动越扩展，营业利润占总利润的比重就越高，企业盈利水平也会越高。

2) 利润构成对盈利稳定性的影响

盈利稳定性是指企业盈利水平变动的基本态势。盈利水平可以说是企业的收益率，盈利稳定性则表示企业盈利的风险。如果企业盈利水平很高,但缺乏稳定性,这也是一种不好的经营状况。盈利的稳定性可以有两种理解。一种理解是企业盈利水平的上下波动的波幅较小,企业盈利稳定;另一种理解是企业盈利水平向下波动的波幅小,向上波动的波幅很大,也说明企业的盈利稳定。在现实中一般是按第二种理解来解释盈利的稳定性。一个企业在一定盈利水平的基础上,盈利水平不断上扬,应是企业盈利稳定性的现实表现。盈利的稳定性首先取决于收支结构的稳定性。当收入和支出同方向变动时,只有收入增长不低于支出增长,或者收入下降不超过支出下降,盈利才具备稳定性;当收入和支出反方向变动时,收入增长而支出下降,盈利稳定,反之,则不稳定。

由于企业一般会力求保持营业利润稳定,企业营业利润的变动性相对非营业利润来说较小。企业营业利润所占的比重,可以反映出企业盈利稳定性的强弱。

3)利润构成对盈利持续性的影响

盈利的持续性是指从长期来看,盈利水平能保持目前的变动趋势。盈利的稳定性与持续性的区别是,盈利的持续性是指目前的盈利水平能较长时间地保持下去,而盈利的稳定性是指盈利在持续时不发生较大的向下波动。可见,盈利的持续性是指总发展趋势,而盈利的稳定性是总发展趋势中的波动性。

企业利润构成对盈利的持续性有很大的影响。企业的业务一般可分为长久性部分和临时性部分。长久性的业务是企业设立、存在和发展的基础,企业正是靠它们才能保持盈利水平持久。临时性的业务是由于市场或企业经营的突然变动或突发事件所引起的,由此产生的利润也不会持久。长久性的业务主要包括企业的主营业务,所以企业营业利润比重越大,企业盈利水平持续下去的可能性就越强。

2. S公司的利润构成分析

S公司的利润总额构成分析表如表4-5所示。

表4-5　　　　　　　　　S公司利润总额构成分析表　　　　　　　　单位:万元

项目	年份				
	2020年	2021年	2022年	2023年	2024年
营业利润	101.95	103.11	100.98	97.35	93.58
其中:其他收益	5.02	5.16	3.45	3.45	3.89
公允价值变动收益	0.00	2.43	1.02	−0.02	0.09
资产减值损失	−8.31	−1.97	−14.65	−8.77	−3.54
信用减值损失	−9.36	−6.63	−3.11	−6.33	0.34
资产处置损益	−0.04	0.22	0.12	4.56	1.14
投资收益	8.37	1.93	4.00	4.48	4.27
营业外收支净额	−1.95	−3.11	−0.98	2.65	6.42
利润总额	100.00	100.00	100.00	100.00	100.00

由表4-5可见,S公司的利润总额基本上是由营业利润构成的,营业外收支净额对利润总额的影响非常微小,其中2020—2022年,由于营业外收支为负值,营业利润占比大于利润总额。值得注意的是2022年,该年营业外收支净额占比较低,需要进一步判断该年

是该科目本身金额绝对值低,还是当年整体利润高,导致占比降低。

另外,对于一个制造企业而言,投资收益占利润比重大小对企业发展有着重要影响,投资收益成为利润主要来源意味着企业潜伏着较大风险,因为企业花费了主要人力、财力、精力去精心经营的主业,其取得的利润还未高于对外投资取得的收益。

4.4 利润趋势的解读

4.4.1 绝对数额解读

将企业连续五年的利润表相关项目的绝对额进行对比,以查看这些项目的变化趋势。S 公司 2020—2024 年的相关项目金额如表 4-6 所示。

表 4-6　　　　S 公司 2020—2024 年利润表绝对数额趋势分析

单位:万元

项目	年　份				
	2020 年	2021 年	2022 年	2023 年	2024 年
一、营业收入	8 436 525.46	9 858 990.51	16 868 199.56	14 114 791.27	12 298 080.96
减:营业成本	7 889 068.84	9 312 920.84	16 202 449.94	13 428 817.85	11 598 415.45
利息支出	0.00	0.00	0.00	0.00	0.00
手续费及佣金支出	0.00	0.00	0.00	0.00	0.00
税金及附加	10 036.34	9 342.95	12 477.94	13 607.81	18 490.11
销售费用	158 934.75	147 867.94	140 533.72	158 083.15	177 327.97
管理费用	92 884.92	81 932.14	90 397.36	83 499.37	95 540.71
研发费用	31 634.23	36 631.81	47 498.56	46 241.71	49 655.51
财务费用	51 637.57	43 114.96	26 861.83	7 409.89	12 747.29
加:其他收益	9 561.63	11 491.24	10 907.09	12 996.85	15 404.90
公允价值变动收益	0.00	5 409.19	3 219.74	−83.7	340.84
资产减值损失	−15 821.14	−4 395.54	−46 277.24	−33 084.46	−14 000.79
信用减值损失	−17 818.09	−14 774.27	−9 835.71	−23 863.63	1 360.65
资产处置损益	−76.09	489.58	387.99	17 204.67	4 497.97
投资收益	15 925.64	4 300.71	12 638.78	16 885.36	16 889.79
汇兑收益	0.00	0.00	0.00	0.00	0.00
二、营业利润	194 100.76	229 700.79	319 020.85	367 186.58	370 397.28
加:营业外收入	4 438.93	7 112.50	10 253.11	12 588.51	26 359.87
减:营业外支出	8 158.51	14 034.44	13 340.70	2 583.71	933.49
三、利润总额	190 381.19	222 778.84	315 933.26	377 191.38	395 823.66
减:所得税费用	45 143.74	55 201.64	76 949.73	90 131.62	85 668.05
四、净利润	145 237.45	167 577.21	238 983.53	287 059.76	310 155.61

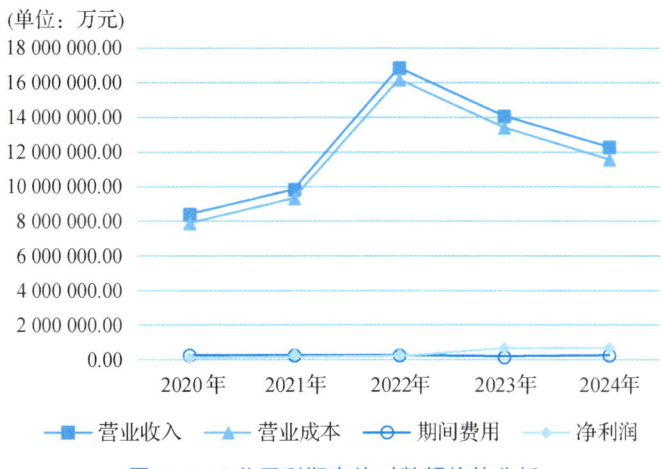

图 4-1　S 公司利润表绝对数额趋势分析

由表 4-6 和图 4-1 可以看到，S 公司营业收入是呈抛物线趋势，先上升到 2022 年达到最大值，随后开始下降。近些年国内外宏观环境对大宗商品需求的影响导致供应链板块整体营收规模下降，S 公司的营业收入也受到影响。此外，营业成本几乎是和营业收入同比例下降，说明 S 公司盈利能力保持稳定。最后，从 2020—2024 年，产量扩大近 50%，但费用呈先下降后上升的趋势，至于其中的原因，需要根据成本费用明细，追踪各项费用的使用渠道，定位具体原因。

4.4.2　环比分析

计算收入、费用、利润等相关项目相邻两期的变动百分比，以查看这些项目变动的方向和幅度，从而分析企业投资报酬和盈利能力的变动情况。S 公司各年度利润表相关项目的环比百分比如表 4-7 所示。

表 4-7　　　　　　　　S 公司利润表项目的环比趋势分析

项目	环比百分比			
	2021 年/2020 年	2022 年/2021 年	2023 年/2022 年	2024 年/2023 年
一、营业收入	16.86%	71.09%	-16.32%	-12.87%
减：营业成本	18.05%	73.98%	-17.12%	-13.63%
利息支出	0.00%	0.00%	0.00%	0.00%
手续费及佣金支出	0.00%	0.00%	0.00%	0.00%
税金及附加	-6.91%	33.55%	9.05%	35.88%
销售费用	-6.96%	-4.96%	12.49%	12.17%
管理费用	-11.79%	10.33%	-7.63%	14.42%
研发费用	15.80%	29.66%	-2.65%	7.38%
财务费用	-16.50%	-37.70%	-72.41%	72.03%
加：其他收益	20.18%	-5.08%	19.16%	18.53%

(续表)

项目	环比百分比			
	2021年/2020年	2022年/2021年	2023年/2022年	2024年/2023年
公允价值变动收益	—	−40.48%	−102.60%	−507.22%
资产减值损失	−72.22%	952.82%	−28.51%	−57.68%
信用减值损失	−17.08%	−33.43%	142.62%	−105.70%
资产处置损益	−743.46%	−20.75%	4334.28%	−73.86%
投资收益	−73.00%	193.88%	33.60%	0.03%
汇兑收益	0.00%	0.00%	0.00%	0.00%
二、营业利润	18.34%	38.89%	15.10%	0.87%
加：营业外收入	60.23%	44.16%	22.78%	109.40%
减：营业外支出	72.02%	−4.94%	−80.63%	−63.87%
三、利润总额	17.02%	41.81%	19.39%	4.94%
减：所得税费用	22.28%	39.40%	17.13%	−4.95%
四、净利润	15.38%	42.61%	20.12%	8.05%

从上述五年的环比可以看到，营业收入环比波动极大，但与形成营业收入直接相关的营业成本基本保持同比例变化，说明S公司在这五年内行业竞争相当激烈，且受宏观经济形势影响，收入不稳定，但公司在成本控制方面做得相对较好，一定程度上保持盈利能力的稳定。表中也可以看到，与销售相关的销售费用则表现出一定的起伏，其中2022年/2021年环比显示销售费用下跌，而营业收入明显提升，增幅甚至是五年环比中最高的，一个可能的原因是当年(2022年)较上一年(2021年)市场行情明显更好，在广告投放较好的情况下取得了较好的销售成绩。同时可以看到，2023年/2022年环比销售费用则有较大增长(12.49%)，一个原因是2023年本身较2022年涨幅较低，较低的基数导致后续涨幅偏高，但这也可能是盈余管理的结果。

此外，在金额较大的项目中，管理费用环比是呈波动趋势，并且年均变化幅度都不超过15%，说明S公司在管理费用的控制上表现较好。毕竟对S公司而言，毛利本来就低，管理费用如果不能相对稳固在一定的区间，会产生明显的利润侵蚀效应。

最后2022年/2021年和2023年/2022年环比显示，投资收益的比率较之后年份环比都较高，虽然这个项目本身具有一定的或然性，但依然值得关注当年数字变化背后的动因。

4.4.3 定基分析

定基分析就是选定一个固定的期间作为基期，计算各分析期的收入、费用、利润等相关项目与基期相比的百分比。这种分析不仅能看出相邻两期的变化方向和幅度，还可以看出一个较长期间内的总体变化趋势，便于进行较长期间的趋势分析。

S公司2020—2024年利润表相关项目的定基百分比如表4-8所示。

表 4-8　　　　　S 公司 2020—2024 年利润表项目的定基趋势分析

项目	2020年（基期）	定基百分比			
		2021年	2022年	2023年	2024年
一、营业收入	100.00%	16.86%	99.94%	67.31%	45.77%
减：营业成本	100.00%	18.05%	105.38%	70.22%	47.02%
利息支出	0.00%	0.00%	0.00%	0.00%	0.00%
手续费及佣金支出	0.00%	0.00%	0.00%	0.00%	0.00%
税金及附加	100.00%	−6.91%	24.33%	35.59%	84.23%
销售费用	100.00%	−6.96%	−11.58%	−0.54%	11.57%
管理费用	100.00%	−11.79%	−2.68%	−10.10%	2.86%
研发费用	100.00%	15.80%	50.15%	46.18%	56.97%
财务费用	100.00%	−16.50%	−47.98%	−85.65%	−75.31%
加：其他收益	100.00%	20.18%	14.07%	35.93%	61.11%
公允价值变动收益	0.00%	0.00%	0.00%	0.00%	0.00%
资产减值损失	100.00%	−72.22%	192.50%	109.12%	−11.51%
信用减值损失	100.00%	−17.08%	−44.80%	33.93%	−107.64%
资产处置损益	100.00%	−743.46%	−609.94%	−22 712.31%	−6 011.74%
投资收益	100.00%	−73.00%	−20.64%	6.03%	6.05%
汇兑收益	0.00%	0.00%	0.00%	0.00%	0.00%
二、营业利润	100.00%	18.34%	64.36%	89.17%	90.83%
加：营业外收入	100.00%	60.23%	130.98%	183.59%	493.83%
减：营业外支出	100.00%	72.02%	63.52%	−68.33%	−88.56%
三、利润总额	100.00%	17.02%	65.95%	98.12%	107.91%
减：所得税费用	100.00%	22.28%	70.45%	99.65%	89.77%
四、净利润	100.00%	15.38%	64.55%	97.65%	113.55%

由于 S 公司在环比中总体保持了营业成本随着营业收入的变化而同步变化的基本格局,营业收入变化幅度较大(15%～100%),但对比同期的净利润可以发现,近五年净利润呈上升趋势,且五年的累计变化较为明显,以 2020 年为基期,2024 年营业收入涨了 113.55%,而营业利润增长速度基本与净利润保持一致,说明 S 公司利润依然稳中有进,经营质量稳步提升。

 本章小结

利润表是反映企业在一定会计期间的经营成果的会计报表。是把一定期间的收入与其同一会计期间相关的成本费用进行配比,以计算出企业一定时期的净利润(或净亏损)。利润额的高低及其发展趋势,是企业生存与发展的关键,也是企业投资者及其利害关系人关注的焦点。因此,利润表的编制与披露对信息使用者是至关重要的。

利润表的列报必须充分反映企业经营业绩的主要来源和构成,有助于使用者判断净利润的质量及其风险,有助于使用者预测净利润的持续性,从而做出正确的决策。

利润表通过一定的表格来反映企业的经营成果,目前比较普遍的利润表的结构有单步式利润表和多步式利润表两种。我国《企业会计准则》规定的利润表是多步式利润表。

对利润表进行质量分析,实质上是对企业利润形成过程进行质量分析。通过对利润表收益结构的分析,还可以了解企业的市场营销战略、发展战略和技术创新战略等是否合理,有无创新。

利润形成过程质量分析可以按利润表上收益构成的营业利润、营业外收支、利润总额以及净利润等进行项目搭配、排列,从而形成多种层次的收益结构,反映了从"核心业务"到"非核心业务"的扩展。这种利润层次体系有助于报表使用者形象理解不同范围经营成果的形成原因,因为每一利润层次都可分解为相应收入与费用项目的比较。

利润表项目主要有:营业收入、营业成本、税金及附加、销售费用、管理费用、财务费用、资产减值损失、公允价值变动损益、投资收益、信用减值损失、营业外收入、营业外支出及净利润。

对利润表结构分析常常采用共同比利润表分析。利润表的结构分析就是将相关收入、费用和利润项目金额与相应的合计金额或特定的项目金额进行对比,以查看这些项目的结构,从而洞悉企业盈利能力的一种分析方法。我们在利润表结构分析中,不仅要认识不同的收入、费用项目对企业利润影响的性质,而且要掌握它们各自的影响程度。

利润表的趋势分析包括绝对额分析、环比分析和定基分析。

复习与练习

业务题

1. A 股份有限公司(以下简称"A 公司")为境内上市公司,属于增值税一般纳税企业,适用的增值税税率为 13%。A 公司 2023 年度发生的有关事项及其会计处理如下:

(1) 2024 年 7 月 1 日,A 公司因融资需要,将其生产的一批商品销售给同是一般纳税企业的 B 公司,销售价格为 600 万元(不含增值税),商品销售成本为 480 万元,商品已经发出,货款尚未收到。按照双方协议,A 公司将该批商品销售给 B 公司后一年内以 650 万元的价格购回所售商品。2024 年 12 月 31 日,A 公司尚未回购该批商品。2024 年 7 月 1 日,A 公司就该批商品销售确认了销售收入,并结转相应成本。

(2) 2024 年 11 月 30 日,A 公司接受一项产品安装任务,安装期为 4 个月,合同总收入为 40 万元,至 2024 年年底已经预收款项 24 万元,实际发生成本 20 万元,估计还会发生成本 12 万元。2024 年度,A 公司在会计报表中将 24 万元全部确认为劳务收入,并结转 20 万元的成本。

(3) 2024 年 12 月 1 日,A 公司向 C 公司销售一批商品,价值 100 万元,成本为 60 万元,商品已经发出,该批商品对方已预付货款。C 公司当天收到商品后,发现商品质量未达到合同规定的要求,立即根据合同的有关价格减让和退货的条款与 A 公司协商,要求 A 公司在价格上给予一定的减让,否则予以退货。至年底,双方尚未就此达成一致意见,A公司也未采取任何补救措施。A公司 2024 年确认了收入并结转了已售商品的成本。

(4) 2024 年 6 月 1 日,A 公司与 D 公司签订销售合同。合同规定,A 公司向 D 公司销售一条生产线,总价款为 250 万元;A 公司负责该生产线的安装调试工作,且安装调试工作是销售合同的重要组成部分。12 月 5 日,A 公司向 D 公司发出生产线;12 月 8 日,D 公司收到生产线并向 A 公司支付 250 万元货款;12 月 20 日,A 公司向 D 公司派出生产线安装工程技术人员,进行生产线的安装调试;至 12 月 31 日,该生产线尚未安装完工。A 公司 2024 年确认了销售收入。

(5) 2024 年 12 月 1 日,A 公司与 E 公司签订协议,向 E 公司销售一台大型设备,总价款为 1 500 万元。但是,A 公司需要委托 F 企业来完成设备的一个主要部件的制造任务。根据 A 公司与 F 企业之间的协议,F 企业生产该部件发生成本的 110% 即为 A 公司应支付给 F 企业的劳务款。12 月 25 日,A 公司本身负责的部件制造任务以及 F 企业负责的部件制造任务均已完成,并由 A 公司组装后将设备运往 E 公司;E 公司根据协议已向 A 公司支付有关货款。但是,F 企业相关的制造成本详细资料尚未交给 A 公司。A 公司本身在该大型设备的制造过程中发生的成本为 1 300 万元。A 公司于 2024 年确认了收入。

要求:分析判断 A 公司上述有关收入的确认是否正确,并说明理由。

2. 某公司 2023 年和 2024 年营业利润的数额如表 4-9 所示。

表 4-9 　　　　　　　　　某公司 2023 年和 2024 年营业利润

单位:万元

项目	营业利润	
	2023 年	2024 年
一、营业收入	5 679 172	6 121 860
减:营业成本	4 821 022	5 081 168
税金及附加	12 256	20 024
销售费用	2 134	2 204
管理费用	66 384	56 321
研发费用	31 234	36 232
财务费用	3 056	2 849
加:资产减值损失	0	−988
公允价值变动收益	0	5 009
信用减值损失	−17 318	−14 274
资产处置损益	−36	440
投资收益	15 026	14 301
二、营业利润	740 757	927 549

要求:试对该公司营业利润的变动状况进行具体分析。

讨论题

1. 什么是利润表？企业利润表的基本内容和具体结构如何？利润表的作用如何？
2. 如何对利润表的质量进行分析？
3. 收入的确认符合哪些条件？收益与收入有什么区别？
4. 如何对营业收入项目进行分析？
5. 成本与费用有什么区别？如何对成本费用项目进行分析？
6. 如何正确认识公允价值损益和投资收益？
7. 什么是盈利质量？与盈利质量分析相关的因素有哪些？
8. 如何对利润表进行趋势分析和结构分析？

案例分析

经营战略对企业盈利的影响

2024年7月26日晚，宁德时代(300750.SZ)发布2024年年中报。2024年上半年，公司实现营业总收入1 667.7亿元，同比下滑11.88%，归母净利润228.7亿元，同比上涨10.37%，扣非净利润200.5亿元，同比上涨14.25%。

由于营收减少、利润增加，宁德时代上半年毛利率和净利率分别提升5个百分点和3个百分点至27%和14%。

在行业价格战日益白热化的背景下，宁德时代之所以能够实现盈利能力逆势增长，与其持续紧缩的经营战略紧密相关。

受产能过剩、锂电池降价等因素影响，2024年上半年，宁德时代创出半年度营收历史最大降幅。为保业绩，宁德时代极力节流，一方面由于产能利用率不足早早便开启降薪，甚至不惜缩减影响长期竞争力的研发支出；另一方面减少资本开支并延缓募投项目建设，固定资产出现了罕见的下滑。

伴随整体营收的下滑，宁德时代国内动力电池的市场份额再次拐头向下，毛利更高的海外收入也显著下滑，销售费用却继续增加。迫于内外部压力，宁德时代的强势地位似乎已有弱化迹象。

2024年上半年，宁德时代营业总收入1 667.7亿元，同比下滑11.88%，实现归母净利润228.7亿元，同比上涨10.37%，营收降幅甚至低于2020年上半年疫情暴发时的7.08%，创下历史新低。

上游资源价格下滑导致电芯降价是宁德时代收入减少的主要原因。2024年以来，电池级碳酸锂平均价格从年初的10万元/吨，逐步下滑至年中约8.5万元/吨。

受此影响，宁德时代2024年上半年动力电池收入1 126亿，同比下降19%，对应均价0.79元/wh，同比下降30%，储能电池收入288亿，同比增长3%，对应均价0.74元/wh，同比同样下降30%。

收入显著下滑的情况下，为保住业绩，宁德时代选择进一步加强"节流"。

据媒体报道，早在2022年底，宁德时代一线用工形势就急转直下，一些岗位开始限制工时或强制双休，甚至推出了"五天八小时"的工作制，同时降薪，一些工人因工资问题选择离开。

2023年上半年，更多岗位被限制工时，从过去一天工作11个小时，缩短至8小时，夜班减少。2023年底时,宁德时代大面积取消普调,叠加年终奖缩水,降薪现象进一步加剧。

自2021年达到95%的高位后,宁德时代产能利用率一路下滑。2024年上半年,宁德时代电池产能为323 GWh,在建产能为153 GWh,产量为211 GWh,产能利用率为65.33%,虽略高于2023年同期的60.5%,但与三年前的高点相比,大幅下滑超过30个百分点。

值得注意的是,尽管开工率略有增加,但2024年上半年宁德时代电池出货量为205 GWh,低于211 GWh的产量,13%的电池出货量增速,也显著低于37%的产量增幅,电池库存有所增加。

不仅是一线生产岗位降薪,宁德时代还开始缩减影响长期竞争力的研发支出。

2024年二季度,公司期间费用85亿,同、环比分别下降5%和18%,其中研发费用42.52亿,同比大降近20%,环比仍在小幅下滑,研发费率4.9%,同、环比分别下降0.3和0.5个百分点。

除了持续降薪和缩减研发支出,宁德时代也开始减少资本开支并延缓募投项目建设。2024年上半年,宁德时代资本开支约138亿,同比延续跌势,期末在建工程约272.5亿元,同比下降16.5%,固定资产约1 131亿元,更是出现罕见的下滑。

正在建设的扩产项目也放慢了步伐。2024年7月26日晚,宁德时代公告将2022年定增募投项目"广东瑞庆时代锂离子电池生产项目一期"达到预定可使用状态的日期由原来的2024年6月1日大幅延期两年半,至2026年12月31日。

2022年,宁德时代定增募资450亿元,用于福鼎时代、广东瑞庆时代一期、江苏时代动力及储能(四期)、宁德蕉城时代(车里湾项目)等项目建设,分别新增锂离子电池年产能约60 GWh、30 GWh、30 GWh和15 GWh及PACK生产线。其中,此次宣布延期的广东瑞庆时代一期投资总额达120亿。

伴随整体营收的下滑,宁德时代国内动力电池的市场份额也再次拐头向下。

2024年上半年,宁德时代国内动力电池市场份额同比有所增加,但二季度的市占率则从一季度的48%下降至44%。事实上,近三年来,随着开工率的下降,宁德时代国内动力电池市场份额也呈现逐级下滑的趋势。

不仅如此,受欧美需求放缓和贸易摩擦等因素,影响宁德时代海外收入同、环比分别下降25%和23%,毛利更高的海外业务收入下滑明显。

值得注意的是,在整体营收、国内市占率和海外业务收入全面下滑之际,公司销售费用却继续增加。2024年上半年,宁德时代销售费用70.05亿,同比增长约4.5%。

(资料来源:新浪财经研究院.宁德时代上半年营收降幅创下历史新低"宁王"收起锋芒、全面节流[R/OL].(2024-07-29)[2025-08-11]. https://finance.sina.com.cn/stock/observe/2024-07-29-doc-incfuzvf7854045.shtml.)

问题:

1. 宁德时代当前经营面临哪些困境?宁德时代采取了哪些战略措施来应对当前困境,实现盈利能力逆势增长?

2. 宁德时代持续降薪、减少研发支出、销售费用持续增加将对公司后续发展产生哪些影响?

现金流量表解读

> 收入是虚的,现金是实的,只有现金才能让企业生存。
>
> ——巴菲特

学习目标

1. 了解现金流量表的结构和编制方法;
2. 理解并掌握现金流量的质量分析方法;
3. 理解并掌握现金流量的结构分析方法;
4. 理解并掌握现金流量的趋势分析方法。

引 言

通用电气公司前 CEO 韦尔奇说,如果你只有三种可以依赖的业务衡量方法,那么应该就是:员工满意度、客户满意度和现金流量。

从内容和结构上看,现金流量表被划分为经营活动、投资活动和筹资活动三类活动产生的现金流量,每类活动又根据企业的业务活动细分为各种现金流入和流出项目,弥补了资产负债表和利润表提供现金流量信息很少的缺陷。因此,分别分析三类活动的现金流量,能够更好了解影响企业现金流量的重要因素,更加客观准确评价企业过去多年的支付能力、偿债能力和周转能力,在此基础上更好地预测企业未来长期现金流量,帮助我们根据现金流量对企业进行估值,为价值投资者提供关键的决策依据。本章将从公司现金流量表的构成入手,着重探讨现金流量表分析对于管理层和投资者的重要性。

5.1 现金流量表概述

5.1.1 现金流量表的概念及作用

现金流量表,是指反映企业在一定会计期间现金和现金等价物流入和流出的报表。编制现金流量表的目的,是为财务报表使用者提供企业一定会计期间内现金和现金等价物流入和流出的信息,以便于财务报表使用者了解和评价企业获取现金和现金等价物的

能力,并据以预测企业未来的现金流量。具体来看,现金流量表的作用主要体现在以下几个方面:

第一,有助于相关人员评价企业的支付能力、偿债能力和周转能力。

第二,有助于相关人员预测企业的未来现金流量。

第三,有助于相关人员分析企业的收益质量及影响现金净流量的因素,掌握企业经营活动、投资活动和筹资活动的现金流量,可以从现金流量的角度了解净利润的质量,为分析和判断企业的财务前景提供信息。

5.1.2 现金流量表的结构

在现金流量表中,现金是一个广义的概念,它与现金等价物被视为一个整体。所谓现金等价物是指企业持有的期限短、流动性强、易于转换为已知金额现金以及价值变动风险很小的投资。企业现金形式的转换不会产生现金的流入和流出。例如,企业从银行提取的现金,是企业现金存放形式的转换,并未流出企业,不构成现金流量。同样,现金与现金等价物之间的转换也不属于现金流量,例如,企业用现金购买三个月到期的国库券。

根据企业业务活动的性质和现金流量的来源,现金流量表在结构上将企业一定期间产生的现金流量分为三类:经营活动产生的现金流量、投资活动产生的现金流量和筹资活动产生的现金流量。每类活动又分为各具体项目,这些项目从不同角度反映企业业务活动的现金流入与流出,弥补了资产负债表和利润表提供信息的不足。

现金流量表格式由一般企业、商业银行、保险公司、证券公司等企业类型分别予以规定。企业应当根据其经营活动的性质,确定本企业适用的现金流量表格式。本章将以 S 公司 2024 年的现金流量表为例展开分析,其格式如表 5-1 所示。因各企业具体活动的差异,可能会导致不同企业现金流量表子项目的列示有所不同。

表 5-1　　　　　　　　　　　现金流量表

编制单位:苏美达股份有限公司　　　2024 年 12 月　　　　　　　　单位:万元

项目	本期金额(2024 年)	上期金额(2023 年)
一、经营活动产生的现金流量:		
销售商品、提供劳务收到的现金	13 593 410.37	16 092 946.34
客户存款和同业存放款项净增加额		
向中央银行借款净增加额		
向其他金融机构拆入资金净增加额		
收到原保险合同保费取得的现金		
收到再保业务现金净额		
保户储金及投资款净增加额		
收取利息、手续费及佣金的现金		
拆入资金净增加额		
回购业务资金净增加额		
代理买卖证券收到的现金净额		

(续表)

项目	本期金额（2024年）	上期金额（2023年）
收到的税费返还	175 124.17	216 413.96
收到其他与经营活动有关的现金	802 231.64	586 242.35
经营活动现金流入小计	14 570 766.18	16 895 602.65
购买商品、接受劳务支付的现金	13 083 250.65	15 134 103.63
客户贷款及垫款净增加额		
存放中央银行和同业款项净增加额		
支付原保险合同赔付款项的现金		
拆出资金净增加额		
支付利息、手续费及佣金的现金		
支付保单红利的现金		
支付给职工及为职工支付的现金	227 498.60	231 918.65
支付的各项税费	177 473.55	165 260.67
支付其他与经营活动有关的现金	804 527.91	746 013.56
经营活动现金流出小计	14 292 750.71	16 277 296.51
经营活动产生的现金流量净额	278 015.47	618 306.14
二、投资活动产生的现金流量：		
收回投资收到的现金	145 924.22	225 405.16
取得投资收益收到的现金	7 360.79	15 105.64
处置固定资产、无形资产和其他长期资产收回的现金净额	4 028.07	51 091.62
处置子公司及其他营业单位收到的现金净额	12.42	93 733.98
收到其他与投资活动有关的现金	1 998.98	46 616.20
投资活动现金流入小计	159 324.49	431 952.61
购建固定资产、无形资产和其他长期资产支付的现金	33 778.32	22 687.50
投资支付的现金	98 549.66	179 189.15
质押贷款净增加额		
取得子公司及其他营业单位支付的现金净额	856.55	
支付其他与投资活动有关的现金	19.92	47 125.08
投资活动现金流出小计	133 204.44	249 001.73
投资活动产生的现金流量净额	26 120.05	182 950.88
三、筹资活动产生的现金流量：		
吸收投资收到的现金	318.20	690.76
其中：子公司吸收少数股东投资收到的现金	318.20	690.76

(续表)

项目	本期金额（2024年）	上期金额（2023年）
取得借款收到的现金	1 033 933.97	1 929 920.62
收到其他与筹资活动有关的现金	121 800.43	150 267.48
筹资活动现金流入小计	1 156 052.59	2 080 878.86
偿还债务支付的现金	950 948.32	2 292 713.86
分配股利、利润或偿付利息支付的现金	197 759.03	180 573.45
其中：子公司支付给少数股东的股利、利润	124 190.23	109 145.26
支付其他与筹资活动有关的现金	370 660.37	74 902.99
筹资活动现金流出小计	1 519 367.72	2 548 190.30
筹资活动产生的现金流量净额	−363 315.13	−467 311.44
四、汇率变动对现金及现金等价物的影响	11 462.35	33 101.84
五、现金及现金等价物净增加额	−47 717.26	367 047.41
加：期初现金及现金等价物余额	1 115 786.98	748 739.57
六、期末现金及现金等价物余额	1 068 069.72	1 115 786.98
1. 将净利润调节为经营活动现金流量：		
净利润	3 101 556 079.26	2 870 597 626.24
加：资产减值准备	140 007 863.12	330 844 569.90
信用减值损失	−13 606 541.54	238 636 340.30
固定资产折旧、油气资产折耗、生产性生物资产折旧	478 716 098.73	536 913 249.15
使用权资产摊销	402 668 132.65	662 519 754.09
无形资产摊销	42 247 177.91	40 052 364.58
长期待摊费用摊销	30 220 366.44	43 277 962.70
处置固定资产、无形资产和其他长期资产的损失	−44 979 700.62	−172 046 693.07
固定资产报废损失	2 330 727.00	11 809 801.26
公允价值变动损失	−3 408 350.64	836 952.30
财务费用	280 320 324.55	197 480 987.99
投资损失	−168 897 873.60	−168 853 587.44
递延所得税资产减少	−36 655 330.88	−39 282 820.33
递延所得税负债增加	−7 455 828.65	−42 934 493.09
存货的减少	−990 310 420.40	−924 048 302.07
经营性应收项目的减少	1 517 831 892.66	398 585 787.93
经营性应付项目的增加	−1 950 429 914.96	2 198 671 895.26
其他		
经营活动产生的现金流量净额	2 780 154 701.03	6 183 061 395.70

(续表)

项目	本期金额(2024年)	上期金额(2023年)
2. 不涉及现金收支的重大投资和筹资活动:		
债务转为资本		
一年内到期的可转换公司债券		
融资租入固定资产		
3. 现金及现金等价物净变动情况:		
现金的期末余额	10 680 697 158.22	11 157 869 791.59
减:现金的期初余额	11 157 869 791.59	7 487 395 661.28
加:现金等价物的期末余额		
减:现金等价物的期初余额		
现金及现金等价物净增加额	−477 172 633.37	3 670 474 130.31

5.1.3 现金流量表的内容

现金流量表按照收付实现制原则编制,将权责发生制下的盈利信息调整为收付实现制下的现金流量信息。编制现金流量表时,列报经营活动现金流量的方法有两种:一是直接法,二是间接法。根据我国《企业会计准则》的规定,企业应当采用直接法编报现金流量表,同时要求在附注中提供以净利润为基础调节到经营活动现金流量的信息,也就是用间接法来反映经营活动的现金流量。

1. 经营活动产生的现金流量

经营活动是指企业投资活动和筹资活动以外的所有交易和事项。各类企业由于行业特点不同,对经营活动的认定存在一定差异。对于工商企业而言,经营活动主要包括销售商品、提供劳务、购买商品、接受劳务、支付税费等。对于商业银行而言,经营活动主要包括吸收存款、发放贷款、同业存放、同业拆借等。对于保险公司而言,经营活动主要包括原保险业务和再保险业务等。对于证券公司而言,经营活动主要包括自营证券、代理承销证券、代理兑付证券、代理买卖证券等。

2. 投资活动产生的现金流量

投资活动是指企业长期资产的购建和不包括在现金等价物范围内的投资及其处置活动。长期资产是指固定资产、无形资产、在建工程、其他资产等持有期限在一年或一个营业周期以上的资产。这里所讲的投资活动,既包括实物资产投资,也包括金融资产投资。这里之所以将"包括在现金等价物范围内的投资"排除在外,是因为已经将包括在现金等价物范围内的投资视同现金。不同企业由于行业特点不同,对投资活动的认定也存在差异。例如,交易性金融资产所产生的现金流量,对于工商业企业而言,属于投资活动现金流量,而对于证券公司而言,属于经营活动现金流量。

3. 筹资活动产生的现金流量

筹资活动是指导致企业资本及债务规模和构成发生变化的活动。这里所说的资本,既包括实收资本(股本),也包括资本溢价(股本溢价);这里所说的债务,指对外举债,包括向银行借款、发行债券以及偿还债务等。通常情况下,应付账款、应付票据等商业应付款属于经营活动,不属于筹资活动。

此外,对于企业日常活动之外特殊的、不经常发生的项目,如自然灾害损失、保险赔款、捐赠等,应当归并到相关类别中,并单独反映。例如,自然灾害损失和保险赔款,如果能够确指属于流动资产损失,应当列入经营活动产生的现金流量;属于固定资产损失,应当列入投资活动产生的现金流量。

4. 汇率变动对现金及现金等价物的影响

编制现金流量表时,应当将企业外币现金流量以及境外子公司的现金流量折算成记账本位币。汇率变动对现金的影响额应当作为调节项目,在现金流量表中单独列报。

汇率变动对现金的影响,指企业外币现金流量及境外子公司的现金流量折算成记账本位币时,所采用的是现金流量发生日的汇率或按照系统合理的方法确定的、与现金流量发生日即期汇率近似的汇率,而现金流量表"现金及现金等价物净增加额"项目中外币现金净增加额是按资产负债表日的即期汇率折算的。这两者的差额即为汇率变动对现金的影响。

在编制现金流量表时,对当期发生的外币业务,也可不必逐笔计算汇率变动对现金的影响,可以通过对现金流量表补充资料中"现金及现金等价物净增加额"数额与现金流量表中"经营活动产生的现金流量净额""投资活动产生的现金流量净额""筹资活动产生的现金流量净额"三项数额之和进行比较,其差额即为"汇率变动对现金的影响额"。

5. 现金流量表补充资料

除现金流量表反映的信息外,企业还应在附注中披露将净利润调节为经营活动现金流量、不涉及现金收支的重大投资和筹资活动、现金及现金等价物净变动等信息。

(1) 将净利润调节为经营活动现金流量。在我国,现金流量表补充资料应采用间接法反映经营活动产生的现金流量情况,以对现金流量表中采用直接法反映的经营活动现金流量进行核对和补充说明。采用间接法列报经营活动产生的现金流量时,需要对四大类项目进行调整:①实际没有支付现金的费用;②实际没有收到现金的收益;③不属于经营活动的损益;④经营性应收应付项目的增减变动。

(2) 不涉及现金收支的重大投资和筹资活动。不涉及现金收支的重大投资和筹资活动,反映企业一定期间内影响资产或负债但不形成该期现金收支的所有投资和筹资活动的信息。这些投资和筹资活动虽然不涉及现金收支,但对以后各期的现金流量有重大影响,例如,企业融资租入设备,将形成的负债记入"长期应付款"账户,当期并不支付设备款及租金,但以后各期必须为此支付现金,从而在一定期间内形成了一项固定的现金支出。

企业应当在附注中披露不涉及当期现金收支,但影响企业财务状况或在未来可能影响企业现金流量的重大投资和筹资活动,主要包括:①债务转为资本,反映企业本期转为资本的债务金额;②一年内到期的可转换公司债券,反映企业一年内到期的可转换公司债券的本息;③融资租入固定资产,反映企业本期融资租入的固定资产。

(3) 现金和现金等价物的构成。企业应当在附注中披露与现金和现金等价物有关的下列信息:①现金和现金等价物的构成及其在资产负债表中的相应金额;②企业持有但不能由母公司或集团内其他子公司使用的大额现金和现金等价物金额。企业持有现金和现金等价物余额但不能被集团使用的情形多种多样。例如,国外经营的子公司,由于受当地外汇管制或其他立法的限制,其持有的现金和现金等价物,不能由母公司或其他子公司正常使用。

相关链接

现金流量的重分类

2008年,国际会计准则理事会和美国财务会计准则委员会在《财务报表列报初步意见(讨论稿)》中就提出"分类列报"的财务报表列报模式,即建立资产负债表、利润表与现金流量表3张报表之间内在一致的经济活动分类,分为营业活动和筹资活动,营业活动再区分为经营活动和投资活动。这种重分类方法的理论依据有两点。

(一)会计目标理论:决策有用论

当前现金流量表中经营活动现金流量部分没有涵盖购建固定资产、无形资产和其他长期资产支付的现金以及项目寿命期结束时处置固定资产、无形资产和其他长期资产收回的现金,导致经营活动现金流量并没有完整反映生产经营性项目在整个寿命周期的现金流量。同时,在每年的经营活动现金净流量中,也没有对属于增值性的资金回报和垫支性的流动资金回收加以明确区分。除此之外,对外投资相关的现金流量与固定资产、无形资产和其他长期资产相关的现金流量均归类为投资活动的现金流量,本质上混淆了价值创造逻辑,将一部分与直接创造价值的经营活动相关现金流量和与间接创造价值的投资活动相关现金流量杂糅在一起,不仅导致使用者难以直接从经营活动现金流量中获取经营活动决策所需的全部信息,也泛化了投资活动决策的范围,造成投资活动现金流量与利润表中的"投资收益"的不匹配,势必对经营活动、投资活动的精准决策带来不利的影响。

(二)会计对象理论:资金运动论

从资金运动的角度来看,企业是一个运用投资者投入的资本开展营业活动以实现创造价值目的的主体,资金运动贯穿于企业经济活动的始终。而企业的经济活动通常被分为经营活动、投资活动和筹资活动。又因为产品经营是企业首要的经济活动,只有当企业的经营活动资金剩余或闲置时,才会进行投资活动。这意味着经营活动天然处于主导地位,投资活动和筹资活动处于附属地位,因此就有了将全部经济活动分为经营活动和理财活动(包括投资活动和筹资活动)的传统经济活动分类方法。但这种分类方法不符合资金运动的性质,投资活动是运用资金的活动,筹资活动是筹集资金的活动,理财活动所包含的两种活动的资金运动性质和运动方向完全不同,将其归为一类显然是不科学的。

经营活动也是运用资金的活动,故从资金运动视角来看,经营活动与投资活动更具共性。驱动企业价值增值的本源是经营活动和投资活动,二者所不同的是直接创造价值的主体不同。基于此,将同属于资金运用性质的经营活动和投资活动归为一类,并称之为"营业活动"再恰当不过了。

因此,现金流量分类应建立在科学的分类基础上,对"经营活动现金流量""投资活动现金流量"所涉及的"经营活动""投资活动"的边界重新进行界定。"经营活动"是指企业运用资金直接创造价值的营业活动,即产品经营活动(或实体经营活动),这类活动通过影响企业营业收入、营业成本或费用等项目来影响企业的价值创造。具体来看,不仅"存货""应收账款""应收票据""应付账款""应付票据"等流动性项目与经营活动相关,购置的固定资产、无形资产及其他长期资产等非流动性项目也与经营活动相关。"投资活动"是指企业运用资金间接创造价值的营业活动,即对外投资活动(或资本经营活动),包括各类债权投资和股权投资。与经营活动显著不同的是,投资活动是通过影响企业投资收益、公允价值变动损益等项目来影响企业的价值创造。

(资料来源:宋晓缤,杜兴强,王竹泉.现金流量重分类:理论逻辑、基本框架与经验证据[J].管理世界,2024,40(02):192-220.)

5.2 现金流量质量的解读

5.2.1 现金流量质量的解读概述

根据我国《企业会计准则》的相关规定,企业对外提供的财务报表主要包括资产负债表、利润表、现金流量表和所有者权益变动表。投资者等信息使用者主要通过这些报表和其他附注信息来了解企业当前的财务状况、经营成果和现金流量等情况,从而预测企业未来的发展趋势。因此,财务报表是向投资者等信息使用者提供决策有用信息的主要媒介和渠道,是沟通投资者、债权人等使用者与企业管理层之间信息的桥梁和纽带。

在四大财务报表中,现金流量表的兴起和现金比率分析的应用,体现出财务报表使用者对现金流量信息的普遍关注。对企业管理者而言,现金流量可以说明企业经营过程是否产生足够现金流入来满足各项现金流出的需要;企业是否可以购置固定资产满足未来经营活动的扩展;企业应做何投资及采用何种方式进行融资;以及企业如何清偿到期债务等。对于债权人而言,关注企业能否产生现金流入按期支付利息和清偿到期债务,这直接关系到债权人权益的保护。对于投资者而言,则更关心企业的获利能力(即未来产生现金净流入)和股利支付能力,确保自身得到合理的投资回报。显然现金流量是投资者和债权人进行决策不可或缺的基本信息。但是,这并不是否定其他报表对于企业决策的有用性,特别是利润表。现金流量表和其他报表之间总是存在着这样或那样的联系,共同支撑了投资决策有用的信息体系。财务报表间的相互关系如图5-1所示。

客观来看,按照收入实现制编制的现金流量表与按照权责发生制编制的利润表从不同侧面对未来现金流量进行预测,两者相互补充、缺一不可。利润表提供的盈利相对较为抽象,现金则十分具体。足够的现金流入是股利、利息和到期本金能够及时支付的保证。信息使用者在投资决策过程中同时考虑企业的现金流量是很有道理的。但是,从长远的观点看,一个企业的经营前景,盈利信息也是必需的。没有盈利的企业,难有正当和可靠来源的现金净流入。因此,有关现金流量表的分析应该结合利润表的分析内容,侧重从"现金偿付"的角度分析现金流量的质量。同时,现金流量的分析同样需要结合资产负债表的分析内容,现金流入和流出情况的判断需要结合资产负债表的信息加以确认,这样才能对企业现金流量数字背后隐藏的经济实质给出相对准确的解答。

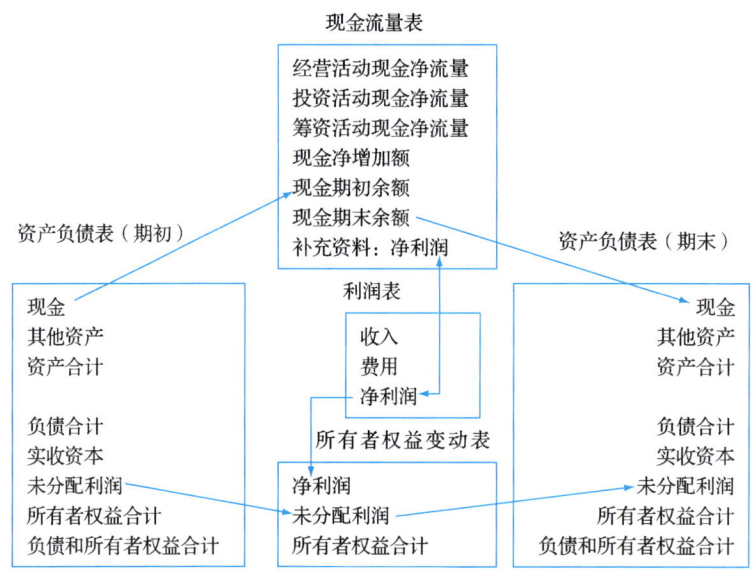

图 5-1 财务报表间的相互联系

综上所述，现金流量信息对于信息使用者的投资决策有着重要影响，而有关现金流量的分析并非单独围绕现金流量表进行的，它需要结合其他财务报表信息进行综合判断，最终达到正确评价现金流量质量分析的目的。本节将在前面章节的基础上，突破对现金流量表的单独分析，阐述现金流量与其他报表数据的关联，充分挖掘现金流量的质量内涵。

相关链接

国资新风向：现金流指标写入央企考核

2020 年，国资委首次形成了"两利三率"的央企经营指标考核体系，包括净利润、利润总额、营业收入利润率、资产负债率和研发经费投入强度。2022 年，为引导央企提高生产效率，增加了全员劳动生产率指标，完善为"两利四率"。2024 年又进一步做出调整，用净资产收益率替换净利润指标，用营业现金比率替换了营业收入利润率指标。

在整个经济转轨的关键时期，央企能否实现高质量发展非常关键，本次的调整必要、及时地传递了国企发展的一系列新的导向和要求。

1. 提效率

此次最新调整的"一利五率"中，首当其冲的便是用净资产收益率替换净利润指标，却保留了利润总额指标。袁野 2024 年在《国资报告》中刊发的《优化中央企业经营指标体系 推动加快实现高质量发展》指出，中央企业利润总额包含净利润和上缴税费，能直观反映为社会创造的价值。同时，中央企业利润总额也是劳动生产总值的重要组成部分，可以直接体现中央企业对 GDP 的贡献。

对于将与利润总额较为同质化的净利润调整为净资产收益率，主要是考虑到净资产收益率能够衡量企业权益资本的投入产出效率，反映企业为股东创造价值的能力，体现了国资委履行保障出资人权益、防止国有资产损失的法定职责，体现了国资委作为出资人对中央企业资本回报质量的要求,符合以"管资本"为主的监管导向,有利于引导中央企业更加注重投入产出效率,加大亏损企业治理力度,加快"两非""两资"剥离处置,盘活存量资产,提高资产使用效率,提升净资产的收益水平。

2. 重现金

将营业现金比率与净资产收益率相结合,实现了三张财务报表的紧密耦合,体现了资产负债表观、损益表观与现金流量表观的统一融合。考核营业现金比率主要是为了体现国资委"要有利润的收入和要有现金的利润"的监管要求,有利于落实国有资产保值增值责任,有利于推动中央企业在关注账面利润基础上,更加关注现金流的安全,更加关注可持续投资能力的提升,从而全面提高企业经营业绩的"含金量",真正实现高质量的发展。

3. 稳负债

从"控"到"稳",国资委对于央企负债率的要求也发生了新的变化。从近年监管实践看,国资委坚持对资产负债率的考核很好地约束了部分企业的盲目扩张,因此要继续坚持对资产负债率的约束。

基于此,国资委下一步对负债率的管控将坚持"有保有压,总体稳定"的原则,对处于战略投入期且本身负债率较低、风险可控的企业可以允许负债率适度合理上升,但对负债率高于警戒线和管控线,且投资方向不符合主业实业要求、投资管理水平较差的企业还要坚定不移压降负债率。

(资料来源:王雅洁.国资新风向:现金流指标写入央企考核[N/OL].经济观察报,2023-02-04 [2025-08-11]. https://baijiahao.baidu.com/s?id=1756863504649751539&wfr=spider&for=pc)

5.2.2 现金流量质量解读与分析的主要内容

现金流量表反映的是企业一定期间现金流入和流出的情况,它既不能反映企业的盈利状况,也不能反映企业的资产负债状况。但是,由于现金流量表是连接资产负债表和损益表的纽带,人们利用现金流量表内的信息与资产负债表和损益表相结合,能够挖掘出更多、更重要的关于企业财务和经营状况的信息,从而对企业的生产经营活动做出更全面、客观和正确的评价。因此,本书将根据现金流量表与其他财务报表的联系具体分析现金流量的质量。

现金流量质量,是指现金流量对公司真实状况的客观反映程度,以及对公司财务状况与经营成果的改善及持续经营能力的增强所具有的推动作用。根据现金流量的来源划分,现金流量质量分析包括经营活动现金流量质量分析、投资活动现金流量质量分析和筹资活动现金流量质量分析。该种划分方法下的具体分析,可以参照本章第三节有关现金流量结构分析的思想,以及本书第三篇关于财务能力分析的内容进行展开。

1. 与资产负债表信息的联系

资产负债表是反映企业期末资产和负债状况的报表。将现金流量表的有关指标与资产负债表有关指标进行比较,可以更为客观地评价企业的偿债能力、盈利能力及支付能力。

(1)偿债能力分析。在后一篇我们将会重点分析财务指标,如经常被用来反映企业偿债能力的流动比率。该比率是流动资产与流动负债之比,而流动资产体现的是能在一年内或一个营业周期内变现的资产,包括了许多流动性不强的项目,如果滞的存货,有可能收不回的应收账款和预付账款等。它们虽然具有资产的性质,但事实上却不能再转变为现金,不再具有偿付债务的能力。而且,不同企业的流动资产结构差异较大,资产质量各不相同,因此,仅用流动比率等指标来分析企业的偿债能力,往往失之偏颇。

而在正常经营情况下,企业当期经营活动所获得的现金收入,首先要满足生产经营活动中的一些支出,如购买原材料与商品、支付职工工资、缴纳税费,然后才用于偿还债务,所以真正能用于偿还债务的是现金流量。分析企业的偿债能力,首先应该看企业当期取得的现金在满足了生产经营活动的基本现金支出后,是否还足够用于偿还到期债务的本息,如果不能偿还债务,必须向外举债,说明企业经营陷入财务困境。因此,可运用经营活动现金净流量与资产负债表相关指标进行联合分析,作为常用财务指标的补充。

现金流量和债务的比较可以更好地反映企业偿还债务的能力,一般可以通过现金流量比率和现金流量债务比来反映。这些比率越高,说明企业承担债务的能力越强。例如,①现金流量比率,是指经营活动产生的现金流量与短期债务总额的比率。该比率表明每1元流动负债的经营现金流量保障程度。该比率越高,偿债越有保障。②现金流量与债务比,是指经营活动所产生的现金净流量与债务总额的比率。该比率表明企业用经营现金流量偿付全部债务的能力。该比率越高,企业承担债务总额的能力越强。

(2) 获现能力分析。获取现金的能力是指经营现金净流入与投入资源的比值。企业自身获取现金的能力主要通过经营活动产生的现金流量来体现;投入资源可以是销售收入、总资产、净营运资金、净资产或普通股股数等。若企业资源能不断地获取现金,则说明企业的财务状况比较稳定和乐观。

结合资产负债表和现金流量表分析企业获现能力的主要指标包括以下几个:①总资产现金流量率,是指经营活动所产生的现金净流量与资产总额的比率。该比率反映每元资产得到的净现金,其数值越大,表明资产使用变现能力越好。该指标若低于同业水平,说明该公司资产产生现金的能力较弱。②每股经营现金净流量,是指经营活动所产生的现金净流量与普通股股数的比率。该指标反映企业每股流通在外的普通股所产生的现金流量。它通常高于每股收益,因为现金流量中没有减去折旧等非付现成本。在短期经营中,每股经营现金净流量在反映企业进行资本支出和支付股利的能力方面要优于每股收益。同时,该指标可用来预测企业未来获取现金流量的能力。

(3) 财务弹性分析。财务弹性是指企业适应经济环境变化和利用投资机会的能力。这种能力来源于现金流量和支付现金需要的比较,现金流量超过需要,有剩余的现金,适应性就强。因此,财务弹性的衡量是用经营现金流量与支付要求进行比较,支付要求可以是投资需求或承诺支付等,如现金再投资比率。该比率是指经营活动所产生的现金净流量与资本性支出的比率。其中,资本性支出包括购置固定资产、无形资产和其他长期资产的支出。该指标反映企业本期经营活动产生的现金净流量是否足以支付资本性支出所需要的现金,衡量企业重新再投资于各项资产的程度,反映企业维护资本性资产投资的能力,间接说明企业经营成长需要对外部筹资的依赖程度。该比率越高,企业扩大生产规模、创造未来现金流量或利润的能力就越强。

2. 与利润表信息的联系

利润表是反映企业一定期间经营成果的重要报表,它揭示了企业利润的计算过程和利润的形成过程。利润被看成是评价企业经营业绩及盈利能力的重要指标,但存在一定的缺陷。有的企业账面利润很大,看似业绩可观,而现金却入不敷出,举步维艰,直至破产;而有的企业虽然有巨额亏损,却现金充足,周转自如。所以,仅以利润来评价企业的经营业绩和获利能力失之偏颇。报表分析者如能结合现金流量表所提供的现金流量信息,特别是经营活动现金净流量的信息进行分析,则较为客观全面。

事实上,利润和现金净流量是两个从不同角度反映企业业绩的指标,前者可称之为应计制利润,后者可称之为现金制利润。二者的关系可以通过现金流量表的补充资料揭示出来。具体分析时,可将现金流量表的有关指标与利润表的相关指标进行对比,以评价企业利润和现金流量的质量。

例如,可以采用下列指标反映企业现金流量对利润表数据的补充解释:①销售现金比率,指经营活动所产生的现金净流量与销售总额的比率。该比率反映每元销售得到的净现金,其数值越大表明销售收现能力越好。若是这一比率过低,说明营业收入中所形成的应收账款较多。如果应收账款期限较长,占用企业的资金较多,公司的资金周转会放慢,造成资金紧张,而且,一部分应收账款还可能会形成坏账。②净利润经营现金比率,指经营活动所产生的现金净流量与净利润的比率。该指标反映每元净利润所对应的现金数,其数值越大表明每元净利润所对应的现金数越高,可供企业自由支配的现金量越大,净利润的质量越高。因为只有真正收到的现金利润才是"实在"的利润,而非"观念"上的利润。该指标挤掉了收益中的水分,真实地体现出企业当期收益的质量状况,对于防范信息使用者因企业人为操纵利润,而做出错误决策有重要作用。③营运指数,指经营活动所产生的现金净流量与经营所得现金的比率。经营所得现金是指经营净收益与非付现费用之和。该指标反映企业经营活动创造或生产现金的能力,该比率大于或等于1,说明会计收益的收现能力较强,收益品质较好;若小于1,则说明会计利润可能受到人为操纵或存在大量应收账款,收益品质较差。

进行质量分析时,除了可以与利润数字结合分析,还可以利用现金流量基础的利息保障倍数反映企业的偿债能力。利息保障倍数,是指经营现金流量为利息费用的倍数。该指标表明,1元的利息费用有多少倍的经营现金流量做保障。它比收益基础的利息保障倍数更可靠,因为实际用以支付利息的是现金,而不是收益。

3. 质量分析中应注意的问题

现金流量表的质量分析可以从多个角度进行,不同视角下的分析结果可能各有利弊,因此应从多方面把握现金流量表的质量。同时,影响公司现金流量质量的因素是多种多样的,单期财务比率往往无法满足动态分析的需要。因此,应该结合纵向的多期间对比分析的方法,可以将相关财务比率与公司最优水平、同行业的平均水平(特别是主要竞争对手的相关数据)或相似公司的相同比率加以比较,从而了解现金流量质量的变动趋势,掌握现金流量质量变动的主要原因。此外,还应结合公司所属行业的特点、公司所处的发展阶段以及公司主要产品所在的生命周期进行分析,才能更恰当地评价经营现金流量的质量。总之,现金流量表的对比分析应谨慎选择对比对象,并且要在限定意义上使用分析结论,避免简单化和绝对化。

不同的财务报表所侧重反映的信息各不相同,但是财务报表之间具有一定的内在联系,当突破对单张报表的分析时,往往能对报表中的数字给出更深内涵的解读。因此,要全面了解现金流量表的质量,不仅要对现金流量表中的数据进行分析,还需要结合其他报表的数据,利用各种财务比率分析企业的财务状况、经营成果和现金流量,以全面了解企业在一定期间的现金流动状况及其信息。同时,还可以将本企业的财务比率与同行业平均水平或标准比率、本企业历史水平进行比较分析,以便为投资决策提供更可靠、更相关的财务信息。

5.3 现金流量结构的解读

5.3.1 现金流量结构解读概述

现金流量的结构分析就是在现金流量有关数据的基础上,对不同项目间的比较与分析,以揭示各数据在公司现金流量中的相对意义,进一步明确现金流入的构成、现金流出的构成及现金余额的形成情况。结构分析,可以帮助企业了解掌握现金流入量的主要来源和现金流出量的主要去向,帮助企业对各类现金流量在一定时期内的余额增减做出判断,发现企业现金流量是否存在异常情况及其产生的原因,以便抓住重点,采取有效措施,实现现金的最佳配置和使用。

现金流量表的结构分析一般包括流入结构分析、流出结构分析和流入流出比分析三个部分。对流入结构进行分析,可以看出企业现金流入量的主要来源;对流出结构进行分析,可以看出企业当期现金流量的主要去向,有多少现金用于偿还债务,以及在三项活动中,支付现金最多的用于哪些方面;流入流出比分析中,经营活动流入流出比越大越好,表明企业每1元的流出可换回更多的现金,投资活动流入流出比小,表明企业处于发展时期,而衰退或缺少投资机会时此比值大,筹资活动流入流出比小,表明还款大于借款。下面以S公司2024年的现金流量表为例进行论述,详细数据资料如表5-2所示。

表5-2　　　　　　　　S公司2024年现金流量结构解读与分析

金额单位:万元

项目	现金流入量	现金流出量	现金净流量	内部结构	流入结构	流出结构	流入流出比
一、经营活动产生的现金流量:							
销售商品、提供劳务收到的现金	13 593 410.37			93.29%			
收到的税费返还	175 124.17			1.20%			
收到其他与经营活动有关的现金	802 231.64			5.51%			
经营活动现金流入小计	14 570 766.18			100.00%	91.65%		
购买商品、接受劳务支付的现金		13 083 250.65		91.54%			

（续表）

项目	现金流入量	现金流出量	现金净流量	内部结构	流入结构	流出结构	流入流出比
支付给职工及为职工支付的现金		227 498.60		1.59%			
支付的各项税费		177 473.55		1.24%			
支付其他与经营活动有关的现金		804 527.91		5.63%			
经营活动现金流出小计		14 292 750.71		100.00%		89.64%	
经营活动产生的现金流量净额			278 015.47				1.02
二、投资活动产生的现金流量：							
收回投资收到的现金	145 924.22			91.59%			
取得投资收益收到的现金	7 360.79			4.62%			
处置固定资产、无形资产和其他长期资产收回的现金净额	4 028.07			2.53%			
处置子公司及其他营业单位收到的现金净额	12.42			0.01%			
收到其他与投资活动有关的现金	1 998.08			1.25%			
投资活动现金流入小计	159 324.49			100.00%	1.00%		
购建固定资产、无形资产和其他长期资产支付的现金		33 778.32		25.36%			
投资支付的现金		98 549.66		73.98%			
取得子公司及其他营业单位支付的现金净额		856.55		0.64%			
支付其他与投资活动有关的现金		19.92		0.01%			
投资活动现金流出小计		133 204.44		100.00%		0.84%	
投资活动产生的现金流量净额			26 120.05				1.20
三、筹资活动产生的现金流量：							
吸收投资收到的现金	318.20			0.03%			
取得借款收到的现金	1 033 933.97			89.44%			
收到其他与筹资活动有关的现金	121 800.43			10.54%			

(续表)

项目	现金流入量	现金流出量	现金净流量	内部结构	流入结构	流出结构	流入流出比
筹资活动现金流入小计	1 156 052.59			100.00%	7.27%		
偿还债务支付的现金		950 948.32		62.59%			
分配股利、利润或偿付利息支付的现金		197 759.03		13.02%			
支付其他与筹资活动有关的现金		370 660.37		24.40%			
筹资活动现金流出小计		1 519 367.72		100.00%		9.53%	
筹资活动产生的现金流量净额			−363 315.13				0.76
四、汇率变动对现金及现金等价物的影响	11 462.35		11 462.35		0.07%		
合计	15 897 605.62	15 945 322.88	−47 717.26		100.00%	100.00%	

5.3.2 现金流量流入结构解读与分析

现金流量表的流入结构分析主要反映经营活动、投资活动和筹资活动的现金流入在全部现金流入中的比重,以及各项业务活动现金流入的内部结构,反映不同经济活动所占的比例,以及每一项活动所带来的现金流入在总流入中所占的比率,也反映了不同渠道资金的来源及其在公司现金流入中所处的位置,进而为评价公司现金流入的合理性提供决策依据。

一般而言,企业在生产经营正常、投资和筹资规模不变的情况下,现金流入越大则企业经营活动能力越强;如果经营活动现金流入占现金总流入的比重较大,则可以反映出企业经营状况较好,收现能力强且坏账风险小,现金流入结构较为合理,反之,则表明企业经营状况欠佳;如果企业的现金流入主要是由收回投资产生的,甚至是处置固定资产、无形资产和其他资产引起的,则反映出企业生产经营能力衰退,维持和发展出现问题;如果筹资活动现金流入所占比重较大,则可能意味着企业拥有广阔的筹资渠道,拥有获得足够的资金扩大生产经营规模的潜力。

根据表5-2提供的数据资料,S公司该期各项现金流入所占的比重情况为:经营活动现金流入占现金总流入的91.65%,投资活动现金流入占现金总流入的1%,筹资活动现金流入占现金总流入的7.27%。也就是说经营活动是S公司当期现金流入的主要来源,而经营活动和筹资活动带来的现金流入比重非常小。

在经营活动现金流入中,"销售商品、提供劳务收到的现金"是最重要的现金来源,S公司该项目占经营活动现金流入的比例为93.29%,占据绝对比重,表明该公司经营活动现金流入的结构比较正常;在投资活动现金流入中,"收回投资收到的现金"项目占投资活动现金流入的比例为91.59%,表明S公司当期大量收回投资,具体原因需要结合其他资料做进一步分析;在筹资活动中,现金流入大部分来源于借款所收到的现金,表明该期S公司主要依靠借款进行融资。

5.3.3 现金流量流出结构解读与分析

现金流量的流出结构分析主要涉及经营活动、投资活动和筹资活动的现金流出的内部结构,反映不同经济活动所占的比例,以及每一项活动所导致的现金流出在总流出中所占的比例,也反映了公司现金流出的比重大小和方向,对于信息使用者了解公司现金流向具有重要作用。

一般而言,经营活动现金流出占现金总流出比重较大的企业,其生产经营状况正常,现金支出结构较为合理。在企业正常的经济活动中,其经营活动的现金流出应当具有一定的稳定性,各期变化不会太大。若出现较大的变动,则需进一步寻找原因,将经营活动现金流出中占绝大部分的购买商品、接受劳务付现与损益表主营业务成本进行比较,可发现企业财务状况中存在的一些问题。

但是,投资和筹资活动的现金流出稳定性较差。就投资活动来说,可能发生大规模一次性现金流出,一般是购建固定资产、无形资产或长期资产引起的,也可能是对外投资引起的。这时的现金流出意味着企业未来可能有更大的现金流入,要视企业经营者决策的正确与否而定。筹资活动的现金流出主要为偿还到期债务和支付股利或利润。债务的偿还意味着企业财务风险会变小,但在一个较短的时期内,筹资活动现金流出占总现金流出比重过大,也可能引起资金周转的困难;股利或利润的支付可能增强投资者的信心,吸引潜在的投资者,增强筹资能力,但必须要基于企业的支付能力,确保在股利或利润支付与经营活动现金流量净额之间保留足够的现金来维持企业未来的正常运营,以实现未来的现金流量。

根据表 5 2 提供的数据资料,S 公司该期各项现金流出所占的比重情况为:经营活动现金流出占现金总流出的 89.64%,投资活动现金流出占现金总流出的 0.84%,筹资活动现金流出占现金总流出的 9.53%。也就是说该期 S 公司主要把现金用于经营和投资活动。

在经营活动现金流出中,"购买商品、接受劳务支付的现金"和"支付其他与经营活动有关的现金"占经营活动现金流出的比例分别为 91.54% 和 5.36%;在投资活动现金流出中,S 公司主要将现金用于投资和购建长期资产,比例分别为 73.98% 和 25.36%,结合"收回投资收到的现金"占"投资活动现金流入小计"的比例,可以发现 S 公司该期投资活动较为活跃,大量收回原有投资后又重新发展新的投资业务;在筹资活动现金流出中,现金大部分用于偿还债务,只有 13.02% 用于分配股利、利润及偿付利息支付的现金。

5.3.4 现金流量流入流出比解读与分析

现金流量的流入流出比分析主要是对现金净流量的分析,涉及经营活动、投资活动和筹资活动的现金净流量占公司全部现金净流量的比例,以此判断企业的各项活动,有无异常情况。现金流入流出比并不存在绝对的判断标准,需要结合企业所处的成长周期和企业的经营战略进行针对性分析。一般而言,对于一个健康的正在成长的公司来说,经营活动现金净流量应是正数,投资活动现金净流量是负数,筹资活动的现金净流量是正负相间的。

1. 经营活动现金净流量的分析

(1) 直接查看经营活动现金净流量的正负。如果企业从经营活动中产生的现金净流量是正数,则表明企业的经营活动较为正常,现金流入越多,资金越充足,企业有更多的资金用于扩大规模或偿还债务等。但现金流量净增加额并非越大越好,若现金净增加额太大,则可能是企业现有的生产能力不能充分吸收现有的资产,使资产过多地停留在盈利能力较低的现金上,从而降低了企业的获利能力。如果企业经营活动现金净增加额为零甚至出现负数,则必须严肃对待。当经营活动现金净流量某一期间出现负值,这可能是因为企业处于生产经营活动的磨合阶段,材料消耗量过大,机器设备的利用率相对较低,或因开拓市场所需,导致经营活动现金流量"入不敷出",该种状况将在企业后期的运作调整中得到改善,对企业的持续经营不会产生严重影响;但是,当经营活动现金净流量长期为负时,表明企业经营活动存在重大问题,企业难以维持正常的经营活动,持续经营能力遭受严重考验。S公司该期经营活动现金净流量为278 015.47万元,表明其经营能力较好,各项经营活动的成本控制合理。

(2) 分析经营活动现金流入和流出之比。该比值越大说明企业经营活动的效率越高,经营状况越好。S公司该期经营活动现金流入流出比为1.02,表明经营活动现金流入量大于现金流出量,但是当期经营活动效率仍有待提高。

(3) 分析经营活动现金净流量与总现金净流量的关系。"经营活动现金净流量/总现金净流量"是评价企业自身运作内部经济资源创造现金能力的重要指标,该比率越高,说明企业经营活动所产生的现金流速越快,财务基础越稳固,企业持续经营及获利能力的稳定程度越高、效益越好,从而偿债能力与对外筹资能力越强,抗风险能力越强。反之,则表明企业的现金获得很大程度上要依靠投资和筹资活动,财务基础及获利能力的持续稳定性差,收益质量低。在本期,S公司经营活动现金流量比率为-5.83(278 015.47万元/-47 717.26万元),表明该期经营活动效率较高,但是经营活动产生的现金不足以用于偿还债务、支付股利。

2. 投资活动现金净流量的分析

分析企业投资活动现金流量,应结合企业现阶段的投资项目进行针对性分析,不能简单地以现金净流量的正负来评价企业投资活动的优劣。例如,当企业扩大规模或开发新的利润增长点时,需要大量的现金投资,投资活动产生的现金流入量补偿不了流出量,投资活动现金净流量为负数。但如果企业投资决策正确,企业将会在未来产生现金净流入用于偿还债务,创造收益,企业不会有偿债困难。S公司该期投资活动现金流入流出比为1.20,表明投资收入大于投资支出,企业的投资决策合理,投资活动效率较高。

3. 筹资活动现金净流量的分析

一般而言,筹资活动产生的现金净流量越大,企业面临的偿债压力也越大;但如果现金净流入量主要来自企业吸收的权益性资本,则往往不仅不会面临偿债压力,资金实力反而增强,但是必须密切关注资金的使用效果。因此,对于筹资活动现金流量分析,主要是分析企业的融资能力和融资政策,以及融资组合与融资方式是否合理。S公司该期筹资活动现金流入流出比为0.76,现金流入小于现金流出,表明公司筹资能力较弱,筹资所得小于筹资支出。结合前面的筹资活动流入结构分析,可知该期S公司所筹资金基本来源于借款,采用债券融资等其他方式筹集的资金金额较少,在一定程度上导致了筹资所得较少。

总的来说,对现金流量表进行结构分析,主要是考察现金流量表中各个项目占总体的相对比重，例如，现金流量表中各项目分别与现金流入、现金流出和现金净额的关系，其优点在于简洁明了，有助于信息使用者对于企业的现金流量情况有更为直接和深入的了解。若是连续计算各期现金流量表的结构百分比，并加以比较，更易于发现企业现金流量表各项目的重要性及其变动趋势，并对数据背后隐藏的经济实质给予更为准确的解读。

三 相关链接

基于现金流量表的企业财务风险分析

一般人们在研究财务风险时首先考虑的都是企业的资产负债或者利润状况，但因为会计核算时这些都采取权责发生制，所以能够被企业操纵。此时，以收付实现制为基础的现金流量表开始凸显其优势。现金流量表中每一笔资金的流出流入虽然仍然受到企业操纵，但是金额的大小、流动的日期等都能帮助人们分析了解企业在经营发展过程中各项活动的开展情况。现金流量表不但能帮助企业了解企业的实际财务情况，也能让企业对自己各项活动的收益质量进行了解，为企业进行财务风险控制提供了更多可供参考的依据。

1. 经营环节现金流风险

如果企业的经营活动现金流在补偿当期非现金的消耗性成本后仍然大于零说明企业通过正常的经营活动所获得的现金流入，不但能够支付因经营活动而引起的成本消耗和现金流出，还能为企业的投资活动提供现金。

当企业的经营活动现金净流量小于零时，若该企业处于成长初期，则这种现象是正常的，因为各个环节还没有开始正常良好地运转，各种设备的利用率都很低，同时，又需要投入大量的资金用于开拓市场和招揽人才，所以这个阶段的入不敷出是不可避免的。但如果这种情况是在正常生产经营期间出现的，比如竞争加剧使得主营业务收入减少，或者是主营业务成本增加导致的，则企业的经营活动存在风险隐患，需要密切关注。

如果经营活动产生的现金净流量等于零，表示企业进行正常的经营活动既不需要补充流动资金，也不能为企业投资活动提供资金支持。但是由于权责发生制与收付实现制的区别差异，那些按权责发生制计提的摊销成本比如固定资产折旧费用、无形资产摊销等这些非现金消耗的成本并没有在计算时纳入，所以从长远来看，企业是难以长期维持其经营活动的。

2. 投资环节风险

如果企业投资活动产生的现金净流量大于零或等于零，说明该企业的投资活动现金流入大于投资活动的现金流出，表明该企业的投资活动的获现能力比较强。但同时，也应该注意这种情况可能是因为企业处置了长期资产，所以此时还要根据企业的资产负债表和企业的现金流来综合判断是否健康。

相反，假如投资活动的现金净流量小于零，那么企业的投资已处于入不敷出的状态。这种情况可能是因为企业处置固定资产、无形资产和其他长期资产时收回的现金流入减少。也可能是企业进行了新的投资项目。此时需要引起注意，评估新的投资项目的盈利性并做好风险防控。但是，投资活动的现金流出有时会作为对经营活动现金流的补充，所以观察到企业现金流小于零时，要具体分析清流出的现金的流向和用途，做好防范。

3. 筹资环节风险

假如筹资活动产生的现金流量大于零,说明企业在发行债券、借款等方面所收到的现金足以支付企业在偿还债务、支付利息费用、分配股利等方面所需要的现金。当企业处于发展初期,经营活动需要大量资金支持而且其自身创现能力弱,需要筹集大量的资金,此种情况时,筹资活动现金流为正数是合理的。但若是企业已不在创建初期,经营活动和投资活动现金流情况也不乐观,那么此时就需要进行风险分析和控制。

如果筹资活动产生的现金净流量小于零,需要分析这种情况的出现是由于企业在该会计期间需要集中地偿还债务筹资费用,分配股利,还是由于企业的现金流在经营和投资活动上出现好转,企业主动地开始偿还债务。若是第一种情况,还要结合经营活动、投资活动的现金流仔细跟踪分析,看是否会存在一定的现金流预警,在偿付筹资费用之后的现金流是否还能维持进行正常的经营活动,发现是否存在潜在的财务风险。

(资料来源:王丽.基于现金流量表分析的企业财务风险防范研究[J].财会通讯,2015,(29):114-117.)

5.4　现金流量趋势的解读

5.4.1　现金流量趋势解读概述

现金流量趋势分析法是指将一定时期内(两期或连续数期)的现金流量表数据在同一报表上予以并列列示,直接观察比较各期有关项目的增减变动的方向、数额和幅度,以判断企业的现金流量变动情况及发展趋势的一种财务报表分析方法。

趋势分析法不是静态的,而是一种动态的分析方法。它以企业财务报表的历史数据为主要分析依据,对企业整个经营过程或最近几年的财务状况、经营成果和现金流量进行全方位的考察,较为深刻地揭示了各项财务数据消长变化及其发展趋势,发现许多财务报表内含的深层次的财务关系,并有利于对未来做出合乎逻辑的预测。简而言之,趋势分析法有效地克服了静态分析法在分析范围上的不足。

从分析比较的具体对象来看,现金流量表趋势分析法可以按绝对数进行比较,也可以按相对数进行比较;从分析比较的具体期间来看,现金流量表趋势分析法可以分为环比分析法和定基分析法。下面着重从几个方面进行论述。

5.4.2　绝对数趋势分析

现金流量表绝对数趋势分析,是指将连续数期现金流量表的数据并列起来,从中发现各项目的增减变动状况,来说明企业现金流量的发展变化。表5-3列示了S公司2020—2024年现金流量表的数据。通常来说,为了更直观地反映各个项目增减变动的数额和增减变动的幅度,往往在并列连续几年财务报表的绝对额后面设置"增减"栏,反映增减的数额和增减百分比。本节采用趋势图来表现几个重要项目的增减变动状况。

表 5-3　　　　　　　　　S 公司 2024 年现金流量绝对数趋势分析

单位：万元

项目	年份				
	2020 年	2021 年	2022 年	2023 年	2024 年
一、经营活动产生的现金流量：					
销售商品、提供劳务收到的现金	8 832 873.49	10 608 236.45	17 912 253.65	16 092 946.34	13 593 410.37
客户存款和同业存放款项净增加额					
向中央银行借款净增加额					
向其他金融机构拆入资金净增加额					
收到原保险合同保费取得的现金					
收到再保业务现金净额					
保户储金及投资款净增加额					
收取利息、手续费及佣金的现金					
拆入资金净增加额					
回购业务资金净增加额					
代理买卖证券收到的现金净额					
收到的税费返还	186 081.34	202 219.65	289 181.45	216 413.96	175 124.17
收到其他与经营活动有关的现金	470 696.37	434 278.76	485 606.83	586 242.35	802 231.64
经营活动现金流入小计	9 489 651.20	11 244 734.86	18 687 041.93	16 895 602.65	14 570 766.18
购买商品、接受劳务支付的现金	8 192 214.81	9 984 456.73	17 170 013.51	15 134 103.63	13 083 250.65
客户贷款及垫款净增加额					
存放中央银行和同业款项净增加额					
支付原保险合同赔付款项的现金					
拆出资金净增加额					
支付利息、手续费及佣金的现金					
支付保单红利的现金					
支付给职工及为职工支付的现金	174 244.18	195 291.16	219 727.68	231 918.65	227 498.60
支付的各项税费	113 121.09	106 062.44	146 620.73	165 260.67	177 473.55
支付其他与经营活动有关的现金	666 713.99	558 591.80	578 846.80	746 013.56	804 527.91
经营活动现金流出小计	9 146 294.08	10 844 402.12	18 115 208.51	16 277 296.51	14 292 750.71
经营活动产生的现金流量净额	343 357.13	400 332.74	571 833.42	618 306.14	278 015.47
二、投资活动产生的现金流量：					
收回投资收到的现金		1 309 026.39	506 178.87	225 405.16	145 924.22
取得投资收益收到的现金	5 865.74	18 508.28	5 822.88	15 105.64	7 360.79

(续表)

项目	年份				
	2020年	2021年	2022年	2023年	2024年
处置固定资产、无形资产和其他长期资产收回的现金净额	9 388.80	12 436.69	2 633.40	51 091.62	4 028.07
处置子公司及其他营业单位收到的现金净额	12 201.47		1 746.89	93 733.98	12.42
收到其他与投资活动有关的现金	1 050 525.64	79 707.69	39 651.59	46 616.20	1 998.98
投资活动现金流入小计	1 077 981.65	1 419 679.06	556 033.63	431 952.61	159 324.49
购建固定资产、无形资产和其他长期资产支付的现金	87 967.35	70 329.28	32 896.82	22 687.50	33 778.32
投资支付的现金	2 500.00	1 311 756.67	537 900.00	179 189.15	98 549.66
质押贷款净增加额					
取得子公司及其他营业单位支付的现金净额	4 106.62				856.55
支付其他与投资活动有关的现金	1 053 049.82	13 673.36	16 908.49	47 125.08	19.92
投资活动现金流出小计	1 147 623.79	1 395 759.32	587 705.31	249 001.73	133 204.44
投资活动产生的现金流量净额	−69 642.13	23 919.74	−31 671.67	182 950.88	26 120.05
三、筹资活动产生的现金流量：					
吸收投资收到的现金	71 903.50	30 334.29	189 877.74	690.76	318.20
其中：子公司吸收少数股东投资收到的现金	71 903.50	30 334.29	189 877.74	690.76	318.20
取得借款收到的现金	1 862 046.34	1 844 248.43	2 294 124.53	1 929 920.62	1 033 933.97
收到其他与筹资活动有关的现金	116 920.30	60 426.25	96 246.60	150 267.48	121 800.43
筹资活动现金流入小计	2 050 870.14	1 935 008.97	2 580 248.87	2 080 878.86	1 156 052.59
偿还债务支付的现金	2 148 804.86	2 183 855.14	2 308 478.96	2 292 713.86	950 948.32
分配股利、利润或偿付利息支付的现金	156 066.49	168 405.83	193 572.80	180 573.45	197 759.03
其中：子公司支付给少数股东的股利、利润	90 198.64	111 819.23	111 014.35	109 145.26	124 190.23
支付其他与筹资活动有关的现金	115 495.15	211 422.25	366 814.27	74 902.99	370 660.37
筹资活动现金流出小计	2 420 366.50	2 563 683.22	2 868 866.04	2 548 190.30	1 519 367.72
筹资活动产生的现金流量净额	−369 496.36	−628 674.25	−288 617.17	−467 311.44	−363 315.13
四、汇率变动对现金及现金等价物的影响	7 065.16	−8 511.21	19 448.20	33 101.84	11 462.35
五、现金及现金等价物净增加额	−88 716.20	−212 932.98	270 992.78	367 047.41	−47 717.26
加：期初现金及现金等价物余额	749 468.85	690 626.64	477 693.67	748 739.57	1 115 786.98
六、期末现金及现金等价物余额	660 752.65	477 693.67	748 686.45	1 115 786.98	1 068 069.72

根据图 5-2 提供的数据资料，S 公司 2020—2024 年的现金及现金等价物的净增加额呈现波动状，2020 年现金及现金等价物的净增加额最小，随后 2021 年现金及现金等价物的净增加额迅速上升，2022 年现金及现金等价物的净增加额上升至最高点后在 2023 年又降为负值。那么是什么原因导致现金及现金等价物的净增加额的不稳定呢？这需要结合公司不同活动产生的现金流量进行具体分析。图 5-2 中数据显示，2020 年经营活动和投资活动产生的现金流量净额有所上升，而筹资活动产生的现金净额为负数且呈下降趋势，说明 2020 年现金净增加额的变化主要是由筹资活动现金流净额的大幅减少引起的。在 2022 年，经营活动产生的现金净额稳步增长，且当期 S 公司筹资活动产生的现金流量净额大幅增长。即使 2022 年公司的投资现金流量净额有所下降，其现金净增加额也因筹资活动而大幅增加。到了 2023 年，筹资活动产生的现金净额突然下降，而经营活动和投资活动的现金净额继续上升，且投资活动现金净额的增长幅度大于经营活动现金净额的增长幅度。基于此可知，对于 2023 年现金净增加额的变化情况，投资活动产生的现金净额占主导地位。2024 年，经营活动与投资活动产生的现金流量净额均有所下降，导致当期现金净增加额大幅减少。通过对 S 公司 2020—2024 年现金流的分析可以发现，经营活动产生的现金净流量始终为正且呈上升趋势，说明公司经营状况良好，而筹资活动和投资活动产生的现金净额变化幅度较大，这是引起公司现金净增加额发生变化的主要原因。

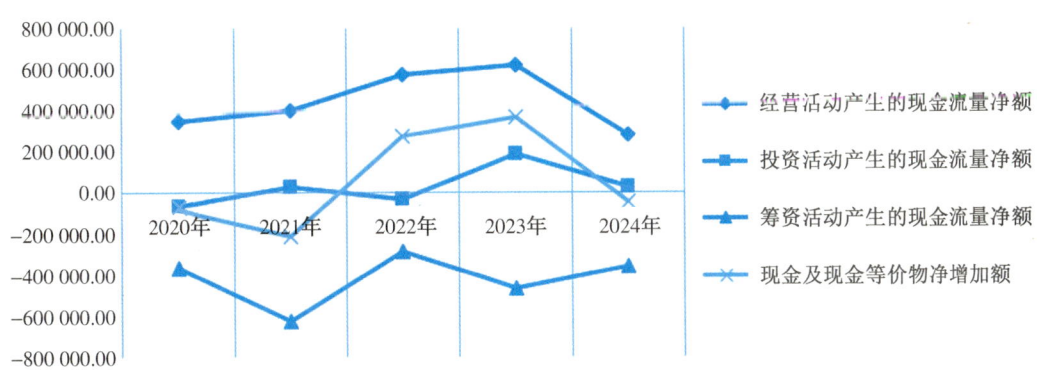

图 5-2　S 公司 2020—2024 年各类活动现金净流量绝对数趋势分析（单位：万元）

为了更详细地分析 S 公司 2020—2024 年现金流量的变动情况和原因，我们分别绘制了该公司经营活动、投资活动和筹资活动现金流入流出绝对数趋势分析图，如图 5-3、图 5-4 和图 5-5 所示。根据图中的数据资料，S 公司经营活动现金流入和现金流出保持同增同减的趋势，且经营活动现金流入量始终高于现金流出量，说明公司经营状况良好。与此同时，公司投资活动现金流入和现金流出也表现出一致的变化趋势，但只有 2021 年、2023 年和 2024 年现金流入量才大于现金流出量，且差额相差不大，说明公司的投资情况有待改善；2020—2024 年，筹资活动现金流入量与现金流出量也保持相同的变化趋势，但其现金流入量始终小于现金流出量，说明公司在偿还到期的负债或者派发现金股利。结合三种活动现金流的分析可以看出，2022 年后，随着经营规模和投资规模的下降，S 公司也相应减少了募集用于这部分活动的筹资金额。

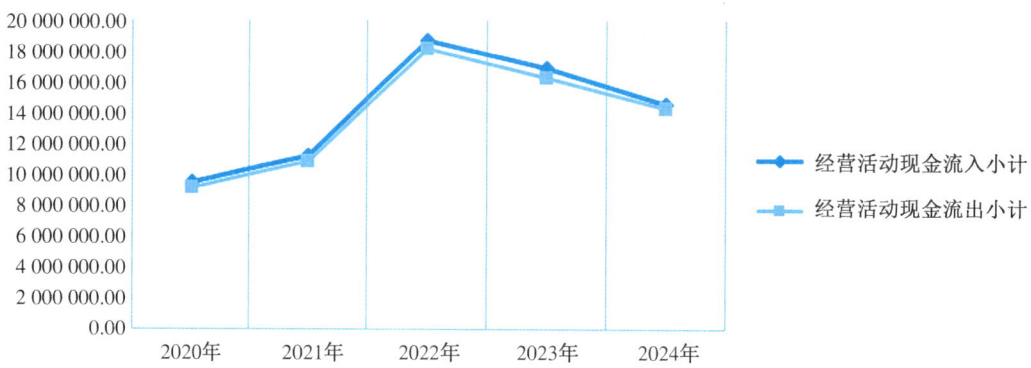

图 5-3　S 公司 2020—2024 年经营活动现金流入流出绝对数趋势分析（单位：万元）

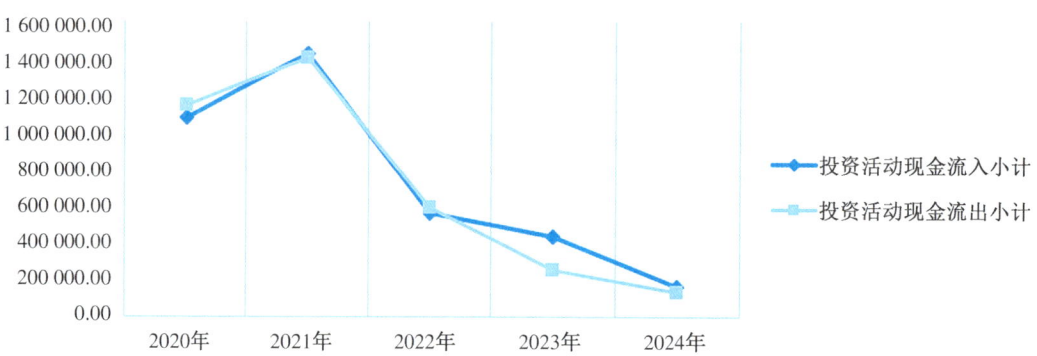

图 5-4　S 公司 2020—2024 年投资活动现金流入流出绝对数趋势分析（单位：万元）

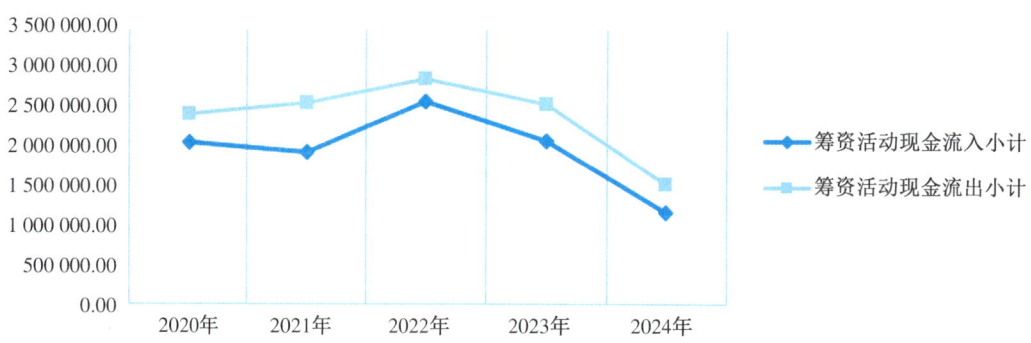

图 5-5　S 公司 2020—2024 年筹资活动现金流入流出绝对数趋势分析（单位：万元）

5.4.3　环比分析

现金流量表环比分析法是将相邻两年的现金流量数据进行比较，用下一期的数值除以本期数值，计算出趋势百分比。在各期的现金流量为正值的情况下，当下期数据与本期数据的比值大于 1 时，说明该项目的现金流在下一期有所增长，比值越大，增长幅度越大；当下期数据与本期数据的比值等于 1 时，说明该项目的现金流在下一期没有变化；当下期数据与本期数据的比值小于 1，大于 0 时，说明该项目的现金流在下一期有所下降，且比值越大，下降幅度越小。需要注意的是，当对比数值出现负值时，增减幅度不能依据最后的比值进行解释，需要考虑正负值的影响。

表 5-4　　　　　　　　　　S 公司现金流量环比趋势分析

项目	环比百分比			
	2021/2020	2022/2021	2023/2022	2024/2023
一、经营活动产生的现金流量：				
销售商品、提供劳务收到的现金	120.10%	168.85%	89.84%	84.47%
客户存款和同业存放款项净增加额	—	—	—	—
向中央银行借款净增加额	—	—	—	—
向其他金融机构拆入资金净增加额	—	—	—	—
收到原保险合同保费取得的现金	—	—	—	—
收到再保业务现金净额	—	—	—	—
保户储金及投资款净增加额	—	—	—	—
收取利息、手续费及佣金的现金	—	—	—	—
拆入资金净增加额	—	—	—	—
回购业务资金净增加额	—	—	—	—
代理买卖证券收到的现金净额	—	—	—	—
收到的税费返还	108.67%	143.00%	74.84%	80.92%
收到其他与经营活动有关的现金	92.26%	111.82%	120.72%	136.84%
经营活动现金流入小计	118.49%	166.18%	90.41%	86.24%
购买商品、接受劳务支付的现金	121.88%	171.97%	88.14%	86.45%
客户贷款及垫款净增加额	—	—	—	—
存放中央银行和同业款项净增加额	—	—	—	—
支付原保险合同赔付款项的现金	—	—	—	—
拆出资金净增加额	—	—	—	—
支付利息、手续费及佣金的现金	—	—	—	—
支付保单红利的现金	—	—	—	—
支付给职工及为职工支付的现金	112.08%	112.51%	105.55%	98.09%
支付的各项税费	93.76%	138.24%	112.71%	107.39%
支付其他与经营活动有关的现金	83.78%	103.63%	128.88%	107.84%
经营活动现金流出小计	118.57%	167.05%	89.85%	87.81%
经营活动产生的现金流量净额	116.59%	142.84%	108.13%	44.96%
二、投资活动产生的现金流量：				
收回投资收到的现金	—	38.67%	44.53%	64.74%
取得投资收益收到的现金	315.53%	31.46%	259.42%	48.73%
处置固定资产、无形资产和其他长期资产收回的现金净额	132.46%	21.17%	1 940.14%	7.88%

(续表)

项目	环比百分比			
	2021/2020	2022/2021	2023/2022	2024/2023
处置子公司及其他营业单位收到的现金净额	0.00%	—	5 365.77%	0.01%
收到其他与投资活动有关的现金	7.59%	49.75%	117.56%	4.29%
投资活动现金流入小计	131.70%	39.17%	77.68%	36.88%
购建固定资产、无形资产和其他长期资产支付的现金	79.95	46.78%	68.97%	148.89%
投资支付的现金	52 470.27%	41.01%	33.31%	55.00%
质押贷款净增加额	—	—	—	—
取得子公司及其他营业单位支付的现金净额	0.00%	—	—	—
支付其他与投资活动有关的现金	1.30%	123.66%	278.71%	0.04%
投资活动现金流出小计	121.62%	42.11%	42.37%	53.50%
投资活动产生的现金流量净额	−34.35%	−132.41%	−577.65%	14.28%
三、筹资活动产生的现金流量：				
吸收投资收到的现金	42.19%	625.95%	0.36%	46.07%
其中：子公司吸收少数股东投资收到的现金	42.19%	625.95%	0.36%	46.07%
取得借款收到的现金	99.04%	124.39%	84.12%	53.57%
收到其他与筹资活动有关的现金	51.68%	159.28%	156.13%	81.06%
筹资活动现金流入小计	94.35%	133.35%	80.65%	55.56%
偿还债务支付的现金	101.63%	105.71%	99.32%	41.48%
分配股利、利润或偿付利息支付的现金	107.91%	114.94%	93.28%	109.52%
其中：子公司支付给少数股东的股利、利润	123.97%	99.28%	98.32%	113.78%
支付其他与筹资活动有关的现金	183.06%	173.50%	20.42%	494.85%
筹资活动现金流出小计	105.92%	111.90%	88.82%	59.63%
筹资活动产生的现金流量净额	170.14%	45.91%	161.91%	77.75%
四、汇率变动对现金及现金等价物的影响	−120.47%	−228.50%	170.21%	34.63%
五、现金及现金等价物净增加额	240.02%	−127.27%	135.45%	−13.00%
加：期初现金及现金等价物余额	92.15%	69.17%	156.74%	149.02%
六、期末现金及现金等价物余额	72.30%	156.73%	149.03%	95.72%

表5-4反映了S公司2020—2024年现金流量相邻两年环比数据,从表中可以看到经营活动、投资活动和筹资活动相关现金净额的变化情况。经营活动产生的现金流量净额的环比数值在2021年、2022年和2023年均大于1,且由于2020—2023年经营活动产生的现金流量净额均为正值,这三年经营活动产生的现金流量净额相比于上一年均稳步增长。而2024年经营活动产生的现金流量净额的环比数值小于1,且2024年经营活动产生的现金流量净额也为正值,因此2024年经营活动产生的现金流量净额相比上一年有所下降。投资活动产生的现金流量净额在2020年和2022年均为负值,而2021—2023年的环比分析数值均小于1,说明2020—2023年的现金流净额变动幅度较大,2021年和2023年的投资现金流净额均高于上一年。又因为2023年和2024年的投资现金流净额均为正值,且2024年环比分析数值小于1,说明2024年投资活动产生的现金流量净额有所降低。筹资活动产生的现金流量净额在2021—2024年均为负值,而相应的2021年和2023年的环比数值均大于1,说明筹资活动产生的现金流量净额在2021年和2023年与上一年相比有所下降。

相关链接

现金流预测

当前,我国大多数企业在开展业务时,都会对现金流的预测管理工作投入大量的精力,对任何一个企业来说,现金流的预测管理工作可以说是企业最关心的问题,因为它不仅反映了企业的整体管理水平与专业素养,而且现金流工作的质量直接影响到企业工作的质量,以及整个企业的利益。

然而,目前国内的大多数企业在现金流的基础管理工作上都有所欠缺。随着国家新政策的不断实施与市场环境的不断变化,尽管有一些企业进行了管理策略上的改革,但许多企业仍然按照旧有的现金流预测模式进行管理。例如在原材料的采购环节按照传统的核算规则进行核算;再如对于整个业务的经费进行定额时仍采取传统的估算方式,而且在进行项目报价时毫无根据地进行报价,给企业造成严重的损失。

此外,在企业的现金流的预测工作中,投标工作是一项重点工作,对投标工作进行有效管理,规避投标过程中的风险是做好现金流预测以及资金管理工作的关键。但随着企业竞争加剧,"价格战"使得中标单位的成本风险突增,现金流不能使企业产生可观的利润,给企业造成损失。又因为在中标时成本超出预算,有些管理人员就可能在后续业务中减少资金投入,致使在后期验收时因质量不合格造成频繁的返工现象,迫使企业再次投入资金进行改造。而这些资金不在之前现金流预算之内,会给资金管理工作带来风险。

要想加强企业现金流的预测管理工作可以从以下几个方面展开。

1. 实行成本优化管理策略

根据企业自身的实际情况、相关政策与法律法规及建筑市场规律,找出能够降低成本的所有手段,以求对业务成本进行有效的控制与管理。然后对要进行的业务进行全面、精确地分析,制定出一套合理的、适合业务的现金流控制方案,促使管理人员对现金流进行有效的控制。

2. 在业务进行过程中加强现金流预测管理

首先要对传统的现金流预测内容进行优化，剔除其中不合理之处，将先进的、科学的、高效的、符合时代的管理策略补充进来。其次，要加强业务现场的管理工作。管理人员要全面把控现场的每个环节，设立相关责任人进行专职专责的管控，使其高效完成工作并避免出现超支现象，降低业务的成本。此外，必须做好质量与安全管理工作。如果业务出现质量与安全问题，就会对企业造成一定的损失，这在无形中增加了业务的支出，使业务成本超过预算，增加现金流预测工作的风险。

3. 完善企业投标管理

进行有效的市场调查以辨别业务招投标工作中信息的真伪，并根据企业的实际情况，结合国家相关法律法规中的规定，制定出适合企业的投标价格管理标准。此外，还可以参考企业以往的投标价格来进行投标，或者借鉴其他企业同等规模业务的投标价格，科学、合理地报价，做好企业的现金流预测工作。

（资料来源：易勤. 现金流预测在企业资金管理中的应用[J]. 全国流通经济，2022,（06）：79-81.）

5.4.4 定基分析

现金流量表定基分析法是固定某一期间作为基期，然后用其余各期间与基期比较，计算出趋势百分数。这样计算出的各会计期间的趋势百分比，都是以基期为计算基准的，所以能够明确地反映出有关项目和基期相比发生了多大变化。表 5-5 反映了 S 公司汽车现金流量定基趋势分析情况，以 2020 年数据为基期数据。当基期数据为正，表中的数据大于 100% 时，表明该项目较基期处于增长状况；反之，当表中的数据小于 100% 时，表明该项目较基期处于下降状况。

表 5-5　　　　　　　　　　S 公司现金流量定基趋势分析

项目	定基百分比				
	2020 年	2021 年	2022 年	2023 年	2024 年
一、经营活动产生的现金流量：	—	—	—	—	—
销售商品、提供劳务收到的现金	100.00%	120.10%	202.79%	182.19%	153.90%
客户存款和同业存放款项净增加额					
向中央银行借款净增加额					
向其他金融机构拆入资金净增加额					
收到原保险合同保费取得的现金					
收到再保业务现金净额					
保户储金及投资款净增加额					
收取利息、手续费及佣金的现金					
拆入资金净增加额					
回购业务资金净增加额					
代理买卖证券收到的现金净额					

(续表)

项目	定基百分比				
	2020 年	2021 年	2022 年	2023 年	2024 年
收到的税费返还	100.00%	108.67%	155.41%	116.30%	94.11%
收到其他与经营活动有关的现金	100.00%	92.26%	103.17%	124.55%	170.44%
经营活动现金流入小计	100.00%	118.49%	196.92%	178.04%	153.54%
购买商品、接受劳务支付的现金	100.00%	121.88%	209.59%	184.74%	159.70%
客户贷款及垫款净增加额	—	—	—	—	—
存放中央银行和同业款项净增加额	—	—	—	—	—
支付原保险合同赔付款项的现金	—	—	—	—	—
拆出资金净增加额	—	—	—	—	—
支付利息、手续费及佣金的现金	—	—	—	—	—
支付保单红利的现金	—	—	—	—	—
支付给职工及为职工支付的现金	100.00%	112.08%	126.10%	133.10%	130.56%
支付的各项税费	100.00%	93.76%	129.61%	146.09%	156.89%
支付其他与经营活动有关的现金	100.00%	83.78%	86.82%	111.89%	120.67%
经营活动现金流出小计	100.00%	118.57%	198.06%	177.97%	156.27%
经营活动产生的现金流量净额	100.00%	116.59%	166.54%	180.08%	80.97%
二、投资活动产生的现金流量：	—	—	—	—	—
收回投资收到的现金	—	—	—	—	—
取得投资收益收到的现金	100.00%	315.53%	99.27%	257.52%	125.49%
处置固定资产、无形资产和其他长期资产收回的现金净额	100.00%	132.46%	28.05%	544.18%	42.90%
处置子公司及其他营业单位收到的现金净额	100.00%	0.00%	14.32%	768.22%	0.10%
收到其他与投资活动有关的现金	100.00%	7.59%	3.77%	4.44%	0.19%
投资活动现金流入小计	100.00%	131.70%	51.58%	40.07%	14.78%
购建固定资产、无形资产和其他长期资产支付的现金	100.00%	79.95%	37.40%	25.79%	38.40%
投资支付的现金	100.00%	52 470.27%	21 516.00%	7 167.57%	3 941.99%
质押贷款净增加额	—	—	—	—	—
取得子公司及其他营业单位支付的现金净额	100.00%	0.00%	0.00%	0.00%	20.86%
支付其他与投资活动有关的现金	100.00%	1.30%	1.61%	4.48%	0.00%
投资活动现金流出小计	100.00%	121.62%	51.21%	21.70%	11.61%
投资活动产生的现金流量净额	100.00%	−34.35%	45.48%	−262.70%	−37.51%

(续表)

项目	定基百分比				
	2020年	2021年	2022年	2023年	2024年
三、筹资活动产生的现金流量：	—	—	—	—	—
吸收投资收到的现金	100.00%	42.19%	264.07%	0.96%	0.44%
其中：子公司吸收少数股东投资收到的现金	100.00%	42.19%	264.07%	0.96%	0.44%
取得借款收到的现金	100.00%	99.04%	123.20%	103.65%	55.53%
收到其他与筹资活动有关的现金	100.00%	51.68%	82.32%	128.52%	104.17%
筹资活动现金流入小计	100.00%	94.35%	125.81%	101.46%	56.37%
偿还债务支付的现金	100.00%	101.63%	107.43%	106.70%	44.25%
分配股利、利润或偿付利息支付的现金	100.00%	107.91%	124.03%	115.70%	126.71%
其中：子公司支付给少数股东的股利、利润	100.00%	123.97%	123.08%	121.01%	137.69%
支付其他与筹资活动有关的现金	100.00%	183.06%	317.60%	64.85%	320.93%
筹资活动现金流出小计	100.00%	105.92%	118.53%	105.28%	62.77%
筹资活动产生的现金流量净额	100.00%	170.14%	78.11%	126.47%	98.33%
四、汇率变动对现金及现金等价物的影响	100.00%	−120.47%	275.27%	468.52%	162.24%
五、现金及现金等价物净增加额	100.00%	240.02%	−305.46%	−413.73%	53.79%
加：期初现金及现金等价物余额	100.00%	92.15%	63.74%	99.90%	148.88%
六、期末现金及现金等价物余额	100.00%	72.30%	113.31%	168.87%	161.64%

以经营活动产生的现金流量净额为例，2021—2023年与2020年的比值分别为116.59%、166.54%、180.08%，均大于100%，因此这几期的现金净流量相比于2020年的现金净流量均有所上升，尤其以2023年上升幅度最大，约为80%。2024年的投资活动现金净流量与2020年投资现金净流量的比值小于1，下降幅度较大，其具体原因仍需结合企业生产项目的运营和整体战略安排加以分析。同时需要注意当基期数值实际为负值时，现金流的增加幅度变化情况与基期数据为正值时相反。

总的说来，对现金流量表进行趋势分析，主要是从动态的视角考察企业的现金流量状况，这样能够较为深刻地解释各项数据消长变化及其发展趋势，发现许多财务报表内含的深层次财务关系，并有利于对未来企业的发展状况做出合乎逻辑的预测。现金流量表的趋势分析可以从绝对数进行，也可以从相对数进行；可以从环比数据分析，也可以从定基数据分析，但是在相对数的分析过程中，需要考虑负值对分析结果的影响。

 本章小结

现金流量的质量分析强调突破单纯现金流量表的数据信息，具体可以从偿债能力、获现能力、财务弹性和盈利质量等角度进行分析。该方法是在现金流量表结构分析和趋势分析基础上的拓展,它们共同服务于信息使用者的投资决策需要。

现金流量的结构分析主要是考察现金流量表中各个项目占总体的相对比重,具体包括现金流入结构分析、现金流出结构分析和现金流入流出比分析。该方法主要是从现金流量表自身的结构去分析现金流量的分布状况和质量。

现金流量的趋势分析则从动态过程视角较为深刻地揭示了现金流量表数据消长变化及其发展趋势,具体包括绝对数分析、环比分析和定基分析。

 复习与练习

业务题

请上网下载上市公司厦门国贸(600755)2020—2024年现金流量表,与S公司进行现金流量表结构、趋势和质量的对比分析,比较S公司发展的优势和劣势。

讨论题

1. 什么是现金流量表?现金流量表的作用是什么?结构是怎样的?
2. 什么是现金流量的结构分析?如何对现金流量进行结构分析?
3. 如何正确评价经营活动产生的现金流量?
4. 什么是趋势分析法?如何进行现金流量表的趋势分析?
5. 现金流量表和资产负债表、利润表之间存在怎样的联系?现金流量表上的什么信息不能直接从资产负债表和利润表中找到?
6. 什么是现金流量的质量分析?应该从哪些方面具体展开分析?
7. 在对财务报表进行相对数分析时,当报表数据出现负值时该如何处理才能得到相对准确的分析结果?

 案例分析

票据结算的现金流量表列报

G公司采购原材料主要通过两种方式支付货款。一种方式是与第三方银行签订供应链金融合同,由银行直接向供应商支付货款,G公司分期向银行归还垫付款项。另一种是由G公司开出带息银行承兑汇票支付给供应商,开具票据时向承兑行支付一定比例保证金,票据到期时G公司向承兑行还本付息。

G公司销售商品主要采取赊销方式,给予客户一定账期或由客户开具电子商业汇票进行结算。为缓解流动性,对于客户的应收账款或电子商业汇票,G公司主要通过向银行办理保理方式予以变现,保理合同附有追索权,应收账款或电子商业汇票不符合终止金融资产确认条件。

(资料来源:深圳证券交易所.深圳证券交易所会计监管动态(2024年第1期)[EB/OL]深圳证券交易所.深圳证券交易所会计监管动态(2024年第1期)[EB/OL].(2024-04-22)[2025-08-12]. https://smehome.szse.cn/trends/accounting_supervise/202411/t20241102_5277.html)

问题:

初始支付给银行的保证金、到期归还银行的款项、通过保理方式收到的保理回款在现金流量表中如何列报?

第 3 篇

财务能力分析

第 6 章　企业偿债能力分析
第 7 章　企业营运能力分析
第 8 章　企业盈利能力分析
第 9 章　企业发展能力分析
第 10 章　财务综合能力分析

第 6 章

企业偿债能力分析

> 如果非要让我们在公司财务报表的美观和自由现金流之间选择的话,我们认为公司最核心的关注点应该是自由现金流。
>
> ——贝佐斯(亚马逊创始人)

学习目标

1. 了解衡量短期偿债能力的方法,掌握相关指标的分析方法;
2. 了解长期偿债能力的含义及意义,掌握相关指标的分析方法;
3. 明确短期偿债能力与长期偿债能力的关系。

引 言

目前,我国大部分负债经营的企业存在的主要问题:一是过度负债;二是负债结构混乱。

刘胜军等人研究发现,国有企业平均负债率高达80%,而且在负债中流动负债比率又明显偏高,高达90%以上,远远超出正常的负债水平。高负债问题不解决,就会引发许多问题。首先,从企业本身来讲,过度负债会造成企业信用水平下降,商业形象遭到破坏;资金周转困难,清偿能力严重不足;利息负担沉重,利润水平下降;资本的流动性下降,缺乏抵御市场风险的能力,财务风险明显增加,甚至给企业带来倒闭的危险。其次,就银行来讲,由于企业负债中占大部分的是银行贷款,且大量的是逾期贷款,造成了银行的大量不良资产,使银行的资产质量下降;同时大量的不良资产使银行的有效经营受到严重威胁,经济效益不断下降,这也增加了银行本身的财务风险。最后,对于国家来说,由于国家与国有企业之间的特殊关系,大量的企业债务变成了国家的经济负担。国有企业债务问题严重影响了国有经济主导地位的发挥和经济效益的提高,同时也阻碍了国民经济的正常运行。由此可见,解决国有企业高负债问题已经刻不容缓,是使国有企业走出困境的必经之路,也是国家经济发展中必须高度重视的主要问题之一。

(资料来源:刘胜军,邓丽娜.再谈国有企业高负债问题[J].黑龙江对外经贸,2006,(08):57-58.)

6.1 偿债能力概述

6.1.1 偿债能力分析的目的

企业偿债能力又称企业偿债风险状况分析或安全性分析,是指企业到期偿还债务本息的现金保障能力,包括长期偿债能力和短期偿债能力。

偿债能力是企业经营者、投资者、债权人等十分关心的重要问题。站在不同的角度,其分析目的也有区别。例如,投资人更重视企业的盈利能力,但他们认为企业有一个良好的财务状况,偿债能力强有助于提高企业盈利能力。因此,他们同样会关注企业的偿债能力。对于投资人来说,如果企业的偿债能力发生问题,企业的经营者就会花费大量精力去筹措资金以应付还债,这不仅会增加筹资难度,加大临时性紧急筹资的成本,还会使企业管理者难以全神贯注地进行企业经营管理,使企业盈利受到影响,最终影响到投资人的利益。债权人则会从他们的切身利益出发来研究企业的偿债能力,只有企业有较强的偿债能力,才能使他们的债权及时收回,并能按期取得利息。可见,企业偿债能力如何,不仅是企业本身关心的问题,也是各方面利益关系者都非常重视的问题。

债权人对企业偿债能力的分析,目的在于做出正确的借贷决策,保证其资金安全。债权人通过对企业资金的主要来源和用途以及资金结构的分析,加上对企业过去盈利能力分析和未来盈利能力预测,判断企业的偿债能力。

企业做偿债能力分析的目的在于以下几个方面:首先,了解企业的财务状况。从企业财务状况这一定义来看,企业偿债能力的强弱是反映企业财务状况的重要标志。其次,揭示企业所承担的财务风险程度。当企业举债时,就可能会出现债务不能按时偿付的可能,这就是财务风险的实质所在。而且,企业的负债比率越高,到期不能按时偿付的可能性越大,企业所承担的财务风险越大。再次,预测企业筹资前景。当企业偿债能力强时,说明企业财务状况较好,信誉较高,债权人就愿意将资金借给企业。否则,债权人就不愿意将资金借给企业。因此,当企业偿债能力较弱时,企业筹资前景不容乐观,或企业将承担更高的财务风险。最后,为企业进行各种理财活动提供重要参考。

6.1.2 偿债能力分析的内容

偿债能力是指企业偿还各种债务的能力。静态地讲,企业偿债能力就是用企业资产清偿企业长期、短期负债的能力;动态地讲,就是用企业资产和经营过程中创造的收益偿还长期、短期债务的能力。因此,企业有无支付现金的能力和偿还债务的能力是企业能否继续生存和发展的关键。偿债能力分析主要包括以下两个方面内容:

(1) 短期偿债能力分析。通过对反映短期偿债能力的主要指标和辅助指标的分析,了解企业短期偿债能力的高低及其变动情况,说明企业的财务状况和风险程度。

(2) 长期偿债能力分析。通过对反映企业长期偿债能力指标的分析,了解企业长期偿债能力的高低及其变动情况,说明企业整体财务状况和债务负担及偿债能力的保障程度。

> **相关链接**
>
> **2024年的房企偿债能力情况**
>
> 根据北京中指信息技术研究院统计,2024年,房企到期债券规模为7 703.1亿元,与2023年到期余额超9 500亿元相比下降19.6%,但整体规模仍处于较高水平。其中,信用债占比69.0%,海外债占比31.0%,境内债务偿债压力较大。
>
> 近年来,房地产市场销售下滑,融资渠道也有所受限,导致房企偿债能力普遍有所下降。为此,房企通过多种手段进行调节,常用的策略包括压降成本、收缩投资、债务展期等。
>
> 房地产企业的偿债高峰出现在2021年。到2022年,房企的公开债务到期规模终于降到万亿元以下,但仍在9 000多亿元的相对高位。2023年,市场继续降温。虽然部分房企对债务进行了展期处理,但当年的到期债务规模仍维持在9 000多亿元。到2024,随着偿债高峰期的结束,以及大量债务展期,房企的到期债务规模终于降至7 700亿元的水平。
>
> 偿债能力是房企财务管理能力的综合体现,从大环境来看,主要取决于两个因素。市场层面,2021年,房地产销售规模超过18万亿元的历史大关,但随后两年,市场销售连续下降,2023年已降至11.66万亿元。销售的下滑,对房企偿债的影响不容忽视。政策层面,2020年底的三道红线对房企融资产生很大的收紧效应。但随后监管层在2022年底的金融16条和2024年1月的精准支持房地产项目合理融资需求等政策对房企的偿债能力产生积极影响。
>
> 但总体上,对房企而言谨慎还是主旋律。
>
> (资料来源:张敏.今年房企到期债务超7 000亿元[N/OL].21世纪经济报道,2024-05-30[2025-08-11].https://baijiahao.baidu.com/s?id=18004222783078919838&wfr=spider&for=pc)

6.1.3 影响偿债能力的主要因素

1. 影响短期偿债能力的主要因素

1)资产的流动性

流动性是指企业资产转化为现金的能力。一般来说,企业都用企业的流动资产来偿还债务。不仅短期债务需要用流动资产偿还,而且长期债务也要用流动资产偿还,除非企业中止经营,进行清算,否则一般不会出售固定资产来偿还短期债务。因此,资产流动性越强,尤其是流动资产中变现能力较强的资产(如现金)所占比重越大,则企业的短期偿债能力就越强。在企业的流动资产中,应收账款和存货的变现能力是影响流动资产变现能力的重要因素。由于应收账款可能会因呆滞而发生大量的坏账,存货可能因周转不畅等原因造成大量积压,这将会使企业流动资产的变现能力大大下降,影响其偿债能力。

2)企业的经营收益水平

短期负债通常是以流动资产中的现金进行偿还,而现金的取得主要来源于企业的经营收益。企业利润是企业经营收益的集中体现。通常一个经营收益水平较高的企业,其利润也高,而利润的取得又会增加企业的资金,使企业有持续和稳定的现金流入,从而从根本上保障债权人的权益。当企业经营收益水平下降时,如果其现金的流入不足以抵补现金的流出,就会造成现金的短缺,导致偿债能力下降。

3）流动负债的结构

企业的流动负债中有些需要用现金偿付（如短期借款、应付账款等），有些则需要用商品或劳务来偿还（如预收账款）。如果需要用现金偿付的流动负债所占比重比较大，则企业需要拥有足够的现金才能保证其偿债能力；如果在流动负债中预收账款的比重较大，则企业只要有足够的存货就可以保证其偿债能力。

2. 影响长期偿债能力的主要因素

1）企业的盈利能力

这是影响企业长期偿债能力的最重要的因素。企业的长期负债大多用于企业长期资产的投资，形成企业的固定生产能力。在企业正常的生产经营条件下，企业不可能靠出售长期资产作为偿债的资金来源，而是靠企业的生产经营所得。因此，企业的长期偿债能力与企业的盈利能力密切相关。企业能否有足够的现金流入量偿还长期本息受制于收支配比的结果。一个长期亏损的企业，在通货膨胀普遍存在的情况下，要保全资本十分困难，而企图保持正常的长期负债的偿还能力就更加不易。相反，对于长期盈利的企业，随着现金净流量的不断增加，必然会为及时足额地偿还各项债务本息提供坚实的物质基础。

2）所有者资本的积累程度

尽管企业的盈利能力是影响企业长期偿债能力最重要的因素，但是，企业的长期偿债能力必须以拥有雄厚实力的所有者资本为基础。如果企业将利润的绝大部分分配给投资者，而只提取少许的所有者资本，使所有者资本增长和积累速度较慢，就会降低偿还债务的可能性。此外，当企业结束经营时，其最终的偿债能力将取决于企业所有者资本的实际价值。如果资产不能按其账面价值进行处理，债权人的利益就有可能受到损害，导致企业的债务不能得到全部清偿。

6.2 短期偿债能力分析

6.2.1 短期偿债能力分析的含义

短期偿债能力是指企业偿还流动负债的能力，是企业流动资产对流动负债及时足额偿还的保证程度，是衡量企业当前财务能力，特别是流动资产变现能力的重要标志。一般说来，流动负债需以流动资产来偿付，通常需要以现金来直接偿还，因此可以反映企业流动资产的变现能力。

在现代经济环境下，企业作为一个经济实体，能否偿还到期或即将到期的债务，直接影响企业的信誉、信用、能否再融资等一系列关系到企业能否继续发展的重大问题。一个盈利企业如果不能偿还短期债务，也可能面临破产的威胁。企业短期偿债能力不足，则其持续经营的能力将受到怀疑，仅从这一点来看，流动性分析对企业的重要性就显而易见了。

短期偿债能力分析主要是对流动资产和流动负债进行比率分析。评价短期偿债能力的财务指标主要有营运资本、流动比率、速动比率、现金比率和现金流量比率。

6.2.2 短期偿债能力指标的计算与分析

评价短期偿债能力的财务指标主要有流动比率、现金流动负债比率等。营运资产偿债能力的衡量方法有两种,一种是比较债务与可供偿债资产的存量,资产存量超过债务存量越多,则偿债能力越强;另一种是比较偿债所需现金和经营活动所产生的现金流量,如果经营活动产生的现金超过偿债所需的现金越多,则偿债能力越强。

2024年度S公司有关财务报表数据如表6-1所示。

表6-1　　　　　　　　　　S公司2024年度财务报表资料

单位:万元

项目	年末金额	年初金额
货币资金	1 170 004.32	1 264 104.43
交易性金融资产	11 412.78	40 365.93
预付款项	802 374.34	1 044 912.56
存货	1 049 435.56	963 590.04
一年内到期的非流动资产	2 823.23	2 776.15
其他流动资产	47 490.74	39 065.41
流动资产	4 251 403.61	4 365 607.88
非流动资产	979 761.11	936 002.65
总资产	5 231 164.72	5 301 610.53
流动负债	3 652 144.07	3 753 869.34
非流动负债	261 286.40	208 467.98
总负债	3 913 430.47	3 962 337.33
股东权益	1 317 734.25	1 339 273.21
经营现金净流量	278 015.47	618 306.14
净利润	310 155.61	287 059.76
财务费用	12 747.29	7 409.89
所得税费用	85 668.05	90 131.62

1. 营运资本

营运资本是指流动资产超过流动负债的差额,是表明企业短期偿债能力的一项基本指标。其计算公式为:

$$营运资本＝流动资产－流动负债 \qquad (6-1)$$

营运资本适合与企业以前年度的数额相比较,以确定其是否合理。因为企业规模可能扩大或缩小,所以规模不同的企业比较营运资本指标是无意义的。如果营运资本出现异常,可通过逐项分析流动资产和流动负债找出原因。

根据S公司2024年财务报表数据,计算可得:

期末营运资本＝4 251 403.61－3 652 144.07＝599 259.54(万元)

期初营运资本＝4 365 607.88－3 753 869.34＝611 738.54(万元)

计算营运资本使用的"流动资产"和"流动负债",通常可以直接取自资产负债表。实际上,资产负债表的基本结构是按债权人的要求设计的。正是为了便于计算营运资本和分析流动性,资产负债表项目才区分流动项目和非流动项目,并且按流动性强弱排序。

如果流动资产与流动负债相等,并不足以保证偿债,因为债务的到期与流动资产的现金生成,不可能同步同量。企业必须保持流动资产大于流动负债,即保有一定数额的营运资本作为缓冲,以防止流动负债"穿透"流动资产。S公司现存的 3 652 144.07 万元的流动负债的具体到期时间不易判断,现存 4 251 403.61 万元的流动资产产生的现金数额和时间也不好预测。营运资本 599 259.54 万元是流动负债"穿透"流动资产的"缓冲垫"。因此,营运资本越多,流动负债的偿还就越有保障,短期偿债能力就越强。

营运资本之所以能够成为流动负债的"缓冲垫",是因为它是长期资本用于流动资产的部分,不需要在一年内偿还。

$$\begin{aligned}营运资本&=流动资产-流动负债\\&=(总资产-非流动资产)-(总资产-股东权益-非流动负债)\\&=(股东权益+非流动负债)-非流动资产\\&=长期资本-长期资产\end{aligned} \quad (6-2)$$

根据表6-1,S公司2024年和2023年营运资本分别计算为:

期末营运资本=(1 317 734.25＋261 286.40)－979 761.10
　　　　　　=1 579 020.65－979 761.11
　　　　　　=599 259.54(万元)

期初营运资本=(1 339 273.21＋208 467.98)－936 002.65
　　　　　　=1 547 741.19－936 002.65
　　　　　　=611 738.54(万元)

当流动资产大于流动负债时,营运资本为正数,表明企业长期资本的数额大于长期资产,超出部分被用于流动资产。营运资本的数额越大,企业财务状况越稳定。总而言之,全部流动资产都由营运资本提供资金来源,则企业没有任何偿债压力。

当流动资产小于流动负债时,营运资本为负数,表明企业长期资本小于长期资产,有部分长期资产由流动负债提供资金来源。由于流动负债在1年内需要偿还,而长期资产在1年内不能变现,偿债所需现金不足,必须设法另外筹资,则财务状况不稳定。

营运资本的比较分析,主要是与本企业上一年数据的比较,通常称之为变动分析。S公司本年和上一年营运资本的比较数据,如表6-2所示。

表 6-2　　　　　　　　　　S公司营运资本变动分析表

金额单位:万元

项目	2024年		2023年		增长		
	金额	结构	金额	结构	金额	增长	结构
流动资产	4 251 403.61	100.00%	4 365 607.88	100%	－114 204.27	－2.62%	100.00%
流动负债	3 652 144.07	85.90%	3 753 869.34	85.99%	－101 725.27	－2.71%	89.07%
营运资本	599 259.54	14.10%	611 738.54	14.01%	－12 479.00	－2.04%	10.93%
长期资本	1 579 020.65		1 547 741.19		31 279.46		
长期资产	979 761.10		936 002.65		43 758.45		

从表 6-2 的数据可以得出以下结论。

(1) 上一年流动资产 4 365 607.88 万元,流动负债 3 753 869.34 万元,营运资本为 611 738.54 万元。从相对数看,营运资本的配置比率为 14.01%(营运资本/流动资产),流动负债提供流动资产所需资金的 85.99%,即 1 元流动资产需要偿还 0.859 9 元的债务。

(2) 本年流动资产 4 251 403.61 万元,流动负债 3 652 144.07 万元,营运资本为 599 259.54 万元。从相对数来看,营运资本的配置比率为 14.10%,1 元流动资产需要偿还 0.859 0 元的债务,偿债能力比上年有所增强。

(3) 本年与上年相比,流动资产减少 114 204.27 万元(减少 2.60%),流动负债减少 101 725.27 万元(减少 2.71%),营运资本减少 12 479.00 万元(减少 2.04%)。虽然流动负债减少,但流动资产减少更多,导致营运资本的绝对数减少。虽然营运资本的配置比例,从 14.01% 上升到 14.10,但总体上营运资本政策改变并没有使得本年的短期偿债能力显著增强。

营运资本是绝对数,不便于不同企业之间进行比较。例如,A 公司的营运资本为 200.00 万元(流动资产 300.00 万元,流动负债 100.00 万元),B 公司的营运资本与 A 相同,也是 200.00 万元(流动资产 1 200.00 万元,流动负债 1 000.00 万元)。但是它们的偿债能力显然不同。因此,在实务中很少直接使用营运资本作为偿债能力的指标。营运资本的合理性主要通过流动资产与流动负债的相关比率来进行评价。

2. 流动比率

流动比率,又称营运资金比率,是流动资产与流动负债的比值,是衡量企业短期偿债能力最常用的指标。企业能否偿还流动负债,要看其有多少流动负债,以及有多少变现偿债的流动资产。流动资产越多,流动负债越少,则企业的短期偿债能力越强。它是衡量企业在某一时点偿付短期流动负债能力的指标,其计算公式为:

$$流动比率 = 流动资产 \div 流动负债 \qquad (6-3)$$

根据表 6-1,2023 年 S 公司的流动比率可计算为:

期末流动比率 = 4 251 403.61 ÷ 3 652 144.07 = 1.164 1
期初流动比率 = 4 365 607.88 ÷ 3 753 869.34 = 1.163 0

可见,2024 年度 S 公司流动比率有所上升,说明 S 公司短期偿债能力有所提高。

一般情况下,流动比率越高,企业短期偿债能力越强,债权人的权益越有保障。一般认为生产企业正常的流动比率是 2,但要求中国企业流动比率达到 2 对大多数企业不实际;下限是 1.25,低于该数值,公司偿债风险增加。如果流动比率过低,企业可能面临到期难以清偿债务的困难;反之,流动比率过高,表明企业有足够的变现资产来清偿债务,但这并不能说明企业有足够的现金可以用来还债,因为这些流动资产中,也可能是不能盈利的闲置的流动资产,增加企业的机会成本,因此分析流动比率还要结合现金流量进行分析。若现金不足,则说明有不合理的资金占用,如存货超储积压、应收账款增多等不合理现象,都会降低企业的盈利能力,增加企业的经营风险。

评价一个企业的流动比率,可将计算出的本期流动比率与企业前期的流动比率进行比较,也可以与同行业平均流动比率或先进的竞争对手的流动比率进行比较。只有通过比较,才能评价流动比率是高还是低,是否合理。因为评价不同行业、不同时期的流动比率数值的合理性有不同的标准,没有绝对统一的标准。并且,流动比率是静态的衡量指标,受到若干因素的影响,仅凭流动比率指标来判断企业的偿债能力有一定的片面性,因而在实际中,流动比率的分析应该结合不同行业的特点、企业流动资产结构及各项流动资产的实际变现能力等因素综合考虑,不能用统一的标准来评价。部分行业的参考流动比率如表6-3所示。

表6-3　　　　　　　　正常情况下部分行业的参考流动比率

行业	流动比率	行业	流动比率	行业	流动比率	行业	流动比率
汽车	1.10	房地产	1.20	制药	1.30	商业	1.65
建材	1.25	化工	1.20	家电	1.50	机械	1.80
啤酒	1.75	计算机	2.00	食品	>2.00	餐饮	>2.00

3. 速动比率

流动比率虽然可以用来评价流动资产总体的变现能力,但存在一定的局限性。如果企业的流动比率较高,但流动资产的流动性较差,则企业的短期偿债能力仍然不强。因此,人们希望获得比流动比率更能体现企业变现能力的指标。这个指标就是速动比率,也被称为酸性测试比率。速动比率是企业一定时期的速动资产与流动负债的比率。速动资产是指那些不需变现或变现过程较短,可以很快用来偿还流动负债的流动资产。一般是指流动资产扣除变现能力较差且不稳定的存货、预付款项、一年内到期的非流动资产及其他流动资产等之后的余额,主要包括货币资金、交易性金融资产、应收账款、应收票据、其他应收款等。速动资产中的货币资金即现款,交易性金融资产也能在证券市场上很快变现,应收票据可以通过贴现方式随时变现,应收款项一般能在较短时间内收回。在流动资产中,存货属于流动性能最差的资产项目,在经济不景气或存货出现残缺时,不能及时出售,或者按较低的价格抛售,这都会影响资金的流转和企业的支付能力;预付账款,是企业按照购货合同的规定,预先以货币资金或货币等价物支付供应单位的款项。企业需要等待供应商履行合同,提供相应的商品或服务后,预付账款才能转化为实际的商品或服务,进而通过销售或使用产生现金流。这个过程往往需要一定的时间,无法在短期内完成。所以,存货、预付账款等不能作为速动资产。这样,将变现能力弱的存货和预付账款等项目从流动资产中剔除后,用速动资产与流动负债进行比较,能更加准确、可靠地评价企业资产的流动性及其偿还短期负债的能力。速动资产及速动比率的运算公式为:

$$\text{速动资产}=\text{流动资产}-\text{存货}-\text{预付款项}-\text{一年内到期的非流动资产}-\text{其他流动资产} \quad (6\text{-}4)$$

$$\text{速动比率}=\text{速动资产}\div\text{流动负债} \quad (6\text{-}5)$$

若企业的预付款项等很少,占流动资产的比例很低,则可忽略不计。

根据表6-1,S公司速动比率计算为:

S公司年末速动资产=4 251 403.61-802 374.34-1 049 435.56
　　　　　　　　　-2 823.23-47 490.74
　　　　　　　　=2 349 279.74(万元)

S公司年末速动比率=2 349 279.74÷3 652 144.07
　　　　　　　　=0.643 3

S公司年初速动资产＝4 365 607.88－1 044 912.56－963 590.04
           －2 776.15－39 065.41
          ＝2 315 263.73(万元)
S公司年初速动比率＝2 315 263.73÷3 753 869.34
          ＝0.616 8

计算结果表明,该公司每1元的流动负债在年初和年末分别有0.62元和0.64元的速动资产作为偿还债务的保证。

一般认为,剔除了占流动资产近50％的存货等后,速动比率为1较合理,它说明每一元短期负债有一元的速动资产作为偿还的保证;而低于1的速动比率被认为短期偿债能力较低。当然,速动比率也不是越高越好,太高会造成资产闲置,增加企业的机会成本,况且,不同行业对速动比率的要求是不同的,因为速动资产中的应收款项比重会因不同行业而存在差异。应收款很低的,以现金销售为主的商品零售行业,速动比率必须大大低于1,甚至速动比率为0.3～0.4也是正常的;反之,应收款项比重很高的企业,速动比率必须大于1。当然,与流动比率一样,速动比率也没有绝对统一的标准,必须通过比较,才能做出正确的评价。

可以认为,速动比率是考虑了企业可能出现最不利的情况后而对资产流动性的衡量,因而用它衡量企业的流动性是稳健的,当然速动比率也有一定的局限性:其一,应收款项的可收回性,即应收款项的质量,以及对应收款项的会计核算是否足够稳健,必定会对速动比率的客观作用产生影响;其二,速动比率会随行业而异,随企业而异,甚至随经济环境和具体情况不同而异,例如,临时性需要或存货比计划提前运到等情况,企业会临时动用较多的现金支付货款,这势必导致速动比率下降,很可能影响债务的支付。部分行业的参考速动比率如表6-4所示。

表6-4 部分行业的参考速动比率

行业	速动比率	行业	速动比率	行业	速动比率	行业	速动比率
汽车	0.85	房地产	0.65	制药	0.90	商业	0.45
建材	0.90	化工	0.90	家电	0.95	机械	0.90
啤酒	0.90	计算机	1.25	食品	1.30	餐饮	1.50

在一般情况下,影响速动比率可信性的重要因素是应收账款的变现能力。账面上的应收账款不一定都能变成现金,实际坏账可能比计提的准备要多;季节性的变化,可能是报表上的应收账款数额不能反映平均水平。这些情况,外部分析人不易了解,而内部人却有可能做出估计。

4. 现金比率

在速动资产中,流动性最强、可直接用于偿债的资产称为现金资产。现金资产主要包括货币资金、交易性金融资产等。它们与其他速动资产有区别,其本身就是可以直接偿债的资产,而非速动资产需要等待不确定的时间,才能转换为不确定数额的现金。

现金资产与流动负债的比值称为现金比率,又称即付比率,其计算公式为:

$$现金比率 = (货币资金 + 交易性金融资产) \div 流动负债 \qquad (6-6)$$

根据 S 公司的财务报表数据：

期末现金比率＝(1 170 004.32＋11 412.78)÷3 652 144.07＝0.323 5

期初现金比率＝(1 264 104.43＋40 365.93)÷3 753 869.34＝0.347 5

现金比率假设现金资产是可偿债资产，表明 1 元流动负债有多少现金资产作为偿还保障，S 公司的现金比率比上年降低近 0.024，说明企业为每 1 元流动负债提供的现金资产保障减少了 0.024 元。

现金比率是现金资产与流动负债的比率关系，反映了企业在最坏情况下的偿付能力，在企业应收账款和存货变现能力较弱的情况下有较大的意义。一般来说，该比率在 0.20 以上，企业的支付能力不会有太大的问题。但如果该比率过高，意味着企业的现金管理能力较差，相当数目的现金资产未能得到有效的运用。

5. 现金流量比率

短期债务的数额是偿债需要的现金流量，经营活动产生的现金流量是可以偿债的现金流量，两者相除称为现金流量比率。现金流量比率反映企业本期经营活动产生的现金流量是否足以抵付即将到期的债务。一般而言，其值越大，说明企业经营活动产生的现金净流量越多，企业越有能力偿还到期债务。其计算公式为：

$$现金流量比率＝经营现金流量÷流动负债 \qquad (6-7)$$

根据表 6-1，S 公司 2024 年现金流量计算为：

现金流量比率(平均负债)＝278 015.47÷[(3 652 144.07＋3 753 869.34)÷2]
＝0.075 1

现金流量比率(期末负债)＝278 015.47÷3 652 144.07＝0.076 1

现金流量比率表明每 1 元流动负债的经营现金流量保障程度。该比率越高，偿债越有保障。

公式中的"经营现金流量"，通常使用现金流量表中的"经营活动产生的现金流量净额"。现金流量表的主表是根据收付实现制原则编制的，因此"经营活动产生的现金流量净额"既可以不受会计政策和会计估计不同选择的影响，可以避免流动比率和速动比率所固有的局限性，也不受流动资产变现能力的影响，可以直接反映企业本身经营活动的"造血"功能——创造现金流量的实际能力。同时，现金流量负债比率能反映企业在充分考虑现金的其他用途后的剩余支付能力，因此，它比流动比率和速动比率更准确地反映了企业的短期偿债能力。现金流量负债比率越高越好，这不仅表明企业支付到期债务的能力越强，而且也说明企业经营活动创造现金流量的能力越强，这是企业经营活动效率和质量较高、财务状况良好的重要标志。

公式中的"流动负债"，通常使用资产负债表中"流动负债"的年初与年末的平均数。为了简便，也可以使用期末数。

6. 影响短期偿债能力的其他因素

上述短期偿债能力比率，都是根据财务报表中的资料计算的。还有一些表外因素也会影响企业的短期偿债能力，甚至影响相当大。财务报表的使用人应尽可能了解这方面的信息，以便做出正确的判断。

增强短期偿债能力的表外因素主要有以下几类：

(1) 可动用的银行贷款指标：银行已经同意企业未办理贷款手续的银行贷款限额，可以随时增加企业的现金,提高企业支付能力。这一数据不反映在财务报表中,但会在董事会决议中披露。

(2) 准备很快变现的非流动资产:企业可能有一些长期资产可以随时出售变现,而不出现在"一年内到期的非流动资产"项目中。例如,储备的土地、未开采的采矿权、目前出租的房产等,在企业发生周转困难时,将其出售并不影响企业的持续经营。

(3) 偿债能力的声誉:如果企业的信用很好,在短期偿债方面出现暂时困难,比较容易筹集到短缺的现金。

降低短期偿债能力的表外因素主要有以下几类:

(1) 与担保有关或有负债,如果负债数额较大并且可能发生,就应在评价偿债能力时给予关注。

(2) 经营租赁合同中承诺的付款,很可能是需要偿付的义务。

(3) 建造合同、长期资产购置合同中的分阶段付款,也是一种承诺,应视同需要偿还的债务。

6.3 长期偿债能力分析

6.3.1 长期偿债能力分析的含义

长期偿债能力是指企业偿还一年期以上或超过一年的一个营业周期的债务的能力,它反映企业资本结构的合理性以及偿还长期债务本金和利息的能力。长期负债能力的强弱反映的是企业财务的安全和稳定程度。

长期负债的偿还有以下几个特点:一是保证长期负债得以偿还的基本前提是企业短期偿债能力较强,不至于破产清算。所以,短期偿债能力是长期偿债能力的基础。二是长期负债因为数额较大,其本金的偿还必须有一种积累的过程。从长期来看,所有真实的报告收益应最终反映为企业的现金净流入,所以企业的长期偿债能力与企业的获利能力是密切相关的。三是企业的长期负债数额大小关系到企业资本结构的合理性,所以对长期债务不仅要从偿债的角度考虑,还要从保持资本结构合理性的角度来考虑。保持良好的资本结构能增强企业的偿债能力。

企业借入的债务越高,不能到期还本付息的可能性就越大,其债权人承担的风险也就越高。对债权人来说,企业的所有者权益在资本结构中所占的比例越高,自身的权益就越有保障,相应的债权人承担的风险也就越小,借款给企业对他们就越有利。所以债权人在借款给企业时,应该综合评价借款的风险和可能的收益。

由于债权人的本息要优先于企业投资者的利润分配,因此负债程度直接影响投资者的利益。相反,负债的增加固然会使企业的财务风险增大,但是负债的利息费用可以在税前扣除,企业举债不会稀释股东权益,同时当债务成本远低于投资报酬率时,财务杠杆效应将使企业股东获得较高的报酬率。因此,股东还是有愿意承担较高的财务风险的可能性的。但是当企业的负债比率过高并且由此导致的财务风险过大时,就有可能严重危及企业股东的权益地位。

对企业的经营者来说,长期偿债能力是企业能否存在下去的关键因素之一。即使某企业有发展的前途,有比较雄厚的实力和根基,但如果未能处理好举债的规模和时间,不能在债务高峰到来时按时偿还债务,生存上也会遇到很大的困难,甚至会严重削弱企业的实力。巨人集团的债务引起的风波使其受到了人、财、物方面的巨大损失就是一例。

6.3.2 长期偿债能力指标的计算与分析

长期偿债能力与企业的盈利能力、资金结构有十分密切的关系。因此在评价企业的长期偿债能力时,不仅有必要在分析短期偿债能力的基础上,对资本结构进行分析,还要分析企业的获利能力。一般利用资产负债率、产权比率和权益乘数、长期资本负债率、利息保障倍数、现金流量利息保障倍数、现金流量债务比等指标来分析企业长期偿债能力。

1. 资产负债率

资产负债率是指企业全部负债与全部资产的比率,也称为负债比率或举债经营比率,是负债总额在资产总额中所占的比重。它是企业财务分析的重要指标,反映企业的资本结构状况,直接体现了企业财务风险的大小。其计算公式为:

$$资产负债率 = 负债总额 \div 资产总额 \times 100\% \tag{6-8}$$

根据表 6-1,S 公司资产负债率计算为:

S 公司期末资产负债率 = 3 913 430.47 ÷ 5 231 164.72 × 100% = 74.81%

S 公司期初资产负债率 = 3 962 337.33 ÷ 5 301 610.53 × 100% = 74.74%

可以看出 S 公司 2024 年提高了财务杠杆,其期末和期初相比资产负债率增加了 0.07%。

资产负债率是反映债权人所提供的资金占企业全部资产的比率,用来衡量利用债权人提供资金,进行经营活动的能力,它反映债权人提供资金的安全度。作为反映企业偿还债务的综合能力的指标,该比率越高,企业偿还债务的能力越差;反之,偿还债务的能力越强。

从资产负债率本身来看,该指标并无好坏之分,但从不同信息使用者的分析角度来看却有很大的差别:

(1) 从债权人的角度看,其最关心的是贷给企业的资金的安全程度,即能否按期收回本金和利息。因此,债权人希望资产负债率越低越好,这样股东提供的资本占企业资本总额的大部分,企业的风险将主要由股东承担,企业有充分的资产保障能力来确保其负债按时偿还;如果比率过高,债权人会提出更高的利息率补偿。

(2) 从股东的角度看,股权投资者关心的主要是投资收益率的高低,如果企业总资产收益率大于企业负债所支付的利息率,那么借入资本为股权投资者带来了正的杠杆效应,对股东权益最大化有利。所以,当企业的投资收益率大于其负债利率时,股东将倾向于进一步追加负债,以获得更多的投资收益。

(3) 从企业管理者的角度看,企业管理者既不愿意采用较高的资产负债率,以承受较大的风险,也不会保持较低的负债比例,使企业丧失利用财务杠杆获得收益的机会。因此,企业管理者会从企业的整体出发,选择较为合适的资产负债率。

资产负债率并不存在标准比率,它依据行业状况、企业实际经营和财务状况而定。处于不同行业的企业,资产负债率的大小有很大的差异。如批发和零售贸易业与机械、设备和仪表业的负债水平就明显不同,处于不同发展时期的企业,资产负债率也各有特点,处于快速成长期的企业,因其对资金的需求比较大,资产负债率可能会高一些。企业的资金是由负债和所有者权益构成的,因此,资产总额应该大于负债总额,即资产负债率应该小于1。如果企业的资产负债率大于1,说明企业资不抵债,有破产清算的风险。一般情况下,资产负债率越小,表明企业的长期偿债能力越强。合理的资产负债率通常在40%~60%,规模大的企业适当大些;但金融业比较特殊,其资产负债率到90%以上也是很正常的。

由于企业的长期偿债能力受盈利能力的影响很大,在实务中,通常把长期偿债能力分析与盈利能力分析结合起来进行。在经济高速发展,盈利前景看好,并且资本收益率高于债务利息率的条件下,可适当提高负债比率,为股东创造更多财富;反之,应降低负债比率,规避风险,防止企业陷入困境。

目前我国企业的资产负债率较高,主要原因是企业拥有的营运资本不足,流动负债过高。

2. 产权比率和权益乘数

产权比率和权益乘数是资产负债率的另外两种表现形式,与资产负债率的性质一样。

产权比率又称负债与股东权益比率,是负债总额与所有者权益之间的比率。它反映所有者权益对债权人权益的保障程度。这一比率越低,表明企业的长期偿债能力越强,债权人的保障程度越高,承担的风险越小。在这种情况下,债权人就愿意向企业增加借款。权益乘数表示企业的负债程度,说明企业资产总额是股东权益的倍数。该比率越高,企业的资产负债率越大,一方面表明企业有较高的负债程度,能获得较高的财务杠杆收益,另一方面也表明企业面临着较高的财务风险。

其中产权比率侧重于揭示财务结构的稳健程度以及自有资金对偿债风险的承受能力,反映企业承担负债的风险程度和企业的实际偿债能力,同时还反映股东权益对债权人利益的保障程度。产权比率高,是高风险的财务结构,产权比率低,是低风险的财务结构。从债权人的角度来说,该比率越低越好,这说明债权人的债权安全性有保障,但是股东通过借款享受利息抵税的机会减少,资产增值的机会减少。因此,怎样确立既顾及债权人利益又顾及股东利益的财务结构,对建立和完善公司治理结构具有重要意义。

$$产权比率 = 负债总额 \div 股东权益 \tag{6-9}$$

$$权益乘数 = 总资产 \div 股东权益 = 1 + 产权比率 = 1 \div (1 - 资产负债率) \tag{6-10}$$

根据表6-1,2024年S公司的产权比率和权益乘数分别计算为:

期末产权比率 = 3 913 430.47 ÷ 1 317 734.25 = 2.969 8

期末权益乘数 = 5 231 164.72 ÷ 1 317 734.25 = 3.969 8

期初产权比率 = 3 962 337.33 ÷ 1 339 273.21 = 2.958 6

期初权益乘数 = 5 301 610.53 ÷ 1 339 273.21 = 3.958 6

产权比率表明1元股东权益借入的债务数额。权益乘数表明1元股东权益拥有的总资产。它们也是常用的财务杠杆计量,可以反映特定情况下资产利润率和权益利润率之间的倍数关系。财务杠杆表明债务的多少,与偿债能力有关,并且可以表明权益净利率的风险,也与盈利能力有关。

3. 长期资本负债率

长期资本负债率是指非流动负债占长期资本的百分比,其计算公式为:

$$长期资本负债率 = [非流动负债 \div (非流动负债 + 股东权益)] \times 100\% \quad (6-11)$$

根据表6-1,S公司的长期资本负债率计算如下:

期末长期资本负债率=[261 286.40÷(261 286.40+1 317 734.25)]×100%
＝16.55%

期初长期资本负债率=[208 467.98÷(208 467.98+1 339 273.21)]×100%
＝13.47%

长期资本负债率越高,资本构成中长期负债比例就越大,企业的长期财务压力就越大。长期资本负债率反映企业长期资本的结构。由于流动负债的数额经常变化,资本结构管理大多使用长期资本结构。

4. 利息保障倍数

利息保障倍数是企业的息税前利润与利息费用的比率,也称为已获利息倍数。计算公式为:

$$利息保障倍数 = 息税前利润 \div 利息费用$$
$$= (净利润 + 利息费用 + 所得税费用) \div 利息费用 \quad (6-12)$$

根据表6-1,S公司2023年利息保障倍数计算为:

期末利息保障倍数＝(310 155.61+12 747.29+85 668.05)÷12 747.29＝32.05
期初利息保障倍数＝(287 059.76+7 409.89+90 131.62)÷7 409.89＝51.90

公式中的息税前利润是指利润表中的未扣除利息费用的税前利润,即"净利润+利息费用+所得税费用"。由于在利润表中利息费用包含在财务费用中,因此,报表分析者往往使用"净利润+财务费用+所得税费用"来计算。此外,要注意的是该指标计算中作为分母的利息费用,它包括企业各类长期、短期负债所要支付的全部利息费用,即不但包括计入财务费用账户的利息费用,也包括列入固定资产、在建工程等各项资本化支出的利息费用。为了简便,本例中使用财务费用代替。

长期债务不需要每年还本,却需要每年付息。利息保障倍数表明1元债务利息有多少倍的息税前收益做保障,它可以反映债务政策的风险大小。如果企业一直保持按时付息的信誉,则长期负债可以延续,举借新债也比较容易。利息保障倍数越大,利息支付越有保障。如果利息支付尚且缺乏保障,归还本金就很难指望。因此,利息保障倍数可以反映企业的长期偿债能力。

从长远来看,企业利息保障倍数至少要大于1,企业才有偿还利息费用的能力,否则就不能举债经营。如果企业利息保障倍数小于1,表明企业自身产生的经营收益不能支持现有的债务规模。利息保障倍数等于1也是很危险的,因为息税前利润受经营风险的影响是不稳定的,而利息的支付却是固定数额。但是在短期内,利息保障倍数低于1,企业仍有可能支付利息,这是因为有些费用如折扣、摊销等不需要当期支付现金。利息保障倍数越大,公司拥有的偿还利息的缓冲资金就越多。

企业在确定合理的利息保障倍数时,应注意和行业水平比较。特别是与本行业平均水平进行比较,来分析决定本企业的指标水平。同时从稳健性的角度出发,最好比较本企业连续几年的该项指标,并选择较低年度的数据作为标准。这是因为企业在经营好的年头要偿债,而在经营不好的年头也要偿还大约相同量的债务;某一个年度利润很高,利息保障倍数会很高，但不能年年如此，采用指标量低年度的数据，可以保证最低的偿还能力。

5. 现金流量利息保障倍数

现金流量利息保障倍数，是指经营现金流量为利息费用的倍数。其计算公式为：

$$\text{现金流量利息保障倍数} = \text{经营现金流量} \div \text{利息费用} \tag{6-13}$$

根据表 6-1，S 公司 2023 年现金流量利息保障倍数计算为：

期末现金流量利息保障倍数 = 278 015.47 ÷ 12 747.29 = 21.81

现金流量利息保障倍数不仅能够更好地反映一个企业或者是公司盈利能力的大小，也能够更好地反映出公司或者是企业在获取了经营活动所取得的现金之后可用于偿还自身债务的程度是多少。公司如果想要保持自己正常的还债能力的话，那么它的现金流量利息倍数应该是大于 1 的，而且比例越高，该企业或者是公司的长期还债能力就会越强；如果现金流量利息保障倍数低于 1 或者是更低的话，那么就代表着该公司或企业正在面临亏损，偿还债务的能力，也会有所下降。S 公司现金流量利息倍数为 21.81，说明该公司有足够的经营现金保障利息的支付。

现金基础的利息保障倍数表明，1 元的利息费用有多少倍的经营现金流量做保障。它比收益基础的利息保障倍数更可靠，因为实际用以支付利息的是现金，而不是收益。

6. 现金流量债务比

现金流量债务比，是指经营活动产生的现金流量与债务总额的比率。其计算公式为：

$$\text{经营现金流量与债务比} = (\text{经营现金流量} \div \text{债务总额}) \times 100\% \tag{6-14}$$

根据表 6-1，S 公司 2024 年现金流量与债务比为：

经营现金流量与债务比 = 278 015.47 ÷ [(3 913 430.47 + 3 962 337.33) ÷ 2] × 100%
= 7.06%

公式中的"债务总额"，一般情况下使用年末与年初的加权平均数，为了简便，也可以使用期末数。

该比率表明企业用经营现金流量偿还全部债务的能力。比率越高，承担债务总额的能力越强。

> **相关链接**
>
> **煤炭周期下煤炭上市公司财务分析**
>
> 从煤炭行业历年的指数走势来看，煤炭行业经历了几次周期轮动，分别为：2014 年至 2015 年初，煤炭行业产能释放，迎来产量的快速提升。2015 年至 2016 年，出现产能过剩，供求失衡严重，行业快速下行。2016 年，受中澳自贸协定正式签署、去产能政策推出、煤炭企业收益增长等影响，市场预期短暂回升。2016 年至 2020 年，去产能力度持续加大，供需格局显著改善，产量平稳增长，煤价回升且稳定，煤炭行业整体平稳。2021 年至今，后疫情时代经济恢复，需求逐渐复苏，供给端改革进一步深化，产地及进口端收紧，煤炭板块业绩持续增长。2022 年上半年至今，本轮煤炭周期到达顶点，煤价进入下行区间。
>
> 通过选取证监会二级行业分类——煤炭开采和洗选业，对所含的 25 家上市公司的

整体经营情况从盈利能力、资产负债、偿债能力、周转率和现金流五个方面进行分析。

从盈利能力看,在营收方面,煤炭开采和洗选业2020年至2022年营业收入持续增长,自2016年国家实施供给侧结构性改革以来,淘汰落后产能,带动煤炭行业重回正轨;2020年以来,疫情常态化后需求恢复,双碳背景下,化石能源资本开支不足,俄乌冲突加速全球"能源危机",煤炭行业"保供稳价"持续推进,行业营收逐步增长2022年营业收入达到109 681.7亿元,同比增长24%。盈利方面,2019、2020年整体盈利能力略有下滑,2021年疫情常态化后需求恢复,煤价上涨,盈利能力恢复到疫情前的水平,2022年,销售毛利率达到33%,销售净利率达到17%,相比2020年,销售毛利率和销售净利率均增长了7.6百分点。

煤炭行业是重资产行业,前期投资支出较大,因此资产负债率处于较高水平,2020年、2021年资产负债率分别为65%、64%,受益于近三年行业高景气度的维持,行业的整体盈利水平处于高位,行业整体的资产负债率呈现下降趋势。

从短期偿债能力来看,煤炭行业有充足的货币资金储备,货币资金/短期债务的比率在2018年至2020年处于平稳状态,2021年至2022年迅速增长,从2020年的2.82增长至2022年16.68。以"EBITDA/带息债务"指标衡量的经营偿债能力来看,煤炭开采和洗选业的内生偿债能力改善明显,债务保障能力不断增强从2020年0.45增长至2022年1.12。煤炭企业短期、长期偿债能力也均提高。

行业产能利用率不断提升,得益于我国供给侧结构性改革的决策部署,以及各个企业化解产能的措施,煤炭开采和洗选业的产能利用率明显提升,由2020年65%提升至2022年75%。煤炭开采和洗选行业的存货不断增加,由2020年3 565亿元增长至2022年4 372亿元,2022年存货同比增长8%,全国的煤炭供给体系质量稳步提升,供应保障能力加强,市场总体预期稳定向好。应收账款增长速度较快,2020年行业应收账款8 577亿元,2022年增长至16 249亿元,同比增长19%,应收账款的快速增长是由营业收入近三年增速较快导致。

行业高景气度下,煤炭行业利润增长速度较快,经营性现金流持续净流入。2018年开始行业的整体投资有复苏迹象,投资活动产生的现金流量净额流出减少,在保供稳价政策推动下,多数煤企加大生产和投资力度,投资性现金流净流出规模普遍增加,由2020年503亿元的流出增长至2022年1 075亿元流出。2020年以来,筹资活动产生的现金流净流出规模也明显增加,多数煤企经营状况较好、压降负债意愿较强。而此次行业景气度高点时期,煤炭企业并没有大肆投资扩张而是主动地偿还债务修复资产负债表。

总的来看,本轮周期高点回落后,整体煤企的盈利能力和偿债能力不仅相比起周期低点有了大幅改善,相比起历年周期高点右侧也更胜一筹。

(资料来源:颜子琦,杨佩霖.当前时点,煤炭债还有机会吗?—债看周期(三)[R].安徽:华安证券,2023-04-21.)

7. 影响长期偿债能力的其他因素

除了上述通过损益表、资产负债表中有关项目之间的内在联系计算出来的各种比率评价和分析企业的长期偿债能力以外,还有一些因素影响企业的长期偿债能力,必须引起足够重视。

1）长期租赁

当企业急需某种设备或资产而又缺乏足够的资金时,可以通过租赁的方式解决。财产租赁有两种形式:融资租赁和经营租赁。

融资租赁是出租方先垫付资金购买设备租给承租人使用,承租人按合同规定支付租金(包括设备买价、利息、手续费等)。一般情况下,在承租方付清最后一笔租金后,设备所有权归承租方。所有长期债务与营运资金比率,实际上属于变相的分期付款购买固定资产。因此,在融资租赁形式下,租入的固定资产作为企业的固定资产入账,进行管理,相应的租赁费用作为长期负债处理。这种资本化的租赁,在分析长期偿债能力时,已经包括在债务比率指标计算之中。

但当企业的经营租赁量比较大、期限比较长或具有经常性时,则构成一种长期性筹资,这种长期性筹资虽然不被包括在长期负债内,但到期必须支付租金,会对企业的偿债能力产生影响。因此,如果企业经常发生经营租赁业务,应考虑租赁费用对偿债能力的影响。

2）担保责任

担保项目的时间长短不一,有的涉及企业的长期负债,有的涉及企业的短期负债。在分析企业长期偿债能力时,应根据有关资料判断担保责任带来的潜在的长期负债问题。

3）或有项目

或有项目是指在未来某个或几个事件发生或不发生的情况下,会带来收益或损失,但现在还无法肯定是否发生的项目,例如未决诉讼。或有项目的特点是现存条件的最终结果不确定,对它的处理方法要取决于未来的发展。或有项目一旦发生便会影响企业的财务状况,因此企业不得不对它们予以足够的重视,在评价企业长期偿债能力时也要考虑它们的潜在影响。

拓展阅读

企业偿债能力与盈利能力和现金流量

判断一个公司的偿债能力是强还是弱,单凭分析反映偿债能力的指标是不够的,也是不科学的。由于存在人为因素,这些指标有时会有一些"虚",例如期末推迟进货、抓紧收回应收账款、先还债再借债等,这些方法可以提高流动比率和速动比率。例如,某公司年末有流动资产2 400万元,流动负债2 000万元。其流动比率为1.2(2 400÷2 000),为了改善流动比率,以达到粉饰财务信息的目的,该公司在发布财务报告前挪用生产经营资金偿还流动负债1 500万元,则其流动比率变为1.8[(2 400−1 500)÷(2 000−1 500)],报告之后立即重新借入1 500万元。这样,从财务指标上看,短期内公司的偿债能力提高了50%,财务指标好看了,然而,公司的生产经营必定要受到影响,长期来看,公司的偿债能力也并未得到根本改善。

判断公司的实际偿债能力必须结合公司的盈利能力分析。

归根结底,公司偿债能力的强弱取决于其盈利能力的高低。公司信用良好,容易产生良性循环,推动公司健康滚动发展。而如果一个公司的盈利能力很弱,从事的又是夕阳行业,且目前处于衰退期,即使其各项偿债能力指标都符合标准,可能短期具有一定的偿债能力,但是,从长期来看,该公司的偿债能力是不可靠的,是值得怀疑的。相反,如果一个公司的盈利能力很强,从事的是朝阳行业,且目前处于发展阶段,市场发展前景广阔,尽管当前资产负债率较高(如大于60%),短期内偿债能力指标可能较差。可从中长期看,也应判断其偿债能力是较强的。所以,公司偿债能力的强弱必须要结合盈利能力分析来判断。

结合现金流量分析正确判断上市公司的偿债能力。

衡量公司盈利能力的方法很多,主要仍然是比率分析法。但是,单纯地分析以权责发生制为基础的盈利能力指标,进而得出公司盈利能力强弱的结论同样也是片面的。即使从盈利能力相关指标分析中得出公司的盈利能力较强,但如果没有稳定的经营现金净流量为基础,其真实的盈利能力依然是值得怀疑的,说明该公司收益质量不高,盈利能力不可靠或持续性较差,其偿债能力也就无法得到保证。相反,即使通过分析盈利能力指标而得出公司的盈利能力一般,但如果该公司有稳定可靠的经营现金净流量作为保障,则其盈利能力是真实可靠的,是能够持续的,其偿债能力也是有保证的。因此,正确判断公司的偿债能力,还应该与公司获取现金流量净额(本文指经营现金净流量)的能力有机结合起来进行分析研究。

现金流量表反映一个公司报告期内现金的实际流入、流出及结存量的情况。根据它来分析企业的偿债能力,无疑能更真实、更直观、更有效。因为不管公司偿债能力的指标有多强,如果手中的现金收入连到期债务都不足以偿还,则公司无疑将面临巨大的财务危机,甚至会影响正常的生产经营。真正能用于偿还债务的是现金流量,而持续经营所获得的现金是偿还债务最有保障的来源,故应将公司的经营现金净流量作为偿还债务的主要来源,将贷款的担保(非货币性资产)作为次要来源。通过计算现金与流动负债的比率、现金与总资产的比率可以准确地判断公司的短期偿债能力。

本章小结

在分析企业偿债能力时,一定要从静态和动态两个角度进行分析,才能得出比较正确的结论。一个经济效益好但没有偿还到期债务能力的企业面对的是付款危机;一个有偿债能力而无获利能力的企业将会萎缩、衰退;一个既无获利能力又无偿债能力的企业只能破产。因此,在市场经济条件下,企业的偿债能力分析非常重要。

分析企业短期偿债能力的指标有:流动比率,速动比率,现金比率等;分析企业长期偿债能力的指标有:资产负债率,利息保障倍数,产权比率,资产权益率,权益乘数等。

无论是短期偿债能力分析,还是长期偿债能力分析,除了利用上述基本财务比率外,还应该善于利用财务报表及其附注中揭示的未能反映到比率之中的一些重要信息,甚至一些非定量的描述性信息。通过对这些补充信息的阅读和分析,基本财务比率给我们留下的企业财务状况之印象很可能会在一定程度上发生改变。

复习与练习

1. 某企业2024年有关资料为:年末流动比率为2.1,年末资产总额160万元(年初160万元),年末流动负债14万元,年末长期负债42万元。要求:计算该企业2024年年末流动资产总额、年末资产负债率和权益乘数。

2. A公司2024年有关财务资料如表6-5所示。

表6-5   A公司2024年有关财务资料   单位:万元

项目	年初余额	年末余额	负债及所有者权益	年初余额	年末余额
流动资产			流动负债合计	175	150
货币资金	50	45	长期负债合计	245	200
应收账款	60	90	负债合计	420	350
存货	92	144			
预付账款	23	36	所有者权益合计	280	350
流动资产合计	225	315			
固定资产	475	385			
总计	700	700	总计	700	700

已知,该公司2023年度权益乘数为2.5(年末数),2024年度营业收入为420元,净利润为63万元,利息费用为10万元,各项所得适用的所得税税率为25%。要求:(1)计算2024年年末的流动比率、速动比率、现金比率、资产负债率和权益乘数。(2)计算2023年年末产权比率、长期资本负债率和利息保障倍数。

案例分析

B公司偿债能力分析

偿债能力是指企业对到期债务的清偿能力,包括短期内对到期债务的现实偿付能力和对未来债务预期的偿付能力。偿债能力分析对促进企业发展的作用越来越大。

随着经济发展,企业所面临的外部环境与内部条件日趋复杂,偿债能力的大小直接关系到企业持续经营能力的高低,是企业利益相关人最关心的财务能力之一,是衡量企业财务管理的核心内容,也是财务分析的一个重要方面。

为了详细说明对企业的偿债能力分析,本文以B公司的资料为例,来说明对企业如何进行偿债能力的分析。

B公司是一家全民所有制国有企业,垄断该区供电业务,主营供电,兼营线路施工、电器安装。根据其2023年、2024年年报,有关偿债能力的资料及财务数据摘录及计算如表6-6~表6-9所示。

表6-6   B公司比较资产负债表

2024年12月31日   单位:万元

项目	年末余额	上年年末余额	项目	年末余额	上年年末余额
货币资金	236.95	2 880.30	短期借款	11 800.00	14 826.00
应收账款	28 328.42	36 591.64	应付票据	5 845.00	0
减:坏账准备	2 993.88	3 112.26	应付账款	12 135.32	8 694.22
应收账款净额	25 334.54	33 479.38	应付工资	1 508.34	1 523.20
预付账款	1 730.73	1 227.70	未付股利	2 023.00	0

(续表)

项目	年末余额	上年年末余额	项目	年末余额	上年年末余额
其他应收款	287.58	9 154.83	应交税费	284.18	353.19
存货	2 723.75	1 763.93	其他应付款	4 866.54	2 584.60
待摊费用	0.06	0	其他流动负债	3 127.92	1 627.92
流动资产合计	32 670.27	48 189.36	流动负债合计	45 111.39	29 803.72
长期股权投资	15 337.09	9 949.50	长期负债	11 000.00	12 539.87
固定资产原值	86 949.98	57 448.31	负债合计	56 253.16	42 485.36
减：累计折旧	21 159.17	13 304.27	股本	20 229.98	20 229.98
固定资产净值	65 790.82	44 144.04	资本公积	30 197.40	30 197.40
在建工程	6 002.80	4 931.28	盈余公积	8 994.83	6 854.68
固定资产合计	71 793.62	49 075.32	未分配利润	4 286.66	7 511.57
无形资产	161.06	218.42	股东权益合计	63 708.86	64 793.63
资产总计	119 962.04	107 432.60	负债及股东权益总计	119 962.04	107 432.60

表 6-7　　利润表及现金流量表数据摘要

单位：万元

项目	2024 年	2023 年	项目	2024 年	2023 年
主营业务收入	32 045.04	27 739.38	经营活动现金流入	48 096.70	23 653.10
主营业务成本	21 413.04	17 319.54	经营活动现金流出	20 110.96	23 414.39
税金及附加	322.70	305.21	投资活动现金流入	69.04	55.10
主营业务利润额	10 299.32	10 114.63	投资活动现金流出	23 402.81	10 041.05
管理费用	1 949.59	2 968.37	筹资活动现金流入	18 075.40	48 549.06
财务费用	1 225.69	2 182.94	筹资活动现金流出	22 853.55	38 118.99
净利润	6 114.70	4 209.60	现金净流量	−126.17	682.83

表 6-8　　应收款项账龄资料

金额单位：万元

项目	应收账款 2023 金额	应收账款 2023 比例	应收账款 2024 金额	应收账款 2024 比例	其他应收账款 2023 金额	其他应收账款 2023 比例	其他应收账款 2024 金额	其他应收账款 2024 比例	预付账款 2023 金额	预付账款 2023 比例	预付账款 2024 金额	预付账款 2024 比例
1 年	21 033	57.48%	17 190	60.68%	8 769	95.97%	17	5.9%	1 228	100.00%	1 104	63.80%
1～2 年	10 644	29.09%	3 951	13.95%	101	1.1%	15	5.22%			518	29.94%
2～3 年以上	2 566	7.01%	5 332	18.82%	10	0.11%	0	0			0	0
3 年以上	2 350	6.42%	1 855	6.55%	257	2.82%	256	88.88%			108	6.26%
合计	36 592	100.00%	28 328	100.00%	9 137	100.00%	288	100.00%	1 228	100.00%	1 731	100.00%

表 6-9　　　　　　　　　　　　　偿债能力各项指标值

项目	流动比率	速动比率	现金比率	资产负债率	负债保障程度	总资产周转率	存货周转率	应收账款周转率	已获利息倍数（倍）	长期资产负债率	净资产收益率	总资产报酬率	到期债务偿付率
2024 年	0.724	0.467	0.061	46.89%	2.13	0.282	9.543	0.986	6.09	15%	9.52%	7.4%	62%
2023 年	1.617	1.558	0.097	39.55%	2.53	0.268	8.68	0.871	3.2	16%	7.64%	6.87%	1%
2024 年行业平均值	2.071	1.293	1.162	35.18%	2.84	0.337	16.16	7.654	33.56	—	10.74%	—	42%

根据上述资料及有关指标,对 B 公司的偿债能力进行分析。

第 7 章

企业营运能力分析

> 对金钱最大的浪费,便是保有它。
>
> ——格理森(J T Gleason)

◎ 学习目标

1. 理解企业营运能力的含义;
2. 掌握流动资产管理效果分析的一般方法;
3. 掌握固定资产利用效果分析的一般方法;
4. 掌握总资产营运能力分析的一般方法;
5. 理解不同财务分析技术的局限性。

引 言

企业的销售毛利率的高低决定了其盈利水平的高低,因此对于高利润产品的投入以及相关产品结构的调整必须顺应消费趋势的发展。在竞争激烈的背景下,企业要想取得较好的经营业绩,不仅要致力于常规的成本费用控制,更应着眼于运营速度和效率的提升。

存货作为企业的资金占用项目,决定了存货管理在公司经营中具有举足轻重的地位。不断优化生产管理体系和企业运营流程,压缩存货占用周期,提高存货周转效率显得尤为重要。

宽松的赊销管理标准有利于销售额的提高,而严格的信用控制可以有效降低应收账款投资以及坏账损失风险,企业必须根据自身情况在冲突之间权衡利弊,制定合适的应收账款政策。对于实力较强且有着良好信誉而收款期限较长的企业来说,合理使用应收账款保理业务不失为低融资成本下加速资金周转的有效手段。此外,企业也可以在充分考虑自身情况的基础之上,合理适度运用应收账款质押融资、应收账款证券化等其他应收账款融资技术,提升资金周转效率。

7.1 企业营运能力概述

7.1.1 企业营运能力的概念

企业的营运能力简而言之就是，除去财务杠杆能力以外的企业运作能力，主要包括企业管理者对企业的固定资产和流动资产的运作能力。它反映了一个企业在没有新的股权或者债权筹资的前提下，对现有资产的使用效率。在数值计算上，一般表示为：

$$使用效率 = \frac{流量指标}{存量指标} \tag{7-1}$$

需要注意的是，在式(7-1)中分子"流量指标"是由分母"存量指标"衍生的，例如：

$$营运资本周转率 = \frac{销售净额}{平均营运资本} \tag{7-2}$$

在式(7-2)中，销售净额之所以会产生，是因为企业拥有一定的营运资本，而营运资本使用的效率又要看其产生的销售净额的大小。

因此，所谓的"能力"就是对资产的利用效率，即某项特定的资产存量所能创造的相关的流量的大小。单位资产存量创造的流量越大，则对该资产的使用效率就越大，其相关的"能力"也就越大。

一般而言，企业的营运资产可以分为流动资产和固定资产两大类，因此企业营运能力的分析主要包括流动资产管理和固定资产管理，以及将两者包括在内的总资产周转情况的分析等内容。

7.1.2 企业营运能力分析的目的

从企业的外部来讲，主要是现实的和潜在的权益投资人以及债权人，需要对企业的营运能力进行分析。这是因为，一个企业的营运能力在很大程度上反映了该企业资产的质量。从权益投资人的角度看，权益投资的目的是资产的保值和增值，因此，时刻关注其所投资的资产质量是很有必要的。从债权人的角度看，无论是利息的按时收取还是本金的及时回收都和债务企业的资产质量息息相关。并且一般而言，债务人偿付利息的能力来源于其获利的能力，而获利的能力又主要取决于其营运的能力，因此，对于债权人而言，一个企业的营运能力是其债权有效回收的重要保障。

从企业的内部来讲，企业的管理层也需要对本企业的营运能力进行分析。这是因为，一方面，营运能力的分析是建立在财务数据上的，而财务数据本身就是为了反映一定生产经营过程而采集加工的，因此对营运能力的分析就是对财务数据的再加工，是综合考察企业营运状况的有力工具；另一方面，企业的管理层也需要通过对营运能力的分析发现企业营运过程中的问题和不足。

7.2 流动资产管理效果分析

流动资产是指企业的现金、应收账款和存货，以及在短期有价证券等短期资产上的投资。流动资产具有周转周期短、变现能力强等特点,因此对流动资产的管理在整个企业经营管理中占有重要的地位。

7.2.1 现金和有价证券的分析[①]

1. 现金和有价证券管理概述

现金是可以立即投入流动的交换媒介。它的优点是普遍的可接受性,即可以用来直接和企业所需要的各种资源进行交换,进而满足企业经营的需要。而从保值、增值的角度看,现金的缺点也是同样明显的,那就是和其他流动资产、固定资产相比,现金本身不具有营运意义上的增值能力,有的只是以银行利率为报酬率的时间价值。这是因为从价值流的角度看,企业的资金流应该是沿着"现金——各种其他资产——现金"的轨道循环流动的,而企业之所以需要持有一定的现金,并不是出于生产经营的直接需要(直接需要各种其他资产),而是基于以下几点考虑。

首先是交易需要。企业在日常的经营过程中收取的现金和支付的现金一般不会正好相等,因此一般会留有一定的现金余额。

其次是意外需要。企业有时会发生意外的现金支出,如罚款等。一般而言,企业现金流的不确定性越大,则需要留存的应对意外需要的现金也就越多。

最后是投机需要。投机需要主要是指企业寻找不同寻常的投资和经营机会。例如,企业可能会突然发现低价购买原材料的机会,这时就需要手头有较多的现金来大量购进。

正是基于以上原因,企业一般需要留有一定的现金。但是,需要特别指出的是,企业留有现金和企业留有其他营运资产的原因是不同的。就现金而言,一方面,现金本身不具有营运意义上的资产增值性,因此不应该持有现金;另一方面,又由于以上原因,企业又不能完全不持有现金,因此企业是否留有现金更多为一种两难选择。而企业其他的营运资产本身具有增值性,因此也就不存在这样的两难选择问题。

留有现金和其他营运资产的原因的不同导致了对两者使用效率的评价方式的不同。

就营运资产而言,由于其具有营运意义上的增值性,留有现金对它的使用效率就表现为该项资产对营运的贡献,也就是对收入、利润等流量指标的贡献,即如式(7-1)所示。

而现金则有所不同,持有它是一种"权衡",因此,对于现金的评价更多的是评价其持有量是否"恰到好处"。

2. 最佳现金持有量管理

1)成本分析模式

成本分析模式是通过分析持有现金的成本,以此来找到持有成本最低的现金持有量。一般而言,企业持有现金将会和三类成本相关。

一是机会成本。企业持有的现金越少,则机会成本就越低。这是因为,现金本身不具备营运意义上的增值性,因此,所持有的现金本来可换成其他具有增值性的营运资产的机会也就被剥夺了。

二是管理成本。企业拥有一定的现金则一定会发生相关的资产管理的费用,如人员的工资支出和相关设备(如保险箱)的购置等。但是这类成本一般是固定成本,与现金持

[①] 这里的讨论将有价证券视为现金的代替品,是"现金"的一部分。

有量之间没有明显的比例关系。

三是短缺成本。当企业由于在本节概述中提到的相关原因需要现金支付,而又缺乏相应的现金持有量时所导致的成本的发生称为短缺成本。

上述三项成本之和最小时,其现金的持有量则为一个企业的最佳现金持有量。

2)存货模式

从以上分析我们可以看到,企业对于现金的管理处于一个进退两难的环境,一方面,多持现金虽然能够降低短缺成本,但由于现金不能增值,因此就提高了资产的机会成本;另一方面,如果少持现金,则在降低机会成本的同时也提高了短缺成本。那么,企业是否能够寻找到一条折中的道路呢?

威廉·鲍曼提出的存货模型就是这么一条折中的道路。在该模型中,现金被视为"存货",而与之相交换的是有价证券。选择有价证券作为交换的对象主要是因为有价证券具有相对较高的流动性,它能比较顺利地和货币相交易,同时其本身又具有良好的增值性(虽然也不是营运意义上的增值性,但和单纯的现金的时间价值相比而言还是更有投资的价值)。

因此,在存货模型中,企业手持一定的现金和有价证券,当企业需要的现金超过手中的现金时就卖出一定的有价证券以换回现金,当手中的现金过量时就购买一定的有价证券来降低机会成本。

在这个过程中会有一个问题产生:因为有价证券和货币的交换不是"免费"的,而是有一定的交易成本的。假设交易成本和交易的次数唯一相关,那么,企业在什么情况下才应该将手中的现金(有价证券)换成有价证券(现金)?或者说,企业在一定期间内,持有多少现金才是合理的?

为了回答该问题,我们假设:

T＝一定时期内企业所需的货币总量

C＝合理的企业现金持有量

F＝每次交易的成本

K＝机会成本

则:

$$交易成本 = \left(\frac{T}{C}\right)F \tag{7-3}$$

$$机会成本 = \left(\frac{C}{2}\right)K \tag{7-4}$$

当交易成本等于机会成本时,可求得最佳现金持有量 C。

即:

$$\left(\frac{T}{C}\right)F = \left(\frac{C}{2}\right)K$$

$$C = \sqrt{\frac{2TF}{K}} \tag{7-5}$$

综上所述,现金对于企业就好比血液对于人体,是必不可少的一部分。对一个企业现金管理的分析,其重点并不在于企业对现金利用率的高低,而在于判断企业是否合适地持有和利用现金。

【例 7-1】 S公司预计2024年所需的货币总量为 9 000 000 000 元,每次交易的成本为4 000元,机会成本为7%,试求企业的合理现金持有量。

$T = 9\,000\,000\,000$

$F = 4\,000$

$K = 7\%$

由式(7-5)得:

$$C = \sqrt{\frac{2TF}{K}} = \sqrt{\frac{2 \times 9\,000\,000\,000 \times 4\,000}{7\%}} = 32\,071\,349.03$$

7.2.2 应收账款周转速率分析

应收账款是指企业因赊销产品、材料、物资和提供劳务而应向购买方收取的各种款项。应收账款周转率是反映单位赊销额所能产生的现金流入的能力,如式(7-6)所示。

$$应收账款周转率 = \frac{赊销收入净额}{应收账款平均余额} \tag{7-6a}$$

$$应收账款周转期 = \frac{应收账款平均余额 \times 计算期天数}{赊销收入净额} \tag{7-6b}$$

在这里,应收账款是指由于提供商品和劳务所产生的债权,而不仅仅指会计科目"应收账款",一般而言,这里的应收账款包括"应收账款"和"应收票据"两个会计科目。

同时,由于赊销收入净额并不是一个企业对外公布的数据,一般外部人员进行财务分析的时候并不能取得该数据,因此,一般用营业收入代替。即:

$$应收账款周转率 = \frac{营业收入}{应收账款平均余额} \tag{7-7a}$$

$$应收账款周转期 = \frac{应收账款平均余额 \times 计算期天数}{营业收入} \tag{7-7b}$$

从应收账款本身而言,一个企业的应收账款周转率越大越好,这是因为,较大的应收账款周转率反映该企业应收账款的质量较好,收款效率较高,从而发生坏账的可能性也相对较低。

然而,应收账款在本质上依然是现金,只是为还没实际收到的现金,其本身在营运的意义上并无增值性。企业实行赊销的政策主要是为了扩大销售规模,增强销售的竞争力,但赊销额作为一个资产(应收账款和应收票据)对企业的营运并无帮助。因此,式(7-6)只是表明,在应收账款已经发生后,应收账款本身的收回效率,而不能认为从整个营运的角度上看应收账款周转率越高越好。从整个营运的角度看,提高应收账款周转率的最好办法并不是加紧催讨,因为那已经是事后的行为,最好的办法是在制定赊销政策的时候就缩短赊销期限,这样就能大幅地提高应收账款的周转率了,但是,这样也会损害企业销售的竞争力,影响销售额。因此,从整个营运的角度看,应收账款周转率的设定也是一个两难选择的权衡,而这是由应收账款的现金本质所决定的。

【例7-2】 S公司2023年营业收入为12 298 080.96万元,年末应收账款余额为

878 700.14 万元,年初为 792 547.16 万元,按一年 360 天算,计算应收账款周转率和周转期。

应收账款周转率＝12 298 080.96÷[(878 700.14＋792 547.16)÷2]＝14.72

应收账款周转期＝[(878 700.14＋792 547.16)÷2]×360÷12 298 080.96＝24.46

7.2.3　存货周转速率分析

存货主要由材料存货、在产品存货和产成品存货构成,这是流动资产重要的组成部分,通常能够达到流动资产总额的一半甚至更多。因此,对存货周转率的分析是整个营运能力分析不可缺少的一部分。

存货的周转速度通常以存货平均余额和产品营业成本比率来表示,如式(7-8)。

$$存货周转率 = \frac{营业成本}{存货平均余额} \tag{7-8a}$$

$$存货周转期 = \frac{存货平均余额 \times 计算期天数}{营业成本} \tag{7-8b}$$

从价值流的角度看,式(7-8)是企业的存货由于卖出而得到资本补偿的速率。从营运的效果上看,它反映的是销售部门在给定的销售策略下(包括定价和赊销等具体策略)的销售业绩[①]。存货周转率越高,则说明企业销售部门把存货卖出去的速度越快,因此,在给定销售策略的前提下,存货周转率越高,则销售部门的绩效就越好。

通过式(7-8)来评价销售部门的业绩之所以必须以"给定销售策略"为前提,因为销售策略的变动会必然导致存货周转率的变动,而这种变动和销售部门人员的客观努力工作并无关系。这类销售策略主要可以分为定价策略和赊销策略,当把这两个约束条件一并考虑之后,我们可以得到一个修正的存货周转率,如式(7-9)。

$$修正的存货周转率 = \frac{销售商品、提供劳务收到的现金}{存货平均余额} \tag{7-9a}$$

$$修正的存货周转期 = \frac{存货平均余额 \times 计算期天数}{销售商品、提供劳务收到的现金} \tag{7-9b}$$

在式(7-9)中,"销售商品、提供劳务收到的现金"本身包含了定价和赊销的约束条件,如果一个销售部门通过延长赊销期来达到增加存货的销售量,则会影响现金的回收;同样,如果降低销售价格,则也会影响到收到现金的总额。

需要说明的是,并不是说在做财务分析的时候,要用修正的存货周转率来代替存货周转率,而是要在不同的局限条件下,使用不同的指标来分析。当企业的销售部门没有销售策略的制定权,同时,在分析的期间内,客观上也没有对销售策略做大幅的调整,那么应该用式(7-8)来衡量、分析企业销售部门的营运能力。相反,如果企业的销售部门本身具有制定销售策略的权限,或者在给定的期间内客观上销售策略有较大的调整,则应该用式

[①] 由于在大部分制造业企业中,生产单位产品的周期要远小于销售的周期,因此在这里我们忽略了生产的周期,而将存货的周转率认为就是销售的速率。

(7-9)来衡量和分析企业销售部门的营运能力。

另外,从企业资产增值的角度看,也应该使用式(7-9)来进行分析,这是因为将"存货"转变为"营业成本"本身不是一个增值的过程,而只是企业内部的一项资产向成本的转移,销售作为一个增值的过程是体现在企业和企业外部的交换上的,也就是体现在"销售成本"和"营业收入"的交换上。

【例7-3】 S公司2023年营业成本为11 598 415.45万元,销售商品、提供劳务收到的现金为13 593 410.37万元,年初存货为963 590.04万元,年末存货为1 049 435.56万元。一年按360天算,计算存货周转率、存货周转期、修正的存货周转率和修正的存货周转期。

存货周转率=11 598 415.45÷[(963 590.04+1 049 435.56)÷2]=11.52

存货周转天数=[(963 590.04+1 049 435.56)÷2]×360÷11 598 415.45=31.25

修正的存货周转率=13 593 410.37÷[(963 590.04+1 049 435.56)÷2]=13.51

修正的存货周转天数=[(963 590.04+1 049 435.56)÷2]×360÷13 593 410.37
　　　　　　　　　=26.65

以上是将存货作为一个整体来考虑的,但是我们知道,存货按其性质可以分为材料存货、在产品存货和产成品存货。所以可以将式(7-8)分解为三种不同的存货周转率,如式(7-10)、式(7-11)及式(7-12)所示。

$$材料周转率=\frac{当期材料费用}{库存材料平均余额} \quad (7\text{-}10)$$

$$在产品周转率=\frac{当期生产成本}{在产品平均余额} \quad (7\text{-}11)$$

$$产成品周转率=\frac{营业成本}{产成品平均余额} \quad (7\text{-}12)$$

由于存货的周转其实是沿着"现金—材料—在产品—产成品—现金"这一循环路径来走的,因此,每一步的快慢都影响了整个存货周转的进程,通过以上三个公式,我们可以分析出哪些步骤是让存货周转率陷入"瓶颈"的。但要注意的是,这样的分析要结合企业的生产工艺流程和销售流程来分析,在具体实施时可以考虑用同行业类比等具体方法。

最后,在进行存货周转率分析时还应注意:①各种存货的计价方式(如先进先出)必须前后一致,否则需要对分析结果进行调整;②对存货的估价要谨慎,这对分析的结果有较大的影响;③在对单一指标进行分析的时候要将其放入企业经营的大背景下看,注意非企业可控因素的影响,如重大节日对商业企业的影响。

相关链接

晶华光学存货存疑

作为北交所"深改19条"后首家申请直联机制的二次挂牌企业,广州市晶华精密光学股份有限公司(以下简称"晶华光学")的北交所IPO动态备受市场关注,公司计划募资74 728.38万元,投向清远晶华扩产项目和补充流动资金。

晶华光学2022年营业收入小幅降低,2021年净利润出现下滑,2023年全年营收和净利润均下滑明显。即使扣除汇兑损益的影响,晶华光学2023年利润总额较2022年还是下滑4.84%。

晶华光学的存货有四大疑点:

其一,存货规模大幅增加。报告期各期末,公司存货账面价值分别为26 574.97万元、49 081.81万元、54 100.64万元和54 192.86万元,占流动资产的比例分别为39.6%、56.32%、55.2%和60.35%,存货规模较高。因而报告期内各期,晶华光学存货跌价均超过1 200万元,最高2022年存货跌价2 037.94万元。

其二,存货账面价值增速与同期营收增速不匹配。公司同期营业成本分别为6.75亿元、8.83亿元、8.19亿元、3.28亿元。2021年和2022年,公司存货账面价值同比增长84.69%、10.22%,同期营业成本增长30.81%、-7.25%,存货账面价值增速超过同期营业成本的增速。

其三,公司存货周转率下滑且低于同行可比公司。报告期内,公司的存货周转率分别为2.42、2.25、1.53、1.17,整体有所降低。而公司精密光学仪器和汽车智能感知系统的存货周转率相比同行可比公司一直更低,且持续下滑。

"要警惕一些存货难以计价、难以盘点的行业,利用虚增存货来消化虚增资金,警惕存货舞弊的可能。"资深财会人员指出存货数据正常合理的重要性,"存货财务造假的特征在于存货非正常增长。存货余额高企,存货周转率偏低,存货周转率持续下滑,存货增长速度快于营业收入增长速度,则表明存货可能存在少结转成本等虚增存货问题的可能性。"

其四,同期毛利率增长。报告期内,公司综合毛利率分别为32.64%、27.69%、31.48%和28.17%,毛利率存在上下波动,但在存货增长、存货周转率下降的2022年却是增长状态。这一点也是值得关注的存货疑点问题。

(资料来源:王莹.晶华光学存货疑点重重,对赌IPO协议申报前夕取消[N/OL].国际金融报,2024-03-27[2025-08-11]. https://www.ifnews.com/news.html?aid=594925)

7.3 固定资产利用效果分析

固定资产是企业最重要的资产之一,对它的利用效果能够直接影响到整个企业经营的效果。在分析固定资产的利用效果的时候,一般使用固定资产产值率和固定资产收入率两个指标。

7.3.1 固定资产产值率分析

固定资产是企业重要的生产资料,其利用的效率可以从其生产出的产品的产值来衡量。

将一定时期按不变价格计算的总产值与固定资产平均总值进行对比,就可以计算出固定资产产值率,如式(7-13)所示。

$$固定资产产值率 = \frac{总产值}{固定资产平均总值} \tag{7-13}$$

式(7-13)中的分母可以使用固定资产净值,也可以使用固定资产净值,视具体情况而定。

当我们分析的内容和企业的规模有关的时候,一般使用固定资产原值,这是因为随着固定资产的折旧,其价值是不断下降的,但是,其生产能力却不会有大的变化。因此,当我们分析企业的生产规模的时候,宜用固定资产原值来表征企业的生产能力。

当我们分析的内容和企业的价值有关的时候,一般使用固定资产净值,这时,式(7-13)表示每一块钱固定资产所能生产的产品的价值。在不同的行业,由于对固定资产的依赖程度不同,以及在技术条件等方面的差异,所以该指标跨行业的解释力较弱,一般用于同一行业内的比较分析。

7.3.2 固定资产收入率分析

固定资产的产值能够反映出公司对固定资产的利用效率,但这种效率是公司内部的效率,或者说是没有经过市场检验的效率。如果将企业的产品的市场检验这一约束条件放入一并考虑的话,那么应该将公司内部的"产值"改为经过市场检验的"营业收入",其分析比率就是固定资产收入率:

$$固定资产收入率 = \frac{营业收入}{固定资产平均总值} \quad (7-14)$$

式(7-14)中的"固定资产平均总值"也可以分为固定资产原值和固定资产净值两种情况。在用固定资产原值时,着重分析企业的生产规模和收入之间的联系;在使用固定资产净值时着重分析企业的资本规模和收入之间的联系。

【例7-4】 S公司2023年度营业收入为12 298 080.96万元,年初固定资产净额为546 462.01万元,年末固定资产净额为510 318.18万元,求S公司固定资产收入率。

由式(7-14)得:

固定资产收入率=12 298 080.96÷[(546 462.01+510 318.18)÷2]=23.27

7.3.3 固定资产比率分析的注意点

从企业营运的角度看,分析固定资产时所用到的比率和分析流动资产时所用到的比率是不同的。

就流动资产而言,其营运过程有明确的逻辑联系。例如,我们在分析存货的时候用的指标是"营业成本"与"存货平均余额"之间的比,其中,"营业成本"与"存货"之间有明确的一一对应关系。然而固定资产则有所不同,其产出的流量和资产存量之间的关系相对较为间接。例如,固定资产产值率是"总产值"和"固定资产平均总值"之间的比,然而,和分析流动资产时所用的比率不同的是,"总产值"的产生和"固定资产"之间的联系不是一一对应的,换句话说,固定资产只是构成总产值的一个物质因素,在一块钱的存货中,除了固定资产的折旧转入外还有原材料等其他物质构成。

这一点差异导致了两类比率精确性的不同(流动资产比率的精确度要大于固定资产的精确度),而精确度的不同又导致了两类比率在解释企业营运状况的能力上的差异。

当我们发现一个企业的存货周转率偏低的时候,如果忽略原材料存货和在产品存货的影响的话,我们几乎可以肯定地说,存货周转率偏低的直接原因是企业销售部门的业绩下滑(当然,导致销售部门业绩下滑的原因可能有很多)。

然而,当一个企业的固定资产产值率下降时,我们却不容易做出直接的判断,说明是企业的哪个营运部门或者程序出了问题。这是因为固定资产和总产值之间的联系更为曲折。为了找出原因我们的一般方法是"让概念更清晰些",我们将固定资产平均总值分解为"和生产直接相关的固定资产"和"其他固定资产",于是式(7-13)可以改写成:

$$固定资产产值率 = \frac{总产值}{和生产直接相关的固定资产} \times \frac{和生产直接相关的固定资产}{固定资产平均总值}$$

(7-15)

固定资产产值率 = 生产设备使用率 × 生产设备占有率

这样,当一个企业的固定资产产值率下降的时候,其可能的原因有两个,一是工厂的开工率不高,也就是生产设备使用率较低;二是资本使用效率较低,也就是生产设备占有率较低,这样我们对分析结果的解释方向可以更明确一些。

但我们必须要指出的是,对于因精确性差而导致解释力差的问题,我们采用指标分解的方法虽然有一定的效果,但并不能认为分解后的指标所产生的解释是"绝对正确"的。这是因为,当指标的内涵较丰富时(如固定资产总值),其分解的路径并不是唯一的,从而导致分析结果的非唯一性。例如,固定资产平均总值也可以分解为"A分公司固定资产平均总值"和"B分公司固定资产平均总值",这样我们的分析结果就只和两个分公司对固定资产的使用率的差异有关了。

相关链接

安钢集团固定资产管理

安钢集团成立于1958年,主要经营业务以生产和销售钢铁为主。安钢集团不仅建立了完善的炼焦、烧结等工艺体系,而且建立了冶炼、轧材及科研为一体的发展体系。在2020年12月,安钢集团年产钢能力达到1 000万吨,营业收入突破318.9亿元,在全国赢得了良好的口碑,是我国钢铁行业的龙头企业之一。

固定资产收入率是企业一定时期内,营业收入在固定资产平均净值中的占比,这一指标的高低对企业起着至关重要的作用。安钢集团的固定资产收入率呈现不断增长趋势,已经从2016年的1.65%增长到2020年的2.26%,反映出近年来安钢集团加强对钢铁资产的盘点,对固定资产资源加大重视力度。

对安钢集团固定资产管理进行进一步分析发现,近年来安钢集团的固定资产收入率呈现不断增长趋势,但是仍然有所波动。截至2020年,固定资产收入率数值为2.26%。这一数值说明了安钢集团对固定资产的利用率仍然较低,严重影响到了企业的营运能力。安钢集团的固定资产率明显低于同行业平均水平,而该公司固定资产的平均额度是比较高的,说明该公司应该进一步提高固定资产的利用效率。而且不能排除企业存在资产闲置的问题,大量未使用的固定资产不能够合理利用,造成固定资产的利用效率下降,固定资产造成浪费。

通过固定资产收入率分析,可以提出相应建议:安钢集团应该加强对企业固定资产的盘点和清查,对即将报废的固定资产也应该及时进行评估,采取措施进行管理,并且应该对固定资产进行及时的更换,加强对固定资产的维修和保护,科学合理地对企业固定资产进行管理,应该采取一定措施提高固定资产的使用效率,减少固定资产的闲置,并且应该建立网格化管理,对目前公司固定资产的状况加以实时的监督和管理,从而能够保障企业固定资产能够正常的运转,为企业带来更多的盈利。

(资料来源:王彬宇.安钢集团营运能力研究[J].中国集体经济,2022,(23):45-47.)

7.4 总资产营运能力分析

企业总资产营运能力主要指企业总资产的效率和效益。总资产产值率反映了企业总资产的使用效率,总资产收入率反映了资产的使用效益。

和固定资产类似,我们认为企业的总资产和其产出之间的关系较为曲折和间接,因此,一般不使用"周转率"指标。而类似存货之类的流动资产,由于其存量指标和流量指标之间存在直接的逻辑关系,可以认为是一个相对简单直接的流转循环过程,因此用"次数"为单位周转率来表征。

7.4.1 总资产产值率的计算和分析

总资产产值率反映了企业总资产与总产值之间的对比关系。其公式是:

$$总资产产值率 = \frac{总产值}{平均总资产} \tag{7-16}$$

式(7-16)表明,总资产产值率越高,则单位资产所创造的产品的产值就越高。之所以认为这是一个效率指标而非效益指标,是因为,该指标只是反映了企业内部创造价值的能力,但这个能力并没有经过市场的检验,换句话说,该指标高只是证明了企业的单位资产能够生产足够多的产品,但不能证明这些产品能够为消费者所接受,如果最终消费者不能接受产品,那效率再高对企业来说也不会有相应的利益流入。因此,效率指标和生产能力挂钩,而效益指标还要和市场的选择挂钩。

另外值得注意的是,这里的总产值不但包括了企业的存货,还包括了半成品和其他在产品。当企业总资产的规模在一定的时期内没有大幅变动的时候,其总产值可以认为是该段时间内企业的总产量。

式(7-16)还能从另一个角度来看:

$$单位产值占用资金 = \frac{平均总资产}{总产值} \tag{7-17}$$

式(7-17)反映了企业创造每一元的产值需要占用多少资产。该数值越小,则该企业的生产能力越高。

在具体分析时,可以将平均总资产分解为固定资产、流动资产等组成部分,然后利用连环替代法加以计算,则可以分析出各个不同的资产组成部分对企业总产值的贡献情况。

7.4.2 总资产收入率的计算和分析

总资产收入率反映了企业总资产和营业收入之间的比例关系,如式(7-18)所示:

$$总资产收入率 = \frac{营业收入}{平均总资产} \qquad (7\text{-}18)$$

【例 7-5】 S 公司 2023 年度营业收入为 12 298 080.96 万元,年初资产总额为 5 301 610.53 万元,年末资产总额为 5 231 164.72 万元,求 S 公司固定资产收入率。

由公式(7-18)得:

固定资产收入率 = 12 298 080.96 ÷ [(5 301 610.53 + 5 231 164.72) ÷ 2] × 100%
= 2.34%

该指标反映了企业资产运营的整体能力,该指标越高,则营运能力就越强。和总资产产值率不同的是,总资产收入率不但表征了企业的生产能力,还涵盖了企业的销售能力,因此相对来说,更全面地反映了企业的营运能力。

另外,总资产收入率和总资产产值率的关系如下:

$$总资产收入率 = \frac{总产值}{平均总资产} \times \frac{营业收入}{总产值} = 总资产产值率 \times 产品销售率 \qquad (7\text{-}19)$$

本章小结

企业的营运能力是企业综合经营能力的重要组成部分,反映了一个企业在一定的财务环境下,使用、利用现有资源的能力,是企业创造价值的基础所在。

一般而言,我们可以将企业的资产分解为流动资产、固定资产等不同种类,并使用比率分析、连环替代等不同的分析方法对其进行分析,从而得出企业营运的各个不同方面的特征,进而帮助企业的管理者和决策者更加深入地了解企业营运的真实状况。

复习与练习

业务题

1. S 公司现金收支平衡,预计全年(按 360 天计算)现金需求量为 100 万元,现金与有价证券的转换成本每次 500 元,有价证券年利率为 10%。

要求:

(1) 计算最佳现金持有量。

(2) 计算最佳现金持有量下的全年现金管理总成本、全年现金转换成本和全年现金持有机会成本。

(3) 计算最佳现金持有量下的全年有价证券交易次数和有价证券交易间隔期。

2. S 公司生产和销售 A、B 两种产品。目前的信用政策为"2/15,n/30",有占销售额 60% 的客户在折扣期内付款并享受公司提供的折扣;不享受折扣政策的应收账款中,有 80% 可以在信用期内收回,另外 20% 在信用期满后 10 天(平均数)收回。逾期账款的收回,需要支出占逾期账款额 10% 的收账费用。如果明年继续保持目前的信用政策,预计 A

产品销售量为 4 万件,单价 100 元,单位变动成本 60 元;B 产品销售量为 2 万件,单价 300 元,单位变动成本 240 元。

如果明年将信用政策改为"5/10,n/20",预计不会影响产品的单价、单位变动成本和销售的品种结构,而销售额将增加到 1 200 万元。与此同时,享受折扣的比例将上升至销售额的 70%;不享受折扣的应收账款中,有 50% 可以在信用期内收回,另外 50% 可以在信用期满后 20 天(平均数)收回。这些逾期账款的收回,需要支出占逾期账款额 10% 的收账费用。

该公司应收账款的资金成本为 12%。

要求:

(1) 假设公司继续保持目前的信用政策,计算其平均收现期和应收账款应计利息(一年按 360 天算,计算结果以万元为单位,保留小数点后四位,下同)。

(2) 假设公司采用新的信用政策,计算其平均收现期和应收账款应计利息。

3. S 公司为扩大销售,拟定了两个备选方案。

(1) 将信用条件放宽到"n/45",预计年赊销收入为 10 000 万元,坏账损失为赊销额的 5%,收账费用为 100 万元,固定成本为 800 万元。

(2) 将信用条件改为"2/10,1/30,n/45",预计年赊销收入为 12 000 万元,估计约有 60% 的客户(按赊销额计算)会利用 2% 的现金折扣,20% 的客户会利用 1% 的现金折扣,坏账损失为赊销额的 3%,收账费用为 80 万元,固定成本为 1 000 万元。

该公司的变动成本率为 60%,资金成本率为 10%。

要求:

根据上述资料,填列表 7-1,并就选择哪种方案做出决策。

表 7-1　　　　　　　　　　　备选方案对比

项目	A($n/45$)	B($2/10,1/30,n/45$)
年赊销额		
现金折扣		
年赊销净额		
变动成本		
固定成本		
信用成本前收益		
平均收账期(天)		
应收账款周转率(次)		
应收账款平均余额		
赊销业务占用资金		
应收账款机会成本		
坏账损失		
收账费用		
信用成本		
信用成本后收益		

4. S公司全年需用A材料360 000千克,该材料的单位采购成本100元,每次进货费用400元,单位材料的年储存成本8元,单位缺货成本10元。销售企业规定:客户每批购买量不足8 000千克,按标准价格计算;每批购买量8 000千克以上,10 000千克以上的,价格优惠2%;每批购买量高于10 000千克的,价格优惠3%。

要求:

(1) 如果不考虑商业折扣和缺货,计算下列指标:

① 经济进货批量;

② 经济进货批量的存货相关总成本;

③ 经济进货批量平均占用资金;

④ 年度最佳进货批次。

(2) 如果考虑商业折扣,但不考虑缺货,计算经济进货批量。

(3) 如果不考虑商业折扣,但考虑缺货,计算经济进货批量和平均缺货量。

案例分析

贝因美应收账款管理

由于新冠疫情的影响,企业间竞争的激烈性与日俱增。很多企业采用信贷销售的办法来增加自己的销售量,从而提升公司在市场上的竞争力。但是若企业不注重对应收账款的风险控制,一味地扩张自己的市场份额,则会使公司的资金流动出现问题。反之,如果企业过度缩减应收账款的数额,那么企业在市场上的竞争力会相对降低。作为一家拥有良好经营的上市企业,贝因美公司在应收账款的风险管理方面却显示出其不够成熟的一面,出现了财务及经营问题。

贝因美股份有限公司(以下简称"贝因美公司")于1992年成立于浙江杭州,并于2011年4月12日在深圳股票市场挂牌上市。在2008年大部分乳制品公司都遭遇三聚氰胺事件后,贝因美作为少数未被查出问题的公司,其营业收入迅速增长,逐步跻身于全国乳业龙头行列。然而,贝因美2014年的营业利润大幅下滑,一度被迫退市。经过一系列调整,2018年末贝因美公司的净利润最终实现增长。但贝因美在2019年后并未重回业界巅峰,其2019年和2020年的净利润依然为负。由于新冠疫情的影响,其应收账款的数额也一直居高不下。

2013—2016年,贝因美公司的应收账款周转率急剧下降,从最高的21.09%下降到2.19%。2016年以后到2021年贝因美公司的应收账款周转率虽然有缓慢提高,但始终低于社会平均值。这表明贝因美公司有大量的应收账款占用营运资金。此外,由于回收过程长,对其进行调查、追踪与管理将消耗大量的资源和人力。

贝因美公司2014年末已累计计提了0.25亿元的坏账,而到2017年已增长为4.45亿元,增幅惊人。2018—2020年,应收账款坏账的规模不减反增。截止到2020年末,在新冠疫情的影响下,坏账准备达到5.03亿元,这就意味着公司的应收账款很难收回,其利润可能会出现急剧下滑。2021年新冠疫情形势逐渐好转,贝因美公司的坏账也随之减少。

贝因美公司的财务报告显示,截至2021年底,公司应收账款已达7.42亿元,占公司流动资产的33.98%,占总资产的18.23%。2016—2021年,尽管贝因美公司的应收账款数量较低,但其应收账款在总资产中所占比例在14%以上,在流动资产中所占比重30%以上,远远高于20%的优良比率。

2011—2018年,一年以内的应收款项所占比例在90%以上。2019年以后,由于新冠疫情的影响,贝因美公司一年以内的应收账款有所减少,而多年的应收账款有所增加。

贝因美公司应收账款风险管理存在以下问题:

贝因美长期缺少对于客户的信用管理系统。销售人员对客户的信用管理不到位,认为只需要知道客户的基本信息,未曾设想以后能否按时收回款项。由此可见,贝因美公司并没有把顾客信用管理工作做得很好。

由于目前我国企业的销售合同大多是由销售部门主导,没有形成一套行之有效的分级管理体系,这就给公司的经营带来了很大的风险。通过与销售人员的交流,发现在公司和顾客的购销合同中,有些条款是很含糊的,没有完整的执行措施。

按照《企业内部控制基本规范》,公司要构建顾客诚信档案,尤其是重点客户的信用评估系统,并在以后及时进行数据采集,监测其信用状况。贝因美公司在与客户签约之后,并未对客户的动态进行追踪,仅仅把合约和客户的资料存入档案。如果没有后续的信用监管,特别是在全球疫情尚未结束的情况下,将会使公司的面临更多的风险。

在销售完成后,销售部门忽视了应收账款收回义务,没有主动与财务部门联系,导致公司的应收账款未能按时回收,进而对公司的经营产生一定影响,常常造成资金链断裂。因此,要解决我国大型超市拖欠货款的问题,要有一个完善的购销系统,并制定出有针对性的解决办法。

(资料来源:张雅琴.乳制品行业应收账款管理优化研究——以贝因美公司为例[J].经济师,2023,(08):88-90.)

问题:

1. 贝因美公司的应收账款过多可能是哪些原因造成的?
2. 贝因美公司有哪些应收账款财务风险防范对策?

第8章

企业盈利能力分析

> 我买入企业的基本标准之一是：显示出有持续稳定的盈利能力。我宁愿要一个收益率15%、资本规模1000万美元的中小企业，也不愿要一个收益率5%、资本规模1亿美元的大企业。
> ——沃伦·巴菲特

学习目标

1. 了解盈利能力的基本含义；
2. 了解盈利能力的分类；
3. 熟悉资产盈利能力与资本盈利能力的区别；
4. 掌握资产盈利能力相关指标的计算；
5. 掌握资本盈利能力指标的计算；
6. 掌握杜邦财务分析体系及改进的财务分析体系。

引 言

2017年9月10日，中国企业联合会、中国企业家协会第16次发布"中国企业500强"排行榜。2017中国企业500强中，国家电网公司、中国石油化工集团公司、中国石油天然气集团公司位列前三甲。

多大规模的企业才能当中国企业500强？"2017中国企业500强"的入围门槛为营业收入283.11亿元，达到历史新高，较上一年大幅提高了39.65亿元，提高幅度是自2002年发布中国企业500强以来最大的。

中国企业500强加起来有多大？"2017中国企业500强"的营业收入总额首次突破60万亿元，达到了64.00万亿元，相当于2016年我国GDP总额的86%。榜单上，营业收入超过1 000亿元的共有157家，较上一年增加5家，继续扩容。其中，国家电网公司成为中国唯一营业收入超过2万亿元的企业，仅次于美国沃尔玛，是世界第二大企业。

500强企业中哪些企业赚钱最多呢？工、建、农、中、交五大银行，再加上国家开发银行，6家银行总利润超过1万亿元，占500强总利润的比例超过36.6%；而500强中的245家制造业企业，共实现净利润5 493.10亿元，占500强净利润总额的19.53%。245家的总利润仅仅相当于6家银行利润的一半。

（资料来源：陆娅楠.中国企业500强揭榜：前十家最赚钱企业七家是银行[EB/OL].人民日报客户端，(2017-09-10)[2025-08-12]. http://m.people.cn/n4/2017/0910/c120-9834895.html）

8.1 盈利能力概述

8.1.1 盈利能力的含义

盈利能力是指企业在一定时期内获取利润的能力,也称为企业的资金或资本增值能力,通常表现为一定时期内企业收益数额的多少及其水平的高低。保持最大的盈利能力是企业财务工作的目标,同时也是企业实现持续健康发展的根本保证。盈利能力是企业组织生产经营活动、销售活动和财务管理水平高低的综合体现,因而企业盈利能力是企业所有利益相关集团和投资者共同关注的问题。

企业投资者和潜在投资者关注盈利能力,是因为他们的股息收入来源于利润,而且企业盈利能力增加能使股票价格上升,从而使股东获得资本增值。企业债权人关注盈利能力,是因为企业利润是其债权安全性的保障,是企业偿债的主要来源。由于企业盈利能力的大小是企业资产结构是否合理、营销策略是否成功、经营管理水平高低的主要表现,因此,企业管理当局为了衡量业绩、发现问题、履行和承担受托经营责任,同样会非常关心企业自身的盈利能力。对于政府机构,企业盈利水平是其税收收入的直接来源,获利的多少直接影响财政收入的实现。因此,盈利能力对所有报表使用者都有着十分重要的影响。

企业作为自主经营、自负盈亏的独立商品生产者和经营者必须维护其资本的完整并最大限度地获取利润,这样才能向股东们发放股利,增加雇员薪金,保证可靠的偿债能力,才能使企业健康、顺利地发展。因此,盈利能力在财务报表分析中处于非常重要的地位。

企业报酬有不同的计量尺度,如净利润、息前利润、息税前利润等。下面分别对不同的企业报酬尺度进行介绍。

1. 息税前利润

息税前利润是支付利息、缴纳所得税之前的利润,即在净利润的基础上将所得税和利息加回,其计算公式为:

$$息税前利润 = 净利润 + 所得税 + 利息 \tag{8-1}$$

息税前利润是企业所有资产共同创造的财富,将债权人报酬——利息和股东报酬——净利润都包含在内,因此在考察企业全部资金的报酬率时,经常选择息税前利润作为分子的报酬指标。但是,息税前利润将所得税也包含在内,而所得税是企业的一项费用,将其包含在内并不十分合理。如果将所得税看作是政府所获得的利益,那么在考察包括债权人、股东和政府在内的利益相关者的利益时,使用息税前利润更加合理。

2. 息前利润

息前利润是支付利息之前的利润,即在净利润的基础上将利息加回。由于利息可以抵税,因此加回的利息是抵税后的净利息。息前利润的计算公式为:

$$息前利润 = 净利润 + 利息 \times (1 - 所得税税率)$$

息前利润在息税前利润的基础上扣除了所得税因素,用它来代表企业所有资金的报酬更加合理。由于企业很少区分长期负债利息和流动负债利息,因此在考察长期资金的报酬时,也可以用息前利润近似地替代。但是由于企业是先支付利息,后缴纳所得税,息前利润作为支付利息前、缴纳所得税后的利润不太容易理解,因此在实际应用中,息税前利润比息前利润更加常见。

3. 净利润

净利润即税后利润。虽然净利润并不会全部作为股利支付给股东,还会有一部分以盈余公积和未分配利润的形式留存在企业,但盈余公积和未分配利润从归属上看仍归股东所有,因此全部的净利润都可以看作是股东的报酬,即权益资金获得的报酬。

4. 归属普通股股东的利润

在企业有优先股的情况下,并不是所有的净利润都归普通股股东所有,优先股股东将先于普通股股东分得固定的股利。因此,在考察普通股股东报酬时,应在净利润的基础上扣减掉优先股股利,计算出归属普通股股东的利润。

8.1.2 盈利能力分析的意义

盈利能力分析的意义具体表现在以下几个方面。

1. 有利于投资者进行投资决策

企业投资者进行投资的目的是获取更多的利润,投资者总是将资金投向获利能力最强的企业。因此,投资者对获利能力进行分析是为了判断企业获利能力的大小、获利能力的稳定性和持久性及未来获利能力的变化趋势。在市场经济条件下,投资者往往认为企业的获利能力比财务状况、营运能力更为重要,所以,投资者关心企业赚取利润的多少并重视对利润率的分析。企业获利能力增强,投资者的直接利益就会提高,此外,还会使股票价格上升,从而使股票投资者获得资本收益。

2. 有利于债权人衡量投入资金的安全性

债权人可以通过分析企业的获利能力来衡量收回本息的安全程度,从而使借贷资金流向具有较高安全性和利润率的社会生产部门。

企业短期债权人关注的是在短期内企业能否按时还本付息,因此主要分析企业当期的盈利水平,在短期借款时期内企业的盈利水平高,短期债权人的利益就有较好保证,他们较少关心企业未来盈利水平的稳定性和持久性。另外,短期债权人是否能收回其借款本息,还常常取决于企业的现金净流量,因此,短期债权人还特别关心企业盈利情况下的现金支付能力。

企业长期债权人关注的是企业在长期债务到期时能否及时足额地还本付息。长期债务的偿还要以企业高水平、持久稳定的获利能力为基础,因此长期债权人的分析侧重于判断企业长期获利水平的高低、获利的稳定性和持久性,并以此预期在长期借款到期后他们能否及时足额地收回本金和利息。

3. 有利于政府部门行使社会职能

政府行使其管理职能,要有足够的财政收入做保证。税收是国家财政收入的主要来源,而税收的大部分来自企业。企业获利能力强,就意味着实现的利润多,对政府税收贡献大。各级政府如能聚集较多的财政收入,就能有更多的资金投入基础设施建设、科技教育、环境保护及其他各项公益事业,更好地行使社会管理职能,为国民经济的良性运转提供必要保障,推动社会向前发展。

4. 有利于企业经理人员对企业进行经营管理

从企业的角度看,企业从事生产经营活动,其根本目的是最大限度地赚取利润并维持企业稳定地经营和发展。持续、稳定地经营和发展是获取利润的基础,而最大限度地获取利润又是企业持续稳定发展的目标和保证。因此,对企业经理人员来说,分析企业的获利能力具有十分重要的意义。首先,用已达到的获利能力指标与标准、基期、同行业平均水平、其他企业相比较,可以衡量经理人员工作业绩的优劣;其次,通过对获利能力的深入分析或因素分析,可以发现经营管理中的重大问题,进而采取措施解决问题,提高企业的收益水平。

5. 有利于保障企业职工的劳动者权益

企业获利能力的高低,直接关系到企业员工的切身利益。企业的竞争实际上是人才的竞争,企业具有较强的盈利能力,就能为员工提供较为稳定的就业岗位、较多的深造和发展机会、较丰富的薪金及物质待遇,为员工工作、生活、健康等各方面创造良好的条件,同时也能吸引人才,使他们更努力地为企业工作。

8.1.3 盈利能力的影响因素

盈利能力受诸如营销能力、成本费用管理水平、资产管理水平、财务状况及风险等各方面因素的影响,分析和研究这些因素的影响对准确评价企业的盈利能力非常重要。影响企业盈利能力的主要因素有以下几个。

1. 营销能力

营业收入尤其是主营业务收入是企业利润最重要的源泉,是企业发展的基础。企业的营销能力是扩大经营规模、增加营业收入的保证。科学有效的营销策略有助于形成良好的营业状况,为企业盈利提供最基本的条件。

2. 成本费用管理水平

利润是收入扣减费用后的差额。如果说营销能力是企业"增收"的保障,那么成本费用管理水平就是企业"节支"的基础。在企业营销能力一定的情况下,其成本水平越高,企业的盈利能力越差,抵御市场风险的能力越弱,则市场竞争能力越差;反之,当企业的营销能力一定时,成本水平越低,则获利空间越大,企业抵御市场风险的能力和市场竞争能力越强。因此,加强对成本费用的管理,不断挖掘成本潜力,是企业增加利润的重要手段。当然,降低成本费用应以不减少企业现在和未来的收入为前提。

3. 资产管理水平

资产是可以带来经济利益的经济资源。因此,资产规模适度与否、资产结构合理与否以及资产运用效率的高低直接影响企业获取经济利益的能力,即盈利能力。而有效的资产管理有助于确定适度的资产规模、安排合理的资产结构,并不断提高资产效率。

4. 财务状况及风险

一个企业财务状况的稳定性及风险的高低对其盈利能力有着极其重要的影响。

首先,财务状况的稳定性取决于资本结构,而资本结构对盈利能力有着重要影响。资本结构是风险与收益环节相权衡的结果,它对企业经营具有重要影响。由于长期负债的利息在税前列支,而且具有相对的稳定性,因此它不仅影响着税前、税后的利润额,还发挥着财务杠杆的作用,即当长期资本报酬率高于长期负债利息率时,净资本报酬率随着负债率的增加而增加;反之,如果长期资本报酬率低于长期负债利息率,则净资本报酬率随着负债率的增加而减少,甚至由正值变为负值。可见,资本结构变化时企业股东权益报酬率发生变化,属于一种典型的理财收益。同时,它也反映了与高财务风险相关的盈利能力的易变性。因此,增强权益的盈利能力,需要尽可能减少资本占用的同时,妥善安排资本结构。

8.1.4 企业盈利能力恶化的预警信号

一般认为,企业盈利能力发生恶化之前可能出现的预警信号有:

(1) 不切合实际的、过于激进的盈利目标,以及基于这些盈利目标的管理当局奖金计划。

(2) 管理当局过分感兴趣于通过非常激进的会计手段来维持企业盈利趋势。

(3) 虽然实现盈利以及盈利的增长,企业经营当中却不能创造充足的现金流量。

(4) 资产、负债、收入或者费用的确认出现异常。

(5) 常常发生重大的关联交易。

(6) 现金短缺、负的现金流量、营运资金和信用短缺,影响营运周转。

(7) 融资能力(包括借款及增资)降低,营业扩充的资金来源只能依赖盈余。

(8) 成本增长超过收入。

(9) 对单一或少数产品、顾客或交易的依赖。

(10) 企业的盈利过度依赖于除主营业务以外的其他业务。

(11) 企业属于夕阳产业或濒临危机的行业。

(12) 因经济或其他情况导致的产能过剩。

(13) 现有借款合约对流动比率、额外借款及偿还时间的规定缺乏弹性。

(14) 存货大量增加,超过销售所需。

(15) 企业计提的各种准备明显不足。

(16) 应收账款规模的不正常增加。

(17) 企业无正常理由变更会计政策和会计估计。

(18) 注册会计师不正常变更。

(19) 审计报告出现异常。

> **相关链接**
>
> **美的置业如何提高盈利能力**
>
> "房地产产业链未来前景还是很广阔,开发性业务承压,但产业链其他相关业务还是很宽很宽。"8月19日,美的置业(03990.HK)董事会主席郝恒乐在半年度业绩说明会上重申了对房地产产业的信心。
>
> 上半年,美的置业实现合同销售总额202亿元,公司营业收入251亿元,净利润为5.96亿元,保持盈利。虽然经营较为稳健,美的置业仍坚决地启动了转型步伐。美的置业宣布采用实物分派的方式,将全资持有的房地产开发业务从上市公司重组至控股股东,以减少负债及与房地产开发业务的重资产属性相关信用风险。未来将构建围绕房地产开发全价值链的低杠杆、轻资产的综合实力,持续探索房地产发展新模式。
>
> 这背后的原因是近年房地产市场持续深度调整,房地产开发业务成为上市公司业

绩的拖累。2023年，沪深、内地在港上市房地产公司净利润均值分别同比下降38.2%、29.6%，沪深上市房企中约有42.9%出现亏损，内地在港上市房企中约有63.5%出现亏损，亏损企业数量较上年明显增加。

具体来看，重组后的美的置业，选择了以"开发代建＋物管服务＋资产运营＋房地产科技"四项业务组成的轻资产业务模式。在四项业务中，物管服务、资产运营以及房地产科技三项，是美的置业前期已有的保留业务。2023年，美的置业保留业务的数据为：营业收入29.1亿元，归母核心净利润4.2亿元。对比来看，美的置业当年整体营收规模为741.5亿元，是保留业务的25倍，但是当年利润水平为9.1亿元，仅为保留业务的约2倍。轻资产运营下，盈利能力的稳健性可见一斑。

（资料来源：张一帆.美的置业剥离地产开发业务 轻资产运营提升盈利能力[N/OL].证券时报，2024-08-20[2025-08-11]. https://www.stcn.com/article/detail/1291591.html）

8.1.5 盈利能力分析的内容

盈利能力的分析是企业财务分析的重点，财务结构分析、偿债能力分析等的根本目的是通过分析及时发现问题，改善企业财务结构，提高企业偿债能力、经营能力，最终提高企业的盈利能力，促进企业持续稳定地发展。对企业盈利能力的分析主要指对利润率的分析。因为尽管利润额的分析可以说明企业财务成果的增减波动状况及其原因，为改善企业经营管理指明方向，但是由于利润额受企业规模或投入总量的影响较大，一方面，不同规模的企业之间不便于对比；另一方面，它也不能准确反映企业的盈利能力和盈利水平。因此，仅进行利润额分析一般不能满足各方面对财务信息的要求，还必须对利润率进行分析。

对企业盈利能力的分析主要从资产经营和资本经营两方面进行。资产经营盈利能力分析主要对总资产报酬率、长期资本报酬率指标进行分析和评价。资本经营盈利能力分析主要对净资产收益率、资本金报酬率、每股收益、每股净资产、市盈率、市净率等指标进行分析和评价。

资产经营与资产经营型的企业经营方式紧密相连。所谓资产经营型，其基本特点是把资产作为企业资源投入，并围绕资产的配置、重组和使用等进行管理。管理目标是追求资产的增值和资产盈利能力的最大化。因此资产经营的基本内涵是合理配置与使用资产，以一定的资产投入获得尽可能多的收益。

资本经营与资本经营型的企业经营方式紧密相连。所谓资本经营型，其特点是围绕资本保值增值进行经营管理，把资本收益作为管理的核心，资产经营、商品经营和产品经营都服从于资本经营目标。资本经营型企业的管理目标是资本保值与增值或追求资本盈利能力最大化。因此，资本经营的内涵是指企业以资本为基础，通过优化配置来提高资本经营效益的经营活动，包括资本流动、收购、重组、参股和控股等能实现资本增值的领域，从而使企业以一定的资本投入取得尽可能多的资本收益。

资产经营和资本经营的主要区别在于：第一，经营内容不同。资产经营主要强调资产的配置、重组及有效使用；资本经营主要强调资本流动、收购、重组、参股和控股等。第二，经营出发点不同。资产经营从整个企业出发，强调全部资源的运营，而不考虑资源的产权问题；资本经营则在产权清晰基础上从企业所有者出发，强调资本（主要指自有资本）的运营，把资产经营看作资本运营的环节或组成部分。它们之间的联系主要表现在：首先，资本与资产的关系决定了二者之间相互依存、相互作用，资本经营要以资产经营为依托，资本经营不能离开资产经营而孤立存在；其次，资本经营是企业经营的最高层次，商品经营是对产品经营的进步，资产经营是对商品经营的进步，而资本经营是对资产经营的进步。

8.2 资产经营盈利能力分析

企业的获利能力可以从收入与利润的比例关系来评价，还可以从投入资产与获得利润的关系来评价。由于企业可以采用高销售利润率、低周转率的政策，也可以采用低销售利润率、高周转率的政策，所以销售利润率会受企业政策的影响。但是，这种政策选择不会改变企业的资产利润率，使得资产利润率能更加全面地反映企业获利的能力。销售获利能力分析主要是以主营业务收入为基础，就利润表本身相关的获利能力水平指标所进行的分析，没有考虑投入与产出的对比关系，只是在产出与产出之间进行比较，它是企业获利能力的基本表现，却未能全面反映企业的获利能力，因为高利润率指标可能是靠高资本投入实现的。因此，我们还必须从资产运用效率和资本投入报酬角度做进一步分析，才能公正地评价企业的获利能力。

S公司为批发和零售企业，2024年12月31日简易资产负债表（简表）如表8-1所示。

表 8-1　　　　　　　　　S公司2024年度资产负债表（简表）

2024年12月31日　　　　　　　　　　　　　　　　　　　　　　　单位：万元

项目	年末余额	上年年末余额	项目	年末余额	上年年末余额
流动资产	4 251 403.61	4 365 607.88	流动负债	3 652 144.07	3 753 869.34
非流动资产	979 761.11	936 002.65	非流动负债	261 286.40	208 467.98
			负债合计	3 913 430.47	3 962 337.32
			股东权益合计 其中：实收资本	1 317 734.25 130 674.94	1 339 273.21 130 674.94
资产总计	5 231 164.72	5 301 610.53	负债和股东权益总计	5 231 164.72	5 301 610.53

S公司2024年度利润表如表8-2所示。

表 8-2　　　　　　　　　　S公司2024年度利润表

2024年度　　　　　　　　　　　　　　　　　　　　　　　　　单位：万元

项目	本年累计数	上年累计数
营业收入	12 298 080.96	14 114 791.27
减：营业成本	11 598 415.45	13 428 817.85
税金及附加	18 490.11	13 607.81
销售费用	177 327.97	158 083.15

(续表)

项目	本年累计数	上年累计数
管理费用	95 540.71	83 499.37
研发费用	49 655.51	46 241.71
财务费用	12 747.29	7 409.89
其中：利息费用	25 879.00	38 143.89
利息收入	20 113.92	17 134.51
加：其他收益	15 404.90	12 996.85
投资收益	16 889.79	16 885.36
公允价值变动收益	340.84	−83.70
信用减值损失	1 360.65	−23 863.63
资产减值损失	−14 000.79	−33 084.46
资产处置收益	4 497.97	17 204.67
营业利润	370 397.28	367 186.58
加：营业外收入	26 359.87	12 588.51
减：营业外支出	933.49	2 583.71
利润总额	395 823.66	377 191.38
减：所得税费用	85 668.05	90 131.62
净利润	310 155.61	287 059.76
基本每股收益	0.79	0.7

以上为 S 公司 2024 年度简易资产负债表和损益表，在本章以后的计算中，均以这两张表为例，解释各个指标的计算。

8.2.1 总资产报酬率

1. 总资产报酬率指标的计算

总资产报酬率是企业的息税前利润同平均资产总额的比率，是反映企业资产综合利用效果的指标，也是衡量企业总资产获利能力的重要指标。其计算公式为：

$$总资产报酬率 = \frac{息税前利润}{平均资产总额} \times 100\% = \frac{息税前利润}{(期初资产总额 + 期末资产总额) \div 2} \times 100\% \tag{8-2}$$

总资产报酬率反映的是企业投入的全部资金获取报酬的能力。在实际应用中，由于各利益相关者对净利润的特别关注，更常见的总资产报酬率的计算公式为：

$$总资产报酬率 = \frac{净利润}{平均资产总额} \times 100\% = \frac{净利润}{(期初资产总额 + 期末资产总额) \div 2} \times 100\% \tag{8-3}$$

根据 S 公司 2024 年资产负债表、利润表，总资产报酬率计算为：

$$总资产报酬率 = \frac{净利润}{平均资产总额} \times 100\% = \frac{净利润}{(期初资产总额+期末资产总额) \div 2} \times 100\%$$

$$= \frac{310\ 155.61}{(5\ 231\ 164.72 + 5\ 301\ 610.53) \div 2} \times 100\%$$

$$= 5.889\%$$

S 公司历年总资产报酬率如表 8-3 所示。

表 8-3　　　　　　　　　S 公司 2022—2024 年总资产报酬率

项目	年份		
	2022	2023	2024
总资产报酬率	4.811%	5.351%	5.889%

可以看出，S 公司总资产报酬率在逐年升高，从 2022 年的 4.811% 上升到 2024 年的 5.889%。

2. 总资产报酬率指标的分析要点

（1）总资产来源于所有者投入资本和债务资本两方面，利润的多少与企业资产的结构有密切关系。因此，评价总资产报酬率时要与企业资产结构、经济周期、企业特点、企业战略结合起来进行。

（2）对公式中的分子"净利润"有几种观点。一种观点是采用税后净利，在杜邦分析体系中就是采用此种利润额概念，因为它展示了一个重要关系式：总资产收益率（报酬率）＝销售净利率×总资产周转率，可进一步分析并显示经营获利能力和资产周转速度对总资产报酬率的影响。但由于税后净利已扣除负债利息，它必然会受到资本结构的影响，因而导致不同时期、不同企业的总资产报酬率会因资本结构等因素的不同而缺乏可比性。另一种观点是采用"息税前利润"，其理由是：第一，从经济学角度来看，利息支出的本质是企业纯收入的分配，是企业创造利润的一部分。为了促使企业加强成本、费用管理，保证利息的按期支付，将利息费用化的部分列作财务费用，从营业收入中得到补偿；利息资本化的部分计入资产原价，以折旧、摊销等形式逐期收回。所以应将利息支出加回到利润总额中。第二，权益融资成本是股利，股利是以税后利润支付，其数额包含在利润总额之中；债务性融资成本是利息支出，而在计算利润总额时已将其扣除，为了使分子、分母的计算口径一致，分子中应包括利息支出。第三，息税前利润可以避免因资本结构不同而导致不同的利润，能够较好地体现资产的总增值情况，而且便于企业间的横向比较，因而这是最常用的方式。但其不足之处是它未能反映终极所得，所以不太符合所有者的分析要求。

8.2.2　长期资本报酬率

1. 长期资本报酬率指标的计算

如果说总资产报酬率从资产负债表左方进行了"投入"与"产出"的比较，而长期资本报酬率则是从资产负债表的右方进行"投入"与"产出"的比较。长期资本报酬率也称长期资本收益率，是收益总额与长期资本平均占用额之比，反映企业投入长期资本的获利能

力。其中长期资本是企业长期负债和所有者权益之和,而收益总额是指利润总额。其计算公式为

$$长期资本报酬率=(利润总额÷长期资本)×100\%$$

$$长期资本=平均非流动负债+平均所有者权益$$
$$=\frac{期初非流动负债+期末非流动负债}{2}+\frac{期初所有者权益+期末所有者权益}{2}$$

(8-4)

根据S公司2024年资产负债表、利润表,S公司2023年度长期资本报酬率计算为:

$$S公司2024年度长期资本=\frac{261\,286.40+208\,467.98}{2}+\frac{1\,317\,734.25+1\,339\,273.21}{2}$$
$$=234\,877.19+1\,328\,503.73=1\,563\,380.92(元)$$

S公司2024年度长期资本报酬率=395 823.66÷1 563 380.92=25.318%

S公司历年长期资本报酬率如表8-4所示。

表8-4　　　　　　　　S公司2022—2024年长期资本报酬率

项目	年份		
	2022	2023	2024
长期资本报酬率	21.113%	23.680%	25.318%

可以看出,S公司的长期资本报酬率保持稳定的上升趋势,从2022年的21.113%上升到2024年的25.318%。

2. 长期资本报酬率指标的分析要点

(1) 长期资本报酬率反映的是每单位长期资本能够获得多少盈利。该指标是从长期资金的提供者——长期债权人和所有者的角度来分析其投资报酬率。显然,要提高长期资本报酬率,一方面要增强企业的获利能力,另一方面要尽可能减少长期资本的占用。

(2) 在利用长期资本报酬率衡量企业的获利能力时,不能仅分析企业某一个会计年度的长期资本报酬率,还应当结合趋势分析和同业比较分析,才能有助于得出相对准确的分析结论。

(3) 长期资本报酬率与总资产报酬率相比,由于后者衡量的是所有资金提供者的收益,所以通常该比率较低;而长期资本报酬率衡量长期资金提供者的收益,由于短期资金的收益相对较低,所以该比率要高于总资产报酬率。

相关链接

英伟达的赚钱能力

2024年5月23日,英伟达发布了2024财年的第一季度财报,美国通用会计准则(GAAP)下,其营收达260.4亿美元,同比增长262%,环比增长18%;净利润148.8亿美元,同比上涨628%,环比上涨21%。英伟达一季度毛利润率高达78.9%,预计第二

季度营收在280亿美元,上下浮动2%,同样高于分析师预期。英伟达还预计,全年毛利率预计在70%左右。

英伟达创始人兼CEO黄仁勋直言:"我们已准备好迎接下一波增长。Blackwell平台已全面投入生产,为万亿参数级生成式AI奠定了基础。"

数据中心营收猛增427%,占比近9成

黄仁勋表示:"数据中心的增长,得益于对Hopper平台上生成式AI训练和推理的强劲需求。除了云服务提供商之外,生成式AI还扩展到消费者互联网公司以及企业、主权AI、汽车和医疗保健客户,创造了多个价值数十亿美元的垂直市场。"与此同时,Blackwell新架构的芯片产品正在生产出货过程中,这也将成为英伟达的新"印钞机"。汇丰报告指出,英伟达的芯片定价进一步上涨,其中,GB200的ASP(平均售价)为60 000美元至70 000美元,而独立B100GPU的ASP(平均售价)为30 000至35 000美元,并且,报告还认为英伟达有望在2026财年实现1 960亿美元的收入。

Blackwell之外,黄仁勋还提到:"Spectrum-X(交换机)为我们打开了一个全新的市场,能够将大规模AI引入以太网专用数据中心。NVIDIANIM是新软件产品,它通过广泛的生态系统合作伙伴网络,提供企业级、优化的生成式AI,可在任何地方(从云端到本地数据中心和RTXAI第2页共4页PC)的CUDA上运行。"可以看到,从算力芯片、传输环节再到软件系统,英伟达正在构建新的体系,以更加全面的解决方案来售卖"数据中心",而不是单纯的芯片。

再看游戏和AIPC业务,第一季度英伟达的相关收入为26亿美元,环比下降8%,同比增长18%;同时,期内英伟达的专业可视化业务营收为4.27亿美元,环比下降8%,同比增长45%;汽车和机器人业务营收为3.29亿美元,环比增长17%,同比增长11%。数据中心之外的业务,也都实现了两位数的增长,目前来看,英伟达在四大核心业务上都保持着动力。

(资料来源:倪雨晴.英伟达一季报净利涨超6倍黄仁勋已经在迎接下一波增长点[N].21世纪经济报道,2024-05-24(003).)

8.3 资本经营盈利能力分析

投资者投资的目的是获得投资报酬,一个企业投资报酬的高低直接影响到现有投资者是否继续投资,以及潜在的投资者是否追加或重新投资。投资者十分关心企业的资产运用效率,因为这会影响到投资报酬的高低。但资产报酬率高并不等于投资者的收益高,因为企业的总资本包括债务融资,如果企业运用债务资本带来的利润支付利息以后有剩余,产权融资的收益率就会提高;否则,就会降低。资本经营盈利能力分析的主要指标包括净资产收益率、资本金报酬率、每股收益、每股净资产、市盈率、市净率等。

8.3.1 净资产收益率

净资产收益率(ROE)亦称净资产报酬率、股本报酬率、净值报酬率。该指标是企业一

定时期内净利润与平均净资产(所有者权益)之比,反映了企业所有者所获投资报酬的大小。其计算公式为:

$$净资产收益率 = \frac{净利润}{平均净资产总额} \times 100\% \tag{8-5}$$

式(8-5)中净利润为企业税后净利,平均净资产总额为企业期初净资产总额与期末净资产总额的平均数。

根据S公司2024年资产负债表、利润表,S公司2024年度净资产收益率计算为:

$$\begin{aligned} 净资产收益率 &= \frac{净利润}{平均净资产总额} \times 100\% \\ &= \frac{310\,155.61}{(1\,317\,734.25 + 1\,339\,273.21) \div 2} \times 100\% \\ &= 23.346\% \end{aligned}$$

S公司历年净资产收益率如表8-5所示。

表8-5　　　　　　　　S公司2022—2024年净资产收益率

项目	年份		
	2022	2023	2024
净资产收益率	20.689%	22.557%	23.346%

可以看出,在2022年至2024年期间,S公司净资产收益率呈现稳定的上升趋势,从2022年20.689%上升到2024年的23.346%。

需要说明的是,对于股份公司来说,净资产收益率通常是指普通股东权益报酬率。如果公司股份中有优先股,应将这部分内容剔除。财务制度规定,优先股股利在企业提取任意盈余公积和支付普通股股利之前支付,而且无论公司的收益如何,优先股的股利一般是固定不变的。因此,可以说普通股股东才是公司资产的真正所有者和风险的主要承担者,所以这时候的净资产收益率的计算公式为:

$$净资产收益率 = \frac{净利润 - 优先股股利}{平均净资产总额 - 平均优先股股东权益} \times 100\% \tag{8-6}$$

对于净资产收益率的分析要注意以下两点。

第一,净资产收益率是立足于所有者权益的角度来考核企业获利能力和投资回报能力,因而它是最为所有者关注的对企业具有重大影响的指标。一般来说,净资产收益率越高,企业净资产的使用效率就越高,投资者的利益保障程度也就越大。

第二,报表使用者通过分析净资产报酬率指标,一方面可以判定企业的投资效益,另一方面,可以了解企业管理水平的高低。同时对该指标的分析还是所有者考核其投入企业的资本保值增值程度的基本途径。在具体分析时,可以结合指标的时间趋势分析和行业或同业比较分析等方式进行。

8.3.2　资本金报酬率

资本金报酬率也称实收资本报酬率,是净利润与企业平均实收资本的比率,反映了投资者投入资本金的获利能力。其计算公式为：

$$资本金报酬率 = \frac{净利润}{平均实收资本总额} \times 100\% \quad (8-7)$$

根据 S 公司 2024 年资产负债表、利润表，S 公司 2024 年度资本金报酬率计算如下：
S 公司 2024 年度资本金报酬率＝310 155.61/130 674.94＝237.349%
S 公司历年资本金报酬率如表 8-6 所示。

表 8-6   S 公司 2022—2024 年资本金报酬率

项目	年份		
	2022	2023	2024
资本金报酬率	182.884%	220.258%	237.349%

可以看出，S 公司历年资本金报酬率与净资产收益率呈现相同的变化趋势，从 2022 年逐年上升，至 2024 年达到最高，达到 237.349%。

资本金报酬率衡量的是企业所有者投入资本赚取利润的能力，公式中的资本金指的是资产负债表上的实收资本项目，该指标数值越高，表明投资者投入企业资金得到的回报就越高。通过对资本金报酬率的分析，不仅可以了解企业管理水平和经济效益的高低，而且还可以判定企业的投资效益，从而对所有者投资决策产生影响。因此，在衡量资本金收益率时，应首先确定基准资本金收益率，即企业在一定条件和一定资本的规模下，至少应当实现的净利润的数额。若实际资本金收益率低于基准收益率，表明企业的获利能力严重不足，投资者就会转移投资。此外，分析资本金收益率，除了将报告期实际收益率与基准收益率比较外，还应与上期比较，与计划目标比较，找出差距，分析原因。

8.3.3 每股收益

每股收益也叫每股盈余，是企业本年净收益扣除优先股股利后与发行在外普通股加权平均股数的比率。每股收益作为股份公司每一普通股在一定的会计期间所获得的净利，不仅反映企业盈利能力的大小，而且与股票价格和股利发放率等均有密切的关系，是衡量上市公司获利能力最重要的财务指标，该指标具有引导投资、增加市场评价功能、简化财务指标体系的作用。每股收益值越高，企业的获利能力越强，股东的投资效益就越好，每一股份所获得的利润也越多，反之，就越差。另外，每股收益还是确定股票价格的主要参考指标，在其他因素不变的情况下，每股收益越高，该种股票的市价上升空间则越大；反之，股票的市价也会越低。

$$每股收益 = \frac{净利润}{发行在外的普通股加权平均股数} \times 100\% \quad (8-8)$$

根据《企业会计准则第 30 号——财务报表列报》的规定，企业应当在利润表的最下端列示每股收益，并且对具有复杂资本结构的企业，要求将基本每股收益（basic EPS）和稀释每股收益（diluted EPS）进行双重列示，这与美国财务会计准则委员会（FASB）和国际会计准则委员会（IASC）的要求是一致的。计算基本每股收益的目标是衡量会计主体报告期的盈利状况，而计算稀释每股收益的目标是反映所有具有稀释性的潜在普通股对每股收益的影响。

企业每股收益的计量和揭示受其资本结构的影响。根据资产负债表中产权证券的组成情况,企业的产权资本结构分为两种,一种是简单资本结构,一种是复杂资本结构。如果企业发行的产权证券只有普通股一种,或者虽有其他证券,但无稀释作用或稀释作用不明显,则该企业为简单资本结构。如果企业发行的产权证券中除普通股之外,还包括普通股的同等权益,如可转换公司债券、认股权证、股票期权等,这些权益对每股收益都具有潜在的稀释影响,则认为该企业是复杂资本结构。在复杂资本结构下,既需要计算未充分稀释前的"基本每股收益",又需要计算稀释后的"稀释每股收益",并在利润表上双重列示。

从 S 公司 2024 年度损益表中,我们可以看出,S 公司 2024 年度基本每股收益为 0.79 元(310 155.61÷392 602.04)。

根据 S 公司披露的年报,S 公司历年每股收益如表 8-7 所示。

表 8-7　　　　　　　　　　S 公司 2022—2024 年每股收益

单位:元

项目	年份		
	2022	2023	2024
每股收益	0.59	0.70	0.79

可以看出,S 公司每股收益在 2022 年为 0.59 元,此后呈现上升趋势,2024 年达到最高 0.79 元。

8.3.4　每股净资产

每股净资产,也称为每股账面价值或每股权益,是期末净资产(即股东权益)与年末普通股份总数的比值,反映了公司每一普通股所能分摊账面净资产的多少,也是公司真正财务实力的表现。其计算公式为:

$$每股净资产 = \frac{年度末股东权益}{年度末普通股股数} \tag{8-9}$$

根据 S 公司 2024 年资产负债表、利润表,S 公司 2024 年度每股净资产计算如下:

每股净资产=1 317 734.25÷30 594=10.08(元/股)

S 公司历年每股净资产如表 8-8 所示。

表 8-8　　　　　　　　　　S 公司 2022—2024 年每股净资产

单位:元/股

项目	年份		
	2022	2023	2024
每股净资产	9.28	10.25	10.08

从表 8-8 可以看出,S 公司每股净资产呈先升后降的趋势,2023 年上升至为 10.25,随后 2024 年下降至 10.08。

该指标反映发行在外的每股普通股所代表的净资产成本即账面权益。该指标越大,说明公司每一普通股实际拥有的净资产越多,公司的发展潜力和股票投资的价值越大,间接地表明了企业盈利能力的高低。分析时应关注公司的资本结构,如果公司资本结构中负债的比重较小甚至没有负债,尽管每股净资产高,但未必财务状况真正好,盈利能力真正强。只有在合理的资本结构下,保持良好的盈利水平,具备真正良好的财务状况时,每股净资产越高,才能说明企业未来发展的潜力越强。

然而,因每股净资产用历史成本计量,既不反映净资产的变现价值,也不反映净资产的产出能力,所以只能有限地使用这个指标进行投资分析。例如,某公司的资产只有一块前几年购买的土地,并且没有负债,公司的净资产是土地的原始成本。现在土地的价格比过去翻了几番,引起股票价格上升,而其账面价值不变。这个账面价值,既不说明土地现在可以卖多少钱,也不说明公司使用该土地能获得什么。

每股净资产,在理论上提供了股票的最低价格,如果公司的股票价格低于净资产的成本,成本又接近于变现价值,说明公司已无存在价值,清算是股东最好的选择。

8.3.5 市盈率

市盈率是指普通股每股市价为每股收益的倍数,是评价股份有限公司股票市场表现的重要指标之一。其计算公式为:

$$市盈率 = \frac{普通股每股市价}{普通股每股收益} \tag{8-10}$$

式(8-10)中,普通股每股市价通常采用年度平均价格,即全年各交易日收盘价的算术平均数。为简单起见,并增强其适时性,亦可采用报告日前一日的现时股价。

根据 S 公司 2024 年资产负债表、利润表,S 公司 2024 年末市盈率为:

$$S 公司 2024 年末市盈率 = \frac{2024 年末每股市价}{2024 年末每股收益} = \frac{7.57}{0.79} = 9.58(倍)$$

S 公司历年市盈率如表 8-9 所示。

表 8-9　　　　　　　　　　S 公司 2022—2024 年市盈率

项目	年　份		
	2022	2023	2024
市盈率	10.136	8.357	9.582

从表 8-9 中可以看出,S 公司市盈率呈先下降后上升的趋势,其中 2023 年降幅为 17.55%,2024 年上升幅度为 14.66%。

市盈率是投资者用以衡量某种股票投资价值和投资风险的常用指标。它是市场对公司的共同期望指标。市盈率高,说明投资者对该公司的盈余品质较具信心,且预期将来的盈余提高。

一般来说,在同时流通的各公司股票中,某一股票的市盈率越低,则其投资价值越高,投资风险越小,但是也有可能说明该公司发展前景欠佳,缺乏对投资者的吸引力;反之,市盈率越高,说明该公司发展前景良好,投资者普遍持乐观态度,愿意承受较大的投资风险。但是市盈率越高,并不能表示其质量越好。当公司总资产报酬率很低时,每股收益可能接近于零,以每股收益为分母的市盈率很高,但这并不意味着该公司具有良好的盈余品质和发展前景。另外,当资本市场不健全、交易失常或有操纵市场现象时,股票价格可能与公司盈利水平脱节,从而造成假象,使得市盈率难以真正达到评价企业盈利能力的目的。因此,以市盈率评价企业盈利能力主要应看其变动的原因及其趋势,并结合其他指标综合考虑。

分析市盈率要注意以下四点:

第一,影响市盈率变动的因素之一是股票市场价格的升降,而影响股价升降的原因除了企业经营成果和发展前景外,还受整个经济环境、政府宏观政策、行业发展前景以及意外因素如战争、灾害等因素的制约。因此,必须对股票市场的整个形势做全面的了解和分析,才能对市盈率的升降做出正确评价。

第二,市盈率的高低与行业发展有密切的关系。由于各个行业的发展阶段不同,其市盈率也会高低不同。充满扩张机会的新兴行业市盈率普遍较高,而成熟产业的市盈率普遍较低,因此,市盈率不能用于不同行业公司之间的比较。另外,市盈率高低受净利润影响,而净利润又受可选择的会计政策的影响,从而使得公司之间的比较受到限制。

第三,计算市盈率时,如果分母采用稀释的每股收益,则会得到较高的市盈率,此时是一个保守的市盈率。

第四,市盈率是相对公司已经实现的利润而言,而股票的价格是对公司未来业绩的预期。如果公司的业绩不断衰退的话,今天看来是低的市盈率,明天可能就显得高了。相反,今天看来是高的市盈率,如果公司的业绩可以有较大增长的话,明天就显得低了。因此,研究公司的市盈率,应该结合公司业绩的增长情况。一般而言,如果公司业绩的预期增长率要高于其市盈率的话,比如市盈率是40,而年增长率是50%的话,即使市盈率的绝对值偏高,也是可以接受的。

8.3.6 市净率

市净率是普通股每股市价与每股净资产的比值,反映股票的市场价值与账面价值的关系。其计算公式如下:

$$市净率 = \frac{每股市价}{每股净资产} \tag{8-11}$$

式(8-11)中的每股净资产是指股东权益总额减去优先股权益后的余额与流通在外的普通股股数的比值。

根据S公司2024年资产负债表、利润表,S公司2024年度市净率计算为:

$$市净率 = \frac{2024年末每股市价}{2024年末每股净资产} = \frac{7.57}{10.08} = 0.571(倍)$$

S公司历年市净率如表8-10所示。

表8-10　　　　　S公司2022—2024年市净率

项目	年份		
	2022	2023	2024
市净率	0.644	0.571	0.751

从表 8-10 中可以看出，S 公司历年市净率呈波动趋势，2023 年比 2022 年下跌了 11.43%，2024 年比 2023 年上升了 31.58%。市净率把每股净资产和每股市价联系起来，可以说明市场对公司资产质量的评价。市净率可用于股票的投资分析。每股净资产是股票的账面价值，它是用成本计量的；每股市价是这些资产的现在价值，它是证券市场上交易的结果。投资者认为，市价高于账面价值时企业的资产质量好，有发展潜力；反之，则资产质量差，没有发展前景。优质股票的市价都超出每股净资产许多，一般来说，市净率达到 300% 则可树立较好的公司形象。市价低于每股净资产的股票，就像售价低于成本的商品一样，属于"处理品"。当然，"处理品"也不是没有购买价值，问题在于该公司今后是否有转机，或者购入后经过资产重组能否提高获利能力。

分析市净率要注意以下两点：

第一，严格地说，市净率指标并非衡量获利能力的指标。每股净资产指标反映了流通在外的每股普通股所代表的企业记在账面上的股东权益额。一般来说，证券的市场价格与其账面价值并不接近，因为资产是按成本登记的，反映的是过去付出的、尚未收回的资产的成本；而股票的市价反映的则是为投资者认可的企业现在的价值。市净率指标是将一个账面的历史数据（分母）与一个现实的市场数据（分子）放在一起比较，本身的计算口径不一致，很难具有说服力。

第二，市净率指标与市盈率指标不同，市盈率指标主要从股票的获利性角度进行考虑，而市净率指标主要从股票的账面价值角度考虑。但两者又有许多相似之处，它们都不是简单的越高越好或越低越好的指标，都代表着投资者对某股票或某企业未来发展潜力的判断。同时，与市盈率指标一样，市净率指标也必须在完善、健全的资本市场上，才能据以对公司做出正确、合理的分析和评价。

相关链接

Meta、微软、谷歌同样利润亮眼　为何股价表现不同

近日，三大美国科技巨头 Meta、微软与谷歌母公司 Alphabet 先后发布了 2024 年第一季度财报。根据微软发布的 2024 年第一季度（2024 财年第三财季）财报，截至 3 月 31 日的第三财季，其营收增长 17% 至 618.58 亿美元，每股收益 2.94 美元。同日，谷歌方面的财报显示，Alphabet 在 2024 年第一季度实现营收 805.39 亿美元，同比增长 15%。与此同时，2024 年一季度，Meta 营收与净利润也均取得亮眼成绩。期内 Meta 实现营收 364.55 亿美元，高于分析师预期，同比增长 27%；净利润为 123.69 亿美元，去年同期为 57.09 亿美元，同比大增 117%。

但一个有意思的现象是，三大巨头在财报公布后的股价表现出现了巨大分化。在公布第一季度财报的第二天——美东时间 4 月 25 日，Meta 股价大跌逾 10%，市值蒸发超 1 300 亿美元。这令投资者陷入恐慌，担忧 Meta 又要重新走上其两年前大力扩张元宇宙业务的烧钱老路。但同日美股盘后，微软股价却因其乐观业绩上涨超过 4%。而谷歌更是在迎来自 2022 年初以来公司营收增长最快的一个季度后，宣布董事会批准启动每股 0.2 美元现金分红，授权回购不超过 700 亿美元股票。受强劲财报刺激，谷歌盘后涨超 11%。

对此,一位长期观察美国市场的机构分析师对21世纪经济报道记者分析道,背后原因在于这三大科技公司在 AI 领域的商业化回报节点有着明显分化。"Meta 未来仍会在 AI 领域进行巨额的资本投入,但目前尚未形成成熟的商业化产品。这导致华尔街对其未来产生了悲观预期。"

自 2023 年起,Meta 坚定选择了 AI 和元宇宙(VR/AR)同时推进的战略,计划大量投资于元宇宙业务"现实实验室"(RealityLabs)。但该业务 2024 年第一季度的营收为 4.4 亿,低于市场预期 4.96 亿,部门经营持续亏损。

而反观微软,得益于 AI 与旗下办公产品的深度融合,其赢得了华尔街投资者的一致看好。微软董事长兼首席执行官萨蒂亚·纳德拉(SatyaNadella)表示:"微软 AI 助手 Copilot 和 Copilot 技术堆栈正在引领 AI 变革的新时代,推动公司在各行各业的各个角色取得更出色的业务成果。"微软与生成式 AI 相关的收入已经成为一个关键的股价驱动因素。

谷歌方面,在财报后电话会上,谷歌首席执行官皮查伊表示:"我们在第一季度取得的业绩在搜索、YouTube 和云业务方面都展现出强劲表现。公司在 Gemini 时代的发展很顺利,整体势头强劲。我们在 AI 研究和基础设施方面拥有领导地位,再加上分布全球的产品布局,为下一波 AI 创新奠定了良好的基础。"

(资料来源:张梓桐.AI 定乾坤 Meta 净利翻倍却暴跌 谷歌微软超预期业绩市场买账[N].21 世纪经济报道,2024-04-29(002).)

本章小结

盈利能力是企业组织生产经营活动、销售活动和财务管理水平高低的综合体现,因而企业盈利能力是企业所有利益相关集团和投资者共同关注的问题。

盈利能力受诸如营销能力、成本费用管理水平、资产管理水平、企业财务状况及其风险等各方面因素的影响。

对企业盈利能力的分析主要从资产经营和资本经营两方面进行。资产经营盈利能力分析主要对总资产报酬率、长期资本报酬率指标进行分析和评价。资本经营盈利能力分析主要对净资产收益率、资本金报酬率、每股收益、每股净资产、市盈率、市净率等指标进行分析和评价。

复习与练习

单项选择题

1. 总资产报酬率是指( )与平均总资产之间的比率。
   A. 利润总额　　　B. 息税前利润　　　C. 净利润　　　D. 息前利润

2. ( )指标越高,说明企业资产的运用效率越好,也意味着企业的资产盈利能力越强。
   A. 总资产周转率　　　　　　　　B. 存货周转率
   C. 总资产报酬率　　　　　　　　D. 应收账款周转率

3. 股利发放率的计算公式是( )。

A. 每股股利÷每股市价 B. 每股股利÷每股收益
C. 每股股利÷每股账面价值 D. 每股股利÷每股金额

4. 每股收益主要取决于每股账面价值和（　　）两个因素。
A. 净利润 B. 普通股权益报酬率
C. 优先股股息 D. 普通股股数

5. 以下不属于企业盈利能力分析指标的是（　　）。
A. 净资产收益率　B. 普通股每股收益　C. 市盈率　　　D. 产权比率

多项选择题

1. 下列各项中，可能直接影响企业权益净利率指标的措施有（　　）。
A. 提高销售净利率 B. 提高资产负债率
C. 提高总资产周转率 D. 提高流动比率

2. 计划总资产利润率的"总资产"与"净利润"不匹配的原因包括（　　）。
A. 总资产是全部资金提供者享有的权利，而净利润是专属股东的
B. 该指标不能反映实际的回报率
C. 无息负债的债权人并不要求分享收益
D. 没有考虑公司股利政策的影响

业务题

1. A公司资料如下。

资料一：

表 8-11　　　　　　　　　　A公司比较资产负债表

2023年12月31日　　　　　　　　　　　　　　单位：万元

项目	年末余额	上年年末余额	负债及所有者权益	年末余额	上年年末余额
流动资产			流动负债合计	300	450
货币资金	90	100	非流动负债合计	400	250
应收账款净额	180	120	负债合计	700	600
存货	360	230	所有者权益合计	700	700
流动资产合计	630	450			
非流动资产合计	770	950			
总计	1 400	1 400	总计	1 400	1 400

资料二：

A公司2022年度销售净利率为16%，总资产周转率为0.5次，权益乘数为2.2，权益净利率为17.6%，A公司2023年度销售收入为840万元，净利润总额为117.6万元。

要求：利用因素分析法按顺序分析销售净利率、总资产周转率和权益乘数变动对权益净利率的影响（假设涉及资产负债表的数据用期末数来计算）。

2. 某企业2023年有关资料如下：年末流动比率为2.1，年末速动比率为1.2，存货周转率为5次。年末资产总额160万元（年初160万元），年末流动负债14万元，年末长期负债42万元，年初存货成本15万元。2023年销售收入128万元，管理费用9万元，利息费用10万元，所得税税率为33%。

要求：(1)计算该企业 2023 年年末流动资产总额、年末资产负债率、权益乘数和总资产周转率。(2)计算该企业 2025 年末存货成本、销售成本、净利润、销售净利润率和净资产收益率。

案例分析

C 公司盈利能力分析

（一）资料

C 公司属冶金行业，经营范围：钢铁及压延产品、焦炭及其副产品的生产、销售，冶金、焦化的技术开发、协作、咨询、服务与培训等。2020 年以来，普通股股本未发生变化，为 64 533.75 万股。2023 年的利润与 2022 年相比，有很大的提高，表 8-12 是公司近两年的利润及利润分配表。

表 8-12　　　　　　　　　　　利润及利润分配表
编制单位：C 公司　　　　　　　2023 年 12 月 31 日　　　　　　　单位：万元

项目	本期金额	上期金额
一、主营业务收入	747 153.42	516 574.92
减：折扣与折让		
主营业务收入净额	747 153.42	516 574.92
减：主营业务成本	636 618.85	455 170.42
税金及附加	4 565.11	2 537.53
二、主营业务利润	105 969.46	58 866.97
加：其他业务利润	2 600.16	711.94
减：营业费用	2 254.32	1 519.73
管理费用	25 762.29	14 113.99
财务费用	1 253.29	573.10
三、营业利润	79 299.72	43 372.09
加：投资收益	277.44	266.59
补贴收入		
营业外收入	18.93	87.73
减：营业外支出	1 774.23	1 839.04
四、利润总额	77 821.86	41 887.37
减：所得税	23 434.00	13 188.35
减：少数股东损益	1 225.32	1 585.60
五、净利润	53 162.55	27 113.42
加：年初未分配利润	59 181.33	49 048.90
盈余公积转入		

(续表)

项目	本期金额	上期金额
六、可分配利润	112 343.88	76 162.32
减：提取法定盈余公积金	5 322.14	2 716.16
提取法定公益金	2 661.07	1 358.08
七、可供股东分配的利润	104 360.67	72 088.08
减：应付优先股股利		
提取任意盈余公积		
应付普通股股利	25 183.50	12 906.75
转做股本的普通股股利		
八、未分配利润	79 177.17	59 181.33

在2023年的年度报告中，对会计政策和会计估计的变更说明，有如下内容：公司属冶金行业，固定资产在生产过程中常年处于连续作业及强烈震动状态，随着生产能力的充分发挥，固定资产的日常损耗较为严重。同时，科技进步也加快了固定资产的无形损耗。为提供更为可靠、相关的财务状况、经营成果和现金流量等会计信息，根据公司董事会决议，自2023年1月1日起对公司固定资产的折旧年限和折旧方法进行了变更：将房屋建筑物的折旧年限由原来的20~30年变更为20年；将运输工具的折旧年限由原来的8年变更为5年；通用设备和专用设备的折旧年限不变。变更前后的折旧年限列示如表8-13所示。

表8-13　　　　　　　　变更前后固定资产折旧年限

单位：年

类别	变更前折旧年限	变更后折旧年限
房屋及建筑物	20~30	20
通用设备	5	5
专用设备	10	10
运输工具	8	5

折旧方法由原来的年限平均法变更为双倍余额递减法。由于折旧年限和折旧方法同期进行变更，根据财政部《企业会计准则——会计政策、会计估计变更和会计差错更正》的规定，如果不易区分会计政策变更和会计估计变更，均视为会计估计变更，故对本次折旧年限和折旧方法的变更采用未来适用法。经测算，本次变更后合并会计报表增加折旧费用274 914 157.87元。

（二）要求

1. 计算C公司2022年和2023年的每股收益、每股股利、每股支付率、市盈率指标，并对两年的盈利水平进行评价。

2. 分析C公司会计政策变更的原因及其对公司盈利能力的影响。

3. C公司2022年和2023年盈利水平如何？

4. C公司在2023年为什么改变固定资产的折旧年限和折旧方法？由于固定资产折旧方法改变，对公司的盈利能力有哪些影响？

5. 如果你是一个投资者，请对C公司2023年改变固定资产的折旧年限和折旧方法进行评价。

提示：任何会计政策的变更，都会对利润产生一定的影响。公司董事会的经营理念、价值取向、领导风格的不同，会使利润有很大的区别。所以，对公司盈利能力的分析，应进一步结合期初留存收益、会计政策、报表附注等资料进行更深层次的分析。

第 9 章

企业发展能力分析

> 只有将自己的价值最大化,才能赢得更大的成功。
> ——孟晚舟(华为 CFO)

学习目标

1. 理解企业发展能力分析的重要性;
2. 掌握企业发展能力分析的基本内容、方法和思路;
3. 理解并掌握各发展能力指标的内涵以及计算分析方法;
4. 了解本书提出的企业整体发展能力分析的可行分析框架。

引 言

华为技术有限公司,1987 年由任正非在深圳创立,总部位于广东省深圳市龙岗区。在美西方全面封杀下,2023 年华为实现销售收入 7 042 亿元,同比增长 9.6%;净利润 869 亿元,同比增长 144%;2023 年华为研发费用总计 1 647 亿元,占全年收入 23.4%,超过阿里巴巴、腾讯、百度、中兴和京东的总和。2024 年上半年,华为实现销售收入 4 175 亿元人民币。

目前,华为已是全球领先的信息与通信技术(ICT)解决方案供应商,专注于 ICT 领域,坚持稳健经营、持续创新、开放合作,在电信运营商、企业、终端和云计算等领域构筑了端到端的解决方案优势,为运营商客户、企业客户和消费者提供有竞争力的 ICT 解决方案、产品和服务,并致力于实现未来信息社会,构建更美好的全连接世界。

2011 年初,华为终端开启从 To B 运营商市场向 To C 大众消费者转型。2018 年,华为智能手机发货 2.06 亿台,在全球智能手机市场稳居全球前三;同年 2 月 23 日,沃达丰和华为完成首次 5G 通话测试。2019 年 8 月 9 日,华为正式发布鸿蒙系统(Harmony OS);8 月 22 日,2019 中国民营企业 500 强发布,华为以 7 212 亿营收排名第一;12 月 15 日,华为获得了首批"2019 中国品牌强国盛典"年度荣耀品牌的殊荣。2020 年 11 月 17 日,华为整体出售荣耀业务资产,对于交割后的荣耀,华为不再占有任何股份,也不再参与经营管理与决策。2023 全球移动宽带论坛(Global MBB Forum 2023)期间,华为发布了全球首个全系列 5.5G 产品解决方案。

2009 年华为首次入选《世界品牌 500 强》。2018 年《中国 500 最具价值品牌》华为排名第六位。2019 年 7 月 22 日美国《财富》杂志发布了最新一期的世界 500 强名单,华为排名第61位。2022年8月3日,《财富》公布世界500强榜(企业名单),华为排名第96位。

一个企业如何把握好自身的发展,以维持持续的发展能力?

9.1 企业发展能力概述

9.1.1 企业发展能力概念

企业的发展能力,亦称企业的发展潜力,指企业通过自身的生产经营活动,不断扩大积累而形成的发展潜能。传统的财务分析仅从静态的角度来分析企业的财务状况和经营状况,强调企业的盈利能力、营运能力和偿债能力。但这三方面能力的分析仅能提供企业过去的经营状况,并不能表征企业的持续发展能力。然而对于企业的利益相关者来说,他们关注的不仅仅是企业目前的、短期的盈利能力,更重要的是企业未来的、长期的和持续的增长能力。例如,对于大股东而言,手中的股票并不是为了满足简单的投机性需求,而是他们看好企业未来的发展能力,希望在企业长期持续稳定的发展中获得更多的股利和资本利得。对于债权人而言,长期债权的实现必须依靠企业未来的盈利能力。因此,企业发展能力的评价不论是对于企业自身还是企业的利益相关者来说都是至关重要的。

企业无论是增强盈利能力、偿债能力还是提高运营能力,其目的都是提高企业的增长能力。也就是说企业发展能力分析其实是企业盈利能力、偿债能力和运营能力的综合分析。

评价企业发展能力的目的有两个:第一,从宏观角度讲是为了促进国民经济总量的不断增长,从微观角度讲是为了促进企业经营管理者重视企业的持续经营和经济实力的不断增强;第二,通过企业内部的发展能力分析能帮助经营者了解企业盈利能力、营运能力和偿债能力的综合发展情况,通过企业与竞争对手以及同行业平均水平的对比可以帮助经营者正确评价企业在行业中的地位,并了解竞争对手的发展能力,提早采取措施消除竞争者威胁。

9.1.2 企业发展能力分析目的

企业能否持续增长对投资者、经营者及其他相关利益团体至关重要。对于投资者而言,企业能否持续稳定增长,不仅关系到投资者的投资报酬,而且关系到企业是否真正具有投资价值。对企业的经营者来说,要使企业获得成功,就不能仅仅注重目前的、暂时的经营能力,更应该注意企业未来的、长期的和持续的发展能力。对债权人而言,发展能力同样至关重要,因为企业偿还债务尤其是长期债务主要是依靠未来的盈利能力,而不是目前的。

正因为发展能力如此重要,所以有必要对企业的发展能力进行深入分析。发展能力分析的目的具体体现在以下两个方面:

(1)利用发展能力的有关指标衡量和评价企业的实际成长能力,分析影响企业发展能力的因素。企业经营活动的根本目标就是不断增强企业自身持续生存和发展的能力。反映企业发展能力的指标包括资产增长率、销售增长率、收益增长率等。用实际的发展能力指标与计划、同行业平均水平、其他企业的同类指标相比较,可以衡量企业发展能力的强弱;将企业不同时期的发展能力指标数值进行比较,可以评价企业在资产、销售收入、收益等方面的增长速度和增长趋势。

(2) 企业策略研究表明,在企业市场份额和行业份额既定的情况下,如果企业采取一定的经营策略和财务策略,就能够使企业的价值实现最大化。也就是说企业经营策略和财务策略的不同组合能够影响企业的未来发展能力。因此,在评价企业目前盈利能力、营运能力、偿债能力和股利政策的基础上,通过深入分析影响企业持续增长的相关因素,并根据企业的实际经营情况和发展战略,确定企业未来的增长速度,相应调整其经营策略和财务策略,能够实现企业的持续增长。

9.1.3　影响企业发展能力的主要因素

企业发展能力衡量的核心是企业价值增长率,而影响企业价值增长的因素主要有以下几个方面。

1. 销售收入

企业发展能力的形成要依托企业不断增长的销售收入。销售收入是企业收入的来源之本,也是导致企业价值变化的根本动力。只有销售收入不断稳定地增长,才能体现企业的不断发展,才能为企业的不断发展提供充足的资金来源。

2. 资产规模

企业的资产是取得收入的保障,在总资产收益率固定的情况下,资产规模与收入规模之间存在着正比例关系。同时总资产的现有价值反映着企业清算时可获得的现金流入额。

3. 净资产规模

在企业净资产收益率不变的情况下,净资产规模与收入规模之间也存在着正比例关系。只有净资产规模不断增长,才能反映新的资本投入,表明所有者对企业的信心,同时对企业负债筹资提供了保障,有利于满足企业的进一步发展对资金的需求。

4. 资产使用效率

一个企业的资产使用效率越高,其利用有限资源获得收益的能力越强,就越会给企业价值带来较快的增长。

5. 净收益

净收益反映企业一定时期的经营成果,是收入与费用之差。在收入一定的条件下,费用与净收益之间存在着反比例关系。只有不断降低成本,才能增加净收益。企业的净收益是企业价值增长的源泉,所有者可将部分收益留存于企业用于扩大再生产,而且相当可观的净收益会吸引更多新的投资者,有利于满足企业的进一步发展对资金的需求。

6. 股利分配

企业所有者从企业获得的利益分为两个方面:一是资本利得,二是股利。一个企业可能有很强的盈利能力,但企业如果把所有利润都通过各种形式转化为消费,而不注意企业的资本积累,那么即使这个企业效益指标很高,也不能说这个企业的发展能力很强。

9.1.4　企业发展能力分析方法

通过企业发展能力分析的内容阐述,我们知道了企业发展能力分析所涵盖的内容,然而如何运用发展能力指标来评价企业的发展能力呢？接下来，本书将介绍企业发展能力分析的思路。分析的具体思路如图 9-1 所示。

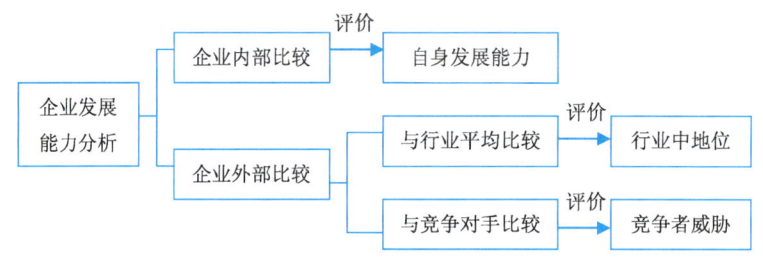

图 9-1　企业发展能力分析思路

1. 企业内部比较（纵向）

企业内部比较指的是使用企业发展能力指标在企业内部进行跨年度的纵向比较，用于评价企业的自身发展能力。由于发展能力指标多采用增长能力指标，为一个相对数，能消除使用绝对数据对企业发展能力分析产生的误导。

【例 9-1】　假设 2021—2024 年报显示，A 企业和竞争对手 B 企业每年的营业收入以及行业平均水平数据如表 9-1 所示。

表 9-1　　　　　　　　　　　　　营业收入

单位：万元

项目	年份			
	2021	2022	2023	2024
A 企业	200	300	410	530
B 企业	120	150	200	300
行业平均水平	180	190	210	240

根据表 9-1 资料很容易发现，从 2022 年到 2024 年度，A 公司的营业收入与上一年度相比分别增加了 100 万元、110 万元和 120 万元，呈逐年递增趋势。然而这样的绝对增长数真的能说明企业的发展能力在不断增强吗？其实不然，通过 A 企业内部跨年度的纵向比较，我们可以发现，虽然 A 企业每年营业收入的绝对增加值在不断增加，但是 2022 年到 2024 年 A 企业的主营业务增长率分别为 50%、36.67% 和 29.27%，呈逐年递减趋势。因此，通过企业内部比较分析，我们可以得出结论，对于企业自身而言，企业的主营业务增长速度在逐年递减，发展能力减弱。

2. 企业外部比较（横向）

如图 9-1 分析具体思路所示，企业外部比较分为企业与竞争对手和企业与同行业平均水平比较两种比较方法。通过企业与竞争对手的比较可以发现竞争对手对企业造成的威胁，而通过企业与同行业平均水平的比较可以评价企业在行业中的地位。综合上述两种分析结果才能对企业发展能力做出客观合理的分析和评价。

同样，续[例 9-1]。首先，计算 2022 年到 2024 年行业平均水平的营业收入增长率，分别为 5.56%、10.53% 和 14.29%，呈逐年递增趋势，并且虽然每年都低于同期 A 企业的主营业务增长率,但两者间的差距逐渐缩减。由此说明,A 企业虽然仍为行业的领军企业,但是行业地位已经逐渐受到威胁。

其次,分析竞争对手 B 企业的营业收入增长率,分别为 25%、33.33% 和 50%。虽然 B 企业的营业收入的绝对数每年都低于同期 A 企业的营业收入,但是发展速度惊人,很可能就是行业平均主营业务增长速度逐年提高的主要拉动者。因此,A 企业若不迅速地查找限制发展能力增长的原因,并及时相应地调整竞争策略,行业龙头企业的地位将很有可能不保。

相关链接

碳经济背景下汽车企业发展能力评价

在碳中和愿景下,汽车产业作为能源消耗和碳排放的重要领域,受到了广泛关注。低碳经济要求汽车企业在生产、销售、技术创新等方面不断提升,以适应市场需求,降低对环境的影响。深入研究低碳经济背景下汽车企业的发展能力,探讨其在绿色技术创新、营销能力、能源利用效率等方面的表现和挑战,对于推动汽车产业可持续发展、实现经济和环境的双赢具有重要意义。

碳排放量评价:碳排放量评价是汽车企业在低碳经济背景下可持续发展的关键指标之一。企业的碳排放量直接关系其对环境的影响,也反映了企业在生产过程中的资源利用效率。为了评价汽车企业的碳排放量,需要对整个生产过程进行全面分析,包括汽车制造所需的能源消耗、材料采购和加工过程的碳排放,以及生产线的能源利用效率等。

能源利用效率评价:评价能源利用效率时需要综合考虑汽车生产、使用等多个阶段,以确定汽车在整个生命周期中的能源利用情况。在汽车生产阶段,企业需要考虑汽车制造所需的能源,采用先进的生产技术和设备,引入节能环保型材料,以及使用可再生能源,降低生产过程中的能源消耗。

绿色技术创新性评价:绿色技术创新性评价是汽车企业在低碳经济时代可持续发展的关键考量。绿色技术创新性评价不仅关乎企业的竞争力,还涉及企业在环保、资源利用和减少碳排放等方面的社会责任。针对绿色技术创新性评价,需要考虑技术的先进性和实用性。企业引入的绿色技术应当是在当前科技水平下的最先进选择,同时也需要具备实际应用的可行性,确保技术能够在实际生产中得到有效应用。绿色技术的环保效益和资源利用效率是评价的重点,并且绿色技术应当能够显著减少生产过程中的污染物排放,节约能源和原材料的使用,降低生产过程中的碳排放量。

(资料来源:韩文婷,霍鸿宇. 低碳经济背景下汽车企业发展能力评价研究[J]. 汽车测试报告,2023,(17):16-18.)

9.2 企业发展能力指标分析

本节将对上一小节提出的企业相关利益发展能力分析指标体系的计算方法和含义分项进行具体的阐述。由于持续盈利能力中的净资产收益率和偿债能力指标在本书第 8 章企业盈利能力分析和第 6 章企业偿债能力分析中已有详细说明,本节将不再赘述。

9.2.1 持续盈利能力

持续盈利能力主要使用销售收入增长率、三年销售收入平均增长率和三年利润平均增长率 3 个指标衡量。

1. 销售收入增长率

$$销售收入增长率 = \frac{本年销售收入总额 - 上年销售收入总额}{上年销售收入总额} \times 100\% \quad (9\text{-}1)$$

该指标反映了企业当年的销售增长情况,是衡量企业经营状况和市场占有率的重要标志。只有不断增加营业收入,才能保证企业持续稳定地发展。该指标越高说明企业主营业务增长越快,市场前景越好。若小于 0 则说明企业的市场萎缩,销售收入较前一年出现下降。这很有可能说明企业的产品进入衰退期、销售过程或售后服务出现问题,企业需要进一步进行调查,以防止下降趋势持续恶化。

2. 三年销售收入平均增长率

$$三年销售收入平均增长率 = \left(\sqrt[3]{\frac{年末销售收入总额}{三年前年末销售收入总额}} - 1\right) \times 100\% \quad (9\text{-}2)$$

该指标表明企业营业收入连续三年的增长情况。由于本年的销售规模是企业经过三年的发展得到的,所以本年营业收入与三年前营业收入相比得到的是三年来企业销售规模的扩大,所以应该开 3 次方。这样计算能避免由于少数年份主营业务异常波动造成对企业发展能力强弱的错误判断。该指标越高说明企业的发展势头越强劲,市场扩张能力越强。

3. 三年利润平均增长率

$$三年利润平均增长率 = \left(\sqrt[3]{\frac{年末利润总额}{三年前年末利润总额}} - 1\right) \times 100\% \quad (9\text{-}3)$$

该指标表明企业利润连续三年的增长情况,越高说明企业总收入越高,发展能力越强。

9.2.2 商誉竞争力

商誉竞争力主要使用商誉价值指标衡量。

商誉价值的计量一般有直接法和间接法。但由于间接法一般在企业并购时使用,因此这里仅介绍直接法。

直接计量法又称超额收益法。这种方法是指将商誉理解为"超额收益的现值",即通过估测由于存在商誉而给企业带来的预期超额收益,并按一定方法推算出商誉价值的一种方法。一般有如下三种计算方法。

(1)超额收益现值法。这种方法是通过计算企业未来若干年可获得的"超额收益"的净现值来衡量商誉价值。基本步骤如下。

首先,计算企业的超额收益:

$$\begin{aligned}\text{超额}\\\text{收益}\end{aligned}=\begin{aligned}\text{预期}\\\text{收益}\end{aligned}-\begin{aligned}\text{正常}\\\text{收益}\end{aligned}=\begin{aligned}\text{可辨认净资产}\\\text{公允价值}\end{aligned}\times\begin{aligned}\text{预期}\\\text{报酬率}\end{aligned}-\begin{aligned}\text{可辨认净资产}\\\text{公允价值}\end{aligned}\times\begin{aligned}\text{同行业平均}\\\text{投资报酬率}\end{aligned} \quad (9-4)$$

其次,将各年的预期超额收益折现:

$$预期超额收益折现=各年预期超额收益\times 各年折现系数 \quad (9-5)$$

最后,将各年超额收益现值汇总得出商誉价值:

$$商誉价值=\sum 各年超额收益现值 \quad (9-6)$$

各年预期超额收益相等的情况下,式(9-6)可简化为:

$$商誉价值=年预期超额收益\times 年金现值系数 \quad (9-7)$$

(2) 超额收益资本化法。这种方法是根据商誉是一种资本化价格的原理,对超额收益进行本金化处理。收益资本化就是将若干年平均超额收益除以投资者应获得的正常投资报酬率。即:

$$商誉价值=年超额收益\div 资本化率 \quad (9-8)$$

(3) 超额收益倍数法。这种方法是用超额收益的一定倍数计算商誉的价值。即:

$$商誉价值=年超额收益\times 倍数 \quad (9-9)$$

商誉价值指标越高说明商誉给企业带来的预期超额收益越多,企业的市场潜力越大,发展能力越强。

9.2.3 人力资源竞争力

人力资源竞争力主要使用高等人才比率和人力资源稳定率两个指标衡量。

1. 高等人才比率

$$高等人才比率=\frac{年初高等人才人数+年末高等人才人数}{年初在册人数+年末在册人数}\times 100\% \quad (9-10)$$

本书定义高等人才为本科以上学历的员工。普遍认为,较高学历的员工能给企业的发展带来更多的生产技术和研发知识。该比率越高说明企业人力资源的竞争力越高,发展潜力越大。

2. 人力资源稳定率

$$人力资源稳定率=1-人力资源流动率 \quad (9-11)$$

$$人力资源流动率=\frac{本年补充人数}{(年初在册人数+年末在册人数)\div 2}\times 100\% \quad (9-12)$$

本年补充人数是指本年补充离职人员所新招的人数,不包括企业为提高生产研发水平额外引进的人才。

通过人力资源流动率,可以测量企业内部员工的稳定性的程度。当一个企业流动率过大,说明企业对员工承担的社会责任并没有达到员工的要求,导致企业人才的大量流失。过高的流动率导致企业生产率下降,而招聘新员工付出的大量培训费用又增加了企业的成本。因此,过高的流动率不利于企业长期的发展。为了便于计算需要使指标和发展能力呈现正相关关系,为此本书引入了人力资源稳定率指标。在高等人才比率和技术投入比率等指标的补充说明下,我们有理由认为人力资源稳定率越高的企业,发展能力越好。

9.2.4 产品竞争力

产品竞争力主要使用技术投入比率和固定资产成新率两个指标衡量。

1. 技术投入比率

$$技术投入比率 = \frac{当年技术转让费支出+研发投入}{当年营业收入} \times 100\% \tag{9-13}$$

技术投入比率为当年技术转让费和研发费用占营业收入的比率,反映了企业在技术创新方面的支出。"变则通,不变则亡",企业要想持续发展,必须不断创新。而只有通过研发才能增加企业产品的竞争力,扩大市场占有份额。因此,技术研发费用的投入比率在一定程度上反映了企业的创新能力和持续发展能力。

2. 固定资产成新率

$$固定资产成新率 = \frac{年初固定资产净值+年末固定资产净值}{年初固定资产原值+年末固定资产原值} \times 100\% \tag{9-14}$$

固定资产成新率是企业当期平均固定资产净值与平均固定资产原值的比率,反映了企业拥有的固定资产的新旧程度。如果该指标很低,说明了企业固定资产的年代久远,更新速度慢,不利于企业的发展。

相关链接

中兴通讯的财务共享服务中心

财务共享中心本质上是一个信息化的平台。企业通过建立和运行财务共享平台,使财务组织和财务流程得以再造,使一些简单的、易于流程化和标准化的财务工作,包括核算、费用控制、支付等,集中到统一的信息化平台上来,从而大大提高财务日常工作的效率,使一大部分财务人员能够从那些简单又耗时的事务性工作中解脱出来,将更多的精力用于预算管理、成本控制等高价值领域的工作上,从而实现从财务会计到管理会计的转型。除此之外,财务共享中心一个显而易见的好处是可以集中降低成本。据埃森哲在欧洲的调查,30多家在欧洲建立财务共享中心的跨国公司平均降低了30%的财务运作成本。但是,据了解,在中国,目前只有少数领先的企业建立了比较完善的财务共享中心,如中兴、华为、海尔等。要设立财务共享中心首先需要对企业的组织流程进行再造。

中兴通讯在建立财务共享中心时,就重新设计了财务组织结构,增加了与财务共享中心平行的两个部门:业务财务部和战略财务部。业务财务部支持集团成员单位的业务价值评价,其中的财务人员担任业务单位合作伙伴的角色,协助其提升经营管理能力;战略财务部服务于公司战略规划,其财务人员在集团总部层面参与公司经营管理并提供战略决策支持。这样的组织重构不仅利用财务共享中心建立的机会实现了集团财务组织的转型,提升了集团的财务管理水平,而且较好地解决了财务人员的调整问题。比如,一部分主观或者客观上不能到总部工作的财务人员,就可以留在原来的成员单位,转型为业务财务;而总部由于实施财务共享中心精简下来的财务人员,可以通过学习和提升,转型为战略财务人才。和组织重建需要同时进行的,还有财务流程的再造。可以说,财务共享中心建设的过程本身就是企业财务流程再造的过程。实行财务共享之前,企业的报账、核算、结算的流程都是分散在各业务单元单独进行的,每个业务单元都有自身的流程,而每个流程上的运行标准、效率和风险管理规范都不尽相同。而要建立财务共享中心,应按照统一的要求,调整各业务单元现有财务业务流程,并将简单事务性的会计核算工作向集团总部集中,将财务权限上收,缩减业务单元财务人员编制,并最终制定一套适合所有业务单元的业务流程。

(资料来源:盛术俊.中兴通讯财务共享模式研究[J].时代经贸,2021,18(02):57-61.)

本章小结

企业的发展与其所处的生存环境息息相关,无论是企业内在的素质及资源还是企业外部的经营环境都将影响企业的生存发展。传统的企业分析通常使用静态指标分析企业的盈利能力、偿债能力和经营能力,即使从动态的角度分析,也多使用增长率指标在企业内部进行跨年度的纵向分析,但从企业发展的角度来说,独善其身并不能确保企业的可持续发展。可以说,内部发展能力的持续稳定是企业发展的原动力,而外部经营环境却是保证企业发展的必要条件。本章将对已有的发展能力评价指标进行概述并提出一个可行的发展能力综合评价框架。企业只有通过满足所有利益相关者的需求才能实现企业的可持续发展。企业通过计算企业的发展能力得分,并通过企业内部及外部分析,进而确定企业的行业地位和潜在竞争者。

衡量企业持续盈利能力的指标主要有:净资产收益率、销售收入增长率、三年销售收入平均增长率和三年利润平均增长率。

衡量企业偿债能力的指标主要有:权益比率、流动比率和速动比率。

衡量人力资源竞争力的指标主要有:高等人才比率、人力资源稳定率。

衡量企业的产品竞争力的指标主要有:技术投入比率、固定资产成新率。

衡量商誉竞争力的指标为:商誉价值。

各个单一指标都有其优缺点,因此在企业发展能力分析时需要谨慎使用单一指标,并配合各项指标综合分析,才能恰当地评估企业的发展能力。

复习与练习

业务题

S公司2021—2024年的销售收入和利润总额指标如表9-2所示,据此分析该公司2024年的持续盈利能力。

表 9-2　　S 公司 2021—2024 年的销售收入和利润总额指标

单位：万元

年份	销售收入	利润总额	所有者权益	净利润
2021	56 580 701	4 149 300	16 173 209	3 558 394
2022	63 000 116	4 268 880	18 499 908	3 825 077
2023	67 044 822	4 580 968	21 091 729	4 007 397
2024	75 641 617	5 049 246	23 509 637	4 396 196

讨论题

1. 什么是发展能力？评价企业发展能力的目的是什么？
2. 可以从哪些角度评价企业的发展能力？
3. 评价企业增长能力的指标有哪些？
4. 如何分析企业的持续盈利能力？
5. 企业发展能力分析与传统财务分析的区别是什么？

案例分析

"海康威视"发展能力的评价与分析

海康威视成立于 2001 年，是一家专注技术创新的科技公司，在安防、智能物联领域耕耘二十余年，产品和解决方案应用在 150 多个国家和地区，致力于将物联感知、人工智能、大数据技术服务于千行百业，引领智能物联新未来。

公司从电磁波可见光频段的感知技术，陆续扩展到厘米波、毫米波、远红外、中波红外、短波红外、紫外、X 光波段等感知技术，也扩展到次声波、声波、超声波波段的感知技术，并融合 AI 技术，逐步构建和完善 AIoT 的技术体系，逐步推出和完善相关产品与解决方案，并取得了一定的业绩。安防业务目前只是公司 AIoT 战略的一个业务方向，公司通过增加非可见光探测器产品线或融合多种探测器的产品线，提升公司在安防行业的竞争力。场景数字化，特别是企业场景数字化，是公司 AIoT 战略的另外一个业务方向，公司已经陆续推出了一些产品线，公司正在成为运营厂商。公司将基于更加丰富的感知技术，为各类企业数字化转型提供众多场景下的数字化产品和解决方案。公司会持续改善内部运作机制和优化运营流程，成为各类企业数字化转型的伙伴。公司已经把 AI 技术应用到各种感知产品中，也把 AI 技术与大数据技术结合，用于系统解决方案中。

2023 年海康威视，按产品和业务划分的营业收入情况如表 9-3 所示。

表 9-3　　2023 年海康威视营业收入情况

单位：元

项目（行业/业务）	2023 年营业收入	2022 年营业收入
主业产品及服务（注）	68 779 757 950.20	65 873 570 961.21
主业建造工程	2 007 188 913.81	2 222 876 059.14
创新业务	18 552 909 991.67	15 069 874 660.79

(续表)

项目(行业/业务)	2023年营业收入	2022年营业收入
其中：机器人业务	4 940 495 688.57	3 916 176 952.59
智能家居业务	4 686 023 001.37	4 077 290 933.03
热成像业务	3 284 778 727.13	2 790 033 744.03
汽车电子业务	2 706 680 020.16	1 905 289 927.53
存储业务	1 931 387 706.41	1 616 267 518.08
其他创新业务	1 003 544 848.03	764 815 585.53
合计	89 339 856 855.68	83 166 321 681.14

问题：

请根据以上资料并补充收集海康威视其他相关资料和数据，对海康威视的发展能力进行综合评价与分析。

第10章

财务综合能力分析

> 综合分析可以把握公司的整体情况，并将成绩或问题分解，为发挥公司潜力、解决困难和问题提供依据。
>
> ——王化成

学习目标

1. 理解企业综合分析的概念和内容；
2. 掌握沃尔评分法的基本内容、方法和思路；
3. 了解传统杜邦分析法和改进的杜邦分析法有什么区别；
4. 掌握改进的杜邦分析法的使用方法。

引 言

庞大集团是一家曾经在中国拥有众多4S店的汽车零售巨头，2011年4月份，庞大集团在上交所挂牌，成为国内第一家通过IPO登陆A股的汽贸集团。随着时间的推移，庞大集团面临着经营困难和财务压力。为了掩饰真实的财务状况并维持股价，庞大集团开始实施财务造假行为。从2019年至2022年，庞大集团在其年度报告中提供了不真实的信息，包括债务重组、股权转让、虚增或虚减相关年度利润，操纵利润总额22.64亿元，且未能在年度报告、半年度报告中披露重要的财务信息、与公司相关的重大诉讼和仲裁信息等，导致公开披露的2019年、2020年、2021年、2022年年度报告存在虚假记载。

经过长达七个月的立案调查，2023年12月，河北省证监局针对退市企业庞大集团的财务造假案，开出了高达2 220万元的大额罚单，并对2名主要责任人员黄某宏和马某分别采取终身证券市场禁入、十年证券市场禁入措施。该案不仅对庞大集团本身造成了严重影响，股价因财务造假案而暴跌，跌幅高达80%以上，导致其最终退市，同时也对市场秩序产生了负面影响，损害了投资者的利益。此外，此案的严厉处罚也显示了中国监管部门对财务造假行为的零容忍态度，以及加强监管的决心。

从这个例子中我们可以看到，公司的财务操纵手段是多元的，在进行财务分析时需要结合多个报表乃至非财务信息进行综合分析。通过综合分析，可以从盈利能力、偿债能力、营运能力及增长能力的角度对企业的筹资活动、经营活动及分配活动状况进行深入、细致的分析。这样的综合分析有助于报表使用者了解企业的财务状况和财务绩效，从而对企业进行综合评价。

（资料来源：桂衍民.退市也难逃立体追责！操纵利润22.64亿元,河北证监局从严从重查处庞大财务造假［N/OL］.证券时报,2023-12-23［2025-08-11］.https://baijiahao.baidu.com/s?id=1786062961988130488&wfr=spider&for=pc）

10.1 财务综合能力分析概述

10.1.1 财务综合能力分析的概念

企业的生产经营活动是一个有机整体,为了更好地评价企业的生产经营活动,我们需要一个相互联系、相互制约的评价系统,这就是财务综合能力分析系统。财务综合能力分析将企业的营运能力、偿债能力和盈利能力等诸多方面一同纳入一个有机整体之中,对企业的经营状况和财务状况进行解剖和分析,为全面考核企业再生产各个主要方面的经济效果和制定决策提供重要的依据。

财务综合能力分析要揭示的是各种财务经济指标之间的相互联系和协调关系,从而全面评价经济活动过程及其成果,以便进一步提高经济效益,挖掘企业潜力。财务状况综合分析的方法主要有杜邦分析法、沃尔比重评分法等。这两种方法将在本章第二、三小节详细阐述。

财务综合能力分析有以下两方面目的：第一,分析企业生产条件的具备水平和其是否能保证企业生产经营活动的正常需要,要求企业能及时足额地取得合法的资金；第二,对企业使用资金的经济效果进行全面分析和综合评价,确定企业对各项资金占有情况,要求企业按计划控制数额,力争以最少的收入取得最大的效益,促使企业全面提高经济效益。

10.1.2 财务综合能力分析的目的

财务综合能力分析的总体目标是考核过去、评价现在和预测未来。其具体目的如下。

1. 评估企业分析期的经营绩效

通过财务报告分析所提供的数据资料,对企业财务状况和经营成果进行客观、公正的评价,肯定企业的成绩,提出问题,并将企业实际指标数据与以前各期、计划指标、同类企业的同期和先进指标进行比较,以判断企业在分析期的管理水平和经营业绩。

2. 分析影响企业财务状况和经营成果的各个因素,挖掘企业的潜力

按照企业各项经济指标的性质,以及各指标之间的相互关系,来寻找影响企业财务指标变动的有关因素,并对其进行量化取得各因素变动的影响程度。企业中的各项指标不是孤立存在的,而是相互联系、相互影响、相互作用的,每一个指标往往又受各种因素的综合影响。通过分析影响因素和计算影响程度,可以分清影响企业财务指标的有利因素和不利因素、主要因素和次要因素。然后对各项指标变动的结果进行综合分析,找出差距,查明原因,制定改进措施,以便挖掘企业各个方面的潜力,即提高企业经济效益的可能性。

3. 监督企业执行政策、法令以及规章制度的情况

作为市场经济中的一员,企业必须遵守国家的法律法规,并执行国家有关的规章制

度。因此,在进行财务报告数据资料的综合分析时,还应该结合国家有关经济的法律法规和规章制度,来考察企业是否按照法律法规办理各项业务,是否按照规定披露企业的有关财务信息,是否按照国家有关政策正确计算利润和分配利润,是否足额地缴纳税金,以及是否正确遵守财经纪律、信贷制度,合理筹集和使用资金。

4. 预测企业未来的趋势,提供决策的依据

经营活动的中心在于管理,管理的中心在于决策。企业的财务活动是一个复杂的工程,财务综合能力分析应从各项财务指标的分析中,去粗取精,去伪存真,由表及里,由此及彼,找出各项财务指标之间本质的、必然的联系。财务分析者根据分析结果认真评价过去,科学地规划未来,提出改进建议,作为进行决策、制定措施的参考。

财务报告的综合分析提供的各种财务信息,是通过分析人员运用各种科学的方法,压缩数量,提高质量,并对其加工整理后形成的高级财务信息,这样,在运用这些信息进行规划未来的活动中就不会失误,减少了财务决策的盲目性,增强了可行性。

财务综合能力分析的方法或体系较多,其中影响比较广的主要有沃尔分析法、杜邦分析法和帕利普分析法。

10.2 沃尔分析法

沃尔分析法,也称"沃尔比重评分法",是指将选定的财务比率用线性关系结合起来,并分别给定各自的分数比重,然后通过与标准比率进行比较,确定各项指标的得分及总体指标的累计分数,从而对企业的信用水平作出评价的方法。

1928年,亚历山大·沃尔(Alexander Wole)出版的《信用晴雨表研究》和《财务报表比率分析》中提出了"信用能力指数"的概念,他选择了7个财务比率,即流动比率、产权比率、固定资产比率、存货周转率、应收账款周转率、固定资产周转率和自有资金周转率,分别给定各指标的比重,然后确定标准比率(以行业平均数为基础),将实际比率与标准比率相比,得出相对比率,将此相对比率与各指标比重相乘,得出总评分,以此来评价企业的财务状况。

10.2.1 沃尔比重评分法

1. 沃尔比重评分法的基本步骤

(1) 选择评价指标并分配指标权重,按重要程度确定各项比率指标的评分值,评分值之和为100。

(2) 确定各项比率指标的标准值,即各项指标在企业现时条件下的最优值。

(3) 计算企业在一定时期各项比率指标的实际值:

流动比率=流动资产÷流动负债×100%

负债资本比率=净资产÷负债×100%

固定资产比率=资产÷固定资产×100%

存货周转率=销售成本÷存货×100%

应收账款周转率=销售额÷应收账款×100%

固定资产周转率=销售额÷固定资产×100%

主权资本周转率＝销售额÷净资产×100％

(4) 计算指标得分并形成评价结果(见表10-1)。

表 10-1　　　　　　　　某公司财务状况沃尔比重评分

序号	财务比率	比重 ①	标准比率 ②	实际比率 ③	相对比率 ④＝③÷②	评分 ⑤＝①×④
1	流动比率	25％	2.00％	2.10％	1.05％	26.25％
2	负债资本比率	25％	1.50％	1.30％	0.87％	21.75％
3	固定资产比率	15％	2.50％	2.90％	1.16％	17.40％
4	存货周转率	10％	8％	10％	1.25％	12.50％
5	应收账款周转率	10％	6％	9％	1.5％	15.00％
6	固定资产周转率	10％	4％	3.50％	0.88％	8.80％
7	主权资本周转率	5％	3％	1.95％	0.65％	3.25％
合计		100％				104.95

2. 沃尔比重评分法的缺陷

(1) 未能证明为什么要选择这7个指标，而不是更多或更少些，或者选择别的财务比率，而且未能证明每个指标所占比重的合理性。

(2) 计算各个指标得分的公式为：实际分数＝实际值÷标准值×权重。该公式存在明显的缺陷，当实际值＞标准值为理想时，使用公式计算的结果正确。但当实际值＜标准值为理想时，实际值越小，得分应越高，而用此公式计算的结果却恰恰相反。

(3) 当某一单项指标的实际值畸高时，会导致最后总分大幅度增加，掩盖了情况不良的指标，从而给管理者造成一种假象。

(4) 沃尔评分法从技术上讲也有一个问题，就是某一个指标严重异常时，会对总评分产生不合逻辑的重大影响。这个毛病是由财务比率与其比重相乘引起的。财务比率提高一倍，评分增加100％；而缩小一半，其评分只减少50％。

10.2.2　沃尔评分法在我国的应用

沃尔评分法在我国实践中应用非常广泛。20世纪90年代以来，各部委颁布了一系列的综合评价体系。这些综合评价体系都是以沃尔评分法作为基本思想的。其中，1995年财政部发布的经济效益评价指标体系和1999年发布并在2002年修订的国有资本金绩效评价规则最具代表性。

1. 1995年财政部发布的经济绩效评价指标体系

从1995年财政部发布的指标体系看，评价企业财务状况的指标有：①销售利润率；②总资产报酬率；③资本收益率；④资本保值增值率；⑤资产负债率；⑥流动比率(或速动比率)；⑦应收账款周转率；⑧存货周转率；⑨社会贡献率；⑩社会积累率十大指标。这些指标主要是从企业投资者、债权人与企业对社会的贡献三个方面进行考虑的，因此可以分为四类：①～④为获利能力指标，⑤～⑥为偿债能力指标，⑦～⑧为营运能力指标，⑨～⑩为社会贡献指标。

该套指标体系综合评分的一般方法如下：①以行业平均先进水平为标准值；②标准值的重要性全书总计为100分，其中销售利润率15分、总资产报酬率15分、资本收益率15分、资本保值增值率10分、资产负债率5分、流动比率(或速动比率)5分、应收账款周转率5分、存货周转率5分、社会贡献率10分、社会积累率15分；③根据企业财务报表分别计算这十项指标的实际值，然后加权平均计算综合实际分数。

2. 国有资本金绩效评价规则

1999年6月1日，财政部、人事部、国家经贸委、国家计委联合颁布了《国有资本金绩效评价规则》和《国有资本金绩效评价操作细则》。2002年2月22日，财政部、国家经贸委、中共中央企业工作委员会、劳动和社会保障部、国家计委对《国家资本金绩效评价操作细则》进行了重新修订，修改了某些指标，制定了《国家资本金绩效评价操作细则（修订）》，标志着新型企业绩效评价体系和评价制度在我国的初步建立。

现行的国有企业绩效评价体系由三个子体系组成：①绩效评价制度体系；②绩效评价组织体系；③绩效评价指标体系。根据新修订的企业绩效评价操作细则，国有资本金绩效评价指标体系横向通过财务效益状况、资产营运状况、偿债能力状况和发展能力状况四个部分，纵向通过基本指标、修正指标和评议指标三个层次对企业绩效进行深入分析，以全面反映企业的发展经营状况和经营者的业绩。具体指标体系如表10-2所示。

表10-2　　　　　　　　　　　国有资本金绩效评价指标体系

评价内容	定量指标(80分)		定性指标(20分)
	基本指标	修正指标(±)	评议指标(±)
财务效益状况 (38分)	净资产收益率(25分) 总资产报酬率(13分)	资本保值增值率(12分) 销售(营业)利润率(8分) 盈余现金保障倍数(10分) 成本费用利润率(8分)	领导班子基本素质(18分) 产品市场占有能力(服务满意度)(16分) 基础管理水平(12分) 发展创新能力(14分) 经营发展战略(12分) 在岗员工素质(10分) 技术装备更新水平(服务硬环境)(10分) 综合社会贡献(8分)
资产营运状况 (18分)	总资产周转率(9分) 流动资产周转率(9分)	存货周转率(5分) 应收账款周转率(5分) 不良资产比率(8分)	
偿债能力状况 (20分)	资产负债率(12分) 已获利息倍数(8分)	现金流动负债比率(10分) 速动比率(10分)	
发展能力状况 (24分)	销售(营业)增长率(12分) 资本积累率(12分)	三年资本平均增长率(9分) 三年销售平均增长率(8分) 技术投入比率(7分)	

3. 修订前后指标体系的比较

（1）修订后指标体系更重视对现金流的反映。如修订前指标体系中反映现金流的指标仅有现金流动负债比率一个指标，权重仅为5％；而修订后指标体系新增盈余现金保障倍数指标，两项指标权重之和达到20％。

（2）修订后指标体系更重视反映企业长期发展能力。发展能力状况评价指标的比重上升为24％，在修正指标中新增技术投入比率指标，在评议指标中增加发展创新能力指标，且其权重达到14％。

（3）修订后指标体系在指标设置上更严谨、精练。

10.3 杜邦分析法

10.3.1 杜邦分析法的概念

杜邦分析法是利用几种主要的财务比率之间的关系来综合分析企业的财务状况,这种分析方法最早由美国杜邦公司使用,故名杜邦分析法,也称杜邦分析体系(The Du Pond System)。杜邦分析法是一种用来评价公司盈利能力和股东权益回报水平,从财务角度评价企业绩效的经典方法。其基本思想是将企业净资产收益率逐级分解为多项财务比率乘积,进而深入分析比较企业经营业绩。

杜邦分析法最显著的特点是将若干个用以评价企业经营效率和财务状况的比率按其内在联系有机地结合起来,形成一个完整的指标体系,并最终通过权益收益率来综合反映。采用这一方法,可使财务比率分析的层次更清晰、条理更突出,为报表分析者全面仔细地了解企业的经营和盈利状况提供方便。

杜邦分析法有助于企业管理层更加清晰地看到权益资本收益率的决定因素,以及销售净利润率与总资产周转率、债务比率之间的相互关联关系,给管理层提供了一张明晰的考察公司资产管理效率和是否最大化股东投资回报的路线图。

10.3.2 杜邦分析体系

1. 杜邦分析体系的核心指标

杜邦分析体系的核心是净资产收益率,它是一个综合性很强的财务分析指标。

$$净资产收益率 = \frac{净利润}{平均净资产} = \frac{净利润}{平均资产总额} \times \frac{平均资产总额}{平均净资产}$$
$$= 资产净利率 \times 平均权益乘数 \tag{10-1}$$

$$资产净利率 = \frac{净利润}{平均资产总额} = \frac{净利润}{主营业务收入} \times \frac{主营业务收入}{平均资产总额}$$
$$= 主营业务净利率 \times 总资产周转率 \tag{10-2}$$

由式(10-1)和式(10-2)可得:

$$净资产收益率 = 主营业务净利率 \times 总资产周转率 \times 平均权益乘数 \tag{10-3}$$

资产净利率是影响净资产收益率的最重要的指标,取决于销售净利率和总资产周转率的高低。总资产周转率是反映总资产的周转速度。对资产周转率的分析,需要对影响资产周转的各因素进行分析,以判明影响公司资产周转的主要问题在哪里。销售净利率反映销售收入的收益水平。扩大销售收入,降低成本费用是提高企业销售利润率的根本途径,而扩大销售收入,同时也是提高资产周转率的必要条件和途径。

权益乘数表示企业的负债程度,反映了公司利用财务杠杆进行经营活动的程度。资产负债率高,权益乘数就大,这说明公司负债程度高,公司会有较多的杠杆利益,但风险也高;反之,资产负债率低,权益乘数就小,这说明公司负债程度低,公司会有较小的杠杆利益,但相应所承担的风险也低。

2. 杜邦分析体系的基本框架

杜邦分析体系的基本框架如图 10-1 表示。

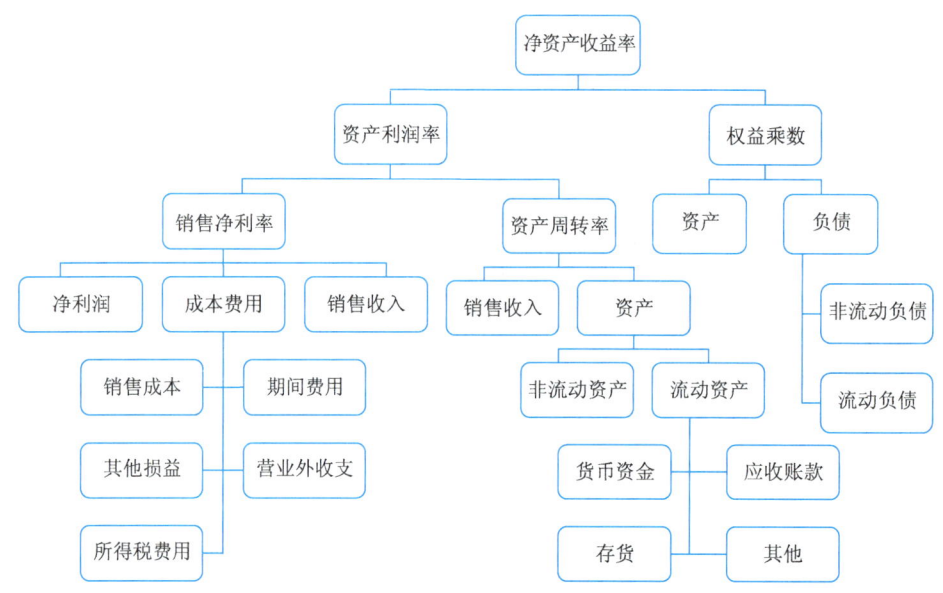

图 10-1　杜邦分析体系的基本框架

该体系是一个以净资产收益率为主线的多层次财务比率分解体系。各项财务比率在每一层次上与本企业历史或同行业数据进行比较,比较后向下一级分解。这种逐级向下分解的方式能够覆盖企业经营活动的每一个环节,进而实现系统、全面评价企业经营成果和财务状况的目的。然而这一分析体系也存在局限性,表现如下:

(1) 计算资产利润率的"总资产"和"净利润"不匹配。总资产是全部资产提供者享有的资产,而净利润专属于股东。两者相除不满足投入产出匹配的原则,因此该指标不能反映实际的报酬率。

(2) 没有区分经营活动损益和金融活动损益。对于多数企业来说金融活动是净筹资,它们在金融市场上主要是筹资而不是投资。筹资活动没有产生利润,而是支出净费用。从财务管理的基本概念来看,企业的金融资产是投资活动的剩余,是尚未投入实际经营活动的资产,应该将其从经营资产中剔除。与此相适应,金融费用也应该从经营收益中剔除,才能使经营资产和经营收益匹配。

(3) 没有区分有息负债与无息负债。利息支出仅仅是有息负债的成本,因此,只有利息支出与有息负债相除才是实际的平均利息率。并且,只有有息负债与股东权益相除才能得到更符合实际的财务杠杆。无息负债本来就没有杠杆作用,将其计入财务杠杆会歪曲杠杆的实际作用。

10.3.3　改进的杜邦分析法

1. 改进的杜邦分析体系的主要概念

改进的杜邦分析体系的主要概念如表 10-3 所示。

表 10-3　　　　　　　　　　　改进的杜邦分析体系的主要概念

	基本等式	基本概念
资产负债表	净经营资产＝净金融负债＋股东权益 其中： 净经营资产＝经营资产－经营负债 净金融负债＝金融负债－金融资产	① 区分经营资产和金融资产的主要标志是有无利息。如果能够取得利息，则列为金融资产 ② 区分经营负债和金融负债的一般标准是有无利息要求。应付项目的大部分为无息的，将其列入经营负债；如果是有息的，则属于金融活动，列为金融负债
利润表	净利润＝经营利润－净利息费用 其中： 经营利润＝息税前经营利润×(1－所得税税率) 净利息费用＝利息费用×(1－所得税税率)	① 金融活动的损益是净利息费用，即利息收入的净额。除金融活动以外的损益，全部视为经营活动损益 ② 经营活动损益主要包括经营利润、其他营业利润和营业外收支。经营利润等于销售收入减去与销售成本及有关的期间费用，是具有持续性和预测性的收益；其他营业利润包括资产减值、公允价值变动和投资收益，它们的持续性不易判定；营业外收支不具有持续性，没有预测价值 ③ 法定利润表的所得税是统一扣除的。为了便于分析，需要将其分摊给经营利润和利息费用

2. 调整的资产负债表和利润表

根据上述概念，重新编制 S 公司经调整的资产负债表和利润表，如表 10-4 和表 10-5 所示。

表 10-4　　　　　　　　　　　调整资产负债表　　　　　　　　　　　会企 01 表
编制单位：S公司　　　　　　　2023 年 12 月 31 日　　　　　　　　单位：万元

净经营资产	年末余额	上年年末余额	净负债及股东权益	年末余额	上年年末余额
经营资产：			金融负债：		
应收票据	19 646.14	12 564.13	短期借款	297 945.68	233 948.48
应收账款	878 700.14	792 547.16	租赁负债	154 026.57	127 645.13
预付款项	802 374.34	1 044 912.56	交易性金融负债	20 119.42	14 988.53
其他应收款	54 633.37	47 682.63	长期借款	52 940.62	29 286.48
存货	1 049 435.56	963 590.04	金融负债合计	525 032.29	405 868.62
合同资产	119 772.34	8 365.01	金融资产：		
一年内到期的非流动资产	2 823.23	2 776.15	货币资金	1 170 004.32	1 264 104.43
其他流动资产	47 490.74	39 065.41	交易性金融资产	11 412.78	40 365.93
长期应收款	8 602.02	11 331.33	应收款项融资	95 110.64	149 634.43
长期股权投资	83 870.33	78 064.25	其他权益工具投资	30 218.22	29 022.63
投资性房地产	3 491.25	3 207.59	金融资产合计	1 306 745.96	1 483 127.42
固定资产	510 318.18	546 462.01	净负债	－781 713.67	－1 077 258.80
在建工程	972.17	2 266.12	股东权益：		
使用权资产	203 081.51	141 836.80	股本	130 674.94	130 674.94
无形资产	69 133.85	70 602.76	资本公积	117 866.40	118 486.18
开发支出	69.45	493.81	其他综合收益	16 926.91	16 959.08

（续表）

净经营资产	年末余额	上年年末余额	净负债及股东权益	年末余额	上年年末余额
商誉	4 973.76	5 626.04	专项储备	117.75	77.56
长期待摊费用	6 133.77	6 745.99	盈余公积	40 515.52	35 724.04
递延所得税资产	33 541.77	29 876.23	未分配利润	382 346.61	323 373.10
其他非流动资产	25 354.83	10 467.06	少数股东权益	629 286.11	713 978.30
经营资产合计	3 924 718.75	3 818 483.08	股东权益合计	1 317 734.24	1 339 273.2
经营负债：					
应付票据	443 257.71	656 025.36			
应付账款	827 105.54	758 307.59			
预收账项	48.12	27.27			
合同负债	1 641 012.61	1 667 717.90			
应付职工薪酬	41 267.96	36 393.75			
应交税费	53 550.50	69 713.40			
其他应付款	92 145.31	93 132.53			
一年内到期的非流动负债	82 222.75	56 105.29			
其他流动负债	153 468.47	167 509.23			
预计负债	28 229.69	26 530.27			
递延收益	9 251.34	9 862.18			
递延所得税负债	14 154.44	14 900.02			
其他非流动负债	2 683.73	243.91			
经营负债合计	3 388 398.17	3 556 468.70			
净经营资产	536 320.58	262 014.38	净负债及股东权益	536 020.57	262 014.4

表 10-5　　　　　　　　　　　调整利润表　　　　　　　　　　　会企 02 表

编制单位：S公司　　　　　　　2023 年 12 月 31 日　　　　　　　　单位：万元

项目	本期金额	上期金额
经营活动：		
一、营业收入	12 298 080.96	14 114 791.27
减：营业成本	11 598 415.45	13 428 817.85
二、毛利	699 665.51	685 973.42
减：税金及附加	18 490.11	13 607.81
销售费用	177 327.97	158 083.15
管理费用	95 540.71	83 499.37
研发费用	49 655.51	46 241.71
三、主要经营利润	358 651.21	384 541.38
减：资产减值损失	14 000.79	33 084.46

（续表）

项目	本期金额	上期金额
信用减值损失	-1 360.65	23 863.63
加：公允价值变动收益	340.84	-83.70
资产处置收益	4 497.97	17 204.67
投资收益	16 889.79	16 885.36
四、税前营业利润	367 739.67	361 599.62
加：其他收益	15 404.90	12 996.85
营业外收入	26 359.87	12 588.51
减：营业外支出	933.49	2 583.71
五、税前经营利润	408 570.95	384 601.27
减：经营利润所得税费用	88 426.94	91 902.25
六、经营利润	320 144.00	292 699.03
金融活动：		
一、税前利息费用	12 747.29	7 409.89
减：利息费用减少所得税	2 758.89	1 770.63
二、净利息费用	9 988.40	5 639.27
利润合计：		
税前利润合计	390 823.66	377 191.38
所得税费用合计	85 668.05	90 131.62
税后净利润合计	305 155.61	287 059.76
备注：平均所得税税率	21.64%	23.90%

3. 改进的杜邦分析体系的核心公式

$$\begin{aligned}
\text{净资产收益率} &= \left(\frac{\text{经营利润}}{\text{股东权益}} - \frac{\text{净利息}}{\text{股东权益}}\right) \times 100\% \\
&= \left(\frac{\text{经营利润}}{\text{净经营资产}} \times \frac{\text{净经营资产}}{\text{股东权益}} - \frac{\text{净利息}}{\text{净负债}} \times \frac{\text{净负债}}{\text{股东权益}}\right) \times 100\% \\
&= \frac{\text{经营利润}}{\text{净经营资产}} \times \left(1 + \frac{\text{净经营资产}}{\text{股东权益}} - \frac{\text{净利息}}{\text{净负债}} \times \frac{\text{净负债}}{\text{股东权益}}\right) \times 100\% \\
&= \text{净经营资产利润率} + (\text{净经营资产利润率} - \text{净利润率}) \\
&\quad \times \text{净财务杠杆} \times 100\%
\end{aligned} \quad (10\text{-}4)$$

从式(10-4)中可以看出来，净资产收益率的驱动因素包括净经营资产利润率、净利息率和净财务杠杆。根据调整资产负债表和调整利润表计算有关的财务比率如表10-6所示。改进的杜邦分析体系的基本框架如图10-2所示。

表 10-6　　　　　　　　　2023 年 S 公司主要财务比率及其变动

项目	主要财务比率	本年	上年	变动
1	经营利润率(经营利润÷销售收入)	2.60%	2.07%	0.53%
2	净经营资产周转次数(销售收入÷净经营资产)	22.94	53.87	−3 092.70%
3=(1×2)	净经营资产利润率(经营利润÷净经营资产)	59.73%	111.71%	−51.98%
4	净利息率(净利息÷净负债)	−1.28%	−0.52%	−0.75%
5=(3−4)	经营差异率(净经营资产利润率−净利息率)	61.00%	112.23%	−51.23%
6	净财务杠杆(净负债÷股东权益)	−0.59	−0.80	21.11%
7=(5×6)	杠杆贡献率(经营差异率×净财务杠杆)	−36.19%	−90.28%	54.09%
8=(3+7)	净资产收益率	23.54%	21.43%	2.10%

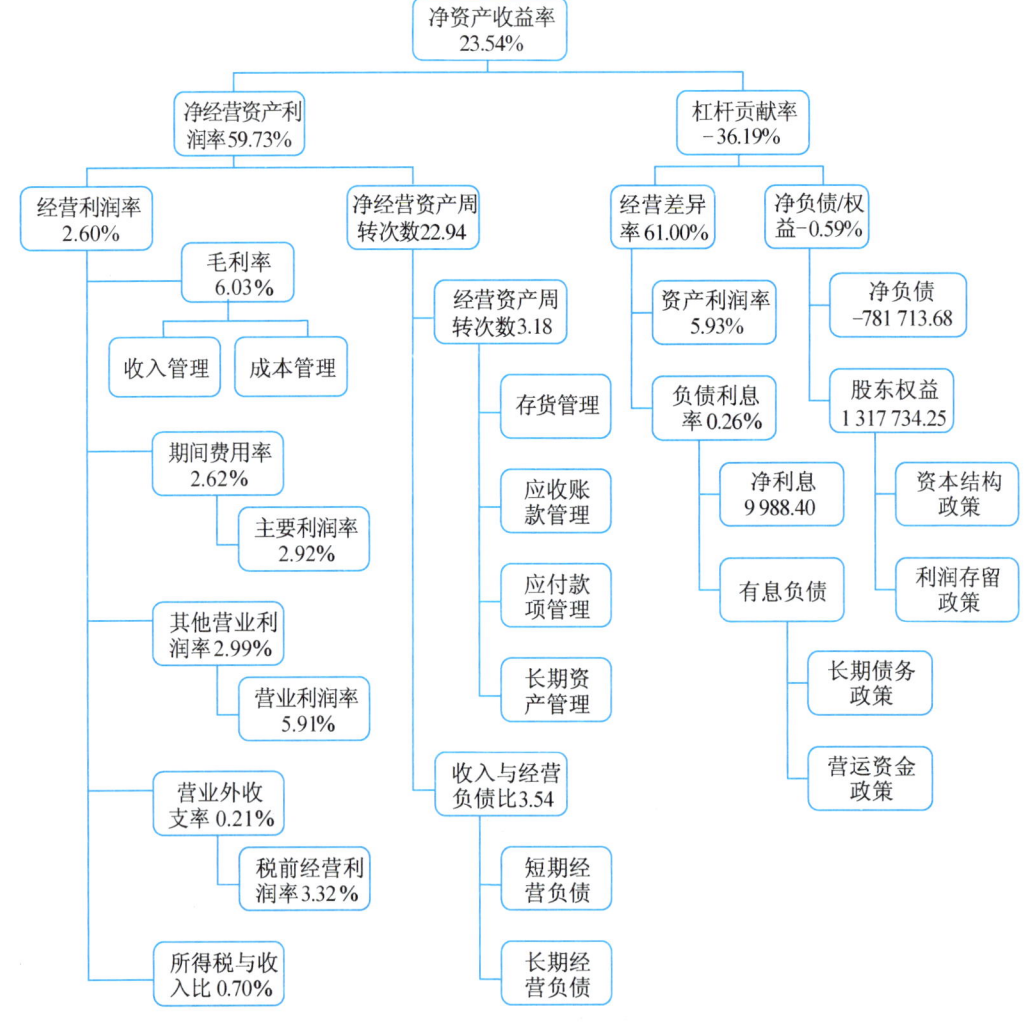

图 10-2　2023 年 S 公司改进的杜邦分析体系的基本框架

4. 净资产收益率的驱动因素分解

使用连环替代法确定各影响因素对净资产收益率变动的影响程度,如表 10-7 所示。

表 10-7　　　　　　　2023 年 S 公司净资产收益率变动的因素分析

变动影响因素	净经营资产利润率	净利息率	经营差异率	净财务杠杆	财务贡献率	净资产收益率	变动影响
2022 年净资产收益率	111.71%	−0.52%	112.23%	−0.804 4	−90.28%	21.43%	
净经营资产利润率变动	59.73%	−0.52%	60.25%	−0.804 4	−48.46%	11.26%	−10.17%
净利息率变动	59.73%	−1.28%	61.00%	−0.804 4	−49.07%	10.66%	−0.61%
财务杠杆变动	59.73%	−1.28%	61.00%	−0.593 2	−36.19%	23.54%	12.88%

根据 S 公司净资产收益率变动的因素分析表可以看出,该公司净资产收益率比上年上升了 2.10%,其中主要影响因素是:①净经营资产利润率较上年下降了 51.98%,使净资产收益率下降了 10.17%;②净利息率较上年下降了 0.75%,使净资产收益率下降了 0.61%;③财务杠杆较上年上升 21.11%,使净资产收益率上升了 12.88%。因此得出结论,该公司净资产收益率上升的主要原因是财务杠杆有所上升。

拓展阅读

唐纳森·布朗

唐纳森·布朗(Donaldson Brown),13 岁考入弗吉尼亚理工学院(Virginia Polytechnic Institute);17 岁毕业,获得电力工程学位;24 岁加入杜邦公司,后晋升为财务主管。杜邦公司早期的一批金融主管预见到了经济学家和统计学家对公司远景规划的重要作用,他便是其中之一。

按照皮埃尔·杜邦的指示,布朗对杜邦公司的财务加强了控制,并提出了一些极有新意的规定,如投资回报、股份回报、资金周转和基于事实地对销售与成本的精确预测等。他步入通用汽车公司时,把杜邦公司的财会系统也移植到了通用汽车公司。

布朗于 1921 年加入通用汽车公司团队,担任通用汽车公司的财务部副部长,并于 1924 年加入了执行委员会。他精确缜密的头脑显然非常符合斯隆(通用汽车公司 CEO)为了改进公司而实行的"组织研究"计划。

为了解决杜兰特(别克汽车的创始人)引起的 1920 年通用汽车公司危机,布朗制定了一项控制存货的长期政策。他提出的"存货控制要与财务政策和优良的商务实践相一致"书面重组计划,是通用汽车公司的新型财务控制系统中最早也是最重要的政策,斯隆对此大加赞赏。

在布朗这位受过高等教育的工程师主管的身上,斯隆找到了与自己思想一致的影子——实事求是、注重内部控制。当斯隆了解到布朗在财务方面的专业技能之后,他派布朗去研究有关生产估价的商务知识。结果,布朗提出了一个为期四个月的估价系统,包括对厂房投资、运营资本、销售及库存的评估。

一开始,布朗是制定通用汽车公司海外扩张政策的主要负责人。后来,他破天荒地为奖金和薪酬计划设计了最佳方案,其中的薪酬计划是美国公司最早的数据模型之一。最后,他为公司选拔和提升最有能力的管理者制定了一套程序。

布朗还设计出了一个详细计算投资回报的模式,以此来衡量通用汽车公司各分公司的绩效,使斯隆可以通过检查库存数量和运营资金了解资金成交量的情况。从本质上讲,这为斯隆及其他管理者提供了一个为每个分公司制定绩效标准的精确工具。

布朗为通用汽车公司在20世纪20年代及以后的发展都做出了巨大贡献。通用汽车公司里能够在个人能力和行为方面同时博得彼得·德鲁克喜爱的人为数不多,而布朗却是其中之一。德鲁克说,高层管理者都认为布朗是"通用汽车公司的智慧之源,但是他从来不说众所周知的语言"。这里有一段德鲁克对这位思想深刻的金融天才的描述:"一开始,他会像那些最不受欢迎的德语教授一样,用半数学等式、半社会科学术语的方式来列举德语中的一切边缘现象、限定条件及特殊情况,让大家一头雾水、不知所云。"

实际上,正是因为斯隆能够破译布朗的数学语言,并解释给通用汽车公司的其他管理者,所以布朗才可以放心使用这种高深莫测的语言。在1936年和1937年密歇根州的弗林特汽车工人联合会罢工之后,斯隆出于对布朗的信任,委任他作为通用汽车公司的发言人。

1946年,在斯隆正式辞去公司总裁职位之前,唐纳森·布朗一直就任于通用汽车公司。布朗在通用汽车公司的董事会和杜邦公司的董事会中同时任职,直到1959年最高法院出台了反托拉斯法案,禁止了这种联合董事会会员资格。

10.4 帕利普分析

"帕利普财务分析体系"(以下简称"帕利普分析")是哈佛大学教授克雷沙·帕利普(Krishna G. Palepu)对杜邦分析体系进行了变形、补充而发展起来的。帕利普在《经营透视:企业分析与评价》一书中将财务分析体系中常用的财务比率划分为四大类:偿债能力比率、盈利比率、资产管理效率比率、现金流量比率。帕利普财务分析的原理是将某一个要分析的指标层层展开,以便探究财务指标发生变化的根本原因。

帕利普财务分析体系的分析过程包括以下五个方面:可持续增长率分析、利润动因分析、经营管理评估、投资管理评估和财务管理评估。

10.4.1 分析可持续增长率——统一财务比率

长远来看,企业的价值取决于企业的盈利和增长能力。这两项能力又取决于其产品市场战略和资本市场战略;而产品市场战略包括企业的经营战略和投资战略,资本市场战略又包括融资战略和股利政策。财务分析的目的就是评价企业在经营管理、投资管理、融资战略和股利政策四个领域的管理效果。可持续增长率是企业在保持利润能力和财务政策不变的情况下能够达到的增长比率,它取决于净资产收益率和股利政策。因此,可持续增长率将企业的各种财务比率统一起来,以评估企业的增长战略是否可持续,其原理如图10-3所示。

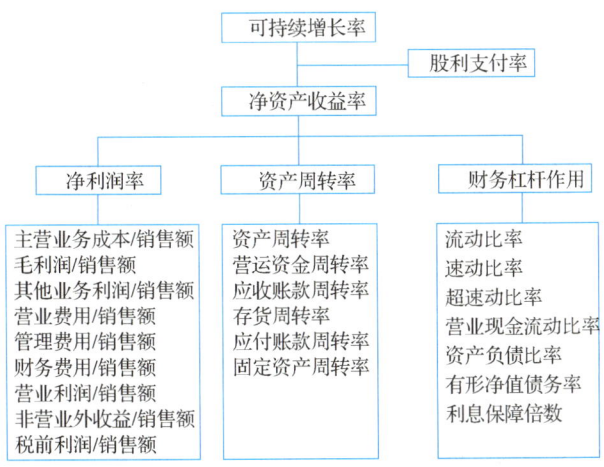

图 10-3 可持续增长率指标分析的基本框架

$$可持续增长率=净资产收益率\times(1-股利支付比率) \quad (10-5)$$

$$净资产收益率(ROE)=净利润\div 平均净资产\times 100\% \quad (10-6)$$

10.4.2 分析利润动因——分解净资产收益率

企业的净资产收益率受两个因素的影响：企业利用资产的有效性、与股东的投资相比企业的资产基础有多大。

$$净资产收益率=资产收益率\times 财务杠杆\times 100\%$$

为了更直观地了解利润的动因，净资产收益率可以进一步分解为：

$$净资产收益率=净利润率\times 资产周转率\times 财务杠杆\times 100\%$$

此分解后的公式表明：影响企业净利润的动因是净利润率、资产周转率和财务杠杆作用。

10.4.3 评估经营管理——分解净利润率

净利润率表明企业经营活动的盈利能力，因此，对净利润率进行分解能够评估企业的经营管理效率。常用的分析工具是共同尺度损益表，即该表中的所有项目都用一个销售收入比率表示。共同尺度损益表可用于企业一段时间损益表各项目的纵向比较，也可用于行业内企业间的横向比较。通过分析共同尺度损益表，我们可以了解企业的毛利率与其竞争战略的关系、变动的主要原因、期间费用率与其竞争关系、变动的原因、企业的经营管理的效率等。

10.4.4 评估投资管理——分解资产周转率

对资产周转率的详细分析可评估企业投资管理的效率。资产管理分为：流动资金管理和长期资产管理。流动资金管理分析的重点在应收账款、存货和应付账款。评估资产管理效率的主要财务指标有：资产周转率、存货周转率、应收账款周转率、应付账款周转率、固定资产周转率、营运资金周转率。通过分析这些财务指标，可评估企业的投资管理效果。

10.4.5 评估财务管理——检验财务杠杆的作用

财务杠杆使企业拥有大于其产权的资产基础，即企业通过借款和一些不计息债务等来增加资本。只要债务的成本低于资产收益率，财务杠杆就可以提高企业的净资产收益率，但同时财务杠杆也加大了企业的风险。评估企业财务杠杆风险程度的财务指标有：流动比率、速动比率、超速动比率、营业现金流动比率等流动性比率以及资产负债比、可持续增长率、统一财务比率框架率、有形净值负债率和利息保障倍数等长期偿债比率。

 本章小结

财务综合能力分析将企业的营运能力、偿债能力和盈利能力等诸多方面一同纳入一个有机整体之中，对企业的经营状况和财务状况进行解剖和分析，为全面考核企业再生产各个主要方面的经济效果和制定决策提供重要的依据。财务状况综合分析的方法主要有杜邦分析法和沃尔比重评分法。

沃尔分析体系的使用方法是：根据给定各指标的比重，以行业平均数为基础确定标准比率，将实际比率与标准比率相比，得出相对比率，将此相对比率与各指标比重相乘，得出总评分，进而来评价企业的财务状况。

杜邦分析体系是一个以净资产收益率为主线的多层次财务比率分解体系。各项财务比率在每一层次上与本企业历史或同行业数据进行比较，比较后向下一级分解。这种逐级向下分解的方式能够覆盖企业经营活动的每一个环节，进而实现系统、全面评价企业经营成果和财务状况的目的。

帕利普分析体系将财务分析体系中常用的财务比率划分为四大类：偿债能力比率、盈利能力比率、资产管理效率比率和现金流量比率，并将某一个要分析的指标层层展开，以达到探究财务指标发生变化的根本原因的目的。

 复习与练习

业务题

根据 A 公司 2024 年度简化的资产负债表和利润表（如表 10-8 和表 10-9 所示），运用杜邦传统分析体系结合因素分析法分析 2024 年与 2023 年相比净资产收益率变动的原因，按顺序确定销售净利率、资产周转率和权益乘数变动对净资产收益率的影响，指出公司可能存在的问题。

表 10-8　　　　　　　　　　　资料一：A 公司资产负债表

项目	2023 年	2024 年	项目	2023 年	2024 年
流动资产合计	280	320	流动负债	90	100
应收账款	100	110	长期负债	100	120
其他速动资产	60	80	负债合计	190	220
存货	120	130	股东权益	310	330
非流动资产	220	230			
资产总计	500	550	权益总计	500	550

表 10-9　　　　　　　　　　资料二：A 公司利润表

项目	2023 年	2024 年
一、销售收入	14 000	15 200
销售成本	9 800	11 100
税金及附加	1 400	1 200
销售费用	200	210
管理费用	520	550
财务费用(利息费用)	19	20
二、营业利润	2 061	2 120
投资收益	21	30
营业外收支净额	−12	−9
三、利润总额	2 070	2 141
所得税	526	536
四、净利润	1 544	1 605

讨论题

1. 财务综合能力分析的目的是什么？
2. 改进的杜邦分析体系较之于传统体系有什么优点？
3. 如何区分金融资产和经营资产？如何判断金融活动损益？
4. 如何编制调整的资产负债表和利润表？
5. 如何改进沃尔评分法？

案例分析

A 公司财务综合能力分析

资料：A 股份有限公司 2024 年的资产负债表和利润表如表 10-10 和表 10-11 所示。

表 10-10　　　　　　　　　　资产负债表

2024 年 12 月 31 日　　　　　　　　　　　　　　　单位：万元

项目	期末余额	上年年末余额
流动资产：		
货币资金	46 578.91	59 209.49
交易性金融资产	638.36	722.40
衍生金融资产	—	—
应收票据	17 555.26	7 466.96
应收账款	30 665.27	27 831.47
预付款项	4 813.12	4 805.48

（续表）

项目	期末余额	上年年末余额
应收利息	—	—
应收股利	—	—
其他应收款	2 332.99	2 082.70
买入返售金融资产	—	—
存货	28 523.52	27 369.64
划分为持有待售的资产	—	—
一年内到期的非流动资产	—	—
待摊费用	—	—
待处理流动资产损溢	—	—
其他流动资产	13 885.82	1 397.65
流动资产合计	144 993.25	130 885.78
非流动资产：		
发放贷款及垫款	—	—
其他债权投资	1 100.00	1 100.00
持有至到期投资	—	—
长期应收款	—	—
长期股权投资	185.49	—
投资性房地产	2 818.52	2 968.21
固定资产净额	24 483.89	24 854.17
在建工程	18 454.20	17 271.76
工程物资	—	—
固定资产清理	—	—
生产性生物资产	—	—
公益性生物资产	—	—
油气资产	—	—
无形资产	13 671.19	14 300.48
开发支出	—	—
商誉	—	—
长期待摊费用	23.87	7.08
递延所得税资产	73.77	33.76
其他非流动资产	—	—
非流动资产合计	60 810.94	60 535.46

(续表)

项目	期末余额	上年年末余额
资产总计	205 804.19	191 421.25
流动负债：		
短期借款	16 533.93	5 000.00
交易性金融负债	—	—
应付票据	2 160.50	5 940.89
应付账款	12 193.83	11 586.43
预收款项	4 273.49	2 490.03
应付手续费及佣金	—	—
应付职工薪酬	1 859.91	1 591.61
应交税费	495.53	186.22
应付利息	—	—
应付股利	—	—
其他应付款	1 780.42	1 615.55
预提费用		
一年内的递延收益	—	—
应付短期债券		
一年内到期的非流动负债	—	—
其他流动负债	—	—
流动负债合计	39 297.62	28 410.73
非流动负债：		
长期借款	—	—
应付债券	—	—
长期应付款	—	—
长期应付职工薪酬		
专项应付款		
预计非流动负债	—	—
递延所得税负债	2.59	5.66
长期递延收益	820.00	400.00
其他非流动负债	—	—
非流动负债合计	822.59	405.66
负债合计	40 120.21	28 816.39
股东权益：		

(续表)

项目	期末余额	上年年末余额
实收资本(或股本)	37 299.17	37 299.17
资本公积	89 991.37	89 991.37
减：库存股	—	—
其他综合收益	—	4.80
专项储备	—	—
盈余公积	14 616.55	14 246.72
一般风险准备	—	—
未分配利润	22 168.78	19 543.28
归属于母公司股东权益合计	164 075.87	161 085.34
少数股东权益	1 608.11	1 519.52
所有者权益(或股东权益)合计	165 683.98	162 604.86
负债和所有者权益(或股东权益)总计	205 804.19	191 421.25

表 10-11　　　　　　　　　　利润表

2024 年 12 月 31 日　　　　　　　　　　　　　　　　　　单位：万元

项目	金额
一、营业总收入	142 146.36
营业收入	142 146.36
二、营业总成本	138 110.93
营业成本	117 599.63
税金及附加	671.25
销售费用	8 064.97
管理费用	11 377.94
财务费用	−766.96
资产减值损失	1 164.10
公允价值变动收益	−15.64
投资收益	425.56
其中：对联营企业和合营企业的投资收益	—
汇兑收益	—
三、营业利润	4 445.34
加：营业外收入	524.05
减：营业外支出	21.56
其中：非流动资产处置损失	6.77
四、利润总额	4 947.83

(续表)

减：所得税费用	410.92
五、净利润	4 536.91
归属于母公司所有者的净利润	4 114.30
少数股东损益	422.61
六、每股收益	—
基本每股收益（元/股）	0.110 3
稀释每股收益（元/股）	0.110 3
七、其他综合收益	−4.80
八、综合收益总额	4 532.11
归属于母公司所有者的综合收益总额	4 109.50
归属于少数股东的综合收益总额	422.61

问题：

根据 A 股份有限公司 2024 年的资产负债表和利润表的有关资料并补充收集相关信息，对该公司进行综合评价与分析。

04

第 4 篇

财务衍生分析

第 11 章　企业财务危机预警分析
第 12 章　企业价值评估分析

第11章

企业财务危机预警分析

> 凡事预则立,不预则废。
> ——《礼记·中庸》
>
> 微软离破产永远只有18个月。
> ——比尔·盖茨

🎯 学习目标

1. 掌握财务危机与财务危机预警的基本概念;
2. 了解财务危机产生的原因以及征兆;
3. 掌握财务危机预警的基本模型;
4. 掌握财务危机预警系统的概念、功能以及基本架构。

引 言

在市场经济环境下,企业自成立之日起就经受着"优胜劣汰,适者生存"的考验。在激烈的市场竞争中,管理能力、发展能力较弱的企业必将被淘汰出局,而在竞争中胜出的企业将进一步发展壮大。据统计,美国中小企业的平均寿命不到 7 年,大企业的平均寿命不超过 40 年;欧洲与日本企业的平均寿命为 12.5 年,跨国公司的寿命为四五十年。在中国,中小企业的平均寿命仅 2.5 年,集团企业的平均寿命仅七八年,近五成中国企业存续时间少于 5 年。在企业所面临的诸多生存危机中,财务危机名列首位。企业陷入财务危机进而破产是任何一家企业都不愿面临的。然而,伴随着信息技术的飞速发展,国际经济与贸易往来日益频繁,各种经济关系、经济行为越来越复杂多变。这一方面为企业的发展提供了机遇,另一方面则给企业的经济活动带来了前所未有的波动。今天还在市场上独领风骚的优秀企业,也许明天就将被市场无情地淘汰。

"冰冻三尺,非一日之寒",企业陷入财务危机是一个渐进的过程。大部分企业在陷入财务危机之前已有先兆,正是由于这种先兆的存在使得我们的财务危机预警研究成为可能。因此,为了防范和规避危机,无论是企业自身,还是企业的利益关系各方都有必要建立和完善有效的财务危机预警系统。

11.1 财务危机预警分析概述

"预警"一词最早出现于军事领域,是关于突然袭击的信息的预告。随着社会的发展和时代的变迁,预警这一概念已经进入现代经济、技术、政治、医疗等各个领域。参照军事预警系统建立起来的经济预警系统也能够对经济问题进行预测,而财务危机预警系统正是针对企业财务危机问题所建立的预警系统。从传统的单变量预警模型到多变量预警模型,从传统的比较方法到人工智能技术的应用,大量创新、有效的预警模型与方法不断涌现。

11.1.1 财务危机的概念

1. 财务危机的定义

对于财务危机,国内外目前没有一种权威的定义,各家说法莫衷一是。与财务危机相关的几个概念是:管理失败、财务失败、企业失败与企业破产。管理失败是指企业未能发挥潜力,或已实现的投资报酬率显著、持续地低于同类企业;财务失败是指一个企业无力偿还到期债务的困难和危机,通常与财务危机混用;企业失败通常指企业遭受长期又严重的损失,资产不足以清偿其负债(Golstein,1988);企业破产是财务危机的一种极端表现,是一种法律程序。有时,上述这些概念并没有得到十分严格的区分。

对于财务危机的定义,一般呈现以下两种思路。第一,将财务危机企业定义为已经宣告破产的企业。例如,Altman(1968)认为"企业失败包括在法律上的破产、被接管和重整等",实质上是把财务危机基本视同为企业破产,即法定破产。遵循这条思路,Deakin(1972)认为财务危机企业是指已经破产、无力偿债或者为了债权人的利益已经进行清算的企业。在我国,为了便于实证研究,多数学者通常将财务危机定义为上市企业被特别处理(即 Special Treatment,ST)。第二,财务危机有轻重之分。轻微的财务危机可能仅仅是短暂的资金周转困难,而严重的财务危机是经营失败或破产清算。从轻微到严重的财务危机之间还存在各种类型,企业发展过程中可能经历多种类型的财务危机。为全面收集财务危机企业样本进行财务危机预警的实证研究,很多学者扩大了财务危机企业样本的选择范围。如 Beaver(1966)将财务危机企业定义为:银行透支、未支付优先股股利、债券违约和宣告破产等几个状态。在总结前人的研究成果的基础上,Ross 等(1999)进一步从四个方面定义企业的财务危机:第一,企业失败,即企业清算后仍无法支付债权人的债务;第二,法定破产,即企业或债权人向法院申请企业破产;第三,技术破产,即企业无法按期履行债务合约付息还本;第四,会计破产,即企业的账面净资产出现负数,资不抵债。我国大多数学者也认为财务危机是一个过程。例如,谷祺和刘淑莲(1999)将财务危机定义为:企业无力支付到期债务或费用的一种经济现象,包括从资金管理技术性失败到破产以及处于两者之间的各种情况。

综合国内外学者关于财务危机的定义可以发现,财务危机是企业经营发展过程中可能经历的一种财务状况,包括比较轻微的资金管理技术性失败和极为严重的破产,以及介于两者之间的各种状态。

2. 财务危机与财务风险

企业财务活动,一般分为筹资活动、投资活动、资金回收和收益分配四个方面。相应地,财务风险就分为:①筹资风险,即因借入资金而增加丧失偿债能力的可能;②投资风险,即由于不确定因素致使投资报酬率达不到预期之目标而发生的风险;③资金回收风险,即产品销售出去,其货币资金收回的时间和金额的不确定性带来的风险;④收益分配风险,即由于收益分配可能给企业今后生产经营活动产生不利影响而带来的风险。除了上述四种主要财务风险以外,企业还可能面临诸如汇率风险、财产跌价风险、企业财务诉讼风险和财政税收政策带来的企业财务风险等。

任何企业在其生存和发展过程中,都会遇到风险。若企业抵御风险的能力较弱,或不能对风险采取有效的化解措施,很可能会陷入财务危机的困境。可见,财务危机是财务风险积聚到一定程度的产物,它同财务风险一样,是在不断运动变化的。不同企业财务风险与财务危机有不同的表现形式,即便是同一企业,在不同时点其财务风险与财务危机也会有所不同。显然,陷入财务危机的企业面临着较大的财务风险,但具有财务风险的企业不一定就陷入了财务危机。因为,财务风险是客观存在的,任何企业(包括绩优企业)必然面对;而财务危机是财务风险发展到一定程度的产物,是财务风险加剧的表现。企业若能在有效期间内采取化解措施,就能降低财务风险,摆脱财务危机;若企业面对危机束手无策,或措施不力,很可能会进一步加剧财务危机,甚至导致破产的厄运。

11.1.2 财务危机产生的原因

分析导致企业陷入财务危机的原因,找到企业财务危机形成的影响因素,是分析财务危机的基础和进行财务危机预警分析的前提。因此,有必要对财务危机的成因进行分析。众所周知,企业产生财务危机的因素有很多,既有宏观因素,也有微观因素;既有体制方面的问题,也有企业管理方面的问题等。对于财务危机产生的原因,国内外学者进行了深入的研究。

Argenti(1976)在其专著《企业失败:原因与症状》中,总结了导致企业陷入财务危机的八种动因:①企业管理差。主要是指高级管理层的结构缺陷,包括几个方面:首席执行官一个人独断控制企业,董事的参与性差,知识结构不平衡的高管队伍,财务职能弱,缺乏管理深度。②会计信息不足或会计信息系统存在缺陷。失败企业在会计信息方面常常被提到的四项缺陷是:缺乏预算控制、缺乏现金流量预测、不存在成本核算系统、资产价值的不恰当估价。③企业对经营环境的变化不能采取恰当的应对措施。经营环境的变化可以分为五大类:竞争趋势的变化、政治环境的变化、经济环境的变化、社会变化和技术变化。公司没有发现经营环境的变化或者对环境的变化没有作出正确的反应是公司失败的主要原因。④制约公司对环境变化作出反应的因素,由于这些因素的存在,使企业不能对环境的变化做出迅速反应。⑤过度经营。⑥开发大项目,例如兼并、多元化经营、项目扩张、开发新产品、引进新服务、研究项目等。⑦高杠杆经营,即企业负债经营。⑧常见经营风险。常见经营风险一般不会导致企业的失败,但是对于实力弱小、管理差的企业来说,常见经营危机的打击就难以度过。京都大学的新小田泰平分析日本企业破产的原因主要体现在三个层次:第一层次的原因是经营管理能力欠缺,以及经营管理不善而导致的损失、事故、企业活动停滞等;第二层次的原因是财务结构恶化、不良债务、经营赤字、销量减少、库存增加等;第三层次的原因是失去支付能力、资产负债率激增等。从逻辑上来看,第三层次的原因是由第二层次的原因引起的,第二层次的原因是由第一层次的原因引起的。

对于我国企业,除了上述引起财务危机的因素之外,公司治理结构缺陷也可能带来财务危机。研究表明,公司治理结构可能会影响公司业绩,从而间接导致企业财务危机。一般而言,当公司治理结构有利于提高公司绩效时,则企业发生财务危机的可能性较小;当公司治理结构不利于公司绩效时,公司很可能陷入财务危机。目前,我国上市公司治理结构中存在诸多缺陷,如"一股独大"和"内部人控制"问题。"一股独大"常常导致大股东通过占用上市公司资金、上市公司为大股东提供巨额担保等方式侵害公司其他中小股东利益,例如,延安必康制药股份有限公司(证券代码002411.SZ),截至2019年6月13日的资料显示,李宗松持有的延安必康股份为2.08亿股,其中2.05亿股处于质押状态,占其持股比例的98.57%。2020年,延安必康被揭露存在实际控制人及关联方通过工程款及收购等事项占用上市公司资金的行为,涉及金额高达44.97亿元。投资者开始提起集体诉讼,要求公司赔偿因虚假陈述造成的损失。2023年6月9日,深圳证券交易所决定终止延安必康股票上市,随后于2023年7月12日正式摘牌。另外,还有一些企业在盲目扩张与多元化经营中迷失了自己,陷入了层层财务危机中。类似的案例如巨人网络集团股份有限公司,董事会被架空,形同虚设,实际控制人史玉柱及其关联方通过关联交易占用上市公司的资金,导致巨人网络的股价出现波动,投资者信心受损等。

三 相关链接

300亿造假案后,康美药业"起死回生"

康美药业是一家以中药饮片生产、销售为核心业务的上市公司,2018年因财务造假问题受到广泛关注。于2016年至2018年,康美药业在财务报告中虚假记载,其中包括虚增货币资金、虚增固定资产、在建工程、投资性房地产等,累计虚增货币资金约890亿元,虚增收入275亿元,虚增利润39亿元,创下A股市场有史以来最大的造假纪录。实际控制人、董事长等通过虚开和篡改增值税发票、伪造银行单据等方式,占用上市公司资金;严重的存贷双高现象,造成资金的巨大浪费。2019年8月康美药业收到了中国证监会的《行政处罚及市场禁入事先告知书》,2020年5月中国证监会正式对康美药业违法违规案作出行政处罚及市场禁入决定。

2021年4月,鉴于康美药业不能清偿到期债务,且已资不抵债,广东省揭东农商行依法申请对康美药业进行破产重整。2021年底,国资背景的广药集团通过神农氏合伙企业向康美药业注入65亿元资金进行重整,帮助公司清偿全部债务。2022年5月20日,康美药业成功摘星,从"*ST康美"变更为"ST康美",标志着公司初步摆脱了退市风险。2023年,康美药业扭亏为盈。但仔细分析康美财报不难发现,业绩转好的原因是非经常性损益。2019年至2023年,公司扣非净利润依旧为负数,可见其自身造血能力并未完全恢复。

康美药业的案例强调了财务预警的重要性。早期识别和应对财务危机的迹象,如异常的财务指标变化、资金流动问题等,可以帮助公司避免更大的危机。良好的公司治理结构、透明的信息披露政策和严格的财务合规性是预防财务危机的关键因素。有效的监管措施和健全的法律框架对于保护投资者权益至关重要。投资者应密切关注公司的财务健康状况,包括审查财务报表、关注监管动态等。即使在遭遇重大财务危机之后,公司仍有可能通过重组、引入外部资金等手段实现复苏。然而,要完全恢复投资者的信任,还需要时间来证明公司的可持续性和盈利能力。

(资料来源:方涛之.300亿造假案后,康美药业"起死回生"[EB/OL].健识局,(2024-06-28)[2025-08-12]. https://zhuanlan.zhihu.com/p/706034662)

11.1.3 财务危机的表现过程

一般来说,企业的财务危机不是一朝一夕造成的,而是一个长期积累和逐步发展的过程。在企业财务危机从小到大的整个发展过程中,虽然这些危机都会表现出不同的财务特征,但这种表现可能并不是十分显著和明确的,有的甚至是潜在的,但一旦急速发展,就可能马上进入完全的财务危机状态,从而导致严重的后果,所以对企业不同的财务危机阶段可能表现出来的不同经营和财务方面的危机特征,我们需要有充分的认识和把握。

日本的野田武辉研究了企业由于亏损引起财务危机和最终破产的基本过程。他认为,企业连续亏损5年以上就有可能破产,根本原因在于长期亏损将导致资金周转困难,并最终导致贷款增多,对企业构成巨大的压力。在经济景气时期,企业发生筹资困难多数因为大规模进行设备投资,造成贷款负担过重,但此时企业效益较好。如果能够依据经营前景与债权人达成有关延迟偿还债务的协议,企业将有可能起死回生。但企业持续亏损,销售能力下降和成本过高导致的资金困难,将有可能使企业走向破产(图11-1)。

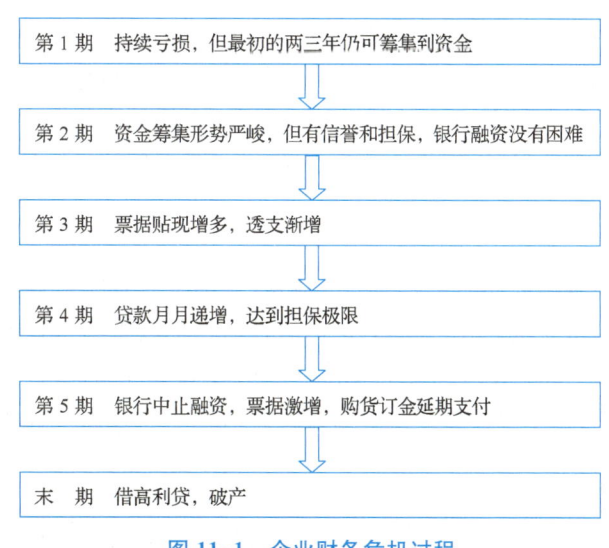

图11-1 企业财务危机过程

我国学者张友棠(2004)将财务危机发生过程划分为潜伏期、发作期、恶化期。周首华等(2000)认为,企业财务危机可以划分为四个阶段。第一阶段为财务危机潜伏期,特征是盲目扩张、无效市场营销、疏于风险管理、缺乏有效的管理制度、企业资源分配不当、无视环境的重大变化。第二阶段为财务危机发作期,特征是自有资本不足、过分依赖外部资金、利息负担重、缺乏会计的预警作用、债务拖延偿付。第三阶段为财务危机恶化期,特征是经营者无心经营业务和专心财务周转、资金周转困难、债务到期违约不偿付。第四阶段为财务危机实现期,特征是负债超过资产,丧失偿付能力,宣布倒闭。企业财务运营症状与财务危机的四个阶段如图 11-2 所示。虽然说并非所有的企业都是如此表现的,但一般来说大部分出现财务危机的企业是基本相似的,它们具有广泛的普遍性,只是不同企业由于财务危机的产生原因不同,在这些危机特征的表现上各有不同。

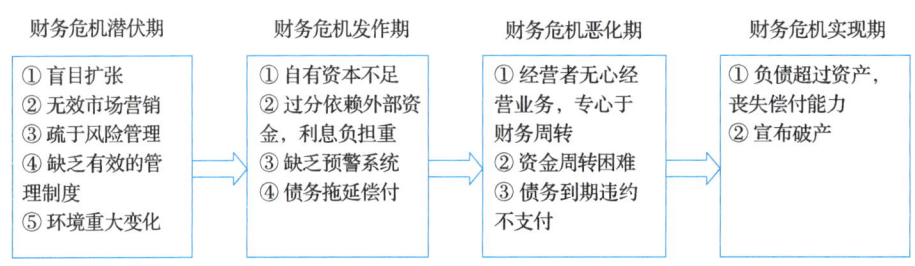

图 11-2 企业财务运营症状与财务危机的四个阶段

11.1.4 财务危机预警的含义与意义

财务危机预警,是指以企业的财务报表及其他相关的经营资料为依据,根据相关管理理论,采用定性与定量相结合的方法,对企业在经营管理活动中的潜在风险进行跟踪与监控,及早发现危机信号,将企业所面临的危险情况预先告知企业经营者和其他利益关系人,并分析企业发生财务危机的原因和企业财务运营体系隐藏的问题,以提早着手实施预控的过程。

在世界经济一体化的今天,受各种因素的影响,一些公司不可避免地会发生财务困难、危机甚至破产清算的现象,而这些现象会给社会带来十分严重的影响。因此,这个时候如何对上市公司的财务状况进行预测也就成了股东、债权人、政府管理部门、证券分析人员乃至本公司员工关心的主要问题。总之,构建一套高效、灵敏、实用的财务预警系统具有重要的意义。

1. 对企业管理层:起到警示作用

预警模型预测企业将来是否会陷入财务危机,帮助企业及时发现潜伏的危机,协助管理者及时寻找导致财务状况恶化的原因,从而有针对性地改善经营管理,制定相应对策以避免财务危机的发生。若企业不可逆转地陷入了财务危机,徘徊在破产边缘,预警模型也可以为企业赢得时间,从而寻找机会与其他有实力的企业进行重组合并,尽量避免破产清算的发生。

2. 对投资者:帮助做出有利的投资决策

当企业资不抵债而进行破产清算时,由于股东的资产请求权处在债权人之后,股东的投资往往会化为乌有。如果企业是上市企业,企业陷入财务危机会导致股票价格下跌,从而导致投资者发生损失。而有效的财务危机预警模型能够帮助投资者和股东通过对企业的财务信息进行分析,预测企业未来的财务状况,洞察其真实价值和经营发展前景,提高投资决策的科学性、警惕性,使投资者能够将有限的资本投资于未来价值高的企业,并能够在企业初露财务危机端倪时就及时处理现有投资,防止或减少投资损失。

3. 对企业的债权人:有利于控制信贷风险,减少无法收回本息的损失

如果债权人能准确预测企业的财务危机,则可在企业陷入财务危机前改变偿债条款,提前收回本息。银行等金融机构可根据预警结果对企业进行信用等级评分,协助企业制定贷款决策,并对应收账款进行有效管理。

4. 对政府:资源优化配置

企业财务危机预警的建立,能够帮助政府有效评价企业的经营业绩,全面预测企业的发展前景,从而做出使资源优化配置的决策。另外,在企业陷入财务危机前,政府可以提前协调各方面关系,减少企业的失败概率,从而减少破产成本的支出和因工人失业而造成的社会动荡。

5. 对证券监管部门:利于监管上市企业

企业财务危机预警从实证研究角度支持和加强证券监管部门的监管工作,如我国证券监管部门所制定的特别处理(Special Treatment,ST)等制度都需要对企业财务危机做出正确的判断。

11.2 财务危机预警的基本模型与方法

自1932年开始,国外学者就开始了财务危机预警模型与方法的研究。随着计算机技术、统计技术和人工智能技术的快速发展,预警模型使用的方法也在不断地创新和发展,也产生了大量有效的预警模型。本节将从主观和客观两个角度来介绍财务危机预警的典型模型与方法。

11.2.1 财务危机预警的主观模型与方法

财务危机预警主观模型与方法是指通过分析和调查,发现危机迹象及诱因,并告知有关人员,以提前安排防范应变措施。消除危机的分析系统,是预警机制的重要内容。财务危机预警的主观模型与分析方法主要包括以下几种。

1. 个案分析法

这种方法主要是通过观察企业财务危机的案例,体会出企业陷入财务危机的规律性表现。在获取财务危机的一般性规律的基础上,通过对关键指标的监控和预测来进行企业财务危机预警。在财务危机预警的各种模型和技术方法兴起以后,个案分析法不仅没有消亡,反而成了一种几乎与模型方法共分财务预警研究天下的基本方法。究其原因在于企业财务危机极其复杂,没有一个模型能够宣称可以预测一切。

2. 标准化调查方法

标准化调查法又称风险分析调查法,即通过专业人员、咨询公司、协会等,对企业可能遇到的问题加以详细调查与分析,形成报告文件以供企业管理者参考。其特点是在调查过程中所提的问题对大多数企业都适用,其不足之处是无法针对特定企业的特定问题进行调查分析,不能对其中的问题进行深入解释,不能引导使用者对调查所问问题之外的信息作出恰当的判断。

3. 短期资金周转表分析法

此方法是进行短期财务预警的重要方法,其判断标准是:若企业不能制定出短期资金周转表,这本身就说明企业发生了财务危机问题;若能制定出短期资金周转表,就要查明转入下月的结转额是否占总收入的20%以上,应付票据总支付额是否在销售收入的60%以下(批发商)或40%以下(制造业)。其实质是企业面对多变的理财环境需要经常准备好安全程度比较高的资金周转表,否则说明企业财务陷入财务危机当中。该方法简单易行,但由于其判断标准过于武断而尚存争议。

4. 流程图分析法

企业流程图分析法是一种动态分析,它能暴露企业潜在的风险,对识别企业生产经营和财务活动的关键点特别有用。企业在生产经营过程中,必然存在着一些关键点,如果在关键点上出现堵塞和发生损失,将会导致企业全部经营活动终止或资金运转终止。面对潜在的风险,企业可以通过画出流程图来应对。画出企业流程图,找到关键点,进而对企业潜在风险进行判断和分析,并采取相应的防范措施。流程图层次分明,脉络清晰,易于分析,但需要画图人员有较高的水平。

5. 管理评分法

美国的约翰·阿吉蒂在调查了企业的管理特性以及可能导致破产的公司管理缺陷后,提出采用管理评分法——A计分法。阿吉蒂按照企业在经营管理中出现的几种缺陷、错误和征兆进行对比打分,并根据这些项目对破产过程和产生影响的大小程度对所打分数进行加权处理,总分为100分,企业得分越高,处境越差(见表11-1)。"A计分法"中的"缺陷""错误"和"征兆"共同反映了企业财务危机并不是突然发生的,而是会经历一个逐渐滑坡的过程:企业在经营时难免出现一些缺陷,如果管理者未对这些缺陷及时加以弥补,那么这些缺陷就会导致企业产生经营上的错误;如果这些错误还不能得到及时纠正,那么企业就会呈现出明显的破产前征兆;如果企业不能悬崖勒马,则下一步必然就是企业的破产。对企业进行逐项打分,如果企业得分大于25分,则表明企业正面临着较大的风险;如果企业得分在18~25分之间,则表明企业已经开始出现危机的迹象;如果企业得分低于18分,则表明企业处于安全区域。该方法简单易行,但要求使用者深入企业调查,全面了解企业管理的各个方面,才能对企业的管理进行正确打分,从而对企业管理进行客观评价,因此,这种方法的主观因素仍然发挥着比较大的作用。

表11-1 "A计分法"的因素构成及其风险值

风险因素	记分值	临界值
1.经营缺陷		
管理活动不深入	1	
管理技能不全面	2	
被动的经理班子	2	
财务经理不够强	2	
无过程的预算控制	3	
无现金开支计划	3	
无成本监督系统	3	
董事长兼任总经理	4	
总经理独断专行	8	

(续表)

风险因素	记分值	临界值
应变能力太低	15	
小计	43	10
2. 经营错误		
高杠杆负债经营	15	
缺乏过投生意的资本	15	
过大风险项目	15	
小计	45	15
3. 破产征兆		
危机财务信号	4	
被迫编造假账	4	
经营秩序混乱	3	
管理停顿	1	
小计	12	0
分值加总	100	25

资料来源：杜胜利：《企业经营业绩评价》，经济科学出版社，1999年。转引至：刘红霞：《企业财务危机预警方法及系统的构建研究》，中国统计出版社，2005年。

11.2.2 财务危机预警的客观模型与方法

财务危机预警的客观模型与方法一般是指以企业经营活动的实际数据和事先确定的风险临界值为分析基础的危机预警方法。这类方法运用了大量数学、统计学、运筹学、人工智能等方面的知识，力求通过对历史经验数据的加工处理和精密数学计算来提高财务危机预警的准确性。这类方法主要包括两大类：财务报表分析法和计量经济分析法。

1. 财务报表分析法

财务报表分析法主要利用财务报表所提供的数据来计算财务指标，进而分析企业财务状况并做出估计和评价。根据使用财务比率的数量，可以将财务分析分为单个财务比率分析与多个财务比率综合分析两种。

1）单个财务比率分析

单个财务比率分析是根据某一财务比率（如资产负债率、利息保障倍数、流动比率及速动比率等）数值变化趋势对企业财务危机进行判定与预测。例如，一般认为，制造企业合理的流动比率为2，如果某企业流动比率低于1，就可能存在偿债风险，进而引发财务危机。

单个财务比率分析的优点是计算简单易懂，并可以结合非财务信息进行深入分析，有很强的灵活性与适应性。其缺点是不同的财务比率可能对同一企业有相互矛盾的预测，企业难以做出准确判断。同时，企业各种财务比率之间具有一定的互补性，如获利能力较强的企业资产负债率比同类企业高，但是可能不会影响偿债能力。因此，单个财务比率很难对企业财务状况做出全面的描述。所以,研究人员试图将财务比率组合以综合评价财务状况。

2) 财务比率综合分析

以财务比率组合评估企业财务状况的方法有许多,主要有沃尔评分法和野田企业危险度测定法等,其中沃尔评分法可参见第10章的相关内容,现主要介绍野田企业危机测定法。

通常人们在对公司经营状况进行分析时,往往使用为数众多的财务比率。而野田工业企业危险度测定法与此不同,它对众多财务比率进行提炼,应用增长性、综合收益性、短期流动性和长期安全性4个要素来判定企业的危险度。具体指标为:

增长性:　　人均销售额＝年销售额÷企业职员数　　　　　　　　　(11-1)

综合收益性:总资产正常利润率＝正常利润÷总资产　　　　　　　　(11-2)

短期流动性:流动比率＝流动资产÷流动负债　　　　　　　　　　　(11-3)

长期安全性:固定长期适合率测评分＝固定资产÷(自有资本＋长期贷款)　(11-4)

野田企业危险度测定法以5分来测定。其计算方法为:某一指标的测评分＝5×(需预测公司的指标值÷行业标准),其中固定长期适合率为反向指标,即指标值越低越安全,因而其计算测评分为:4～5分判定为安全;2～4分判定为警戒;2分以下判定为危险。野田企业危险度测定法不计算综合得分,结论需要结合对四个指标的评分进行综合判定。与单个财务比率分析一样,这种对企业财务危机的判定方法也可能出现4个财务比率判定不一致的情况。

2. 计量经济分析法

计量经济分析法在财务困境实证研究中使用最普遍。1966年Beaver用单变量分析预测公司破产,该研究为多变量预测奠定了基础,之后的研究以多变量预测模型为主。

1) 单变量分析法

单变量分析法通常指用单一的财务比率预测或判定企业发生财务危机的可能性。单变量分析法与财务报表分析法中单个财务比率分析非常相似,但在选取财务比率与确定财务比率值(即判定点)两方面也有很大的不同。前者通常对样本企业进行统计分析得出,后者主要依赖于经验总结与归纳。单变量分析的效果主要依靠财务比率的选择和最佳判定点的寻找。

根据财务报表可以计算出许多财务比率,最佳财务比率是指在单变量分析中预测准确率最高,并且具有稳定性的财务比率。目前,尚没有所谓寻找最佳财务比率的科学方法。一般研究者所用的是结合经验判断的试错法,即先比较财务正常企业与财务危机企业的财务比率,从中选择出两类企业均值差异显著的。同时,结合已有文献的研究成果与自身的经验进行判断,进而对所选的财务比率进行试验,从中找出判别效果最好的。一般来说,单变量分析中最显著的指标通常可以从衡量获利能力、流动能力以及偿债能力等方面的比率中寻找。

最早的财务危机预警研究是Fitzpatrick(1932)开展的单变量研究。他以19家公司为样本,运用单个财务比率将样本划分为破产和非破产两组,研究发现,判别能力最高的是净利润/股东权益和股东权益/负债。Beaver(1966)使用由79家公司组成的样本,分别检验了反映公司不同财务特征的 6 组 30 个变量在公司破产前 1~5 年的预测能力,他发现最好的判别变量是现金流量/总负债和净利润/总资产,其中现金流量/总负债在公司破产前一年成功地做出分类,预测精度高达 87%,而净利润/总资产的判别精度更高,达到了 88%。而且,Beaver 还发现,越临近破产日,误判的概率就越低。

单变量分析的优点是无须假设前提,适用范围广,方法简单易行,很早就为人们熟知并应用于实践,但单变量分析法也存在很多的不足。第一,不同的财务比率可能对同一企业有相互矛盾的判定或预测,常使分析者或决策者陷入犹豫不决的困境难以做出结论。第二,在财务分析中,解决不同问题需要引用不同的比率作为最为有效的指标,而这些比率指标的重要性排序并不明确。第三,单一财务比率难以描述企业的财务状况,可能会出现考虑单一变量时,财务比率不具有显著的判别能力,但与其他财务比率一并考虑可能会提高解释能力的现象。第四,单变量分析法不够严谨,无法诠释各财务比率之间的互动关系。

2) 多元判别分析法

由于单变量模型的模糊性和片面性,很自然的趋势就是将多个比率结合起来,建立多元判别模型。多元判别分析法(Multiple Discriminant Analysis)是对研究对象所属类别进行判别的一种统计分析方法。多元判别分析法就是要从若干表明观察对象特征的变量值——财务比率中筛选出能提供较多信息的变量并建立判别函数,使推导出的判别函数对观测样本进行分类时的错判率最小。最为经典的多变量财务预警模型为 Altman(1968)的 Z 记分模型,此后一些研究人员又进一步发展了这一方法。

(1) Altman 的 Z 记分模型。Altman(1968)首次使用了多元线性判定模型来研究公司的破产问题。根据行业和资产规模,他选择了 33 家破产公司和 33 家非破产公司作为研究样本,根据误判率最小的原则,确定了 5 个变量作为判别变量,其多元线性判定模型为:

$$Z = 0.012X_1 + 0.014X_2 + 0.033X_3 + 0.006X_4 + 0.999X_5 \tag{11-5}$$

其中,X_1=(流动资产-流动负债)÷资产总额;X_2=留存收益÷资产总额;X_3=息税前利润÷资产总额;X_4=权益资本的市场价值÷负债的账面价值;X_5=销售收入÷资产总额。

Altman 还通过 Z-score 模型的研究分析得出:Z 值越小,该企业遭受财务失败的可能性就越大。若 Z 值小于 1.81,则表明企业破产的可能性很大;若 Z 值在 1.81 与 2.99 之间,Altman 称之为"灰色地带",表明企业的财务及经营状况极不稳定;若 Z 值大于 2.99,则表明企业破产的可能性很小。

(2) F 分数模型。由于 Z 记分模型在建立时并没有充分考虑到现金流量变动等方面的情况,因而具有一定的局限性。为此,我国学者周首华等(1996)对 Z 分数模型进行了改造,加入现金流量这一预测自变量,建立了 F 分数模型,该模型为

$$F = -0.1774 + 1.1091X_1 + 0.1074X_2 + 1.9271X_3 + 0.0302X_4 + 0.4961X_5 \tag{11-6}$$

其中,X_1=(期末流动资产-期末流动负债)÷期末总资产

X_2=期末留存收益÷期末总资产

X_3=(税后纯益+折旧)÷平均总负债

X_4＝期末股东权益的市场价值÷期末总负债

X_5＝(税后纯益＋利息＋折旧)÷平均总资产

其中 X_1 反映的是流动性，X_2 反映的是企业全部资产中来自留存收益部分的比重；X_3 是现金流量变量，反映偿债能力；X_4 测定财务结构；X_5 测定的是企业总资产在创造现金流量方面的能力。

F 分数模型方程式以 0.027 4 为临界点，低于该值，公司将被预测为破产公司，反之，高于该值，公司被预测为可以继续生存的公司。

多元判别分析法预测精度较单变量分析法有较大的提高。不过，该方法也存在一些明显的局限性。其一，这种方法只适用于组内数分布为近似正态分布的情况，而且要求两组的协方差矩阵相等。而在实际的判别分析中搜集到的数据大都来自非正态总体，并且协方差矩阵一般也不等，在这种情况下得到的预测结果可能是有偏颇的。其二，这种判别方法下所得到的结果是针对每一个个体的分值，通过分值的比较可以得到一个序数等级，从而判别其所在的类别，但分值本身并没有任何经济意义。此外，从易用性上来看，我们使用多元判别分析法时，危机组和正常组之间一定要进行配对，配对标准的确定是一个很大的难题。

3）Logistic 回归分析法

多元判别分析存在一些明显的局限性，因而一些研究者不断对多元判别分析进行改造和发展，这样导出了一种新的分析方法——Logistic 回归分析法。

Logistic 函数又称增长函数，此函数由美国学者于 1920 年在研究果蝇的繁殖中重新发现，并开始在人口估计和预测中推广应用。随着计算机硬件与软件的快速发展，Logistic 回归已被广泛应用于经济研究中。在企业财务危机判定与预测中，Logistic 回归模型为：

$$\ln\frac{P_i}{1-P_i}=\beta_0+\beta_1 X_{1i}+\cdots+\beta_K X_{ki} \tag{11-7}$$

式中，X_{ki} 为第 i 家企业的第 k 个财务比率，P_i 表示根据 Logistic 模型所估计出来的第 i 家企业发生财务危机的概率。

此模型的一个重要优点是它把在 (0,1) 上预测一个公司是否发生财务危机的概率问题转化为在实数轴预测一个公司是否发生财务危机的机会比问题。Logistic 回归函数建立模型不要求数据的正态分布，因而其参数估计也比多元判别分析更加稳健。该方法目前在判别分析研究领域占有主流地位。

4）人工智能方法

20 世纪 50 年代起，人们开始通过计算机程序模拟人类的识别技巧，由于这是存在计算机中的"智能"，故称为人工智能技术 (Artificially Intelligence, AI)。AI 根据不断输入的动态数据，不断学习、修正、调整学习算法，保证最后判别结果的有效性。随着网络、计算机、信息技术的不断发展，企业的生存空间变得多变而不稳定，为了准确地进行财务危机预警，必须动态、及时获取与企业生产经营状况有关的各种最新信息，对预警模型的判别规则进行不断地调整、更正，从而保证预警模型的判别规则是适合于当前环境的有效规则。因此，一些学者采用人工神经网络 (Artificial Neural Network, ANN) 方法、遗传算法 (Genetic Algorithm, GA)、粗集理论 (RoughSet Theory, RST) 方法、支持向量机 (Support

Vector Machine,SVM)方法等人工智能方法建立了新的企业财务危机预警模型,极大地推动了财务危机预警模型的发展。

11.2.3 我国企业财务危机判别模型与方法

我国对财务危机预警的研究起步较晚,虽然周首华等(1996)提出了 F 分数模型,但其研究对象并非中国企业,因此该模型在中国的适用性存在一定的质疑。虽然我国 20 世纪 90 年代初出版的许多财务管理书籍都已经介绍过西方的破产预警模型,但是直到 1999 年陈静才开先河地以我国企业数据为基础建立了危机预警模型。她选用了 1998 年 27 家 ST 上市公司作为危机企业样本,同时按同行业、同规模选取了 27 家非 ST 上市公司作为配对样本。她主要借鉴了 Beaver 和 Altman 的模型,采用 1995—1997 年的财务数据,应用多元判别分析建立了两个模型。之后,张玲(2000),高陪业、张道奎(2000),吴世农、卢贤义(2001),姜秀华与孙铮(2001),李秉祥、启文秀(2004),刘红霞(2005),陈工孟等(2006),王妹禧(2017)等学者采用多元判别方法、Logistic 回归分析法以及人工智能方法建立了适用于我国的上市公司财务危机的预警模型。以下,我们主要介绍刘红霞(2005)构建的模型。

刘红霞(2005)以 ST 上市公司为财务危机企业,以反映上市公司偿债能力、资产管理能力、盈利能力、成长能力以及现金流量能力的 36 个财务比率为初始指标,采用了因子分析法与多元判别分析法构建了一个具有 9 个指标的财务预警模型:

$$F = 0.27948Z_1 + 0.15051Z_2 + 0.12196Z_3 + 0.11331Z_4 + 0.10817Z_5 \\ + 0.09799Z_6 + 0.07037Z_7 \tag{11-8}$$

其中,Z_i 为 9 个财务指标的因子值,具体为:

$$Z_1 = 0.711X_1 + 0.540X_2 + 0.205X_3 - 0.040X_4 + 0.817X_5 + 0.767X_6 \\ + 0.264X_7 + 0.384X_8 + 0.449X_9$$

$$Z_2 = 0.496X_1 + 0.644X_2 + 0.133X_3 - 0.133X_4 - 0.413X_5 - 0.445X_6 \\ - 0.344X_7 + 0.351X_8 - 0.219X_9$$

$$Z_3 = 0.029X_1 + 0.241X_2 + 0.596X_3 + 0.470X_4 + 0.076X_5 + 0.045X_6 \\ + 0.127X_7 - 0.518X_8 - 0.412X_9$$

$$Z_4 = -0.104X_1 - 0.159X_2 + 0.433X_3 + 0.422X_4 - 0.165X_5 - 0.302X_6 \\ + 0.238X_7 + 0.410X_8 + 0.516X_9$$

$$Z_5 = -0.010X_1 + 0.033X_2 - 0.394X_3 + 0.724X_4 + 0.116X_5 + 0.118X_6 \\ - 0.488X_7 + 0.159X_8 - 0.041X_9$$

$$Z_6 = 0.093X_1 + 0.126X_2 - 0.421X_3 + 0.222X_4 - 0.143X_5 - 0.051X_6 \\ + 0.706X_7 + 0.159X_8 - 0.290X_9$$

$$Z_7 = -0.164X_1 - 0.207X_2 + 0.235X_3 - 0.076X_4 + 0.106X_5 + 0.166X_6 \\ - 0.0484X_7 + 0.489X_8 - 0.471X_9$$

式中,X_1:现金比率=(货币资金+短期投资净值)÷流动负债总额

X_2:资产负债比率=资产总额÷负债总额

X_3:存货周转率=主营业务成本÷存货平均余额

X_4:应收账款周转率=主营业务收入÷应收账款平均余额

X_5：主营业务利润率＝净利润÷主营业务收入净额

X_6：BEP＝息税前盈余÷总资产

X_7：主营业务增长率＝(本年主营业务收入净额－上年主营业务收入净额)÷上年主营业务收入净额

X_8：经营活动现金净流量增长率＝(本年经营活动现金净流量－上年经营活动现金净流量)÷上年经营活动现金净流量

X_9：主营业务现金比率＝经营活动产生的现金净流量÷主营业务收入净额

若模型 F 值大于 0.215 时，企业处于财务安全区域；当 F 值小于－0.225 时，企业处于财务危机区域；当 F 值在－0.225 至 0.215 之间时，企业处于灰色区域，企业应该深入各预警子系统进行警兆分析与识别。

【例 11-1】 S 公司 2022—2023 年的基本财务数据如表 11-2 所示。

表 11-2　　　　　　　S 公司 2022—2023 年的基本财务数据

单位：万元

序号	财务数据	2023 年	2022 年
1	货币资金	1 170 004.32	1 264 104.43
2	短期投资净值	31 058.92	52 930.06
3	流动负债总额	3 652 144.07	3 753 869.34
4	存货平均余额	1 049 435.56	963 590.04
5	应收账款平均余额	878 700.14	792 547.16
6	负债总额	3 913 430.47	3 962 337.326
7	资产总计	5 231 164.72	5 301 610.533
8	主营业务收入	12 298 080.96	14 114 791.27
9	主营业务成本	11 598 415.45	13 428 817.85
10	主营业务收入净额	699 665.51	685 973.42
11	净利润	310 155.61	287 059.76
12	息税前盈余	408 570.95	384 601.27
13	经营活动产生的现金净流量	278 015.47	618 306.14

资料来源：S 公司 2022—2023 年年报。

根据以上财务数据，可以计算用于 2023 年财务危机预警的 S 公司财务指标，如表 11-3 所示。

表 11-3　　　　　　　用于财务危机预警的财务指标

序号	财务指标	数值
X_1	现金比率＝(货币资金＋短期投资净值)÷流动负债总额	0.328 865 24
X_2	资产负债比率＝资产总额÷负债总额	1.336 721 01
X_3	存货周转率＝主营业务成本÷存货平均余额	11.052 051 11

(续表)

序号	财务指标	数值
X_4	应收账款周转率＝主营业务收入÷应收账款平均余额	13.995 765 34
X_5	主营业务利润率＝净利润÷主营业务收入净额	0.443 291 27
X_6	BEP＝息税前盈余÷总资产	0.078 103 25
X_7	主营业务增长率＝(本年主营业务收入净额－上年主营业务收入净额)÷上年主营业务收入净额	0.019 960 09
X_8	经营活动现金净流量增长率＝(本年经营活动现金净流量－上年经营活动现金净流量)÷上年经营活动现金净流量	－0.550 359 52
X_9	主营业务现金比率＝经营活动产生的现金净流量÷主营业务收入净额	0.397 354 83

以 S 公司的财务指标计算因子值,分别为:

$$Z_1 = 0.711X_1 + 0.540X_2 + 0.205X_3 - 0.040X_4 + 0.817X_5 + 0.767X_6 \\ + 0.264X_7 + 0.384X_8 + 0.449X_9 \\ = 3.704\ 7$$

$$Z_2 = 0.496X_1 + 0.644X_2 + 0.133X_3 - 0.133X_4 - 0.413X_5 - 0.445X_6 \\ - 0.344X_7 + 0.351X_8 - 0.219X_9 \\ = -0.367\ 8$$

$$Z_3 = 0.029X_1 + 0.241X_2 + 0.596X_3 + 0.470X_4 + 0.076X_5 + 0.045X_6 \\ + 0.127X_7 - 0.518X_8 - 0.412X_9 \\ = 16.846\ 6$$

$$Z_4 = -0.104X_1 - 0.159X_2 + 0.433X_3 + 0.422X_4 - 0.165X_5 - 0.302X_6 \\ + 0.238X_7 + 0.410X_8 + 0.516X_9 \\ = 14.636\ 3$$

$$Z_5 = -0.010X_1 + 0.033X_2 - 0.394X_3 + 0.724X_4 + 0.116X_5 + 0.118X_6 \\ - 0.488X_7 + 0.159X_8 - 0.041X_9 \\ = 5.884\ 9$$

$$Z_6 = 0.093X_1 + 0.126X_2 - 0.421X_3 + 0.222X_4 - 0.143X_5 - 0.051X_6 \\ + 0.706X_7 + 0.159X_8 - 0.290X_9 \\ = -1.470\ 0$$

$$Z_7 = -0.164X_1 - 0.207X_2 + 0.235X_3 - 0.076X_4 + 0.106X_5 + 0.166X_6 \\ - 0.048\ 4X_7 + 0.489X_8 - 0.471X_9 \\ = -1.830\ 0$$

将上述因子值代入预警模型,得:

$$F = 0.279\ 48Z_1 + 0.150\ 51Z_2 + 0.121\ 96Z_3 + 0.113\ 31Z_4 + 0.108\ 17Z_5 \\ + 0.097\ 99Z_6 + 0.070\ 37Z_7 = 5.056\ 83$$

根据 F 值远大于临界值(0.215),表明 S 公司 2023 年的财务状况处在安全区域,并在近期也能保持较好的财务状况。

11.3 财务危机预警系统设计

11.3.1 财务危机预警系统的概念与功能

财务危机预警系统是为了防止企业偏离正常经营轨道而建立的报警和控制系统,它利用数据化管理方式,以各种财务分析数据资料为基础,对企业经营中存在的财务危机警情予以警示,为企业调整经营决策提供可靠依据。简而言之,企业财务危机预警系统就是一个能够对企业在经营管理活动中的潜在风险进行跟踪、监控,及早地发现危机信号,将企业所面临的危险情况预先告知企业经营者和其他利益关系人,并分析企业发生财务危机的原因和企业财务运营体系隐藏的问题,以提早着手实施预控的系统。

财务危机预警系统作为一种成本低廉的诊断工具,能实时对公司的生产经营过程和财务状况进行跟踪监控,及时进行财务预警分析,发现企业财务状况异常的征兆,并迅速报警,及时采取应变措施,避免或减少损失。具体而言,一个有效的财务危机预警系统具有以下功能:

(1) 信息采集功能。财务预警系统的正常运行必须以真实、准确、及时的信息为前提,包括国家产业政策、税收政策、环保政策、地区发展政策、市场竞争状况、公司自身的财务和经营状况资料、同行业公司的信息、上下游公司的信息、消费者消费习惯及购买力状况等。信息收集是贯穿财务预警始终的工作。

(2) 检测功能。公司产生财务危机的原因是多方面的,但"冰冻三尺,非一日之寒",任何财务危机都有一个逐步显现、不断恶化、从量变到质变的过程。财务危机预警系统通过对公司的生产经营活动进行跟踪、记录和计量,考核实际情况与标准之间的差异,分析偏差中存在的问题,以便查找出财务危机的踪迹(即发现"警情")。检测过程中发现有差异,就意味着存在"警情"。

(3) 诊断功能。它是根据跟踪检测的结果,运用现代企业管理技术、诊断技术对公司营运状况之优劣做出判断,找出公司运行中的弊端及其病根之所在,即分析"警度",告知"警情"的程度,并使经营者知其然,更知其所以然,从而制定有效措施,阻止财务状况进一步恶化,避免严重的财务危机真正发生。

(4) 治疗功能。当危机真正发生后,财务预警系统能对症下药,通过更正公司运行中的偏差或过失,防止其进一步扩大,使公司回归到正常的运转轨道。这一过程也就是"排警"过程。

(5) 保健功能。通过财务预警分析,财务预警系统不仅能及时回避现存的财务危机,而且能通过系统详细地记录其发生缘由、解决措施、处理结果,并及时提出改进意见,弥补公司现有财务管理及经营中的缺陷,完善财务预警系统,从而为未来类似情况提供前车之鉴,从根本上消除隐患即"防警"。

11.3.2 财务危机预警系统的特征及构建原则

一般而言,财务危机预警系统应具有以下特征:

(1) 预测性。财务危机预警系统应能够通过对有关信息及数据进行分析、跟踪,预测发现企业在经营过程中潜在的问题,并发出预警信号,以提醒企业防患于未然。

(2) 目的性。预警系统并不是对企业现象无一遗漏地监测,它的目标应该非常明确,预警的终极对象就是企业财务危机。

(3) 及时性。财务危机预警系统应能及时反映问题,对企业财务危机的监测、识别等是实时的,预警系统选用的程序和方法应当及时而灵敏地反映出企业财务危机的变化。

(4) 可操作性。预警系统应该切实地能够用来测量和记录企业财务危机的变化,能够敏锐地揭示导致财务状况恶化的根源,找出关键问题,以指导相应的预控对策。

(5) 经济性。预警系统获得的信息并不是越多越好,其原因,一是信息越多,会使主要问题不突出;二是信息越多越复杂,获取信息的成本就越高,筛选和处理信息的费用就越多,所以预警系统应该讲求成本效益匹配,以尽量少的支出获取最有用的信息。

财务危机预警系统的上述特征要求我们在构建财务危机预警系统时应该注意把握如下原则。

1. 科学性原则

科学性是指财务危机预测的监测方法和监测指标设计必须科学。监测方法科学是财务危机预警系统发挥作用的前提,如果方法不正确,也就得不出正确的结论。在错误结论基础上做出的经营管理决策不但不能预防风险,还可能带来灾难性的后果。监测指标设计的科学性要求财务危机预警监测指标应能够反映各组相关财务数据的内在联系,提高财务运行效率,如实反映企业经营管理和财务活动的风险。

2. 系统性原则

系统性原则要求把企业作为一个整体来考虑。因为影响企业未来的因素是方方面面的,所以财务危机预警监测不仅要求监测指标具有先进性,而且要求监测对象必须具有完整性和全面性。即要求财务危机预警系统应对企业可能面临的内外部风险进行监测,而且应对各个影响因素都予以充分考虑。系统性原则要求做到监测指标不重复、不遗漏,使监测指标体系能够全面真实地反映企业的风险。只有这样才能得出准确的数据,做出正确的判断。

3. 预测性原则

预测性原则要求财务危机预警监测必须具有预测企业未来价值的功能,即它应依据企业经营活动形成的历史数据资料分析未来可能发生的情况,而不是对企业过去的经营成果和受托管理责任履行情况做出考核评价。所以,监测指标设计必须注意财务危机预警系统与财务评价系统的区别,并通过对潜在风险的监测,帮助企业采取有效措施加以防范,把风险消灭在萌芽状态,防患于未然。

4. 动态性原则

财务危机预警监测应是一个动态的分析监测,而不是静态的反映。动态分析监测可以反映企业经营者对风险的态度和防范风险的能力,从监测时间跨度上看,监测的时间越长,越能反映企业经营者的经营管理水平。动态性还体现在财务危机预警监测系统必须根据市场经济的发展、企业风险的变化而不断修正,补充监测的内容,确保财务危机预警监测系统的先进性。

11.3.3 财务危机预警系统的构架

企业财务危机预警作为一个客观存在的事物,是由若干要素相互联系而形成的一个有机整体。企业财务危机预警体系由财务危机预警信息系统、组织系统、财务危机风险分析及监测系统、财务危机处理系统四个子系统组成。

1. 财务危机预警组织系统

财务危机预警组织系统的健全与否，直接关系到企业财务危机预警系统的功能是否得到正常的发挥，它是财务危机预警系统的行使主体。财务危机预警组织机构的职责是负责确定预警目标，研究预警方案，听取财务预警情况汇报，商讨决定预报的类型和预报的内容，及时解决经营过程中出现的问题。其日常工作的开展可由企业现有某些职能部门（如财务部等）派专人负责或通过设立专门的部门具体负责财务风险监测和预报等预警工作。

企业应根据自身的特点和条件选用不同的财务危机预警组织模式。无论哪种模式，在设立财务危机预警组织时应把握以下原则：第一，建立财务危机预警组织应符合经济效益原则。对财务危机预警系统组织的建立是需要企业投入一定的成本的，若企业为此投入的成本大于建立此组织后因减少财务风险而给企业带来的潜在收益，则该组织模式是不符合经济效益原则的，应考虑更换为更节约成本的模式。第二，应遵循专人负责、职责独立的原则。财务危机预警机构应相对独立于企业的其他组织体系，独立开展工作，但不直接干涉企业的经营管理过程，只是对企业最高管理层负责。在建立财务危机预警组织机构时，确保财务危机预警分析工作有专人落实，且不受其他组织体系干扰。第三，应符合机构精简的原则。企业在新设置财务危机预警组织时应充分利用原有管理系统的各种资源，在组织职能分配上做局部调整。

2. 财务危机预警信息系统

财务危机预警信息系统为财务危机预警提供信息支持，为财务危机预警组织行使预警行为提供所需的信息，它是财务危机预警系统的前提和基础。财务危机预警信息系统包括信息收集、信息处理和信息发布等环节。

（1）信息搜集。信息搜集既包括原始资料信息搜集，也包括反馈信息搜集两方面。原始资料信息搜集除与企业内部财务会计信息和其他管理信息系统对接外，还应注意搜集供应商、承销商以及其他关联单位和潜在合作方的财务、履约等方面的情况资料；商品市场、资本市场、外汇市场的行情及其变化；国家经济政策、税收法规、信贷政策和有关部门的监管法规的变化与走向等。反馈信息是指财务危机预警系统所采取的措施和方法付诸实施的效果、存在的问题和各方的反应等。

（2）信息处理。信息处理就是对收集的信息进行分类整理、分析、评判和综合，作为制定或修订财务危机预警行动方案、采取防范措施和方法的依据。信息处理是财务危机预警系统的重要环节。一方面，它将收集的原始信息和反馈信息转化为财务危机预警可利用的信息，为财务危机预警组织做出决策、制订规则、采取措施和方法提供信息支持；另一方面，它也为企业对内对外发布有关财务危机状况及其处理情况，提供充分可靠的信息支持。

（3）信息发布。信息发布就是向企业内部和外部发布或传递企业财务状况或财务危机现状及其处理情况的信息，它是企业财务危机预警过程中，对内、对外进行信息沟通的主要形式。财务危机信息发布应做到：一是要及时主动，不能拖延滞后；二是要真实准确，不能错漏；三是要注意策略，把握时机，密切关注各方反应，适时提供各方所需的信息。

3. 财务风险分析及监测系统

高效的风险分析和监测系统是财务危机预警系统的核心和关键,通过风险分析,企业可以迅速排除对财务影响小的风险,从而将主要精力放在有可能造成重大影响的风险上。预警风险分析一般有两个因素,即预警指标和临界值。预警指标指用于预测财务危机的财务指标,也就是能够有效识别财务状况恶化的财务指标。临界值是指控制预警指标的临界点,一旦测评指标超过临界点,警情发生,就要启动应急计划。

4. 财务危机处理系统

企业在分析清楚企业出现的财务风险和危机后,应当立即制定相应的预防、转化措施,以减少风险危机带来的损失。财务危机是关系到企业全局、根本性的危机,对企业威胁性大,影响面广,涉及的内容多且复杂。因此企业在财务危机的处理过程中,应认真对待每一个环节。忽视任何一个环节,都有可能产生不利影响,甚至导致处理失败。

11.3.4 财务危机预警系统的基本运行程序

财务危机预警系统的基本运行程序大致分为以下六个步骤:

(1) 明确警义,即明确预警的对象。警义指预"警"的含义,它由若干个警素和警度所构成,警素指构成警情的指标要素,而警度是指警情的程度。影响警素和警度的指标不仅包括流动比率、速动比率、资产负债率等传统的财务指标,还包括应收账款周转率、存货周转率等补充指标,此外还包括经营活动的现金流量、投资活动的现金流量、筹资活动的现金流量等现金流量指标。

(2) 寻找警源。警源指警情产生的根源,从警源的生成机制看,警源可以分为三种:一种是来自自然因素的警源,一种是由国外输入的警源,一种是来自经济运行机制内部的警源。前两者称为外生警源,是来自外部经营环境变化而产生的,例如,由于国家产业政策的调整,企业有可能被迫转产或作出重大经营政策上的调整,也有可能直接或间接地导致巨额亏损,乃至破产。此时,外生警源为"政策调整"。后者称为内生警源,例如,投资失误,而投入资金又是从银行借入,导致营运资金出现负数,企业难以用流动资产偿还即将到期的流动负债,企业很可能被迫折价变卖长期资产,以解燃眉之急。此时,投资失误则为企业出现财务危机的内生警源。

(3) 分析警兆。警兆指警素发生异常变化时的先兆。在警源的作用下,当警素发生变化导致警情爆发之前,总有一些预兆或先兆,财务预警的警兆一般是通过财务状况或现金流量的指标恶化反映出来的。分析财务预警的警兆,是财务预警系统的关键一环。从警源到警兆,有一个发展过程:警源孕育警情——警情发展扩大——警情爆发前的先兆出现。财务预警的目的就是在警情爆发前,分析警兆,控制警源,拟订排警对策。警兆又可细分为景气警兆和动向警兆。景气警兆指警兆反映的是经济景气的程度和状况。动向警兆是与警情具有因果关系、逻辑关系或时间先后顺序关系的先行变量指标。动向警兆一般与警源相联系,与警源构成因果关系。财务预警系统中,反映财务风险状况的一般属于景气警兆,而导致财务风险的经营风险状况属于动向警兆。财务出现风险的景气警兆有:现金净流量为负数,资不抵债,无法偿还到期债务,过度依赖短期借款筹资等。经营出现风险导致财务出现风险的动向警兆有:主导产品不符合国家产业政策,失去主要市场,或有负债与或有损失巨大,关键管理人员离职且无人替代等。

(4) 建立预警模型。预报警度有两种方法：一是定性分析的方法，如专家调查法、德菲尔法、经验分析法等；二是定量分析的方法，包括指标形式和模型形式。

(5) 监测并预报警度。警度是警情的级别程度。财务预警的警度一般分为五种：无警、轻警、中警、重警、巨警，也有分为三种的：安全区、预警区、危机区。警度的确定，一般是根据警兆指标的数据大小，找出与警素的警限相对应的警限区域，警兆指标值落在某个警限区域，则确定为相应级别的带度。例如，为了监测企业的债务情况，设置资产负债率为警兆指标。设置的警限区域为：当资产负债率在30%以下为无警，30%~40%为轻警，40%~50%为中警，50%~70%为重警，70%以上为巨警。例如，某企业的资产负债率的实际值为60%，则为重警。

(6) 拟订排警对策。监测财务风险和危机的目的是有效防范财务风险和危机，当实际警情出现时或实际警度已测定时，就要采取行之有效的排警对策。排警对策的制定，应根据财务危机的类型和轻重程度来确定。在财务危机潜伏期、发作期，财务危机比较轻、不很严重，一般属于轻警和中警，财务危机类型主要是亏损型和偿付型危机；在财务危机恶化期和实现期，财务危机很严重，属于重警和巨警，其财务危机类型主要表现为破产型财务危机。不同类型的财务危机其排警对策不同。

相关链接

ST 慧辰财务造假贯穿 IPO 全过程

2023年12月8日，ST慧辰（688500.SH）收到了来自证监会的《行政处罚事先告知书》，揭露了其子公司北京信唐普华科技有限公司（简称"信唐普华"）的财务造假行为。2017年6月，ST慧辰取得了信唐普华48%的股权，并将其作为参股公司。2020年12月，ST慧辰进一步收购了信唐普华22%的股权，使其成为控股子公司。

据调查，信唐普华从2018年开始就开始通过签订无商业实质销售合同等方式，在多个项目中虚增收入和利润。2018年，信唐普华在4个项目中虚增收入和利润，导致ST慧辰2018年虚增利润555.31万元，占当期披露利润总额的7.33%。2019年，信唐普华再次通过签订无商业实质的销售合同、提前确认项目收入的方式，在5个项目中虚增收入和利润，导致ST慧辰2019年虚增营业收入721.70万元，占当期披露营业收入的1.88%，虚增利润1785.88万元，占当期披露利润总额的25.16%。同年，ST慧辰申报科创板IPO并在2020年7月成功上市。然而，其招股说明书中的报告期为2017年至2019年，这意味着ST慧辰的招股书存在虚假记载，IPO报告期内合计虚增收入721.70万元、利润2341.19万元。

ST慧辰上市后，信唐普华的造假行为并未停止，反而更加猖獗。2020年，信唐普华通过虚构与第三方业务、签订无商业实质的销售合同、提前确认项目收入等方式，在10个项目中虚增收入和利润，导致ST慧辰2020年虚增营业收入4396.81万元，占当期披露营业收入的11.29%，虚增利润6096.16万元，占当期披露利润总额的60.69%。连续三年的造假行为使得信唐普华的账目严重虚增，2021年，信唐普华在6个项目中虚增收入和利润，导致ST慧辰2021年虚增营业收入2424.13万元，占当期披露营业收入的5.09%，虚减利润1721.19万元，占当期披露利润总额绝对值的36.45%。受2018年至

2021年相关项目的影响，ST慧辰2022年多计坏账损失、商誉减值等，虚减利润10 496.20万元，占当期披露利润总额绝对值的49.84%。根据《证券法》的规定，证监会拟对ST慧辰罚款500何侃臣、赵龙各罚款300万元，对徐景武、马亮各罚款250万元。

（资料来源：胥帅. *ST慧辰涉嫌连续多年财务造假公司及相关责任人拟被罚1 600万[N].每日经济新闻，2023-12-13(007).)

本章小结

本章首先介绍了财务危机预警的概念、产生财务危机的原因、财务危机的表现过程以及财务危机预警的含义与意义，然后，从主观和客观两个方面阐述了财务危机预警的基本模型与方法，并讨论了我国企业财务危机预警的模型与方法。另外，本章还分析了财务危机预警系统的概念、特征与功能，并在探讨了财务危机预警系统构建原则的基础上阐述了财务危机预警系统的基本架构，以及财务危机预警系统的一般运行程序。

财务危机是企业经营发展过程中可能经历的一种财务状况，包括比较轻微的资金管理技术性失败和极为严重的破产，以及介于两者之间的各种状态。企业产生财务危机的因素有很多，既有宏观因素，也有微观因素；既有体制方面的问题，也有企业管理方面的问题等。一般来说，企业的财务危机不是一朝一夕造成的，而是一个长期积累和逐步发展的过程。构建一套高效、灵敏、实用的财务预警系统具有重要的意义。

财务危机预警主观模型与方法是指通过分析和调查，发现危机迹象及诱因，并告知有关人员，以提前安排防范应变措施。财务危机预警主观模型与方法主要包括：个案分析法、标准化调查方法、短期资金周转表分析法、流程图分析法、管理评分法。财务危机预警的客观模型与方法一般是指以企业经营活动的实际数据和事先确定的风险临界值为分析基础的危机预警方法。这类方法主要包括财务报表分析法和计量经济分析法。

企业财务危机预警体系由财务危机预警组织系统、信息系统、财务危机风险分析及监测系统、财务危机处理系统四个子系统组成。

复习与练习

业务题

甘肃皇台酒业股份有限公司始建于1953年，于2000年8月在深圳证券交易所上市（股票代码：000995，股票名称"皇台酒业"）。公司主要经营白酒、葡萄酒的生产与销售，拥有年产固态白酒1万吨、葡萄酒1万吨生产能力，葡萄种植基地达5 000亩，是甘肃首家集名优白酒、名优葡萄酒于一身的上市公司。上市24年来，皇台酒业的业绩表现一直起伏不定，多有亏损，在2004年、2009年、2015年、2018年和2022年5次被实施退市风险警示，又在2005年、2010年、2017年、2020年和2023年撤销退市风险警示。因业绩不佳5次"戴帽"，而后又屡屡扭转经营颓势5次"摘帽"。公司最近的一次"戴帽"发生于2021年，皇台酒业营收不足1亿、扣非净利润亏损1 355.48万元，于2022年4月29日被实施退市风险警示，股票名称由"皇台酒业"变更为"*ST皇台"。然而神奇的是，2022年皇台酒业业绩陡增，分别实现营收1.36亿元，同比增长49.77%；净利润735.61万元，同比增长154.27%，凭借这一表现，皇台酒业在2023年8月第五次成功"摘帽"。皇台酒业2020—

2023 年的基本财务数据如表 11-4 所示。

表 11-4　　　　　　　　2020—2023 年的基本财务数据

单位：万元

指标	年　份			
	2020 年	2021 年	2022 年	2023 年
资产总额	45 666.37	47 310.86	48 615.95	48 294.44
其中：流动资产	18 072.07	20 618.91	22 443.42	23 153.99
负债总额	32 288.57	35 004.85	35 136.36	36 027.45
其中：流动负债	25 634.56	33 170.82	28 283.66	28 700.80
股东权益	13 377.80	12 306.02	13 479.59	12 267.00
其中：留存收益	−59 048.69	61 576.43	−50 048.63	−50 592.93
息税前利润	4 213.27	−714.96	1 368.30	−842.29
股票市价	31.90	25.11	16.55	17.40
期末股东权益的市价	565 908.55	445 453.41	293 598.32	308 677.39
销售收入	10 168.85	9 108.81	13 642.40	15 410.52
净利润	3 348.22	−1 355.48	745.75	−1 492.79
折旧	4 593.15	4 874.63	17 190.22	17 802.47
利息	868.24	638.63	659.49	648.18
经营活动净现金流量	−99.06	−206.43	1 098.70	628.20

要求：请分别用 Altman 的 Z 记分模型以及 F 分数模型来对皇台酒业的财务危机进行预警分析。

讨论题

1. 何谓财务危机？财务危机的表现有哪些？
2. 财务危机与财务风险之间的关系如何？
3. 如何评价财务危机预警模型中的主观预警模型与客观预警模型的优缺点？
4. 如何评价多元判别预警模型的优缺点？
5. 构建企业财务危机预警系统需要注意哪些关键点？

 案例分析

"乐视网"危机

乐视网信息技术（北京）股份有限公司（以下简称"乐视网"），是贾跃亭创立的一家上市公司，是全球首家以 IPO 方式上市的视频网站。2002 年 11 月，贾跃亭在西伯尔团队的基础上，于北京中关村高科技产业园区注册乐视网。2003 年，贾跃亭、刘弘走访日本、韩国调研，并对当时流行的手机流媒体产生了浓厚兴趣。回国后他们开始与中国联通合作，并在 2005 年成为联通的流媒体内容提供商；为确保手机业务抵达用户终端，他们独家包销了 LGC950 手机，并大获成功。而同时预见了流媒体内容的短板，乐视网开始斥资大量资金购买版权。当时互联网视频领域主要有 VOD 视频点播模式、视频分享模式、P2P 技术为核心的软件客户端三种。而乐视网独立创建"收费＋免费"的模式,一方面为免费客户端,由用户自由上传分享;另一方面则购买版权内容进行互联网收费发行。这一"合法版权＋用户培育＋平台增值"模式为乐视网后续发展奠定了基础。随着网络带宽提高,互联网影视发行逐步取代音像市场发行,而政府对版权的态度逐渐明朗化,促使同类的盗版网站接连关闭;版权成本增加和乐视网的先行优势,使得乐视网用低价创建起近 1 万小时的正版内容库,乐视网迅速成为中国最大的有版权的影视库,形成行业壁垒。自 2006 年开始,中国大陆地区视频网站大量出现,土豆、优酷、酷六相继成为行业"领头羊",这些公司分别获得创业投资,在美国上市;而爱奇艺、搜狐视频则通过母公司的支持,也开始分取市场利润。而乐视网在继续买断独家网络首播权上,付出大量资金,使得其规模增速受限。2008 年,在一系列资本运作失败后,乐视网成功说服深圳市创新投资集团注入资金;并在后者的帮助下,于 2010 年 6 月通过 IPO 审核,登录深圳证券交易所创业板,公开发行股票 2 500 万股,总股本 1 亿股,发行价人民币 29.20 元/股。乐视网也成为中国 IPO 股票中第一个网络视频公司。上市后,乐视网获得了巨大的发展。2014 年 12 月,贾跃亭宣布乐视"SEE 计划",将打造超级汽车以及汽车互联网电动生态系统。而乐视网则加速向自制、体育、综艺、音乐、动漫等领域发力。2015 年 7 月,中证指数公司发布公告称,决定更换沪深 300 指数(中国大陆证券市场最具代表性的综合性指数)的 18 只股票样本股,乐视网进入沪深 300 指数,作为中国市场的资本代表之一。

但是,伴随着大跨步发展,乐视网的危机也逐渐显现。乐视网所投资的如手机、汽车等项目出现巨额亏损,导致乐视网资金链断裂的传言甚嚣尘上。尽管乐视网在 2015 年相继施行员工持股、高管持股计划,贾跃亭发布内部信,上市公司相继回应各种攻击,但是上市公司股价仍然出现连续暴跌。关于乐视网及其姊妹公司的争议仍被各类自媒体不断放大,其中包括:乐视体育超过 60%裁员、乐视汽车停滞、乐视手机资金链断裂、股价逼近贾跃亭质押平仓线等。同年 12 月,上市公司乐视网停盘,以规避持续的做空力量,并着手乐视致新的融资。2017 年 1 月 13 日至 14 日,融创中国及乐视网公布,融创中国通过关联公司嘉睿汇鑫向乐视网大股东贾跃亭购买 8.61%乐视网股权、向乐视网购买部分乐视致新股权。同时华夏人寿、乐然投资和融创中国向乐视致新增资来解决乐视致新与乐视网的资金危机,令乐视网在乐视致新的股权被分薄至 40.311 8%(仍为大股东)。2017 年 5 月 21 日,贾跃亭申请辞去乐视网总经理职务,专任董事长一职,乐视网总经理职务改由梁军担任。2017 年 6 月 26 日,招商银行上海川北支行依法申请资产保全乐视抵押物,被上海市高级人民法院裁定为匹配法律规定。据该法院公布,其具体裁定内容为:冻结乐风移动香港有限公司、乐视移动智能信息技术(北京)有限公司、乐视控股(北京)有限公司和贾跃亭、甘薇(贾跃亭妻)名下银行存款共计人民币 12.37 亿元,或查封、扣押其他等值财产。2017 年 7 月 6 日,贾跃亭提出将辞去乐视网董事长一职,同时辞去董事会提名委员会委员、审计委员会委员、战略委员会主任委员、薪酬与考核委员会委员相关职务,辞职后将不再在乐视网担任任何职务。

2019 年 4 月,因乐视网及贾跃亭涉嫌信息披露违法违规等行为,证监会宣布对乐视网及贾跃亭立案调查。2020 年 7 月 21 日,乐视网被摘牌,终止上市交易,乐视网股价当日收报 0.18 元。2021 年 4 月 12 日,乐视网发布公告表示收到证监会作出的《行政处罚决定书》,因十年财务造假,未按规定披露关联交易等违法事实,中国证监会决定对乐视网、贾跃亭等15名责任主体作出行政处罚,其中对乐视网合计罚款2.4亿余元,对贾跃亭罚款2.41亿余元。2022年1月17日晚间,山西证券发布公告,称公司控股子公司中德证券于13日收到北京金融法院送达的民事起诉状,案由为证券虚假陈述责任纠纷。上海君盈资产管理合伙企业(有限合伙)等2 000名原告向乐视网等21名被告提起民事诉讼,要求乐视网赔偿因其虚假陈述行为造成的投资损失共计45.71亿元,要求其他20名被告承担连带赔偿责任。2023年9月22日,北京金融法院披露对乐视网案的一审判决:乐视网对原告的损失承担全部赔偿责任,公司应在10日内向原告投资者支付赔偿款共计近20.4亿元;贾跃亭发挥了组织、决策、指挥乐视网及有关人员参与造假的作用,对于虚假陈述行为的发生存在故意,贾跃亭与被告乐视网承担连带赔偿责任;此外对贾跃民等酌情赔偿具体连带赔偿责任金额。

问题:

假设你是一名财务分析师,请分析乐视网出现问题的直接动因和根本动因,并查找乐视网自2013年以来的财务数据及其他相关资料,分析乐视网是否存在财务危机,如果存在,是从何时开始出现危机的?

企业价值评估分析

> 我在确定公司价值方面投入了大量的精力,如果你也这样做了,那么风险对你来说就没有什么意义。你不会再有较大风险的地方投资,而你所投资的股票由于其内在价值也不具有风险。
>
> ——沃伦·巴菲特
>
> 当你拥有优质公司的股份时,时间站在你的一边。你可以等待——即使你在前五年没买沃玛特,在下一个五年里,它仍然是很好的股票。当你买的是期权时,时间却站在了你的对面。
>
> ——彼得·林奇

学习目标

1. 理解企业价值评估的概念,理解企业价值评估的对象和意义;
2. 熟悉企业价值评估的三种常用模型;
3. 掌握现金流量折现法的原理和应用;
4. 掌握经济利润法的原理和应用;
5. 掌握相对价值法的原理和应用。

引 言

Instacart 是美国最大的生鲜配送平台,2021 年 3 月,在一轮融资后其估值达到了 390 亿美元,成为了当时美国第二大"独角兽"公司(所谓"独角兽公司"是指那些估值达到 10 亿美元以上的初创企业),仅次于 SpaceX。但在 2023 年 4 月,估值约为 120 亿美元,标志着在短短两年内,该公司的估值减少了大约 270 亿美元。

WeWork,一个共享办公空间提供商,2019 年初,WeWork 的估值一度达到 470 亿美元。2019 年 8 月 WeWork 申请 IPO,但其提交的文件显示了巨额亏损,2018 年营收 18 亿美元,亏损 19 亿美元;2019 年上半年营收 15 亿美元,亏损 6.9 亿美元。2019 年 9 月,WeWork 撤回了 IPO 申请,市场对其商业模式的可持续性产生了质疑,创始人亚当·诺伊曼被迫辞职。2019 年 10 月,WeWork 的估值降至约 80 亿美元。

Peloton,一家健身设备和媒体公司,在 2020 年疫情期间因其家庭健身产品的需求激增而受到市场的追捧,股价和估值大幅上升。2023 年,随着疫苗接种率的提高和疫情缓解,人们开始回归健身房,Peloton 的股价和估值开始出现下滑。

调查公司 Dealogic 的数据显示,中国的风险投资大重置,创业公司在 2023 年获得了 3 190 亿美元的投资,恢复到疫情前的投资水平,但 2023 年是自 2017 年以来全球风险投资总额最低的一年。由于市场热情高涨、资金流入加速等因素,部分创业企业可能被高估。但是随着市场的逐渐成熟和理性,投资者也开始更加注重企业的实际盈利能力和长期发展潜力,一些估值过高的企业开始面临估值下调的风险。因此,在当前市场环境下,投资者需要具备专业的分析能力来鉴别哪些企业是真正具有成长潜力的,哪些企业的估值可能存在泡沫。

12.1 企业价值评估分析概述

企业作为一种特殊的资产,与股票、债券等金融资产一样,也需要进行价值评估。企业价值评估是财务管理的重要工具之一,具有广泛的用途,是现代财务的必要组成部分。因此,对企业价值进行评估分析自然成为企业财务报表分析的衍生内容,简称"企业价值评估"。

12.1.1 企业价值评估的概念

1. 企业价值评估的含义

企业价值评估简称价值评估,是一种经济评估方法,是指将一个企业作为有机整体,在所获取的信息(包括原始信息和加工整理后的信息)的基础上,依据其拥有或占有的全部资产状况和整体获利能力,充分考虑影响企业获利能力的各种因素,结合企业所处的宏观经济环境及行业背景,利用价值评估模型对企业整体公允市场价值进行的整体性、综合性、动态性的评估过程。

2. 企业价值评估与投资项目评价的比较

企业也是资产,具有资产的一般特征。但是,它与实物资产有区别,是一种特殊的资产。企业拥有的无形资产,如商标、资信、盈利能力等方面的综合实力也是企业价值不可忽视的部分。因此,企业价值评估与投资项目评价既有类似之处,又有明显差别。

从某种意义上看,企业也是一个大项目,是一个由若干个投资项目组合的复合项目,或者说是一个项目组合。因此,企业价值评估与投资项目评价有许多类似之处:①无论是企业还是项目,都可以给投资主体带来现金流量,现金流越大则经济价值越大;②它们的现金流都具有不确定性,其价值计量都要使用风险概念;③它们的现金流都是陆续产生的,其价值计量都要使用现值概念。

企业价值评估与投资项目评价也有许多明显区别:①投资项目的寿命是有限的,而企业的寿命是无限的,因此要处理无限期现金流折现问题;②典型的项目投资有稳定的或下降的现金流,而企业通常将收益再投资并产生增长的现金流,它们的现金流分布有不同的特征;③项目产生的现金流属于投资人,而企业产生的现金流仅在管理层决定分配它们时才流向所有者,如果管理层决定向较差的项目投资而不愿意支付股利,则少数股东除了将股票出售外别无选择。这些差别,也正是企业价值评估比投资项目评价更困难的地方。

12.1.2 企业价值评估的对象

企业价值评估的首要问题是明确"要评估的是什么",也就是价值评估的对象是什么,又称评估客体。企业价值评估的一般对象是企业整体的经济价值。

1. 企业的整体价值

企业价值主要由企业的整体价值,企业具有独立生产能力和获利能力的工厂、车间以及其他资产组合的价值,企业全部无形资产价值,企业商誉价值等四类构成。其中,企业整体价值评估最具典型意义,它本身全面涵盖了基本资产组合价值和无形资产价值等。

1)企业的整体价值的概念

企业的整体价值是指企业作为一个整体的公平市场价值。所谓公平市场价值是指在公平交易中,熟悉情况的双方,在没有任何压力的情况下,自愿进行资产交换或债务清偿的价格。现实的市场价值未必就是公平的市场价值,因为现实的市场不是完善的市场,信息不对称或者股价的频繁变动,都会导致价格不公平。因此,企业的公平市场价值一般用未来现金流量的现值表示。在理解企业整体价值概念时,应该注意:整体不是指企业各部分的简单相加,整体价值来源于要素的组合方式,部分只有在整体中才能体现出其价值,整体价值只有在企业的运行中才能体现出来。

2)企业整体经济价值的类别

(1)实体价值与股权价值。企业的实体价值是指企业全部资产组合的总体经济价值,包括发行在外的普通股的价值、优先股的价值、债券的价值以及非公开发行的债务价值。简言之,企业实体价值是股权价值与债务价值之和。股权价值在这里不是所有者权益的会计价值(账面价值),而是股东权益的公平市场价值。债务价值也不是它们的会计价值(账面价值),而是债务的公平市场价值。大多数企业并购不是以购买股份的形式进行的,买方的实际收购成本等于股权成本加上所承接的债务。因此评估的最终目的和双方谈判的焦点是卖方的股权价值。价值评估模型要尽量加总企业所有证券的公平市场价值,而不仅仅是权益类证券。但这在现实世界中往往行不通,因为企业的某些证券并不在市场上交易,对于那些非上市企业而言更是如此。所以,最好的方法是直接评估整个企业的实体价值,而不是先评估每一类证券的价值然后汇总。将企业作为一个整体进行评估还有利于处理某些棘手的问题,例如企业商誉的评估、人力资本的评估等。即使在只需要评估股权价值的情况下,也可以先评估出企业的实体价值,再间接得出股权价值。

(2)持续经营价值与清算价值。企业的持续经营价值,是指在保持企业持续经营的条件下产生的未来现金流量的现值。清算价值是指企业出现财务危机,进行破产或歇业清算时,将企业资产单独出售产生现金流的价值。这两者的评估方法和评估结果有着明显的区别,必须明确拟评估的企业是一个持续经营的企业还是一个准备清算的企业,评估的价值是其持续经营价值还是其清算价值。在大多数的情况下,评估的是企业的持续经营价值。通常,对于投资者来说,一个企业的公平市场价值,应当是其持续经营价值和清算价值中较高的一个。当未来现金流量的现值大于清算价值时,会选择持续经营;当未来现金的现值小于清算价值时,则会选择清算。但是也有例外,如一个企业的持续经营价值已经低于其清算价值,本应当进行清算,但是,控制企业的人拒绝清算,企业就得以持续经营。这种持续经营,摧毁了股东本来可以通过清算得到的价值。

(3) 少数股权价值与控股股权价值。少数股权价值是在现有管理和战略条件下,企业能够给股票投资人带来的现金流量现值。控股股权价值是指企业进行重组,改进管理和经营战略后可以为投资人带来的未来现金流量的现值。控股股权价值与少数股权价值之间的差异就是控股权溢价,它是由于转变控股权增加的价值。在我国,股票市场交易的只是少数股权,大多数股票并没有参加交易。掌握控股权的股东不参加日常的交易。我们看到的股价,通常只是少数已经交易的股票价格,它们衡量的是少数股权的价值。少数股权与控股股权的价值差异,明显出现在收购交易当中。一旦控股权参加交易,股权会迅速飙升,甚至达到少数股权价值的数倍。在评估企业价值时,必须明确拟评估的对象是少数股东权益价值,还是控股股权价值。

2. 企业的经济价值

经济价值是指一项资产的公平市场价值,通常用该资产所产生的未来现金流量的现值来计量。我们有必要进一步理解会计价值与经济价值、现时市场价值与公平市场价值。

1) 会计价值与市场价值

会计价值是指资产、负债和所有者权益按历史成本作为计价基础的账面价值。会计报表以当时的交易价格为基础,用历史成本报告资产价值。市场价值指按市场价格计算的资产价值,包括现行市场价值和未来售价。

如果企业的资产不被出售而是被使用,并在产生未来收益的过程中消耗殆尽时,与投资人决策相关的信息是资产在使用过程中可以带来的未来收益,而不是其现行市场价值。可见历史成本和现行市场价值均与投资人的决策不相关。

会计报表数据的真正缺点,不在于没有采纳现实价格,而在于没有关注未来,很少考虑资产可能发生的未来收益,并且把许多影响未来收益的资产和负债项目从报表中排除。表外的资产包括良好管理、商誉、忠诚的顾客、先进的技术等;表外的负债包括未决诉讼、过时的生产线、低劣的管理等。

按未来售价计价,也称未来现金流量计价。从交易属性来看,未来售价计价属于产出计价类型;从时间属性来看,未来售价属于未来价格,被经常称为资本化价值即一项资产未来现金流量的现值。

未来价格计价有以下特点:未来现金流量现值面向的是未来,而不是历史或现在,符合决策面向未来的时间属性。只有未来售价计价符合企业价值评估的目的。因此,除非特别指明,企业价值评估的"价值"是指未来现金流量现值。

2) 现时市场价值和公平市场价值

现时市场价值是指按现行市场价格计算的资产价值,可能公平,也可能不公平。原因在于,首先,作为交易对象的企业,通常没有完善的市场,也就没有现成的市场价格。其次,以企业为对象的双方,存在比较严重的信息不对称。人们对于企业的预期有很大的差距,成交的价格不一定公平。再次,股票价格经常变动,人们不知道哪一个公平。最后,评估的目的之一是寻找被低估的企业,即价格低于价值的企业。如果用现时市价作为企业的估价,则企业价值与价格相等,不能得到任何有意义的信息。

三 相关链接

资产价值的隐藏

市盈率和市净率指标是估值的基础,但彼得·林奇的实践经验却告诫投资者,可能是因为这些指标太容易获得,账面价值经常会出现高估或者低估公司真实价值的情况。例如,巴菲特的投资旗舰哈撒韦公司源自收购新贝德福德纺织厂,借壳重组多年后,巴菲特决定彻底剥离纺织产业。此时问题出现了,织布机的账面价值高达86.6万美元,但最终拍卖时这些账面计价每台5 000美元的织布机仅能卖到每台26美元,此价格甚至比拖走这些织布机的运费还要低。

另有案例令彼得·林奇始终难忘:1976年艾伦伍德钢铁公司破产前夕,账面价值是3 200万美元,每股高达40美元。而这些账面上的炼钢优质资产,却因为设计和操作上的缺陷,难以正常开工,最终在企业破产偿债时,这些优质资产只能当废品卖了。

境内股市也有类似案例:粤金鳗、托普软件都曾是每股净资产逼近10元,每股收益接近1元的绩优股,但现在都已退市沦为PT股。粤金鳗是因为养鳗业衰败,托普软件是由于多元投资失误,但两者衰败后垮塌的速度却是一致的,若不能持续产生盈利,所谓的优质资产就好似沙丘上的城堡瞬间崩塌了。

与账面资产高估形成鲜明对比的是隐藏资产的低估。彼得·林奇曾举例:"有时你会发现一家石油公司在地下储存了40年的石油存货,其账面价值是以几十年前罗斯福时期购买时的成本入账的。"又有彼得·林奇投资时代的经典案例:波士顿第五频道电视台账面价值仅250万美元,但在20世纪80年代以4.5亿美元出售易主,也就是说这家电视台的账面价值被严重低估了,因为该电视台在被出售前始终是以最初建设成本入账的。

近年来,海内外类似的隐藏价值案例时有发生。例如,中国铝业在数年前还是巨额亏损,但是现在却年盈利超过40亿元人民币;默多克收购道琼斯整整溢价一倍,即使如此慷慨尚且历经艰难;而SEB国际收购苏泊尔公司,价格也是一涨再涨,显然这些公司的账面价值都曾经被低估了。

另有一些隐藏资产案例则较复杂,只有业内才能窥其奥秘,例如,三一重工掌门人向文波曾质疑凯雷低价收购徐工,间接揭示了徐工隐藏价值的奥秘;都说地产股受益人民币升值,其实也有低估和高估之分,地产业是典型的成本在以前、收益在现在的资产股,因此那些土地或自有物业很早就入账的地产,其商业股隐藏价值被低估的概率高,而现在以高价拿地或租赁物业为主的地产,其商业股则有可能被高估。

12.1.3 企业价值评估的意义及其准确性

价值评估在企业财务分析中处于核心地位。一般情况下,价值评估是对企业财务分析的最终目标和最后结果,综合体现了企业的总体状况。内在价值不仅考虑了企业的收益,还考虑了企业取得收益时所承担的风险;不仅考虑了企业的短期利益,还考虑了企业的长远发展;不仅考虑了收益的绝对数额,还考虑了货币的时间价值。相对价值则考虑到企业相对于市场的价值,因此能反映当前市场的状况。随着资本市场的不断发展,企业价值评估受到企业所有利益相关者的关注，被广泛运用于诸如企业收购兼并、资产重组、产权交易、证券投资、股票发行上市、股权转让、融资及抵押贷款、会计计量等资本市场投资和企业决策管理当中，成为事前决策和事后评估的重要标准。

1. 价值评估的意义

1）价值评估可用于投资分析，提供决策依据

价值评估是股市基础分析的核心内容。投资人信奉不同的投资理念，有的人相信技术分析，有的人相信基础分析。相信基础分析的人认为企业价值与财务数据之间具有函数关系，这种关系在一定时间内使稳定的证券价格与价值的偏离经过一段时间的调整会向价值回归。他们据此原理寻找并且购进被市场低估的证券或企业，以期获得高于市场平均报酬率的收益。

2）价值评估有助于企业兼并收购活动的定价，推动战略重组

战略是指一整套的决策和行动方式，包括可以安排有计划的战略和非计划的突发应变战略。战略管理是指涉及企业目标和方向、带有长期性、关系企业全局的重大决策和管理。战略管理可以分为战略分析、战略选择和战略实施。战略分析是指使用定价模型清晰地说明经营设想和发现这些设想可能创造的价值，其目的是评价企业目前和今后增加股东财富的关键因素是什么。价值评估在战略分析中起核心作用。企业的兼并收购就属于战略决策，收购企业要估计目标企业的合理价格，定价过高会给收购者带来巨大的资金压力，增大收购失败的风险。因此，对目标企业的价值进行合理评估，确定适当的收购价格，有助于企业兼并收购活动的成功。

3）价值评估可用于以价值为基础的管理，实现理财目标

企业价值创造最大化是现代财务管理的根本目标，每一项财务决策的好坏应以是否有利于增加企业价值而定。价值评估可以描述企业财务决策、企业战略和企业价值之间的定量关系。由于企业价值不断变动，财务人员必须随时掌握和评价企业价值，判断企业创造价值所必需的条件，通过调整企业的财务战略，实现价值创造最大化。

4）价值评估可用于银行、保险、投资银行等金融服务机构以及金融分析师的合理定价

对于银行、保险、投资银行等金融服务机构以及金融分析师，价值评估是他们对客户提供的一项重要服务，同时也是他们进行信贷、提高委托理财等服务的重要基础。尤其对于投资银行，其核心业务——新股发行上市（IPO）就需要对企业做精确的价值评估。股票如果定价过高，就可能会造成上市失败；而如果定价过低，就可能会为企业的老股东和投资银行自身带来巨大损失。

5）价值评估可作为政府相关部门的判断标准

对于政府相关部门来说，企业价值评估是制定经济政策法规，判断某些经济金融案件是否违法、违规的重要标准。例如，在美国的企业控制权争夺案中，法庭在大多数情况下依据"价值最大化"原则进行裁决，能够实现"价值最大化"的管理团队往往会取得胜利。

2. 企业价值评估的准确性

企业真正的内在价值是无法确切知道的，不同的人会选择不同的估值参数，并得出不同的估值结果，即使现有的价值评估模型也是在某种理想的假设条件下对现实世界的一种近似。然而，通过科学、合理的价值评估过程，得出的结果会有可能与真正的内在价值

非常接近。价值评估的准确与否主要依赖于以下三个方面的因素：

1) 获取信息的广度和深度

价值评估需要对企业未来的收益进行预测，对企业的风险状况进行深入的了解，而这些判断都来自所获取的企业的相关信息。对企业相关的信息掌握得越全面（甚至掌握某些内部信息），跟踪时间越长，了解程度越深，那么对这个企业价值评估的结果越准确。

2) 经验的积累与准确的职业判断

对于同样的信息，不同的人解读出来的含义往往是不同的；而对于不同行业、不同市场条件、不同类型的企业，所选取的价值评估方法、参数也经常会有所差别。上述的问题要想得到恰当的处理，要想做出合理的判断，就需要长期经验的积累和准确的职业判断。

3) 对价值评估模型的理解和运用

只有清楚了解价值评估模型的原理、参数的经济含义，才能准确运用价值评估模型。这也正是本章所要解决的问题。

12.1.4 企业价值评估的模型

价值评估使用的模型通常称为定价模型，它的功能是把预测数据转换为企业价值。在企业价值评估实务中，主要有现金流量折现模型、经济利润模型、相对价值模型三种模型。

1. 现金流量折现模型

现金流量折现模型的基本思想是增量现金流量原则和时间价值原则，也就是任何资产（包括企业或股权）的价值是其产生的未来现金流量的现值。在价值评估领域，现金流量折现模型曾风行一时，尤其适用于处于稳定成熟期、未来现金流量预测准确度较高的企业。

2. 经济利润模型

该模型的基本思想是：如果每年的息前税后利润正好等于债权人和股东要求的收益，即经济利润等于零，则企业的价值没有增加，也没有减少，仍然等于投资资本。

经济利润是指从超过投资者要求的报酬率中得来的价值，也称经济增加值。

$$\begin{aligned}经济利润&=期初投资资本\times(期初投资资本报酬率-加权平均资本成本)\\&=期初投资资本\times 期初投资资本报酬率-期初投资资本\times 加权平均资本成本\\&=息前税后营业利润-资本费用\end{aligned} \quad (12\text{-}1)$$

经济利润不同于会计利润，两者的主要区别在于经济利润扣除了股权资本费用，而不仅仅是债务费用；会计利润仅扣除债务利息，而没有扣除股权资本成本。

企业价值评估的经济利润模型如下：

$$企业价值=投资资本+预计经济利润的现值 \quad (12\text{-}2)$$

经济利润模型越来越受到重视，逐步成为最受推崇的模型，不仅受到理论家的赞同，而且许多有影响的咨询公司也在实务中使用这类模型。

3. 相对价值模型

这种模型是运用一些基本的财务比率评估一家企业相对于另一家企业的价值。
相对价值模型以市盈率模型为代表：

$$每股价值=市盈率\times 目标企业每股收益 \quad (12\text{-}3)$$

三 相关链接

不断变化中的有形和无形资产的价值

经济全球化是当今经济发展的主要趋势之一,资本市场在全球经济中的迅速发展吸引了世人的瞩目。每天,在世界的不同地点,人们关注着企业的上市、股票的发行、兼并收购和分拆重组等资本市场上各类经济行为的表现。资本市场上这些经济行为的背后,往往隐藏着对企业价值(有形资产价值、无形资产价值和企业整体价值)的判断,这些相关的企业价值信息大多数是通过资产评估中介机构和各类咨询公司经过价值评估后得出的。作为中介机构的资产评估事务所,如何衡量一个企业的价值尤其是如何公允地评估企业价值,是目前我国资产评估行业面临的一个重大课题和棘手难题。

企业价值评估作为资产评估的一个重要分支,在西方发达国家已有近 50 多年的历史,其理论和方法已趋成熟。在我国,企业价值评估刚刚起步,将企业价值评估作为一套完整的理论和方法体系加以研究,只是近几年的事。企业价值评估是资产评估的组成部分,但又不同于传统的单项资产评估、整体资产评估。企业价值评估逾越了这两项资产评估中的"资产"项目——传统财务报表中涉及的项目,而将企业外部环境、行业前景、业务流程、治理结构、人力资源、信用、管理层经营绩效等因素和财务评价等纳入评价体系。现代市场经济,至少有两方面的因素增加了认识价值的难度。其一是不仅有形的实体有价值,无形的东西也有价值;其二是有形和无形资产的价值都处于不断变化中。

2020 年,社交媒体巨头 Twitter 宣布收购 Threader,一家专注于帮助用户更好地组织和跟踪 Twitter 对话的初创公司。Threader 的技术能够帮助用户追踪复杂的对话线程,这对于 Twitter 这样的平台来说是非常有价值的。然而 Threader 本身并没有显著的收入来源,其主要价值在于其技术和团队。Twitter 的这次收购凸显了无形资产在现代企业并购中的重要性。而企业无形资产的价值难以识别和评估,且在不断变化难以把握。企业价值评估就是要解决这些价值认识方面的困难,对包括企业的各种资产以及企业作为整体的价值做出恰当的估价。因此,研究企业价值评估在理论上和实践上都具有重要的意义。

12.2 现金流量折现法价值评估

12.2.1 现金流量折现模型的基本思想及种类

现金流量折现模型是企业价值评估使用最广泛、理论上最健全的模型。现金流量折现模型认为,企业价值在本质上是其未来现金流量的现值。任何资产都可以使用现金流量折现模型来估价。用公式表示为:

$$价值 = \sum_{t=1}^{n} \frac{现金流量_t}{(1+资本成本)^t} \tag{12-4}$$

可以看出,价值是由现金流量、资本成本和现金流量的持续年数这三个变量来决定的。

1. **现金流量**

现金流量是指各期的预期现金流量。不同资产的未来现金流量的表现形式不同,债券的现金流量是利息和本金,投资项目的现金流量是项目引起的增量现金流量。在价值评估中可供选择的企业现金流量主要有三种:股利现金流量、股权现金流量和实体现金流量。依据现金流量的不同种类,企业估价模型也分为股利现金流量模型、股权现金流量模型和实体现金流量模型三种。

1)股利现金流量模型

股利现金流量模型的基本形式是:

$$股权价值 = \sum_{t=1}^{\infty} \frac{股利现金流量_t}{(1+股权资本成本)^t} \tag{12-5}$$

股利现金流量是企业分配给股权投资人的现金流量。

2)股权现金流量模型

股权现金流量模型的基本形式是:

$$股权价值 = \sum_{t=1}^{\infty} \frac{股权现金流量_t}{(1+股权资本成本)^t} \tag{12-6}$$

股权现金流量是一定期间企业可以提供给股权投资人的现金流量,它等于企业实体现金流量扣除对债权人支付后剩余的部分。有多少股权现金流量会作为股利分配给股东,取决于企业的筹资和股利分配政策。如果把股权现金流量全部作为股利分配,则上述两个模型是相同的。

3)实体现金流量模型

实体现金流量模型的基本形式是:

$$实体价值 = \sum_{t=1}^{\infty} \frac{实体现金流量_t}{(1+加权平均资本成本)^t} \tag{12-7}$$

$$股权价值 = 实体价值 - 债务价值 \tag{12-8}$$

$$债务价值 = \sum_{t=1}^{\infty} \frac{偿还债务现金流量_t}{(1+等风险债务成本)^t} \tag{12-9}$$

实体现金流量是企业全部现金流入扣除成本费用和必要的投资后的剩余部分,它是企业一定期间可以提供给所有投资人(包括股权投资人和债务投资人)的税后现金流量。

在数据假设相同的情况下,三种模型的评估结果是相同的。由于股利分配政策有较大变动,股利现金流量很难预计,所以股利现金流量模型在实务中很少被使用。如果假设企业不保留多余的现金,而将股权现金全部作为股利发放,则股权现金流量等于股利现金流量,股权现金流量模型可以取代股利现金流量模型,避免对股利政策进行估计的麻烦。因此,大多数企业估价使用股权现金流量模型或实体现金流量模型。

2. **资本成本**

资本成本是计算现值使用的折现率。折现率是现金流量风险的系数,风险越大则折现率越大,因此折现率要和现金流量相互匹配。股权现金流量只能用股权资本成本来折现,实体现金流量只能用企业实体的加权平均资本成本来折现。

3. 现金流量的持续年数

"n"是指产生现金流量的时间,通常用"年"数来表示。从理论上说,现金流量的持续年数应当等于资源的寿命。企业的寿命是不确定的,通常采用持续经营假设,时间越长,远期的预测越不可靠。为了避免预测无限期的现金流量,大部分股价将预测的时间分为两个阶段。第一阶段是有限的、明确的预测,称为"详细预测期",或简称"预测期",在此期间需要对每年的现金流量进行详细预测,并根据现金流量模型计算其预测期价值;第二阶段是预测期以后的无限时期,称为"后续期"或"永续期",在此期间假设企业进入稳定状态,有一个稳定的增长率,可以用简便方法直接估计后续期价值。后续期价值也被称为"永续价值"或"残值"。这样,企业价值可分为两部分:

$$企业价值＝预测期价值＋后续期价值 \qquad (12-10)$$

12.2.2 现金流量折现模型参数的估计

现金流量折现模型的参数包括预测期的年数、各期的现金流量和资本成本。这些参数都是相互影响的,需要进行整体考虑,而不能完全孤立地看待和处理。资本成本的估计已在前面的章节介绍过,该部分主要说明预测期的确定和现金流量的估计。

1. 预测期的确定

预测的时间范围涉及预测基期、详细预测期和后续期。

1) 预测基期

基期是指作为预测基础的时期,它通常预测工作的是上一个年度。基期各项数据被称为基数,它们是预测的起点。基期数据不仅包括各项财务数据金额,还包括它们的增长率,以反映各项财务数据之间联系的财务比率。

确定基期数据的方法有两种:一种是以上年实际数据作为基期数据;另一种是以修正后的上年数据作为基期数据。如果通过历史财务报表分析认为,上年财务数据具有可持续性,则以上年实际数据作为基期数据。如果通过历史财务报表分析认为,上年的数据不具有可持续性,就应适当进行调整,使之适合未来的情况。

2) 详细预测期和后续期的划分

实务中的详细预测期通常为5～7年,如果有疑问还应当延长,但很少超过10年。企业增长的不稳定时期有多长,预测期就应当有多长。这种做法与竞争均衡理论有关。竞争均衡理论认为,一个企业不可能永远以高于宏观经济增长的速度发展下去。各企业的销售收入的增长率往往趋于恢复到正常水平。高于或低于正常水平的企业,通常在3～10年中恢复到正常水平。

判断企业进入稳定状态的主要标志有两个:①具有稳定的销售增长率,它大约等于宏观经济的名义增长率;②具有稳定的投资资本回报率,它与资本成本接近。

预测期和后续期的划分不是事先主观确定的,而是在实际预测过程中根据销售增长率和投资回报率的变动趋势确定的。

【**例12-1**】 A公司目前正处于高速增长的时期,2023年的销售增长率为18%,预计2024年可以维持18%的增长率,2025年开始逐步下降,每年下降3个百分点,到2028年增长率下降为6%,2029年及以后各年按6%的比率持续增长。通过销售预测观察到A公司的销售增长率和净资本回报率在2028年恢复到正常水平(见表12-1)。销售增长率稳定在6%,与宏观经济的增长率接近;净资本回报率稳定在16.31%,与其资本成本16%接近。因此,该企业的预测期为2024—2028年,2029年及以后年度为后续期。

表12-1　　　　　　　　　　　　　A公司的增长率和净资本回报率

单位:万元

项目	2023年（基期）	年　份								
		2024	2025	2026	2027	2028	2029	2030	2031	2032
销售增长率（%）	18.00	18.00	15.00	12.00	9.00	6.00	6.00	6.00	6.00	6.00
经营利润	72.00	84.96	97.70	109.43	119.28	126.43	134.02	142.06	150.58	159.62
净资本	468.00	552.24	635.08	711.29	775.30	821.82	871.13	923.40	978.80	1 037.53
期初净资本回报率		18.15%	17.69%	17.23%	16.77%	16.31%	16.31%	16.31%	16.31%	16.31%

2. 预计利润表和资产负债表

未来现金流量的数据需要通过财务预测取得。财务预测可以分为单项预测和全面预测。单项预测的主要缺点是容易忽视财务数据之间的联系,不利于发现预测假设的不合理之处。全面预测是指编制成套的预计财务报表,通过预计财务报表获取需要的预测数据。预测销售收入是全面预测的起点,大部分财务数据与销售收入有内在联系。预计财务报表主要是预计利润表、预计资产负债表和预计现金流量表。

下面通过前述A公司的例子,说明预计利润表和资产负债表的编制过程。该公司的预计利润表和资产负债表,如表12-2和表12-3所示,其中基期的数据和各年的各种比率是已知的。

表12-2　　　　　　　　　　　　　　A公司的预计利润表

金额单位:万元

项目	2023年（基期）	年　份					
		2024	2025	2026	2027	2028	2029
预测假设							
销售增长率	18%	18%	15%	12%	9%	6%	6%
销售成本率	68%	68%	68%	68%	68%	68%	68%
销售、管理费用/销售收入	10%	10%	10%	10%	10%	10%	10%
折旧与摊销/销售收入	6%	6%	6%	6%	6%	6%	6%
短期债务利率	6%	6%	6%	6%	6%	6%	6%
长期债务利率	7%	7%	7%	7%	7%	7%	7%
平均所得税率	25%	25%	25%	25%	25%	25%	25%
利润表项目							

(续表)

项目	2023年（基期）	年份					
		2024	2025	2026	2027	2028	2029
经营利润：							
一、销售收入	600.00	708.00	814.20	911.90	993.98	1 053.61	1 116.83
减：销售成本	408.00	481.44	553.66	620.09	675.90	716.46	759.44
销售和管理费用	60.00	70.80	81.42	91.19	99.40	105.36	111.68
折旧与摊销	36.00	42.48	48.85	54.71	59.64	63.22	67.01
二、税前经营利润	96.00	113.28	130.27	145.90	159.04	168.58	178.69
减：经营利润所得税	24.00	28.32	32.57	36.48	39.76	42.14	44.67
三、经营利润	72.00	84.96	97.70	109.43	119.28	126.43	134.02
金融损益：							
四、短期借款利息	7.02	8.28	9.53	10.67	11.63	12.33	13.07
加：长期借款利息	4.91	5.80	6.67	7.47	8.14	8.63	9.15
五、利息费用合计	11.93	14.08	16.19	18.14	19.77	20.96	22.21
减：利息费用抵税	2.98	3.52	4.05	4.53	4.94	5.24	5.55
六、税后利息费用	8.95	10.56	12.15	13.60	14.83	15.72	16.66
七、税后利润合计	63.05	74.40	85.56	95.83	104.45	110.72	117.36
加：年初未分配利润	36.00	40.80	91.34	141.05	186.77	225.18	253.09
八、可供分配的利润	99.05	115.20	176.90	236.87	291.22	335.90	370.45
减：应付普通股股利	58.25	23.85	35.86	50.10	66.04	82.81	87.77
九、未分配利润	40.80	91.34	141.05	186.77	225.18	253.09	282.68

表 12-3　　　　　　　　　　　　A 公司的预计资产负债表

金额单位：万元

项目	2023年（基期）	年份					
		2024	2025	2026	2027	2028	2029
预测假设							
销售收入	600.00	708.00	814.20	911.90	993.98	1 053.61	1 116.83
经营现金/销售收入	1	1	1	1	1	1	1
经营流动资产/销售收入	38%	38%	38%	38%	38%	38%	38%
经营流动负债/销售收入	11%	11%	11%	11%	11%	11%	11%
长期资产/销售收入	50%	50%	50%	50%	50%	50%	50%
短期借款/净资本	25%	25%	25%	25%	25%	25%	25%
长期借款/净资本	15%	15%	15%	15%	15%	15%	15%

(续表)

项目	2023年（基期）	年份					
		2024	2025	2026	2027	2028	2029
项目							
经营资产：							
经营现金	6.00	7.08	8.14	9.12	9.94	10.54	11.17
经营流动资产	228.00	269.04	309.40	346.52	377.71	400.37	424.40
减：经营流动负债	66.00	77.88	89.56	100.31	109.34	115.90	122.85
＝经营营运资本	168.00	198.24	227.98	255.33	278.31	295.01	312.71
经营长期资产	300.00	354.00	407.10	455.95	496.99	526.81	558.42
减：经营长期负债	0.00	0.00	0.00	0.00	0.00	0.00	0.00
＝净经营长期资产	300.00	354.00	407.10	455.95	496.99	526.81	558.42
净经营资产总计	468.00	552.24	635.08	711.29	775.30	821.82	871.13
金融负债：							
短期借款	117.00	138.06	158.77	177.82	193.83	205.45	217.78
长期借款	70.20	82.84	95.26	106.69	116.30	123.27	130.67
金融负债合计	187.20	220.90	254.03	284.51	310.12	328.73	348.45
股本	240.00	240.00	240.00	240.00	240.00	240.00	240.00
年初未分配利润	36.00	40.80	91.34	141.05	186.77	225.18	253.09
本年利润	63.05	74.40	85.56	95.83	104.45	110.72	117.36
本年股利	58.25	23.85	35.86	50.10	66.04	82.81	87.77
年末未分配利润	40.80	91.34	141.05	186.77	225.18	253.09	282.68
股东权益合计	280.80	331.34	381.05	426.77	465.18	493.09	522.68
净负债及股东权益	468.00	552.24	635.08	711.29	775.30	821.82	871.13

在编制预计利润表和资产负债表时，两个表之间有数据的交换，需要一并考虑。下面以2024年的数据为例，说明主要项目的计算过程。

1）预计经营利润

（1）"销售收入"。根据销售预测的结果填列。

（2）"销售成本""销售、管理费用"以及"折旧与摊销"，使用销售百分比法预计。有关的销售百分比列示在"利润表预测假设"部分。

销售成本＝708×68％＝481.44（万元）

销售、管理费用＝708×10％＝70.8（万元）

折旧与摊销费用＝708×6％＝42.48（万元）

（3）"投资收益"。需要对投资收益的构成进行具体分析。要区分债权投资收益和股权投资收益。债权投资收益，属于金融活动产生的收益，应作为利息费用的减项，不列入经营收益。股权投资收益，一般可以列入经营性收益。A公司投资收益是经营性的，但是数量很小,并且不具有可持续性,故预测时将其忽略。

(4)"资产减值损失"和"公允价值变动收益",通常不具有可持续性,可以不列入预计利润表。"营业外收入"和"营业外支出"属于偶然损益,不具有可持续性,预测时通常予以忽略。

(5)"经营利润"。

税前经营利润＝销售收入－销售成本－销售、管理费用－折旧与摊销
$$=708-481.44-70.8-42.48$$
$$=113.28(万元)$$

税前经营利润所得税＝预计税前经营利润×预计所得税率
$$=113.28×25\%$$
$$=28.32(万元)$$

税后经营利润＝113.28－28.32＝84.96(万元)

接下来的项目是"利息费用",其驱动因素是借款利率和借款金额,通常不能根据销售百分比直接预测。短期借款和长期借款的利率已经列入"利润表预测假设"部分,借款的金额需要根据资产负债表来确定。因此,预测工作转向资产负债表。

2)预计经营资产

(1)"经营现金"。现金资产包括现金及其等价物。现金资产可以分为两部分,一部分是生产经营所必需的持有量,目的是应付各种意外支付,它们属于经营现金资产。经营现金的数量因企业而异,需要根据最佳现金持有量确定。A公司的经营现金资产,按照销售额的1%预计。超额部分的现金,属于金融资产,列为金融负债的减项。

经营现金＝708×1%＝7.08(万元)

(2)"经营流动资产"。经营流动资产包括应收账款、存货等项目,可以分析预测,也可以作为一个"经营流动资产"项目预测。预测时使用销售百分比法,有关的销售百分比已列在表12-3的资产负债表"预测假设"部分。

经营流动资产＝708×38%＝269.04(万元)

(3)"经营流动负债"。表12-3将"经营流动负债"列在"经营流动资产"之后,是为了显示"经营营运资本",在这里,经营营运资本是指"经营现金"加"经营流动资产"减去"经营流动负债"后的余额。

经营流动负债＝708×11%＝77.88(万元)

经营营运资本＝(经营现金＋经营流动资产)－经营流动负债
$$=(7.08+269.04)-77.88=198.24(万元)$$

(4)"经营长期资产"。经营长期资产包括长期股权投资、固定资产、长期应收款等。A公司假设长期资产随销售增长,使用销售百分比法预测,其销售百分比为50%。

长期资产＝708×50%＝354(万元)

(5)"经营长期负债"。经营长期负债包括无息的长期应付款、专项应付款、递延所得税负债和其他非流动负债。它们需要根据实际情况选择预测方法,不一定使用销售百分比法。A公司假设它们数额很小,可以忽略不计。

(6)"净经营资产总计"。

净经营资产总计＝经营营运资本＋净经营长期资产
$$=(经营现金＋经营流动资产－经营流动负债)$$

$\qquad$＋(经营长期资产－经营长期负债)
$\qquad$＝经营资产－经营负债 $\hfill$ (12-11)

净经营资产总计＝198.24＋354＝552.24(万元)

3) 预计融资

预计得出的净经营资产是全部的筹资需要,因此也可以称为"净资本"或"投资资本"。如何筹集这些资本取决于企业的筹资政策。

A公司存在一个目标资本结构,即有息负债÷净资本为40%,其中短期负债÷净资本为25%,长期负债÷净资本为15%。企业采用剩余股利政策,需要筹集资金时按目标资本结构配置留存利润(权益资本)和借款(债务资本),剩余的利润分给股东。如果其利润小于需要筹集的权益资本,在"应付股利"项目中显示为负值,表示需要向股东筹集的现金(增发新股)数额。如果有剩余现金,按照目标资本结构同时减少借款和留存利润,企业不保留多余的金融资产。在这种情况下,全部股权现金流量都作为股利分配给股东,股利现金流量和股权现金流量是相同的。

(1) "短期借款"和"长期借款"。根据目标资本结构确定应借款的数额:

短期借款＝净经营资产×短期借款比例＝552.24×25%＝138.06(万元)

长期借款＝净经营资产×长期借款比例＝552.24×15%＝82.84(万元)

(2) 内部融资额。根据借款的数额,确定目标资本结构下需要的股东权益:

期末股东权益＝净经营资产－借款合计＝552.24－(138.06＋82.84)
$\qquad$＝331.34(万元)

根据期末股东权益比期初股东权益的增加,确定需要的内部筹资数额为:

内部筹资＝期末股东权益－期初股东权益＝331.34－280.8＝50.54(万元)

企业也可以采取其他融资政策,不同的融资政策会导致不同的融资额预计方法。

4) 预计利息费用

现在有了借款的数额,可以返回利润表,预计利息支出。A公司的利息费用是根据当期期末债务和预期利率预计的。

利息费用＝短期借款×短期利率＋长期借款×长期利率
$\qquad$＝138.06×6%＋82.84×7%＝8.283 6＋5.798 8
$\qquad$＝14.08(万元)

利息费用抵税＝14.08×25%＝3.52(万元)

税后利息费用＝14.08－3.52＝10.56(万元)

5) 计算净利润

净利润＝经营净利润－净利息费用＝84.96－10.56＝74.4(万元)

6) 计算股利和年末未分配利润

股利＝本年净利润－股东权益增加＝74.4－50.54＝23.85(万元)

注:由于在计算中间不断四舍五入,累计误差不断扩大,为了避免差别,这里显示的是更精确的结果。类似情况在本章还有许多,以后不再一一注明。

年末未分配利润＝年初未分配利润＋本年净利润－股利＝40.8＋74.4－23.85
$\qquad$＝91.34(万元)

将"年末未分配利润"填入2025年的资产负债表相应项目,然后完成资产负债表其他项目的预计。

年末股东权益＝股本＋年末未分配利润＝240＋91.34＝331.34(万元)

净负债及股东权益＝净负债＋股东权益＝220.9＋331.34＝552.24(万元)

由于利润表和资产负债表的数据是相互衔接的,要完成2024年利润表和资产负债表数据的预测工作,才能转向2025年的预测。

3. 预计现金流量

1) 现金流量的概念

现金流量是财务管理的最重要概念之一。在价值评估中,注意使用实体现金流量和股权现金流量两个概念。

(1) 实体现金流量是指企业全部投资人拥有的现金流量总和,包括股东和债权人,它有两种衡量方法。

一是加总全部投资人的现金流量:

$$\text{实体现金流量}＝\text{股权现金流量}＋\text{债权人现金流量}＋\text{优先股东现金流量} \quad (12\text{-}12)$$

由于我国基本没有优先股,为了简化,下面不再讨论优先股问题,即假设企业没有优先股:

$$\text{实体现金流量}＝\text{股权现金流量}＋\text{债权人现金流量}$$

二是以息前税后利润为基础,扣除各种必要的支出后计算得出。在正常的情况下,企业获得的现金首先必须满足企业必要的生产经营活动及其增长的需要,剩余的部分才可以被提供给所有投资人。

$$\begin{aligned}\text{实体现金流量}&＝\text{经营现金净流量}－\text{资本支出}\\&＝\text{税后经营利润}＋\text{折旧与摊销}－\text{经营营运资本增加}－\text{资本支出}\\&＝\text{税后经营利润}＋\text{折旧与摊销}－\text{总投资}\\&＝\text{税后经营利润}－(\text{总投资}－\text{折旧与摊销})\\&＝\text{税后经营利润}－\text{净投资}\end{aligned} \quad (12\text{-}13)$$

公式(12-13)中的"经营现金净流量"是指企业经营活动取得的息前税后利润,加上折旧与长期资产摊销等非付现费用,再减去经营营运资本的增加。如果企业没有资本支出,它就是经营活动给投资人(包括股东和债权人)提供的现金流量。

公式中的"资本支出",是指用于购置各种长期资产的支出,减去无息长期负债增加额。长期资产包括长期投资、固定资产、无形资产和其他长期资产。无息长期负债包括各种不需要支付利息的长期应付款、专项应付款和其他长期负债等。购置长期资产支出的一部分现金可以由无息长期负债提供,其余的部分必须由企业实体现金流量提供(扣除)。因此,经营净流量扣除了资本支出,剩余部分才可以提供给投资人。

为了简化,本例假设A公司没有无息长期负债,因此资本支出等于购置长期资产的现金支出,即等于长期资产增加额与本期折旧与摊销之和。

由于资本支出和经营营运资本增加都是企业的投资现金流出,因此它们的合计称为"本期总投资"。

$$\text{本期总投资}＝\text{经营营运资本增加}＋\text{资本支出} \quad (12\text{-}14)$$

企业在发生投资支出的同时,还通过"折旧与摊销"收回一部分现金,因此"净"的投资现金流出是总投资减去"折旧与摊销"后的剩余部分,称为"净投资"。

$$本期净投资＝本期总投资－折旧与摊销 \qquad (12-15)$$

第一种方法,是从现金流量的形成角度计算的,是企业剩余或短缺的现金流量。第二种方法是从融资角度计算的,是企业提供给投资人或从投资人处吸收的现金流量,也可以称为"融资现金流量"。由于企业提供的现金流量,就是投资人得到的现金流量,因此它们应当相等。

(2)股权现金流量与实体现金流量的区别,是它需要再扣除与债务相联系的现金流量。它有三种衡量方法。

第一种:

$$\begin{aligned}股权现金流量 &= 实体现金流量－债权人现金流量\\ &= 实体现金流量－税后利息支出－偿还债务本金＋新借债务\\ &= 实体现金流量－税后利息支出＋债务净增加\end{aligned} \qquad (12-16)$$

第二种:

$$\begin{aligned}股权现金流量 &= 实体现金流量－债权人现金流量\\ &= 税后经营利润＋折旧与摊销－经营营运资本增加－资本支出\\ &\quad －税后利息费用＋债务净增加\\ &= (利润总额＋利息费用)×(1－税率)－净投资\\ &\quad －税后利息费用＋债务净增加\\ &= (税后利润＋税后利息费用)－净投资－税后利息费用＋债务净增加\\ &= 税后利润－(净投资－债务净增加)\end{aligned} \qquad (12-17)$$

第三种:如果企业按照固定的负债率为投资筹集资本,企业保持稳定的财务结构,"净投资"和"债务净增加"存在固定比例关系,则股权现金流量的公式可以简化为:

$$股权现金流量＝税后利润－(1－负债率)×净投资 \qquad (12-18)$$

2)预计现金流量

根据预计利润表和资产负债表编制预计现金流量表,只是一个数据转换过程,如表12-4所示。

表12-4　　　　　　　　A公司的预计现金流量表

单位:万元

项目	2023年(基期)	年份					
		2024	2025	2026	2027	2028	2029
税后经营利润	72.00	84.96	97.70	109.43	119.28	126.43	134.02
加:折旧与摊销	36.00	42.48	48.85	54.71	59.64	63.22	67.01
＝经营现金毛流量	108.00	127.44	146.56	164.14	178.92	189.65	201.03
减:经营营运资本增加		30.24	29.74	27.36	22.98	16.70	17.70

(续表)

项目	2023年(基期)	年份					
		2024	2025	2026	2027	2028	2029
＝经营现金净流量		97.20	116.82	136.79	155.94	172.95	183.33
减：净经营长期资产增加		54.00	53.10	48.85	41.04	29.82	31.61
折旧与摊销		42.48	48.85	54.71	59.64	63.22	67.01
＝实体现金流量		0.72	14.87	33.22	55.26	79.92	84.71
融资流动：							
税后利息费用		10.56	12.15	13.60	14.83	15.72	16.66
－短期借款增加		21.06	20.71	19.05	16.00	11.63	12.33
－长期借款增加		12.64	12.43	11.43	9.60	6.98	7.40
＋金融资产增加							
＝债务融资净流量		－23.13	－20.99	－16.88	－10.78	－2.89	－3.06
＋股利分配		23.85	35.86	50.10	66.04	82.81	87.77
－股权资本发行		0.00	0.00	0.00	0.00	0.00	0.00
＝股权融资净流量		23.85	35.86	50.10	66.04	82.81	87.77
融资流量合计		0.72	14.87	33.22	55.26	79.92	84.71

(1) 实体现金流量。

第一种：

步骤1 计算经营现金毛流量

经营现金毛流量是指在没有资本支出和经营营运资本变动时，企业可以提供给投资人的现金流量总和。它有时也被称为"常用现金流量"。

经营现金毛流量＝税后经营利润＋折旧与摊销
　　　　　　　＝84.96＋42.48
　　　　　　　＝127.44(万元)

公式中的"折旧与摊销"，是指在计算利润时已经扣减的固定资产折旧和长期资产摊销数额。

步骤2 计算经营现金净流量

经营现金净流量是指经营现金毛流量扣除经营营运资本增加后的剩余现金流量。

经营现金净流量＝经营现金毛流量－经营营运资本增加
　　　　　　　＝127.44－(198.24－168)
　　　　　　　＝97.2(万元)

步骤3 计算实体现金流量

实体现金流量是经营现金净流量扣除资本支出后的剩余部分。它是企业在满足经营活动和资本支出后，可以支付给债权人和股东的现金流量。

实体现金流量＝经营现金净流量－资本支出
　　　　　＝经营现金净流量－(净经营长期资产增加＋折旧与摊销)
　　　　　＝97.2－(354－300＋42.48)
　　　　　＝0.72(万元)

第二种：

步骤1　计算本期总投资

本期总投资＝经营营运资本增加＋资本支出
　　　　　＝(198.24－168)＋(54＋42.48)
　　　　　＝126.72(万元)

步骤2　计算本期净投资

本期净投资＝本期总投资－折旧与摊销
　　　　　＝126.72－42.48
　　　　　＝84.24(万元)

或者

本期净投资＝期末净经营资产－期初净经营资产
　　　　　＝(期末净负债＋期末股东权益)－(期初净负债＋期初股东权益)
　　　　　＝552.24－468
　　　　　＝84.24(万元)

步骤3　计算实体现金流量

实体现金流量＝税后经营利润－本期净投资
　　　　　＝84.96－84.24
　　　　　＝0.72(万元)

(2) 股权现金流量。

第一种：股权现金流量＝实体现金流量－税后利息支出＋债务净增加
　　　　　　　　　＝0.72－10.56＋(21.06＋12.64)
　　　　　　　　　＝0.72－10.56＋33.7
　　　　　　　　　＝23.85(万元)

第二种：股权现金流量＝税后利润－(净投资－债务净增加)
　　　　　　　　　＝74.4－(84.24－33.7)
　　　　　　　　　＝23.85(万元)

第三种：股权现金流量＝税后利润－(1－负债率)×净投资
　　　　　　　　　＝74.4－(1－40％)×84.24
　　　　　　　　　＝23.85(万元)

上述公式表示,税后净利是属于股东的,但要扣除净投资。净投资中股东负担的部分是"(1－负债率)×净投资",其他部分的净投资是由债权人提供。税后利润减去股东负担的净投资,剩余的部分即股权现金流量。

(3) 融资现金流量包括债务融资净流量和股权融资净流量两部分。

步骤1 计算债务融资净流量

债务融资净流量＝税后利息支出＋偿还债务本金(或－债务增加)＋超额金融资产增加

$$=10.56-21.06-12.64+0$$
$$=-23.13(万元)$$

步骤2 计算股权融资净流量

股权融资净流量＝股利分配－股权资本发行

$$=23.85-0$$
$$=23.85(万元)$$

步骤3 计算融资现金流量

融资现金流量＝债务融资净流量＋股权融资净流量

$$=-23.13+23.85$$
$$=0.72(万元)$$

(4) 现金流量的平衡关系。

由于企业提供的现金流量就是投资人得到的现金流量,因此它们应当相等。"实体现金流量"是从企业角度观察的,企业产生剩余现金用正数表示,企业吸收投资人的现金则用负数表示。"融资现金流量"是从投资人角度观察的实体现金流量,投资人得到现金用正数表示,投资人提供现金用负数表数。实体现金流量应当等于融资现金流量。现金流量的这种平衡关系,给我们提供了一种检验现金流量计算是否正确的方法。

(5) 后续期现金流量增值率的估计。

后续期价值的估计方法有许多种,包括永续增长模型、经济利润模型、价值驱动因素模型、价格乘数模型、延长预测期法、账面价值法、清算价值法和重置成本法等。这里只讨论现金流量折现的永续增长模型。永续增长模型为：

$$后续期价值＝现金流量_{t+1}÷(资本成本－现金流量增长率) \quad (12-19)$$

在稳定状态下,实体现金流量、股权现金流量和销售收入的增长率相同,因此,可以根据销售增长率估计现金流量增长率。

(6) 企业价值的计算。

首先,构建实体现金流量模型。续前例：假设 A 公司的加权平均资本成本是 16%,用它来折现实体现金流量可以得出企业实体价值,扣除债务价值后可以得出股权价值。有关计算过程如表12-5所示。

表 12-5　　　　　　　　　　A 公司的实体现金流量折现

金额单位：万元

年份	2023年(基期)	年　份				
		2024	2025	2026	2027	2028
实体现金流量		0.72	14.87	33.22	55.26	79.92
平均资本成本		16.00%	16.00%	16.00%	16.00%	16.00%

(续表)

年份	2023年 (基期)	年 份				
		2024	2025	2026	2027	2028
折现系数		0.8621%	0.7432%	0.6407%	0.5523%	0.4761%
预测期现金流量现值	101.52	0.62	11.05	21.28	30.52	38.05
后续期增长率						6.00%
期末现金流量现值	403.32					847.11
总价值	504.84					
债务价值	187.20					
股权价值	317.64					

预测期现金流量现值 $=\sum$ 各期现金流量现值 $=101.52$(万元)

后续期终值 $=$ 现金流量$_{t+1}\div$(资本成本$-$现金流量增长率)
$\quad\quad\quad=79.92\times(1+6\%)\div(16\%-6\%)$
$\quad\quad\quad=847.11$(万元)

后续期现值 $=$ 后续期终值 $\times$ 折现系数 $=847.11\times0.4761=403.32$(万元)

企业实体价值 $=$ 预测期现金流量现值 $+$ 后续期现值 $=101.52+403.32$
$\quad\quad\quad=504.84$(万元)

股权价值 $=$ 实体价值 $-$ 债务价值 $=504.84-187.2=317.64$(万元)

估计债务价值的标准方法是折现现金流量法,最简单的方法是账面价值法。本例采用账面价值法。

其次,构建股权现金流量模型。假设A公司的股权资本成本是22.7259%,用它折现股权现金流量,可以得到企业股权的价值。有关计算过程如表12-6所示。

表12-6   A公司的股权现金流量折现

金额单位:万元

年份	基期	2024	2025	2026	2027	2028
股权现金流量		23.85	35.86	50.10	66.04	82.81
股权成本		22.725%	22.725%	22.725%	22.725%	22.725%
折现系数		0.814%	0.663%	0.541%	0.440%	0.359%
预测期现金流量现值	129.20	19.44	23.81	27.10	29.11	29.74
后续期现金流量增长率						6.0%
＋残值现值	188.44					524.63
＝股权价值	317.64					
＋债务价值	187.20					
＝公司价值	504.84					

12.2.3 现金流量折现模型的应用

1. 股权现金流量模型的应用

股权现金流量模型分为永续增长模型、两阶段增长模型和三阶段增长模型三种类型。

1) 永续增长模型

永续增长模型假设企业未来长期稳定、可持续地增长。在永续增长的情况下，企业价值是下期现金流量的函数。永续增长模型的一般表达式如下：

$$股权价值 = \frac{下期股权现金流量}{股权资本成本 - 永续增长率} \tag{12-20}$$

永续增长模型的特例是永续增长率等于零，即零增长模型。

$$股权价值 = \frac{下期股权现金流量}{股权资本成本} \tag{12-21}$$

永续增长模型的使用条件：企业必须处于永续状态。所谓永续状态是指企业有永续的增长率和净投资回报率。使用永续增长模型，企业价值对增长率的估计值很敏感，当增长率接近折现率时，股票价值趋于无限大。因此，对于增长率和股权成本的预测质量要求很高。

2) 两阶段增长模型

两阶段增长模型的一般表达式：

$$股权价值 = 预测期股权现金流量现值 + 后续期现金流量现值 \tag{12-22}$$

假设预测期为 n，则：

$$股权价值 = \sum_{t=1}^{n} \frac{股权现金流量_t}{(1+股权资本成本)^t} + \frac{股权现金流量_{n+1} \div (股权资本成本 - 永续增长率)}{(1+股权资本成本)^n} \tag{12-23}$$

两阶段增长模型的适用条件：两阶段增长模型适用于增长呈现两个阶段的企业。第一个阶段为超常增长阶段，增长率明显快于永续增长阶段；第二个阶段具有永续增长的特征，增长率比较低，是正常的增长率。

3) 三阶段增长模型

三阶段增长模型包括一个高速增长阶段、一个增长率递减的转换阶段和一个永续增长的稳定阶段。

假设增长期为 n，转换期为 m，则：

$$\begin{aligned}股权价值 &= 增长期现金流量现值 + 转换期现金流量现值 + 后续期现金流量现值 \\ &= \sum_{t=1}^{n} \frac{增长期现金流量_t}{(1+资本成本)^t} + \sum_{t=n-1}^{n+m} \frac{转换期现金流量_t}{(1+资本成本)^t} \\ &\quad + \frac{后续期现金流量_{n+m+1} \div (资本成本 - 永续增长率)}{(1+资本成本)^{n+m}} \end{aligned} \tag{12-24}$$

模型的使用条件是被评估企业的增长率应当与模型假设的三个阶段特征相符。

2. 实体现金流量模型的应用

在实务中使用实体现金流量模型较多，主要原因是股权资本成本受到资本结构的影响较大，估计起来比较复杂。债务增加时，风险上升，股权成本会上升，而上升的幅度不容易测定。加权平均资本成本受资本结构的影响较小,比较容易估计。债务成本较低,增加债务比重时加权平均资本成本下降。与此同时,债务增加使风险增加,股权成本上升,加权平均资本成本随之也上升。在无税和交易成本的情况下,两者可以完全抵销,这就是资本结构无关论。在有税和交易成本的情况下,债务成本的下降也会大部分被股权成本的上升所抵消,平均资本成本对资本结构变换不敏感,估计起来比较容易。

实体现金流量模型,如同股权现金流量模型一样,也可以分为三种类型。

1) 永续增长模型

$$实体价值 = \frac{下期实体现金流量}{加权平均资本成本 - 永续增长率} \tag{12-25}$$

2) 两阶段增长模型

$$实体价值 = 预测期实体现金流量现值 + 后续期现金流量现值$$

假设预测期为 n,则:

$$实体价值 = \sum_{t=1}^{n} \frac{实体现金流量_t}{(1+加权平均资本成本)^t} + \frac{\frac{实体现金流量_{t+1}}{加权平均资本成本 - 永续增长率}}{(1+加权平均资本成本)^t} \tag{12-26}$$

3) 三阶段增长模型

假设成长期为 n,转换期为 m,则:

$$实体价值 = 成长期现金流量现值 + 转换期现金流量现值 + 后续期现金流量现值$$

$$= \sum_{t=1}^{n} \frac{成长期实体现金流量_t}{(1+加权平均资本成本)^t} + \sum_{t=n+1}^{n+m} \frac{转换期实体现金流量_t}{(1+加权平均资本成本)^t} \tag{12-27}$$

实体现金流量折现的上述三种模型,在形式上与股权现金流量折现的三种模型一样,只是输入的参数不同,以实体现金流量代替股权现金流量,以加权平均资本成本代替股权资本成本。具体计算不再详述。

12.3 经济利润法价值评估

企业以增加价值为目标,因此,计量其价值的增加额是一个非常重要的问题。考察企业价值增加最直接的方法是计算其市场增加值。

$$市场增加值 = 企业市值 - 总资本 \tag{12-28}$$

企业市值是投资人按当时的市价出售企业可获得的现金流入,包括股本市值和债务市值。总资本是指投资人投入企业的总现金,包括股权资本和债务资本。但是,企业在日常决策中很少使用市场增加值。一个原因是,只有上市企业才有市场价格,才能计算市场增加值,而上市企业只有少数;另一个原因是,短期股市总水平的变化大于企业决策对企业价值的影响,股市行情湮没了管理作为。

经过大量实证研究发现,经济利润(或称经济增加值、附加经济价值、剩余收益等)可以解释市场增加值的变动。现实中日益严重的代理问题,使它成为越来越热门的理财思想。它的诱人之处在于把投资决策、业绩评价和奖金激励统一起来。它把企业的目标定位为经营业绩的尺度,资金的发放也可以根据创造多少经济利润来确定。这就使得基于价值的管理变得简单、直接,具有了逻辑上的一致性。

12.3.1 经济利润模型的原理

1. 经济利润的概念

经济利润是指经济学家所持的利润概念。虽然经济学家的利润也是收入减去成本后的差额,但是经济收入不同于会计收入,经济成本不同于会计成本,因此经济利润也不同于会计利润。

经济利润是实际收益与资本成本之间的差额。计算经济利润的一种最简单的方法,即用息前税后营业利润减去企业的全部资本费用。复杂的方法是逐项调整会计收入使之变为经济收入,同时逐项调整会计成本使之变成经济成本,然后计算经济利润。斯特恩—斯图尔特公司设计的非常具体的经济增加值计算程序以及向经理分配奖金的模型,被许多著名的公司采用。

我们这里举例介绍经济利润最简单的计算方法。

【例12-2】 B企业期初投资资本2 000万元,期初投资资本回报率(税后经营利润÷投资资本)为10%,加权平均资本成本为8%,则该企业的经济利润为40万元,即:

经济利润=税后经营利润-全部资本费用=2 000×10%-2 000×8%=40万元

计算经济利润的另一种方法是用投资资本回报率与资本成本之差,乘以投资资本,即:

经济利润=期初投资资本×(期初投资资本回报率-加权平均资本成本)
=2 000×(10%-8%)=40万元

这种方法得出的结果与前一种方法相同,其推导过程如下:

$$
\begin{aligned}
经济利润 &= 税后净利润-股权费用 \\
&= 税后经营利润-税后利息-股权费用 \\
&= 税后经营利润-全部资本费用 \\
&= 期初投资资本×期初投资资本回报率 \\
&\quad -期初投资资本×加权平均资本成本 \\
&= 期初投资资本×(期初投资资本回报率-加权平均资本成本)
\end{aligned}
$$

(12-29)

按照最简单的经济利润计算办法,经济利润与会计利润的区别是它扣除了全部资本的费用,而会计利润仅仅扣除了债务利息。直观来看,只需观察投资回报是否高于加权平均资本成本,就可以知道经济利润的正负。

2. 价值评估的经济利润模型

根据现金流量折现原理,如果企业的投资回报率等于加权平均资本成本,则企业实体现金流量的净现值等于零。这时企业赚取的收益刚好等于债权人和股权投资人期望的报酬,企业的经济利润为零,企业价值没有增加,还等于各方投资者原始投入的资本额。如果企业的投资回报率大于加权平均资本成本,则企业的现金流量用加权平均资本成本折现后,有正的净现值,引起企业价值的增加。由此可见,企业价值能否增加取决于企业获得的经济利润,经济利润为零,也就是企业获得的现金流量刚好等于投资人期望的报酬,企业价值没有增加;经济利润大于零,表明企业获得的现金流量满足投资人期望后还有剩余,企业价值增加;如果小于零,企业价值将减小。

因此,企业价值等于期末投资资本加上经济利润的现值:

$$企业实体价值 = 期初投资资本 + 经济利润现值 \quad (12\text{-}30)$$

公式中的期初投资资本是指企业在经营中投入的现金:

$$全部投资资本 = 所有者权益 + 净债务$$

由于经济利润的正负取决于投资回报与加权平均资本成本的关系,某年度的回报是否大于资本成本也反映了公司价值是否高于投资额。

【例 12-3】 C 企业年初投资资本 2 000 万元,预计今后每年可取得税后经营利润 200 万元,每年净投资为零,资本成本 8%,则:

每年经济利润 = 200 - 2 000 × 8% = 40(万元)
经济利润现值 = 40 ÷ 8% = 500(万元)
企业价值 = 2 000 + 500 = 2 500(万元)

如果用现金流量折现法,可以得出同样的结果:

实体现金流量现值 = 200 ÷ 8% = 2 500(万元)

经济利润模型与现金流量模型在本质上是一致的,但是经济利润可以计量单一年份价值增加,而现金流量法却做不到。因为,任何一年的现金流量都受到净投资的影响,加大投资会减少当年的现金流量,推迟投资可以增加当年的现金流量。投资不是业绩不良的表现,而找不到投资机会反而是不好的征兆。因此,某个年度的现金流量不能成为计量业绩的依据。管理层可以为了改善某一年的现金流量而推迟投资,而使企业的长期价值创造受到损失。

经济利润之所以受到重视,关键是它把投资决策必需的现金流量法与业绩考核必需的权责发生制统一起来了。它的表现,结束了投资决策用现金流量的净现值评价,而业绩考核用权责发生制的利润评价,决策与业绩考核的标准分离的局面。

12.3.2 经济利润估价模型的应用

以上一节 A 公司为例,说明经济利润估计模型的应用。
有关计算过程如表 12-7 所示。

表 12-7　　　　　　A 公司的经济利润估价模型定价

金额单位:万元

年份	2023 年（基期）	2024	2025	2026	2027	2028	2029
税后经营利润		84.96	97.70	109.43	119.28	126.43	134.02

(续表)

年份	2023年（基期）	2024	2025	2026	2027	2028	2029
投资资本（年初）		468.00	552.24	635.08	711.29	775.30	821.82
投资资本回报率		18.15%	17.69%	17.23%	16.77%	16.31%	16.31%
加权平均资本成本		16.00%	16.00%	16.00%	16.00%	16.00%	16.00%
差额		2.15%	1.69%	1.23%	0.77%	0.31%	0.31%
经济利润		10.08	9.35	7.82	5.47	2.39	2.53
折现系数（16%）		0.8621	0.7432	0.6407	0.5523	0.4761	
预测期经济利润现值	24.80	8.69	6.95	5.01	3.02	1.14	
后续期增长率						6.00%	
后续期价值	12.04					25.29	
期初投资资本	468.00						
现值合计	504.84						

1. 预测期经济利润的计算

以 A 公司 2024 年的数据为例：

经济利润＝期初投资资本×（期初投资资本回报率－加权平均资本成本）

＝468×（18.15%－16%）

＝10.08（万元）

或者：

经济利润＝税后经营利润－期初投资资本×加权平均资本成本

＝84.96－468×16%

＝10.08（万元）

2. 后续期价值的计算

A 公司 2029 年进入永续增长的稳定状态，该年经济利润为 2.52867 万元，以后每年递增 6%。

后续期经济价值终值＝后续期第一年经济利润÷（资本成本－增长率）

＝2.52867÷（16%－6%）＝25.29（万元）

后续期经济价值现值＝后续期经济价值终值×折现系数＝25.2867×0.4761

＝12.04（万元）

3. 期初投资资本的计算

期初投资资本是指评估基准时间的企业价值。估计期初投资资本时，可用以下三种方案：账面价值、重置价值或可变现价值。

举例采用的是账面价值，这样做不仅仅是因为简单，也因为它可靠地反映了投入的资本，符合经济利润的概念。

不采用重置价值主要是因为资产将被继续使用，而不是真的需要重置。此外，企业使用中的资产缺乏有效的公平市场，其重置价值估计有很大主观性。

可变现价值在理论上是一个值得重视的选择。不过,实际运用较困难。首先,如果使用市价计量投资资本,为保持计量的一致性,结果必然是将每年的资产收益(存量资产升值)计入当年的经济利润。然而,预计未来每年存量资产的市价变动是很难操作的。存量资产一般没有公开交易的市场,预计的可靠性难以评估。其次,事实上多数资产的变现价值低于账面价值,在账面价值已经提取过减值准备的情况下,使用账面价值不会导致重大的失真。当然,如果通货膨胀严重,资产的可变现价值超过账面价值很多,并且能够可靠估计可变现价值的时候,也可以采用变现价值。

A公司期初投资资本账面价值是468万元,我们以此作为投资资本。

4. 企业总价值的计算

企业的总价值为期初投资资本、预测期经济利润现值、后续期经济利润现值的合计。

企业总价值＝期初投资资本＋预测期经济利润现值＋后续期经济利润现值
＝468＋24.8＋12.04＝504.84(万元)

如果假设前提一致,这个数值应该与折现现金流量法的评估结果相同。

12.4 相对价值法价值评估

现金流量折现法和经济利润法在概念上很健全,但是在应用时会碰到较多的技术问题。尤其对于初创公司而言,通常利润较低甚至为负,价值来源于未来增长,故而预测困难。因此,上述两种价值评估方法应用难度大,准确度相对较低。有一种相对容易的估价方法,就是相对价值法,也称价值乘数法或可比交易价值法等。

这种方法是利用类似企业的市场定价来估计目标企业价值。它的假设前提是存在一个支配企业市场价值的主要变量(如净利等)。市场价值与该变量(如净利等)的比值,各企业是类似的、可以比较的。

其基本做法是:首先,寻找一个影响企业价值的关键变量(如净利);其次,确定一组可以比较的相似企业,计算可比企业的市价/关键变量的平均值(如平均市盈率);最后,根据目标企业的关键变量(如净利)乘以得到的平均值(平均市盈率),计算目标企业的评估价值。

相对价值法,是将目标企业与可比企业进行对比,用可比企业的价值衡量目标企业的价值。如果可比企业的价值被高估了,则目标企业的价值也会被高估。实际上,所得结论是相对于可比企业来说的,以可比企业价值为基准,是一种相对价值,而非目标企业的内在价值。

现金流量法明确显示其假设,而相对价值法则将其假设隐含在比率内部。因此,相对价值法看起来简单,实际应用时并非如此。

12.4.1 相对价值模型的原理

相对价值模型分为两大类,一类是以股权市价为基础的模型,包括股权市价/净利、股权市价/净资产、股权市价/销售额等比率模型;另一类是以企业实体价值为基础的模型,包括实体价值/息前税后营业利润、实体价值/实体现金流量、实体价值/投资资本、实体价值/销售额等比率模型。我们这里只讨论三种最常用的股权市价比率模型。

1. 市价/净利比率模型

1）基本模型

市价与净利的比率，通常称为市盈率。

$$市盈率 = 市价 \div 净利 = 每股市价 \div 每股净利 \tag{12-31}$$

运用市盈率估价的模型为：

$$目标企业每股价值 = 可比企业平均市盈率 \times 目标企业的每股净利 \tag{12-32}$$

该模型假设股票市价是每股净利的一定倍数。每股净利越大，则股票价值越大。同类企业有类似的市盈率，所以目标企业的股权价值可以用每股净利乘以可比企业的平均市盈率计算。

2）模型原理

为什么平均市盈率可以作为计算股价的乘数呢？影响市盈率高低的基本因素有哪些？

根据股利折现模型，处于稳定状态企业的股权价值为：

$$股权价值 = P_0 \frac{股利_1}{股权成本 - 增长率} \tag{12-33}$$

两边同时除以每股净利$_0$，得：

$$\frac{P_0}{每股净利_0} = \frac{股利_1 \div 每股净利_0}{股权成本 - 增长率}$$

$$= \frac{[每股净利_0 \times (1+增长利) \times 股利支付率] \div 每股净利_0}{股权成本 - 增长率}$$

$$= \frac{股利支付率 \times (1+增长率)}{股权成本 - 增长率} = 本期市盈率 \tag{12-34}$$

上述根据当前市价和同期净利计算的市盈率，称为本期市盈率，简称市盈率。

这个公式表明，市盈率的驱动因素是企业的增长潜力、股利支付率和风险（股权资本成本）。这三个因素类似的企业，才会具有类似的市盈率。可比企业实际上应当是这三个比率类似的企业，同样企业不一定都具有这种类似性。

如果把公式两边同除当前每股净利，预期下期每股净利，称为内在市盈率或预期市盈率：

$$\frac{P_0}{每股净利_1} = \frac{股利_1 \div 每股净利_1}{股权成本 - 增长率} \tag{12-35}$$

$$内在市盈率 = \frac{股利支付率}{股权成本 - 增长率} \tag{12-36}$$

如果用内在市盈率作为股票定价，其结果应与现金流量模型一致。但需要注意以下几个问题。

首先,我们这样分析问题,并不是为了重复演示现金流量模型,而是为了关注影响市盈率可比性的因素,以便合理选择可比企业,防止误用市盈率估计模型。

其次,在影响市盈率的三个因素中,关键是增长潜力。所谓增长潜力类似,不仅指具有相同的增长率,还包括增长模式的类似性。例如,同为永续增长,还是同为由高增长转为永续低增长。

最后,上述内在市盈率模型是根据永续增长模型推导的。如果企业符合两阶段模型的条件,也可以通过类似的方法推导出两阶段情况下的内在市盈率模型。它比永续增长的内在市盈率模型形式复杂,但是仍然有这三个因素驱动。

3) 模型的适用性

市盈率模型的优点主要体现在:第一,计算市盈率的数据容易取得,并且计算简单;第二,市盈率把价格和收益联系起来,直观地反映投入和产出的关系,容易解释;第三,相对估值测量相对于市场的价值,因此更能反映当前市场的状况;第四,市盈率涵盖了风险补偿率、增值率、股利支付率的影响,具有很高的综合性。

市盈率模型的局限性主要有以下两个方面。第一,如果收益是负值,市盈率就失去了意义。第二,市盈率除了受企业本身基本面的影响以外,还受到整个经济景气程度的影响。在整个经济繁荣时市盈率上升,整个经济衰退时市盈率下降。这样,如果目标企业 β 值显著大于1,经济繁荣时评估价值就会被夸大,经济衰退时评估价值就会被缩小。如果目标企业 β 值显著小于1,则会出现相反的情况。只有目标企业的 β 值为1时,评估价值才能正确反映对未来的预期。因此,市盈率模型最适合连续盈利,且 β 值接近于1的企业。

需要注意的是:在估价时,目标企业本期净利必须要乘以可比本期净利市盈率,目标企业预期净利必须要乘以可比企业预期市盈率,两者必须匹配。这一原则不仅适用于市盈率,也适用于市净率和收入乘数;不仅适用于未修正价格乘数,也适用于后面所讲的各种修正的价格乘数。

2. 市价净资产比率模型

1) 基本模型

市价与净资产的比率,通常称为市净率。

$$市净率 = 市价 \div 净资产 \tag{12-37}$$

这种方法假设股权价值是净资产的函数,类似企业有相同的市净率,净资产越大则股权价值越大。因此,股权价值是净资产的一定倍数,目标企业的价值可以用每股净资产乘以平均市净率计算。

$$股权价值 = 可比企业平均市净率 \times 目标企业净资产 \tag{12-38}$$

市净率模型的原理与市盈率模型相同。

2) 模型的适用性

市净率估价模型的优点主要有:第一,净利为负值的企业不能用市盈率进行估价,而市净率极少为负值,因此可用于大多数企业;第二,净资产账面价值的数据容易取得,并且容易理解;第三,净资产账面价值比净利稳定,也不像利润那样经常被人为操纵;第四,如果会计标准合理并且各企业会计政策一致,市净率的变化就可以反映企业价值的变化。

市净率的不足之处在于：第一，账面价值受会计政策选择的影响，如果企业执行不同的会计标准或会计政策，市净率会失去可比性；第二，固定资产很少的服务性企业和高科技企业，净资产与企业价值的关系不大，其市净率比较没有什么实际意义；第三，少数企业的净资产是负值，其市净率没有意义，无法用于比较。因此，这种方法主要适用于拥有大量资产、净资产为正值的企业。

3. 市价/收入比率模型

1）基本模型

这种方法假设影响企业价值的关键变量是销售收入，企业价值是销售收入的函数，销售收入越大则企业价值越大。既然企业价值是销售收入的一定倍数，那么目标企业的价值可以用销售收入乘以平均收入乘数估计。在此我们引入证券市场中出现的一个新概念——市销率，又称为收入乘数，它是普通股每股市价与每股销售收入的比率。

$$市销率 = 股权市价 \div 销售收入 = 每股市价 \div 每股销售收入 \quad (12-39)$$

$$目标企业股权价值 = 可比企业平均收入乘数 \times 目标企业的销售收入 \quad (12-40)$$

该模型的原理与市盈率模型相同。

2）模型的适用性

市销率估价模型的主要优点有：第一，它不会出现负值，对于亏损企业和资不抵债的企业，也可以计算出一个有意义的价值乘数；第二，它比较稳定、可靠，不容易被操纵；第三，收入乘数对价格政策和企业战略变化敏感，可以反映这种变化的影响。例如，京东2014年上市前估值时，虽然企业仍处于亏损状态，但通过市销率模型估价，仍得出了有意义的结果。

收入估价模型的局限性主要是不能反映成本的变化，而成本是影响企业现金流量和价值的重要因素之一。因此，这种方法主要适用于销售成本较低的服务性型业，或者销售成本率趋同的传统行业的企业。

12.4.2 相对价值模型的应用

1. 可比企业的选择

相对价值模型应用的主要困难是选择可比企业，通常的做法是选择一组同行业的上市企业，计算它们的平均市价比率，将其作为估计目标企业价值的乘数。

根据前面的分析可知，我们需要先估计目标企业的这三个比率，然后按此条件选择可比企业。在三个因素中，最重要的驱动因素是增长率，它可以作为判断增值率类似的主要依据。

如果符合条件的企业较多，可以进一步根据规模的类似性进行筛选，以提高可比性的质量。

例如，S公司2023年每股收益是0.79元/股，股票价格是7.00元/股。假设汽车制造业上市公司中，增长率、股利支付率和风险与S公司类似的有3家，它们的市盈率如表12-8所示。用市盈率法评估，S公司的股价是否被市场高估还是低估。

表 12-8　　　　　　　　　　几家汽车制造业公司的市盈率

企业名称	价格/收益
江铃汽车	10.48
长安汽车	24.42
金龙汽车	123.26
平均数	52.72

S 公司股票价值＝0.79×52.72＝41.66(元/股)，实际股票价格是 7.09 元/股，所以 S 公司的股票被市场低估了。

"价格/收益"的平均数通常采用简单算术平均。

在使用市净率和收入乘数模型时，选择可比企业的方法与市盈率类似，只是它们的驱动因素有区别。

2. 修正的市价比率

选择可比企业的时候，往往没有上述举例那么简单，经常找不到符合条件的可比企业。尤其是要求的可比条件较严格，或者同行业的上市企业很少的时候，经常找不到足够的可比企业。解决问题的办法之一是采用修正的市价比率。

1) 修正市盈率

在影响市盈率的诸驱动因素中，关键比率是增长率。增长率的差异是市盈率差异的主要驱动因素。因此，可以用增长率修正实际市盈率，把增长率不同的同业企业纳入可比范围。

$$修正市盈率＝实际市盈率÷(预期增长率×100)$$

修正的市盈率，排除了增长率对市盈率的影响，剩下的部分是由股利支付率和股权成本决定的市盈率，可以称为"排除增长率影响的市盈率"。

续前例，S 公司 2023 年每股收益是 0.79 元/股，预期增长率是 17%，各可比企业的预期增长率如表 12-9 所示。

表 12-9　　　　　　　几家汽车制造业公司市盈率及其预期增长率

企业名称	实际市盈率	预期增长率
江铃汽车	10.48%	19%
长安汽车	24.42%	9%
金龙汽车	123.26%	20%
平均数	52.72%	16%

有两种评估方法。

(1) 修正平均市盈率。

修正平均市盈率＝可比企业平均市盈率÷(平均预期增长率×100)
　　　　　　　＝52.72÷16＝3.295

S 公司每股价值＝修正平均市盈率×目标企业增长率×100×目标企业每股净利
　　　　　　　＝3.295×17%×100×0.79

＝44.25(元/股)

实际市盈率和预期增长率的"平均数"通常采用简单算术平均。修正市盈率的"平均数"根据平均市盈率和平均预期增长率计算。

(2) 股价平均法。

这种方法是根据各可比企业的修正市盈率估计 S 公司的价值：

$$\text{目标企业每股价值} = \text{可比企业修正市盈率} \times \text{目标企业预期增长率} \times 100 \times \text{目标企业每股净利} \quad (12\text{-}41)$$

然后，将得出的股票估价进行算术平均，计算过程如表 12-10 所示。

表 12-10　　　　　　　　　　　计算过程　　　　　　　　　　金额单位：元

企业名称	实际市盈率（倍）	预期增长率	修正市盈率（倍）	S公司每股净利	S公司与其增长率	S公司每股价值
江铃汽车	10.48	19%	0.552	0.79	17%	7.41
长安汽车	24.42	9%	2.713	0.79	17%	36.44
金龙汽车	123.26	20%	6.163	0.79	17%	82.77
平均数	10.48	19%	10.48			42.21

2) 修正市净率

市净率的修正方法与市盈率类似。市净率的驱动因素有增长率、股利支付率、风险和股东权益净利率。其中，关键因素是股东权益净利率。因此：

$$\text{修正的市净率} = \text{实际市净率} \div (\text{平均股东权益净利率} \times 100) \quad (12\text{-}42)$$

$$\text{目标企业每股价值} = \text{修正平均市净率} \times \text{目标企业股东权益净利率} \times 100 \times \text{目标企业每股净资产}$$

3. 修正收入乘数

收入乘数的修正方法与市盈率类似。收入乘数的驱动因素是增长率、股利支付率、销售净利率和风险。其中，关键的因素是销售净利率。因此：

$$\text{修正收入乘数} = \text{实际收入乘数} \div (\text{平均销售净利率} \times 100) \quad (12\text{-}43)$$

$$\text{目标企业每股价值} = \text{修正平均收入乘数} \times \text{目标企业销售净利率} \times 100 \times \text{目标企业每股收入}$$

此外，在得出评估价值后，还需要全面检查评估的合理性。例如，公开交易的股票流动性高于非上市企业。因此，非上市企业的评估价值要减掉一部分。一种简便的方法是按上市成本的比例减少其评估价值。当然，如果是为新发行的原始股定价，该股票很快具有流动性，则无须折扣。再者，非上市企业的评估与少数股权价值相联系，不含控股权价值。因此，非上市目标企业的评估值需要加上一笔额外的费用，以反映控股权的价值。

总之，由于认识价值是一切经济和管理决策的前提，增加企业价值是企业的根本目的，所以价值评估是财务管理的核心问题。价值评估是一个认识企业价值的过程，由于企业充满了个性化的差异，因此每一次评估都带有挑战性，不能把价值评估（或资产评估）看成是履行某种规定的程序工作，而应始终关注企业的真实价值到底是多少，它受哪些因素驱动,尽可能进行深入分析。

本章小结

企业价值评估简称价值评估,是一种经济评估方法,是投资者和管理当局为改善决策,采用科学的评估方法,对企业在特定时点上的公平市场价值进行评定和估算,并提供有关信息的过程。

价值评估使用的模型通常称为定价模型,其功能是把预测数据转换为企业价值。在企业价值评估实务中,主要有现金流量折现模型、经济利润模型和相对价值模型三种。

现金流量模型可分为股权现金模型和实体现金流量模型。这两类模型在具体应用中又可分为三种类型:永续增长模型、两阶段增长模型和三阶段增长模型。

现金流量模型和经济利润模型在概念上很健全,但是在应用时会有很多技术问题。相对价值模型,也称价格乘数模型或可比交易价值模型,是利用类似企业的市场定价来估计目标企业的一种模型。这种模型可以分为两大类,一类是以股权市价为基础的模型,另一类是以企业实体价值为基础的模型。

复习与练习

1. 某公司准备以1 200万元收购目标企业甲,向你咨询方案是否可行,有关资料如下:去年甲企业销售额1 000万元,预计收购后前5年的现金流量资料如下:在收购后第一年,销售额在上年基础上增长5%,第二至第四年分别在上一年的基础上增长10%,第五年与第四年相同;销售利润率为4%(息税前经营利润率),所得税税率为33%,资本支出减折旧与摊销和经营营运资本增加额分别占销售增加额的10%和5%。第六年及以后年度企业实体现金流量将会保持6%的固定增长率不变。市场无风险报酬率、风险报酬率(溢价)分别为和5%和2%。甲企业的β系数为1.93,目前的投资资本结构为负债率40%,预计目标资本结构和风险不变,金融负债平均税后成本6.7%也将保持不变。要求:

①计算在收购后甲企业前五年的企业实体现金流量;②根据贴现现金流量法评价应否收购甲企业。

2. 甲企业今年每股净利为0.5元/股,预期增长率为7.8%,每股净资产为1.2元/股,每股收入为2元/股,预期股东权益净利率为10.6%,预期销售净利率为3.4%。假设同类上市企业中与该企业类似的有5家,但它们与该企业之间尚存在某些不容忽视的重大差异,相关资料如表12-11所示。

表12-11　　　　　　　　　　5家企业财务数据对比

企业	实际市盈率	预期增长率	实际市净率	预期股东权益净利率	实际收入乘数	预期销售净利率
A	10	5%	5	10%	2	3%
B	10.5	6%	5.2	10%	2.4	3.2%
C	12.5	8%	5.5	12%	3	3.5%
D	13	8%	6	14%	5	4%
E	14	9%	6.5	8%	6	4.5%

要求：①如果甲公司属于连续盈利，并且 β 值接近于1的企业，则使用合适的修正平均数评估甲企业每股价值；②如果甲公司属于拥有大量资产、净资产为正值的企业，则使用合适的股价平均法评估甲企业每股价值；③如果甲公司属于销售成本率趋同的传统行业的企业，则使用适合的修正平均法评估甲企业每股的价值（计算过程和结果均保留两位小数）。

3. ABC 公司 2023 年主营业务收入 150 万元，息税前营业利润 12 万元，资本支出 5 万元，折旧 3 万元，年底营业流动资产 3 万元。该公司刚刚收购了另一家公司，使得目前公司债务价值为 50 万元，资本成本为 12%（假设没有手续费）。2023 年年底发行在外的普通股股数为 50 万股，股价 0.8 元。预计 2024 年至 2026 年销售增长率为 8%，预计息税前营业利润、资本支出、折旧和营运资本与销售同步增长。预计 2027 年进入永续增长阶段，主营业务收入和息税前营业利润每年增长 4%。资本支出、折旧、营业流动资产与销售同步增长，2027 年偿还到期债务后，资本成本降为 10%。公司所得税税率为 40%。要求：计算公司实体价值和股权价值。

案例分析

巴菲特投资可口可乐公司案例

1989 年春，巴菲特已经拥有可口可乐公司（Coca-Cola Company）约 7% 的股份，平均成本约为每股 42 美元。最有参考价值的 1987 年财务报告中，管理层把核心软饮料业务的主要内涵描述如下：①向灌装厂这类客户销售软饮料糖浆和浓缩液；②打造可口可乐特许经营品牌，刺激终端消费者的购买。正如 10.1 倍的企业价值/息税摊销前利润倍数那样，13.7 倍的市盈率仅对真正卓越的企业（如可口可乐公司）才是个不错的价格！对没有增长的企业，当时保守投资者（今天的也一样）投资价格不会超过约 7 倍的企业价值/息税摊销前利润或 10 倍的市盈率。

巴菲特所付价格里考虑了该公司的增长。当时很明显，可口可乐的核心软饮料业务正受惠于多帆驱动之态：①由欠发达市场较以前更高的人均消费量所驱动的国际扩张，以及②由分销网络整合和新增网络密度驱动的效率持续提升。此外，可口可乐公司的增长具有很长的历史持续性，而且未来几十年的前景也很清晰。

巴菲特投资可口可乐的传奇还有续集：1988—1989 年，他对可口可乐公司继续投资了超过 10 亿美元。这几乎大约是当时伯克希尔公司全部市值的 25%。由于本书仅仅是对巴菲特投资企业估值的考察，因此没有涉及可口可乐的股价在后来高估时没有卖出的故事，当然这又是一个值得讨论的投资卖出话题了。

请结合企业价值评估方法谈谈你对巴菲特投资可口可乐公司的感受。

参考文献

[1] [美]利奥波德·伯恩斯坦等.财务报表分析[M].北京:北京大学出版社,2020.1.

[2] [美]迈克尔·波特.竞争优势[M].北京:华夏出版社,2018.8.

[3] 黄世忠.财务报表分析[M].北京:中国财政经济出版社,2021.11.

[4] 李敏.会计分析技术[M].上海:上海财经大学出版社,2024.11.

[5] 李若山,方军雄.香饽饽臭馍馍——财务报表里的馅饼与陷阱[M].北京:中国时代经济出版社.

[6] 李艳玲.企业财务危机预测与预警研究[M].北京:经济科学出版社,2017.11.

[7] 陆正飞.集团企业财务解读:理论分析与经验证据[M].北京:经济科学出版社,2018.8.

[8] 徐光华,柳世平.财务管理:理论实务与案例[M].北京:高等教育出版社,2016.12.

[9] 徐光华.财务报表解读与分析:理论 实务 案例[M].北京:人民邮电出版社,2017.12.

[10] 王化成.财务报表分析[M].北京:北京大学出版社,2022.9.

[11] 张先治,陈友邦.财务分析[M].大连:东北财经大学出版社,2022.8.

[12] 张新民.中小企业财务报表分析[M].北京:中国人民大学出版社,2024.5.